新語文學與早期中國研究

賈晉華　陳偉
王小林　來國龍　編

上海人民出版社

目　録

導論：新語文學對於早期中國研究的方法論意義

賈晉華　陳　偉　王小林　來國龍

語文學(philology)在西方，簡略地説，是相對於語言學(linguistics)而言，指關於歷史文獻的語言研究，偏重於從文獻學的角度，通過研究文本來研究書面語言。將這一定義應用於中國，語文學大致涵括了文字學、音韻學、訓詁學、校勘學、目録學等傳統學科。西方現代語言學的興起(尤其是法國結構主義語言學)，其目標之一就是要擺脱傳統語文學在文本上的局限，特别强調口語與書面語的差别，主張語言學是對語言的口語的專門研究。因此，在現代西方學界，語文學一度成爲專指脱離實際、方法陳舊、繁瑣考據、掉書袋子的一個貶義詞。但是，近半個世紀來的學術發展，特别是經過後現代主義的批評和對結構主義語言學的反思，西方學界揚棄了傳統語文學的缺陷和短見，借助於現代語言學的方法和寫本文化研究的新成果，以及人文學、社會學方法的滲透，語文學正在世界範圍内呈現復興和變革的趨勢，出現各種"新語文學"，在理論和實踐的層面上皆成績斐然。

在20世紀70年代，詹姆斯·洛克哈特(James Lockhart)創用"新語文學"(new philology)一詞，指稱其運用殖民地本土文本及從本土的視角研究墨西哥歷史、民族和語文的新方法。[1]大致同時，中世紀歐洲的研究者在20世紀後半葉開始的寫本文化(manuscript culture)研究，及其後在80年代打出的"新語文學"旗號，主要用來研究寫本文獻及揭示其文化内涵。新語文學對19世紀以來的校勘學(text criticism)等舊語文學進行改良。校勘學的主要目標是儘可能復原原本(urtext),而對文本製作、複製和演變的實際場合與功用關注不夠。新語文學則指出,這種純粹的"原本"只是一種假設,並不存在或不可得,異文才是中世紀寫本的本質特徵;文本並不僅以其物質形態而獨立存在,其物質形式是其意義的一個不可分離的部分。文本産生於一系列動態過程,涉及不同時間、不同地點的製作者、抄寫者、讀者、使用者,而這些又爲彼時彼地的社會、經濟、思想意識等因素所決定,於是這些因素也構成文本及其意義形成的一部分。因此,新語文學提倡研究文本的産生、複製及傳播的過程,及這一過程所承載的社會文化意義。[2] 1982年解構主義文學理論家保羅・德(Paul de Man)發表一篇題爲《重返語文學》("The Return to Philology")的文章,重新提出語文學的重要性。[3] 在他的影響之下,1988年在哈佛大學召開了題爲"什麽是語文學"(What is Philology)的討論會,會議論文後來以專輯發表於《比較文學研究》期刊(*Comparative Literature Studies*, 27.1, 1990),同時又以《論語文學》(*On Philology*)一書的形式出版。[4] 1990年北美中世紀研究的學術雜誌《鏡:中世紀研究學報》(*Speculum: A Journal of Medieval Studies*)出版一期"新語文學"(The New Philology)的專輯[史蒂芬・尼克斯(Stephen Nichols)編],之後在西方中世紀研究中引起廣泛的討論,出版了一系列新著及會議論文集,重新審視語文學在文本研究中的方法和作用。在2014年,詹姆斯・特勒(James Turner)出版《語文學:被遺忘的現代人文學科的源頭》(*Philology: The Forgotten Origins of Modern Humanities*)一書,强調語文學在很長的歷史時期中曾經是人類知識生活的同義詞,涵括各種文明的語言、文學、歷史、文化、藝術等,並描述有關語言和文本的研究如何逐漸引向現代人文學各學科和綜合性大學的崛起。[5] 在2015年,由波洛克(Sheldon Pollock)、艾爾曼(Benjamin A. Elman)和張谷銘(Ku-ming Kevin Chang)主編的《世界語文學》(*World Philology*)一書出版。書中回顧了語文學在世界各大文明的傳統發展,從超歷史和跨文化的角度,重新審視語文學的性質和作用,並將其重新解釋爲最基本的、大家都可以接受的定義,即"使文本被理解的學科"(the discipline of making sense of texts),希望爲這一門學科的復興奠定堅實的基礎。[6] 顯然,由於此書編者對語文學作了重新解釋,他們所提倡的語文學,也應稱爲新語文學。由於新語文學從局限於書面語言的研究轉换爲通過文本對其語言文化、社會歷史意義的全面研究,新語文學也就與人文學、社會學各學科的綜合研究融匯貫通了。

在中國,由於豐富的古代文獻被保存下來,語文學很早就成爲詮釋和學習經典的關鍵手段,這比歐洲要早數個世紀。清代乾嘉學者的研究則將傳統語文學的運用推向新的高峰。他們運用文字學、音韻學、訓詁學、目録學、校勘學等方法,提倡"實事求是"的精神,以實證爲基礎的分析,及精細入微的謹實考證,不但對傳統經史文獻展開文字和文本分析,而且由此來探討經學和思想體制,"由文字以通乎語言,由語言以通乎古聖賢之心志"(戴震),其結果衝擊和質疑了清代統治者在科舉考試和官方意識形態中奉爲圭臬的程朱道學傳統。此外,由於考據學家認爲有效的知識應來自外在的事實和公允的觀察,他們還投入許多精力於天文、數學、醫學和地理等文獻的考察,甚至使得語文學成爲搭建西學與中國傳統科學相連接的橋梁。[7] 清代考據學既是傳統語文學發展的高峰,又體現了早期現代的特徵和趨勢,以歷史主義的方法爲語文學研究打開思想、文化、政治研究的視野,可以説爲現代新語文學的發展在許多方面樹立了典範。

應該指出的是,由於西方漢學在其開創伊始即受到清代考據學和西方語文學兩個傳統的影響,因此許多傑出的漢學家皆突出强調語文學的重要性,包括伯希和(Paul Pelliot)、卜弼德(Peter A. Boodberg)、薛愛華(Edward Schafer),等等。[8] 薛愛華甚至將漢學定義爲研究中國文獻的語文學:"漢學就是研究中國語文的遺存亦即中國文本的語文學"(Sinology, then, is philology concerned with the linguistic remains of China—that is, with Chinese texts);"而語文學就是使我們可以理解、或相對地可以理解文獻,特别是過去的文獻。那麼什麼是文獻? 在某種意義上指所有寫下來的記録，如我們説‘醫學文獻’或‘歷史文獻’”(Philology, then, makes literature—especially the literature of the past—accessible to us, or relatively so. But what is literature? In one sense it is any written record, as when we say “medical literature” or “historical literature”)。[9]薛愛華的這一定義，可謂開波洛克等人關於語文學是“使文本被理解的學科”的先河。

近代以來，受西方現代學術的影響，章太炎希望將傳統小學改造爲“語言文字之學”。沈兼士、黄侃身體力行，提出並實踐現代意義的“訓詁”，建立“訓詁學”的學科。而以羅振玉、王國維爲代表的古文字學派的興起，更結合了西方漢學、考古學、語言學的新見解和新方法。于省吾、陳直爲首的“新證”派則利用出土文字資料校讀傳世古書。更重要的是，以傅斯年、趙元任、李方桂、王力等爲主的語言學家，進一步通過改造乾嘉學者的傳統語文學，並結合西方語文學和語言學，建立起現代的漢語語言學。其間王力、董同龢等亦曾經在不同時期提倡“用現代語言學的觀點”來建立“新訓詁學”的主張。現代學者關於訓詁學的學科名義，一直就有字義學、語義學、解釋學等不同定義。而近二三十年來，學者們似乎日益關注訓詁學的解釋學定義，强調對文本的字詞、語義、音韻、思想、内容等做綜合而全面的解釋。[10]這方面的定義已經逐漸接近“使文本被理解的學科”的新語文學定義。

在日本，吉川幸次郎在《洛中書問》一書中提出“新訓詁學”(Xin Kunkogaku)的理論，可以説是傳統語文學與現代西方新方法結合的一個典型例子。新訓詁學在承襲乾嘉學術的基礎之上，批判地繼承日本江户時代的“國學”理論，並創造性地結合索緒爾結構主義語言學的方法，提出應該“通過個人的語言追溯個人的精神”，探索其人文價值和意義，順應時代的發展而吐故納新，運用所有材料對研究對象的本質進行全方位探索。吉川這一提倡得到佐竹昭廣的積極回應。佐竹在其《萬葉集拔書》中將傳統的文字訓詁研究與語言學、哲學、人類學、文學等研究融爲一體，通過具體的文字表達對《萬葉集》的各種問題作了翔實的考察和論證，成爲“新訓詁學”的經典。自 20 世紀 70 年代以來，以京都大學爲中心的文學研究，在方法上均可以看到新訓詁學的影響。日本的新訓詁學，也可以説是現代世界新語文學中的一支，並且是十分成功的、值得借鑒的一支。

鑒於中外語文學發展的傳統和現狀，特别是近數十年來語文學在國際學界的復興，以及各種新語文學實踐和理論的涌現，本論文集提倡以新語文學的方法研究早期中國文獻及其思想文化内涵。我們所提倡的新語文學仍以清代考據學的實事求是範式爲出發點，但是我們所根據的"事"和所求的"是"則遠遠超越了傳世文獻和傳統經學的範圍。自20世紀以來，尤其是90年代以來，大量前人所未及見的戰國、秦、西漢的簡帛寫本的發現，使我們有機會突破清代以來傳統經史和説文學的樊籬，利用現代歷史學、語言學研究的新成果，以更加歷史的觀點看待古代文字和文本的發展演變，並深入發掘文本的思想文化意義。具體説來，我們認爲這種新語文學的方法主要應該包括四個方面的突破。首先，突破專注於單個字詞的本字本義的傳統説文學研究，將對字詞的闡釋與其語境及文本的整體研究相結合。其次，突破以傳世文獻爲中心、將考古發現的戰國秦漢文字材料主要用於校讀傳世古籍和恢復"原本"的研究方法，轉變爲出土寫本和傳世文獻互爲主輔，並關注寫本的創制、抄寫及傳播等過程，其間所産生的異文異本，及這些演變所涉及的社會歷史和意識形態因素，以推進出土戰國秦漢寫本學和寫本文化學的發展。再次，突破單純的語言文字和文本文獻研究，根據語文學作爲"使文本被理解的學科"的新定義，將文字訓詁和文本考證與現代人文學、社會學衆多學科的研究融为一体，深入發掘和闡釋早期文本中所藴含的歷史、思想、宗教、文化意義，從而推動早期中國研究的全面發展。最後，充分運用現代各種新的工具和手段，特别是電子技術，來更爲有效和多方位地研究早期文本。

2016年6月19日至22日，我們在澳門大學合作舉辦"首届新語文學與早期中國研究國際研討會"，有幸獲得二十多位中外專家學者的熱情支持和回應。與會學者圍繞新語文學的方法及如何將其運用於早期中國研究展開多方面的深入探討和初步嘗試，本文集即爲此次會議論文的選集。另外,我們還榮幸地承《世界語文學》的兩位主編艾爾曼和張谷銘賦予他們刊於此書的兩篇論文的中譯。根據會議議程和學者們的主要關注點,我們將全集分爲相互關聯的三部分,每部分包括六至七篇論文。

第一部分首先探討新語文學的理論和方法,七位學者從古今中外不同角度展開論述,介紹各種語文學和新語文學傳統,並嘗試運用於各自的研究課題。以研究清代語文學與社會思想變化的深層關聯而著稱的艾爾曼,仍然以 18 世紀清代古典語文學爲題,層層分析語文學與經學發展、漢學興起、詩歌復興、科舉改革、今古文之爭、自然科學關注等早期現代轉變過程的關聯,説明清代經學家的語文學話語經歷了由宋明理學的形而上倫理學到更具有懷疑精神和世俗化的方法論和認識論的演變。這些經學家提倡將對知識進行經驗主義研究所需的證據和論證置於經學研究的核心,通過對知識來源的所有文本進行考察,重新公正地評價古典理想的正統範疇。從思想史的角度看,清代考據學家以及他們的認識論變革代表了 1900 年之前最後一次重大的儒學運動。

成立于 1928 年的"中央研究院"歷史語言研究所,其英文名稱爲 The Institute of History and Philology(歷史和"語文學"研究所),與中文名稱並不完全一致。張谷銘通過分析這兩個名稱的異同及兩位創始成員的知識傾向,論證史語所如何成功地使德國語文學、新興的英法語言學、傳統的中國考據學及音韻學融爲一體,造就出東亞地區最成功的人文研究所之一。他首先回顧傅斯年所擁抱的德國語文學,並考察 1910 至 1920 年間英法語言學的出現;接着討論趙元任的學術趨向,分析歐洲和中國學術在傅斯年和趙元任創立的這一研究所中的結合;最後指出,語文學和語言學在中國的結合,與它們在西方的分離一起,構成了世界範圍内語文學發展的重要轉捩點。

王小林的論文研究日本的"新訓詁學"。清代考據學的精神不僅在中國得到傳承,還流傳到了日本,通過羅振玉、王國維等對近代的京都學派産生了深遠的影響。在 20 世紀的日本,語文學經歷過一次寧靜的革命而誕生出"新訓詁學"。這場發生於 20 世紀後半葉的小小革命,先是在一些學者往來的書信中，通過理性而睿智的討論，達成新的共識，然後被其他學者逐漸納入研究，發展爲一種新的研究方法。王小林在文中對“新訓詁學”的起源、方法及意義進行考察，指出這一方法透過文本呈現的規律、結構、差異來探究文本的原始形態、意義和本質，既可以增强人文學研究的深度，也能夠拓寬其廣度。

夏德安在文中首先介紹科技文獻研究、寫本文化研究和新語文學的方法。科技文獻研究始於 20 世紀 50 年代的德國，涉及實用性的農業、建築、醫學、星占、占卜和巫術等文本。寫本文化研究由研究中世紀歐洲的專家創始於 20 世紀後半葉，以保存的寫本實物爲根據，與西方 19 世紀以來的校勘學(urtext criticism)有較大區别。校勘學的主要目標是復原所謂原本(urtext)，即一種假設的、未有寫本和印刷本錯誤的文本，不重視文本産生的實際場合。從 20 世紀 80 年代開始，一些學者主張以新語文學改良這一舊語文學的傳統。夏德安接着綜合運用此三種方法，以馬王堆 3 號墓、張家山 247 號墓和老官山 3 號墓的簡帛爲例，對古代中醫寫本展開獨到的分析。

來國龍以出土戰國秦漢簡帛研究中的通假字研究爲例，顯示了運用新語文學的方法所可能取得的成果。他强調通假字是閱讀傳世古籍和出土文本中的重要的基本問題，也是新語文學建設中應有的重要組成部分。清代二王倡導的“以音求義，不限形體”的新方法，利用音韻學研究的新成果，對通假字進行了全面徹底的梳理，是清代語文學的一大突破。但是限於材料和見識，清代學者的材料以傳世文獻爲主，在語音分析上還是運用了含混模糊的“通轉”學説。最近幾十年，大量前人所未及見的戰國、秦及西漢的簡帛寫本層出不窮，使我們有機會突破清代以來强調“本字”“本義”的傳統語文學的樊籬，以更加歷史的觀點看待古代文字和文本的發展演變。針對目前古文字學界普遍存在的濫用通假的習氣，該文指出在通假字的運用上應該堅持音同、音近的原則，擯除所謂“通”“轉”等玄説。近數十年來國内外的上古音研究在高本漢的基礎之上已經有突飛猛進的新進展，再加上大量戰國秦漢簡帛古書的出土，爲我們提供了前所未有的瞭解先秦秦漢寫本文化的新材料，因此在通假字的研究上應該有一個新的突破。

馬克運用詹姆斯·洛克哈特根據墨西哥“新語文學”研究的語境下提出的民族語文學的研究方法,分析比較兩份當代寫本,旨在爲研究出土古代文獻提供方法上的借鑒。此兩份寫本是馬克於 2007 年在江西省進行的一次田野調查中發現,其擁有者是一個以民間儀式“開光”爲業的家族。第一份寫本由其中一位已故的家族成員在 1982 年編寫,至 2006 年他的孫子在該寫本的基礎上製造出一份内容相同的新寫本。馬克揭示了此兩份寫本的歷史、文化及意識形態背景,分析作者、編纂者、抄寫者的動機和作用,考察寫本的産生、修改和增補的過程,並細緻地比較寫本中的異文。這一研究成果對戰國至秦漢書寫實踐及方術類文獻的學者是有益的重要啓示。

夏含夷的論文恰好呼應了馬克對考察寫本産生過程的重要性的强調,對清華大學所藏《鄭文公問太伯》的甲、乙兩本進行細緻比較,同意馬楠關於兩個寫本“係同一書手根據不同底本進行抄寫”的判斷,指出這一僅見的證據爲瞭解中國古代文獻的抄寫過程提供了極其難得的資訊。夏含夷還引述李孟濤(Matthias Richter)對上海博物館藏《天子建州》甲、乙兩個寫本的比較,説明在此例中是兩個不同的抄手分别書寫。他最後得出結論,無論是一個抄手還是兩個抄手,抄手都是一邊看底本一邊抄寫,這説明一個底本一個抄本應該是中國古代最可能的文本製造方法。

作爲“使文本被理解的學科”,新語文學在闡釋文本的思想文化内涵時,不可避免地與人文學、社會學研究相互融合滲透,這是新語文學區别於傳統語文學的最重要特徵之一。而對於學科分野尚不分明的早期中國研究來説,這一特徵尤其具有重要意義。如同許多學者早已指出,有關早期中國的研究,不論是社會歷史還是思想文化,都必須是綜合性的和跨學科的,不能局限於某一種研究方法和領域。[11]本文集第二部分的六篇論文,即嘗試運用新語文學的研究方法闡釋傳世和出土的文本和文字,並揭示其中所藴含的歷史、思想、宗教及文化意義。

此部分以陳偉的研究開端,對秦與漢初律令中馬“食禾”一語作出新的闡釋，從而解決了早期法律史研究中的一個難題。馬“食禾”涉及公務用馬喂飼的制度，有關條文最早見於1975年出土的雲夢睡虎地秦簡，隨後陸續有更多發現，但此類文句的確切含義一直不太清楚。文中綜合梳理秦漢簡牘中的相關資料，辨析語義，將“食”釋爲喂菽，“禾”釋爲喂禾。論文最後總結這一討論所包含的方法論意義，指出律令類簡牘用語的一些特定含義每每失傳，需要通過較多辭例的細緻比勘、勾稽予以抉發，對細微異同也應該保持高度敏感，並以重新審視的意識關注新出土的相關文獻。

方勇的論文對岳麓秦簡（壹）《爲吏治官及黔首》篇第20簡中的“髼”、“下”兩個字進行考釋，得出一些新的結論：“桼”是表示漆之本字；“髼”字在詞義上既可指漆木又可指漆木所産之漆，在語法功能上可作名詞和動詞，此字應從“桼”得聲。通過對秦簡的文字考據和文本闡釋，文中還針對秦時漆園管理的相關問題作出重要的探討，指出岳麓簡文“髼（漆）下多草”應指漆園中的漆樹下雜草叢生的場景，此應與漆園的管理不力有關；睡虎地秦簡《秦律雜抄》簡20、21的法律内容表明秦政府對於“漆園”的管理十分嚴格，在年終評爲最後一名者，縣嗇夫、令、丞皆受處罰；里耶秦簡8—456中有“桼課”的簡文記載等。這些内容對於我們研究秦帝國生漆的生産、管理以及瞭解掌握當時漆園的分布情況具有重要意義。

丁四新的論文通過對“或”字的考釋，解決上博楚簡《恒先》中的一個疑難概念。“或”在《恒先》中是一個比較重要的宇宙生化論概念，它居於“恒”之後、“氣”之前。這個疑難概念在竹簡中作不定代詞用，是“或物”、“某物”之義，而不是“有”（動詞）、“或然”（副詞）或“或有或無的狀態”的意思。不過，在生化的次序上，它確實介於無（“恒先”）、有（“氣”、“有”）之間。不定代詞“或”用作哲學概念在《管子·白心》和《莊子·則陽》中都有發現，其詞義也是以“某物”爲基礎的。而《恒先》采用此詞來表示宇宙生化的一個階段，這一方面表明作者的宇宙論思想有所深化，但是另一方面也表明他對宇宙生化結構的認識還是不夠具體的。從位置和功能來看，《恒先》的“或”大致相當於《莊子·至樂》篇所説的“芒芴”。此外,“或”和“恒先”都是對“恒”概念的深化。

“名”是先秦思想的重要主題之一,不僅所謂名家,幾乎各家都討論“名”的問題,並使其成爲各自思想體系中的重要組成部分。曹峰的論文通過對傳世和出土道家文本的細緻比較分析,討論先秦道家有關名的思想觀念。文中指出,道家對“名”呈現出截然相反的兩種姿態,一種是“無名”,另一種是“有名”,一方面是輕視和否定,另一方面是重視和肯定。這看似矛盾,其實並不矛盾。只要瞭解道家“道”“物”二分的思想結構,知道道家不同流派對於現實政治的不同立場,就能夠明白,無論是“無名”還是“有名”,對於道家而言都具有重要的意義。講“無名”是爲了跳出“有名”的束縛,講“有名”是爲了使萬物都得到區别、認識和管理。因此,“無名”和“有名”在不同的場合有不同的存在合理性。

“誠”是中國思想史上最重要的概念之一,古今中外學者的相關研究堆積如山。大多數學者集中於對先秦經典中有關“誠”的倫理、政治、宇宙、自然等思想觀念的分析,也有一些學者探討“誠”與古代宗教儀式的關係。賈晉華的論文嘗試運用新語文學的研究方法,全面搜集相關的傳世和出土文獻,將文字分析、文獻考據、文本解讀與宗教史、思想史的研究相結合,通過對“誠”字及其初構“成”字的重新闡釋,發現二字的初義皆與卜筮祭禱的禮儀相關聯,蘊含主祭者以誠信的辭語、誠敬的情感和誠實的祭品感通鬼神,使之降格歆饗,從而完成儀式等活動過程。正是在這些宗教意蘊的基礎上,戰國諸子,特别是孔門後學,逐漸發展出誠、誠信、誠敬、誠實等哲理觀念。

楊兆貴的論文以語文學的方法分析《尚書・周書》中歸屬於周公的德觀念。文中强調從字詞文本的上下文脈絡、時代背景、人物説話的動機、背景、字詞的歷時性及共時性含義等角度去理解某一字詞所含蘊的思想意義。有關《周書》的“德”説内涵,學者直接討論的比較少,討論較多的是周初有關“明德慎罰”的觀念。本文主要從元德、君德、臣德、民德等方面論述歸屬於周公的“德”説内涵,指出其中包括了繼往和開新兩方面,涉及宗教、政治、社會倫理、個人道德修養等範疇,對春秋時期、戰國諸子百家的學説産生重要的影響。

近幾十年來戰國至西漢大量簡帛文獻的出土,使得如何運用新語文學來推動出土文獻的研究不可避免地成爲與會學者的關注熱點。本文集第三部分即是這方面的嘗試。首篇爲顔世鉉的論文。文中首先援引各位名家的説法,説明語文學和語言學既有區别又相互關聯的複雜狀況,並將傳統的考據、訓詁之學劃歸語文學。接着以語文學爲方法,以新出土文獻爲憑藉,進行校讀傳世古書的實踐。所校讀之四例皆取自《淮南子》一書,其結果得出許多新的結論,包括:(1)"合戰必立矢射之所及",矢射,王念孫讀爲"矢石",此文補充文獻上"射"讀爲"石"的通假例證;(2)"斬首之功必全",全讀爲"薦",指薦舉之意;(3)"人不及步鋗,車不及轉轂",鋗讀爲"踠",指曲腿舉足意欲奔馳之意;(4)"教之以金目則射快","金目"即"深目",居延漢簡記載守禦裝備有名爲"深目"之物。

李守奎的論文通過對"俞"字的考釋,深入反思《説文》以來的漢字闡釋學。文中首先梳理"俞"字闡釋的歷程,接着考定其字形爲形、音、義皆能落實的"𦨶"字,其意義則爲舟船順流而下。基於對"俞"字形義的新考訂,論文重新考釋和認定相關的一系列古文字,並重新闡釋傳世和出土文本中所載戰國時期的一些重要歷史事件。李守奎進一步指出,漢字闡釋的核心内容是構形理據,而正確闡釋理據的前提有二,一是確知文字所記録的與構形相關的音義,二是追溯到漢字早期未經訛變的字形;在這兩個條件具備的前提下,結合其他歷史文化知識,推測古人造字時的思維。

馮勝君的論文旨在利用出土文獻檢視前人校讀古書的得失。他指出,先秦兩漢時期的典籍,歷經輾轉傳抄,訛脱衍倒之處甚多。前人綜合利用各種校讎手段,對這些古書進行校勘和注釋,取得了不少成績。但由於缺乏可靠的參照標準,對於前人校讀古書的成績難以作出客觀準確的評價。當前地下出土戰國秦漢簡帛古書大量湧現,其對於校讀傳世古書的作用,正如現代醫學中的X光照相或CT掃描,使人的五臟六腑纖毫畢現(肺腑而能語),病竈無所遁形。有了出土文獻這一利器,不僅可以對前人校讀古書的不少具體意見作出準確評判,更可以總結得失，歸納條例，爲今後的古文獻整理工作提供借鑒。

陳劍的論文主體爲結合出土文獻校勘和解讀傳世古書的一組劄記，主要内容包括根據出土戰國和秦漢文字資料的字形及同類誤例，指出傳世古書中的一些形近誤字及因不明其意而誤改、誤衍等例；出土文獻與傳世古書罕見詞義的互相發明；根據個别未見於傳世古書而由出土文獻所新提供的特殊用字習慣，指出古書中的同類例子，以及進而由此致誤之例。文中通過精細考證，得出許多獨到的新結論，並據此略作總結，體現出在出土文獻研究熱潮下新語文學的一個側面。

李天虹和羅運兵根據新出土的隨州周家寨漢簡《日書》，考證以往學者擬名的秦漢簡《日書》"直心"篇，應當更名爲"學"，"學"即本篇的主題；《隨州孔家坡漢墓簡牘・日書》"學"篇簡 203，應下與"未編聯殘片"殘 6 綴合，再下與簡 237 遥綴，從而復原成爲一枚大體完整的簡；簡 203 原釋"之"的字，當改釋爲"心"。殘 6 及簡 53、186 中原釋"齍"的字，當改釋爲"學"。文中還指出，孔家坡《日書》"學史"一語，相當於周家寨《日書》"學"篇的"學書"；而"學史"和"學書"的禁忌可能都與倉頡有關，兩者可能是一回事，或起碼關係密切。

林宏明以古籍訓詁二則爲例，討論有關古文字闡釋的相關問題。《吕氏春秋・懷寵》中"子之在上無道"的子，歷來注解有將子視爲"所伐國之君"及"所伐國之民"的不同。林宏明根據傳世文獻和中山國銅器銘文中與此句所述近似的内容，認爲"子之在上無道"的子似不應獨立解釋，而將"子之"二字看作人名，即爲戰國時代使燕王噲效法堯舜禪讓的大臣"子之"。而《逸周書・度邑》中"天自幽，不享于殷，乃今有成"，"自幽"或以爲衍文，或以爲"自鹵"之誤，或以爲以本字訓釋即可，林宏明則提出是"自絶"之誤的新看法。

總的説來，有鑒於古今中外各種傳統的和現代的語文學的發展，本文集探尋、嘗試和展望一種適合研究早期中國文本和歷史的跨學科範式。新語文學不再局限於傳統的關於歷史文獻的語言研究，而是致力於通過解讀文本、闡釋文字而理解其中所藴含的語言、歷史、思想、文化意義，同時還關注寫本文化，探討古代文本的産生、製造、複製、傳播、演變的過程及其所涉及的社會思想因素。我們提倡一種新方法和新視角,只是再一次提醒自己"磨刀不誤砍柴工"。我們也深深地認識到,沒有什麼方法是萬能的,對歷史文本的合理閱讀是正確的方法和對材料的精熟相結合的成果。任何視角都可能會有盲點,再好用、再鋒利的工具用久了也會變慢變鈍。因此我們需要一次一次地不斷磨礪,重新檢視我們研究的根基,以求日益全面深入地研究早期中國的方方面面。

注釋

[1] 參看 James Lockhart, "Charles Gibson and the Ethnohistory of Postconquest Central Mexico," in *Nahuas and Spaniards: Postconquest Central Mexican History and Philology*, Stanford: Stanford University Press, 1991; Matthew Restall, "A History of the New Philology and the New Philology in History," *Latin American Research Review*, 38.1(2003):113—134。

[2] 參看《異文贊:語文學的批評史》(Bernard Cerquiglini, *Eloge de la variante: Histoire critique de la philology*), Paris: Seuil, 1989;英譯本:*In Praise of the Variant: A Critical History of Philology*, trans. Betsy Wing, Baltimore: Johns Hopkins University Press, 1999;及本書所收夏德安的論文。

[3] Paul de Man, "The Return to Philology," in *Times Literary Supplement*, 10, 1982.

[4] Jan M. Ziolkowski ed., *On Philology*, University Park: Pennsylvania State University Press, 1990.

[5] James Turner, *Philology: The Forgotten Origins of Modern Humanities*, Princeton: Princeton University Press, 2014.

[6] Sheldon Pollock, Benjamin A. Elman, and Ku-ming Kevin Chang, *World Philology*, Harvard: Harvard University Press, 2015, 22.

[7] 有關清代考據學的詳細論述,參看本集所收艾爾曼的論文;也可參看其著作 *From Philosophy to Philology: Intellectual and Social Aspects of Change in Late Imperial China*, Cambridge, MA: Council on East Asian Studies, Harvard University,

1984(中譯本《從理學到樸學:中華帝國晚期思想與社會變化面面觀》,趙剛譯,江蘇人民出版社 1995 年版)。

[8] 關於漢學研究中語文學地位的消長,參看 David B. Honey, *Incense at the Altar: Pioneering Sinologists and the Development of Classical Chinese Philology*, New Haven, Connecticut: American Oriental Society, 2001。

[9] Edward H. Schafer, "What and How is Sinology," *T'ang Studies* 8—9(1990—1991):23—44.

[10] 參看王濤:《20 世紀訓詁學學科名稱定義的爭論》,《漢學研究通訊》22.2(2003):10—17。

[11] 例如張光直:《考古學專題六講》,文物出版社 1986 年版,第 1 頁。

第一編　新語文學的理論和方法

早期現代還是晚期帝國：中國古典語文學在 18 世紀的轉變

艾爾曼(Benjamin A. Elman)

大多數歷史學家將 1400—1900 年中華帝國的晚期看作一段衰落和淡出的歷史。回溯鴉片戰爭(1838—1842)和太平天国起事(1850—1864)，20 世紀之前發生的大事件乍看起來似乎讓中國還未準備好迎接現代化。然而，本文認爲，18 和 19 世紀的中國不單是傳統時代行將就木的“晚期帝國”的絶唱，更是呼之欲出的“早期現代”的序章。實際上，我們現在所説的“早期現代”這一歐洲語境下的名稱，甚至可能源自東亞和南亞的貿易及文本世界。

抛開 16 至 19 世紀前期全球化下“西方崛起”的表述，我們會看到同時期東亞在其區域内部已經開始了動態發展，因而我們不能在事後以自詡的先見之明想當然地認爲東亞被迫由外部强行拉入全球化的進程。也就是説，在認識現代化早期的全球化“開端”時，我們或許要在觀念上改變東亞歷史僅僅是區域性歷史的成見，重新樹立起東亞歸屬於全球歷史和世界語文學整體的觀念。事實上，在 17 世紀，中國、日本和印度的内在發展原動力及運作機制迫使歐洲人反思自己的政治、經濟、社會和文化價值，而不是“人云亦云”地直接照搬歐洲的早期現代化經驗。[1]意識形態上對財富的合理化最初發生在素有“白銀時代”之稱的明朝(1368—1644)。例如，財神從一個對百姓施以暴力的古怪惡神演變成能夠滿足受教育群體祈求經濟繁榮的韋伯式的仁慈之神。[2]

18世紀中國傳統經學家的語文學話語經歷了一個由宋明理學到更具有懷疑精神和世俗化傾向的實證主義蛻變,我已在另文中稱之爲“認識論革命”。通過對知識來源進行考證而非依靠純粹理性判斷,清代的經學家[並不像朗宓榭(Michael Lackner)筆下的宋代先賢那樣]認爲應當通過對所有知識來源的文本進行比對,來重新公正地評價古典理想的正統範疇。此番基於實證並懷疑經典的轉變意味着,抽象的概念和形而上的範式以及理性的論爭將讓步於精英階層討論的基本對象,如具體事實、信而有徵的制度、古代的自然研究以及歷史事件。[3]

大體而言,清代的經學家認爲宋明“道學”是實證的阻礙,因爲道學不鼓勵進一步的實證研究。他們提倡將對知識進行實證研究所需的證據和論證置於經學研究的核心地位。在此期間,學者和批評家也同樣把歷史研究的分析方法運用於官方的經典中,未遵循歷史主義的古典注疏,讓位於文本考證和“徵信”,從而强化了經典著作。從思想史的角度看,中國的考據學家以及他們的認識論變革代表了1900年之前最後一次重大的帝國儒學運動。[4]

一、帝制時代的中國經學

自西漢(前202—公元8)在官方層面上確立今文經學的正統地位,到了東漢(25—220)又加入了古文經學作爲官方學術之後,對歷代中國的政治、社會和文化的論述都通過精英階層以古老的語言記錄在經典及正史中。從理想主義的士大夫階層到私利至上的政治投機分子,乃至獨裁的統治者,都不得不通過國家禮制、古代律令以及歷史舊制這些受到管控的工具來表達他們的政治觀點,比如《周禮》。

上千年來,傳統的五經(《易》、《書》、《詩》、《禮》、《春秋》)和現代以前的中國政治話語,不論是否保守、平和或者激進,都表明上述經典在傳統帝制下疏導政治行爲和表達政治觀點的內在力量。由於中國皇權文化的合法性經常需要通過經文的政治論述來表達,因此政治改革和辨僞疑經經常同時出現。例如,所謂的“今文”和“古文”之爭,原本是指古代經典的書寫形式之别,但是囿於經學和政治的爭論,所以語文學,尤其是文字學,就顯得十分有必要,因爲其既能從經典層面確定帝國政策的合法性,又能通過對若干經文的辨僞來否認這一合法性。

五經是以深奥的文言文書寫的經典,它保留了古代聖賢的教言、自然哲學及聖王的典章制度。歷代以來,經、史都是有志在政治舞臺上大展宏圖的士子需要學習的核心課程。即便宋代(960—1279)出現了更易讀的四書,五經依舊是帝制晚期中國士人在政壇獲得升遷、名望和權力的關鍵所在。對古代士人而言,研究和珍視過去是實現聖王理想的必經之路。學子們可以從經典中獲取豐富的人類經驗,並在成敗得失的歷史描述中找到現實事務的應對之道。經典中囊括了理想社會秩序的經典範式以及對歷史真理的絶對主張。

帝國時代的基礎是古典範式,通過古典範式建立起來的用於政治掌控的國家機器才具有正當性。官僚、儒士和舉子都憑藉對經典的嫻熟爲政府和社會的利弊作出自己的判斷和假設。對於傳統中國的士人來説,實現古代聖王的理想,必須研究和珍視歷史的經驗。國家制度的確立和對自然的解釋都已經銘刻於經典中。經典通過中古時期形成的科舉制度,檢驗了數以百萬計的人們。由此可知,經學在帝制中國的政治論述中居於核心,這是語文學研究在士人學習過程中扮演重要角色的先決條件。

由於中國保留了豐富的古代文本,中國古代的文字學成爲詮釋經典的關鍵工具,這比歐洲中世紀和文藝復興才開始重新發現文字學的重要意義早上數個世紀。舉例來説,文字學字典《説文解字》,由許慎(58—147)在東漢時期(25—220)編纂,包含了根據540個部首歸納下的9 373個漢字,在現代以前的大多數字典中,這一部首的框架一直被保留下來。[5]伯納德·德·蒙福孔(Dom Bernard de Montfaucon)(1655—1741)在其1708年出版的先驅性的《希臘古文字學》(*Paleographica graeca*)一書中,詳細考察了希臘文的手稿並創造了"古文字學"一詞,這是歐洲第一部認識到書寫史是解開對寫本進行系統分類的鑰匙的著作。之後,西皮尤納·馬菲(1675—1755)也意識到中世紀早期的拉丁字母系統的多樣性源自羅馬帝國滅亡之後依舊存在的古典時代的特定書寫方式。在中國,帝制時代的經學家從公元前 1 世紀就已經開始探討上述有關文本的問題。[6]

在帝制中國,掌握了經書的詮釋權,就實際上控制了王朝權力的解釋權和合法性的基礎。對歷代皇室而言,儒家學者和官僚就成爲必須仰仗的對象。從公元 1313 年到 1905 年的三個朝代便證明了上述觀點。元代(1280—1368)的蒙古統治者接受漢人儒學謀士的建議,將宋代大儒程頤(1033—1107)和朱熹(1130—1200)對經書的批注即“程朱學”設爲正統,並納入科舉考試。明代和清代(1644—1911)的皇帝在儒士相似的建議下依循此制,確立了程朱“道學”(即“新儒家”)的權威地位,認爲其能在最大程度上維護統治的合法性。實際上,自明初以來,程朱學成爲支撑帝國意識形態的主要思想。[7]

宋代儒士關心的是建立一個涉及全部人類經驗的象徵體系。這種學術傾向固然可敬,但相對卻忽略了語文學的重要性。如同漢代的先賢所做的,研究符合道的象徵符號和政治隱喻不需要也不鼓勵批判性思維的發展。圖的象徵性關聯,即所謂的“宇宙圖式”不得不遭受質疑,我們才能重新評估程朱正統的歷史基礎。

從 16 世紀開始,程朱學派的哲學説教開始受到挑戰。尤其在 17 世紀和 18 世紀,批評之聲不絶如縷。在學者和官員之間,展開了一場如何恰當評價四書五經的角力。國家政治權力合法性的基礎依然是經典,但是其中部分經文的出處和内容卻受到質疑。經典一直是神聖的,但是出現了新的閲讀和理解方式。另一方面,由於受到耶穌會士的影響,17 世紀的士人也開始以自然哲學和天文學的視角重新審視經典。

二、18 世紀中國的思想和社會背景

17 世紀在江蘇、浙江、安徽等諸省的士人中間形成了一個以考據研究爲主的經學研究學術群體,他們的影響最終滲透進了北京所認可的官方經學課程内容。這個以語文學爲框架的經學研究標誌着精英階

層在認知過去知識的主流上發生了根本性轉變。另一方面,18世紀經學家的文獻語言,反過來也加强了以朱熹的道德哲學爲代表的宋明理學朝向更具懷疑精神和世俗經驗主義經學的轉型。清代經學家倡導以對經書文本進行更加精密的考證來重估如何合理構建經文中的古代理想,而不是單純地從主觀質疑知識的來源。

經學研究的實證主義轉型意味着當時知識精英的辯論重心,已從抽象的概念和先驗的理論論證,讓位給具體事實、可證實的制度及古代的自然科學和歷史事件。總體而言,清代學者認爲宋明"道學"已經成爲追求可驗證真理的阻礙,因爲宋明儒士並不鼓勵更進一步沿着實證性路綫進行探討。這種標榜"實事求是"以實證進行研究的方法,將證據和事實視作傳統經學體制和分析的核心。這一時段内,學者和批評家也開始運用歷史學的分析方法處理官方經學的問題。經學注疏漸漸失去了它本來的光輝,文獻批判和考證被當作捍衛古代經典的手段。[8]

考據學者認爲有效的知識應來自外在的事實和公允的觀察,由此18世紀的士人也加强了他們稱之爲"自然學"的研究。儘管中國並没有發生歐洲那樣成熟的科學革命[9],但是考據學者確實優先考慮並投入更多精力到天文、算術、醫學和地理等學科上。在16世紀耶穌會士來中國傳教之前[10],明代學者對科學没有太大興趣。此時出於對復古關懷的刺激,清代的考證學者們需要通過精確的科學來恢復固有的傳統,諸如戴震(1723—1777),錢大昕(1728—1804)和阮元(1764—1849)等人成功地將西洋天文學和數學的要素納入其經學的知識框架内。尤其是錢大昕,他認爲此舉擴大了學術傳統,有助於糾正數世紀以來把經學研究局限於道德和哲學問題的誤區:"自古未有不知數而爲儒者。中法之絀於歐羅巴也,由於儒者不知數也。"[11]

另一方面,清代的學者也致力於衝破由宋明"道學"所高築的形而上學和宇宙論的藩籬。在清初程朱學復興之際,閻若璩(1636—1704)的《尚書古文疏證》證明了古文《尚書》係後人僞作。雖然他的發現在1745年之前僅以手稿形式流傳,但這仍然極大地反駁了道學中如"人心道心"之類的觀點是建立在古文《尚書》之上的學説。[12]其同道胡渭(1633—1714)雖未及閻若璩聞名,但也在他的著作中揭露了宋代藉以表述宇宙論的圖式(即"洛書"和"河圖")在其本質上偏離了儒學正統。他們的發現經18世紀中葉的蘇州學者惠棟(1697—1758)進一步證實。惠棟之後,其弟子掀起復興"漢學"的浪潮,比閻若璩和胡渭更激烈地批判程朱宋學。

在乾隆(1736—1795)和嘉慶(1796—1820)時代,語言成爲研究和探討的主體。安徽的學者戴震這樣描述這種研究:"經之至者道也,所以明道者其詞也,所以成詞者未有能外小學文字者。由文字以通乎語言,由語言以通乎古聖賢之心志。"著名的經史學家王鳴盛(1722—1798)也主張"經以明道,而求道者,不必空執義理以求之也。但當正文字、辨讀音、釋訓詁、通轉注,則義理自見,而道在中矣",回應了戴震的看法。[13]

18世紀和19世紀,戴、王的研究進程被數以千計受過考據訓練的學者採納。在這種方法下,以考證研究爲圭臬的舉子們致力於突破業已形成的宋明道學形而上學和宇宙論的重重帷幕。他們試圖尋回經書中古代聖王的本來面貌以及未被扭曲和再加工的真實意涵。清代學者重探古代經書的結果是,衝擊和質疑了清朝統治者在科舉考試和官方意識形態中奉爲規範的程朱經學傳統。

18世紀末,儘管經書的地位在政治上没有動摇,但其權威性相對史學研究而言卻被極大削弱。[14]章學誠(1738—1801)提出"六經皆史"的概念,他把永恒的經書納入没有間斷的歷史長河中。在18世紀,章學誠的這一想法並不罕見。其他很多哲學概念也難以逃脱實證研究的檢驗。儘管大多數考證學者偏好實證性的研究,但以戴震爲首的一些學者則把文字、聲韻、訓詁等學問當作建立更準確的文本及進一步處理傳統哲學問題的新手段。受戴震影響,經書中重要的觀念和理想都必須通過訓詁的方式來證明。此種方法在文本考證中已經碩果累累,因此,考證學者希望能夠進一步證明此方法同樣適用於道德哲學的探討。[15]

三、"漢學"的興起

清代的經學傳統的轉變,伴隨着相應的政治、社會和經濟環境的變遷。與所有的傳統一樣,經學對現實秩序的安排受制於現實和士人觀念中的現實之間的內在張力。這些張力包括長期引發討論和響應的道德和政治議題。在帝制王朝的統治下,這些響應並非一成不變。經書中基於這些響應而生的觀念,其相應的詮釋、表述及具體行動都隨年代時移勢易。對於面臨不同問題的士人而言,經書中同一詞目有着不同的含義。對於程朱道學的信仰者而言,道統代表了聖人們的心傳。不過,越來越多的清代學者相信,道統只是宋儒受禪僧"以心傳心"的佛教思想影響而産生的觀念。[16]

由於技術類著作的出現,語文學在18世紀和19世紀成爲蓬勃發展的經學研究事業的一部分。儘管清代學者追求的學術目標並非"科學"和"客觀",但他們宣導公允的研究進程,他們希望藉此恢復與古人一度中斷的對話。清代學者起先溯源至唐代的文獻,之後是漢代的文獻,試圖以此克服宋明時期經注的局限。相比唐、宋、明三朝的士人多受道教和佛教思維的影響,東漢時期的經書文本和注解則相對純粹,因此,17世紀和18世紀純正的儒家學者對漢代學者的敬意和關注便與日俱增。

偏好東漢經學的"漢學"學者與提倡程朱學的"宋學"學者的論爭,不僅僅代表尚古者的學術追溯,漢學的支持者還藉此質疑清朝統治者爲維護政權合法性而敬奉的官方意識形態(程朱學)。18世紀漢學的重構使人們意識到東漢興盛的古文經學和西漢尊崇的今文經學大相徑庭。

嚴格意義上的"漢學"是指18世紀中葉以惠棟爲代表、在蘇州蔚然成風的學派。由於惠棟及其在江南的大批支持者激烈地排斥宋學,他們轉而重建東漢時期對經文的注解,特別是成功綴輯了今古文大師鄭玄(127—200)的作品。他們認爲,東漢與上古相去未遠,更加接近經典的編纂年代，所以東漢學者的注疏可能更接近經文中反映的真實內涵。

四、18世紀經學和詩歌的復興

就在漢學興起的同時，乾隆晚期的士人也見證了五經和唐詩的復興。此次復興對於强調四書中道德哲學和八股文書寫方式的程朱道學而言，是一個巨大顛覆。古學的復興，尤其是宋代之前士人的書寫方式和注疏讓清代學者逐漸注意到律詩在唐宋科舉考試和士人生活中的地位。八股文作爲科舉考試的標準文體是劃時代的轉變，這個過程開始於宋代，經過元代的發展，到明代前期，律詩被完全排除在科舉考試之外，而八股文則迎來巔峰，一直延續到18世紀中葉乾隆皇帝的改革。在18世紀50年代，儘管心存顧慮，乾隆皇帝還是要求在科舉考試中增加律詩寫作的比重。到1760年，他甚至下令將律詩定爲帝國官學課程的一部分，並每月進行一次測驗。[17]

雖然科舉改革的腳步緩慢，但清廷的舉措確實與元明時代科舉考試的關鍵内容背道而馳。[18]首先，論、書表、判語等考試科目受到鋭意改革的官員的挑戰。其次，作詩能力開始成爲衡量士子政治才能的標準。清代許多像章學誠這樣更傾向於程朱學的傳統學者，在回顧1756—1757年偏重作詩能力的科舉改革時，認爲此次改革拉開了今後四十年科舉考試逐漸演變爲古文和律詩主導下文學品味競逐的序幕，而他所説的"實學"則被取代。

在唐代進士科的選拔中，作詩能力是一條重要標準，因此律詩得以在士人中間流行。但唐之後，古詩和律詩喪失了其在科舉考試中的地位，在士人生活中也有一定程度上弱化。對清代學者而言，雖然唐詩在程朱"道學"籠罩下的元明時期失去了過去的特殊地位，但它卻保留了去古未遠的特質，而且唐詩未曾沾染滲透到宋代儒學思想中的佛學因素，因而它得以保持余寶琳(Pauline Yu)所謂的"美學上的純淨"[19]。

1756年，五言八韻再次成爲官方要求的寫作形式，在1757年的會試中開始施行，並於1759年擴大到鄉試中。[20]起初，律詩寫作的題目被安排在第二場考試，恰好取代了4個世紀前因爲道學的興盛而擠掉律詩從而進入科舉考試科目的書表和判語等試題。1758年，以律詩爲取士標準的規定更擴大至地方的資格考試中，甚至在1760年延伸至生員的考核和復審。[21]

表一　清中葉(1757—1787)科舉改革後鄉試和會試科目

科目	題數
第一場	
四書	3道
論	1道
第二場	
易	4道
書	4道
春秋	4道
詩	4道
禮	4道
詩題	1首
第三場	
經史時務策	5篇

在考試制度轉變的過程中，爲了幫助士子們適應新加的律詩體裁和格律，各種韻書逐漸印刷並刊布。年幼的男童（和女童）通過學習包含傳授對仗及格律的啓蒙律詩讀本，掌握了五言詩或七言詩的寫作方法。這些發展是一個明顯的標誌，表明當時士人階層恢復了唐宋時代以作詩能力衡量才學的標準。十年内，唐宋詩集的數量與日俱增，一版再版。此外，明代以來各種類型的"詩話"也一再付梓，清代學者也跟風編纂出多種新版"詩話"。[22]成書較早的《千家詩》成爲官學學生和舉子用來學習律詩的最主要的教材之一。[23]

隨之而來的是，科舉考試的改革者們不得不從以下兩種立場中作出抉擇：其一是提升在第二場考試中取代書表和判語考題的律詩寫作的地位；其二是繼續重視1756年之後移至第一場考試的"論"的考題。其中，有關"論"的考題代表了宋學的意志，而傾向漢學的學者則希望進一步凸顯唐詩的地位,因爲唐詩在程朱宋學之前直接和古代學術銜接。他們希望先降低“論”在考試中的比重,最終把它從科舉考試中完全剔除。

律詩中的用韻規範和音韻學關係密切,這讓律詩復興的勢頭更加如火如荼,音韻學成爲18世紀考據研究下小學的主要内容。清代的考據學家以文字學和音韻學爲基礎,建立起一個研究框架並藉以重建中國文字的意義。該考據學趨勢的一個副産品是讓人們充分意識到詩學,特别是律詩對於以音韻學、文字學和訓詁學爲手段重建古代理想世界的重要性。[24]

五、廢除科舉考試中專經的規定

儘管在1756年之後,律詩的寫作已經作爲試題之一進入科舉考試系統,但清代學者仍有不滿的地方:應試的舉子多數只精通《詩》和《易》,而對其他經典,特别是《春秋》和《禮》,則知曉不多。例如,在1765年,一份由四川總督上呈的奏摺中,描述了60位參加四川鄉試的舉子研習經典的情況:14人(23%)專精《易》;13人(22%)專精《書》;21人(35%)專精《詩》;9人(15%)專精《禮》和《春秋》;3人(5%)五經皆通。從這份奏摺及其所附文件中可以看出問題所在:即使1756年的科舉改革已經把五經的考題移到第二場考試,舉子們仍然需要鞭策才會在那些比較冷門的經書上下足功夫。[25]

改變科舉考試中專經的最後一個步驟開始於1792年。在1787年至1792年之間,五經輪流成爲考試科目,《春秋》是其中最後一次考試的經書。此後,清代的科舉考試便廢除了專經的要求。另一方面,科舉考試競爭日趨激烈的現實與過分拔高對舉子經學素養的要求互相呼應。中國人口激增的壓力推動了科舉改革,随着參加考試人數的不斷增長,通過科舉考試變得愈發困難。直到太平天国運動(1850—1864)之後,朝廷才考慮增加録取名額。以下表格是清後期科舉考試的科目。[26]

表二　1793—1898 年鄉試和會試的科目

科目	題數
第一場	
四書	3 道
詩題	1 首
第二場	
易	1 道
書	1 道
詩	1 道
春秋	1 道
禮	1 道
第三場	
經史時務策	5 篇

從 1793 年開始,不論鄉試還是會試,考官都會分别從五經中摘取一段文字,讓考生在第二場考試中作答。他們接受了漢學派重視五經的影響,並記録下東漢學者是如何博通五經,而非專守一經的學風。到了 1787 年,考生如果在試題中流露出對宋學的喜愛,就會受到駁斥。[27]

即便這樣,漢學的倡導者對改革的結果也没有完全滿意。錢大昕在他的私人著述中建議把四書移到第二場考試,以便五經優先出現在第一場考試中。錢大昕認爲在經歷了 4 個世紀的反復使用後,四書中的任何一個可能被考官徵引的段落和題目,考生都有相應的文章可以參考。[28]從而導致考生不再品味四書,轉而閱讀坊間傳印的各類參考文章。而五經宏富艱深,若以此爲題,則可避免上述問題。孫星衍(1753—1818)也有類似觀點,他在一份奏摺中呼籲,科舉考試應該復興漢代的注和唐代的疏,以此補充在明初由朝廷定爲官方注疏的三部宋人的著作。然而,没有一條建議被付諸實踐。[29]

在某些場合,京城的漢學派群體能夠輕而易舉地改變考試內容。1792 年,時任禮部尚書的紀昀(1724—1805)要求廢除科舉考試中胡安國(1074—1138)對《春秋》的注解。原因是,和其他宋學學派的傳注一樣,胡安國的傳注裏清晰地傳達出道學的信念,這在紀昀等漢學家看來是不合時宜的。紀昀批判胡安國的著作,認爲胡安國只是利用《春秋》來粉飾他關於北宋滅亡、南宋遷都的看法而已。另外,胡安國在他的注解中也攻擊了北方蠻族,主要指女真人建立的金朝。這無疑觸動了清代統治的根基。出於擔憂胡安國的著作有可能損害滿漢關係,乾隆皇帝下旨摒棄了胡安國著作中全部有關於此的部分。紀昀偏愛漢代的《春秋三傳》,有關"三傳"的解釋已經充分表現在康熙朝編成的《欽定春秋傳説匯纂》中,紀昀還駁斥了胡安國很多觀點。對於紀昀的要求,乾隆皇帝立刻予以回應,他下令從 1793 年開始,科舉考試不得再援引胡安國的注解。[30]

不過,紀昀也没有取得完全的勝利。漢學學者通過提升五經的地位使其成爲考試科目這一做法在挑戰四書這一點上雖然取得了成功,但四書在縣學、鄉試和會試中仍是最重要的一科。在清代的科舉考試中,五經的五道題目和四書一樣,被視作一個整體。而考生回答的有關五經的五道試題,主考官確實傾向於給出一個統一的分數,但這樣做卻降低了這些經書本身的重要性。至於朝廷,則偏向於折中的立場,以此緩和漢學和宋學的爭端,從而使乾隆朝的改革得以成功地獲得官僚集團的合作。

六、今古文之爭

以"徵信"爲旗幟的這場語文學和義理學的反叛爲今文學者登上歷史舞臺提供了社會和政治環境。由於大多數的今文文獻屬於西漢時期,這些文獻不像東漢或漢代之後的著述受到道教和佛教的影響,因此今文文本及其反映的孔子形象受到新的關注和推崇。起初,清代興起的今文經學並非爲了順應將西學合理化的要求,而是在今文學未與 19 世紀的改革問題相聯結之前作爲當時備受尊敬的主流漢學的一支興起的。實際上,今文學者在提出激進的西化主張之前,甚至更傾向於採取傳統形態的儒學改革。

到了19世紀，越來越多激進的考證學者希望建立一套全新的反傳統的語文學範式。這樣做的風險很高，因爲在建構的過程中，關於對帝制晚期的合法化國家權力的政治論述，其内容和形式也會朝着新方向發展。18世紀後期，今古文之爭死灰復燃，促使清代學者以别樣的視角來看待經學的源流。在清代學者中間，常州地區的莊存與（1719—1788）和劉逢禄（1776—1829）兩大家族最早强調西漢的今文學傳統。爲了角逐官方正統思想的地位，漢學派中也産生了深刻且難以調和的差異。藉由回歸西漢今文學，宣稱回歸他們所謂的更純粹的漢學，常州的今文學者從漢學的内部開始，觸發了漢學的分崩離析。今文學家開始聲稱宋明時期的程朱學者才傳承着正統的經學傳統，而清初的考據學家依憑的材料實際上是建立在據稱是王莽篡漢後的"新朝"（9—23）所支持僞造的古文經典的基礎上。

莊、劉兩個家族與漢學研究發展趨勢之間的聯繫足以證明在18世紀，學派、家學和宗族在考據學變革中所扮演的關鍵性角色。從莊、劉兩個家族的例子可以看出，在今文學建立"學派"的過程中，宗族的傳承明顯發揮了重要作用。今文學的支持者轉向《公羊傳》，因爲這是西漢以來唯一一部完整存世的今文經注解。"今文"經以"當時"的文字抄録而得名（即書寫字體從"小篆"到"隸書"）。從《公羊傳》文本提供的證據來看，西漢的今文學派將孔子描繪成一個可預見政治變革的"素王"[31]。

不過，在西漢文獻中，還有另一部解釋《春秋》的著作，即後世聞名的《左傳》。《左傳》爲東漢的古文（"古文"從字面上理解即"古代的文字"，指"大篆"）學派提供了文獻的證據，即孔子在《左傳》中的形象是一位備受尊敬的教育家以及經典的傳授者，而非今文學者之前描繪的克里斯瑪型政治改革家。自220年曹魏代漢到7世紀的唐代，這部經典都未受到官方認可。唐之後，《左傳》一直保持其正統地位，直到18世紀中葉常州的漢學學者對其提出質疑。

在漢代的經典研究中，經典及其注疏通過"家法"的維繫來鞏固對政治的忠誠。當18世紀今古文之爭的議題重啓時，常州學者重塑了一個不復存在的學術脈絡,從而含蓄地取代政治運動。漢學和今文經學在士紳官僚階層轉向新的政治理念的過程中扮演了重要角色,他們認爲元明以來賦予專制政府合法性基礎的宋學政治價值觀已經不合時宜,需要改弦更張。

在政治、社會和經濟不安的年代,今文學和漢學代表着新的信念,並主張求變和經世致用。常州的今文學者重構經學傳統的行爲,標誌着他們邁出了解開自東漢以來受帝國規範和理想堆累而成的禁錮的第一步。正如他們晚明時代的先賢所做的那樣,考據學家反對作爲官方正統意識形態的程朱學。他們的做法與宋明時代的先驅一樣,以源遠流長的經學傳統爲資源,藉此表達他們的政治主張,這種傾向在 1898 年的戊戌變法中達到頂峰。[32]

19 世紀晚期,廖平(1852—1932)和之後的康有爲(1858—1927)都從常州今文學派及其徒衆中得到啓發。作爲一個廣東籍學者,康有爲在其《孔子改制考》中提出孔子是一位社會改革家,此觀點富有天才和政治冒險性,因此儘管在當時極具影響力,但難逃 1898 年和 1900 年兩次因政治原因遭禁的厄運。康有爲認爲,孔子預見了制度變革並清晰地闡明了進化的觀念,只是後來的古文學家刻意掩蓋孔子的真實思想。康有爲顛覆性的詮釋將他"改制"的理想融入近代化政治體制改革的想法中,再一次對程朱學的正統地位提出挑戰。

七、清代語文學和自然科學

考據學的影響,從考據學家逐漸提升對 17 世紀由耶穌會士引進的天文和數學的興趣中可見一斑。此外,對明清時期的儒醫而言,熟練掌握古代經典醫書不再只是一項行醫的輔助工具。爲了從古代晦澀難懂的醫書及其注解中復原醫學原理和醫療實踐,經學研究的能力不可或缺。考據學的成型與醫學的復古潮流相輔相成。因此,在 17 世紀和 18 世紀,《傷寒論》之類的醫書再次受到重視,促使人們重新檢驗宋代之前關於寒病和熱病的醫方。例如對於傳染病,醫者開始在處方時更多地採用從古代醫書中獲取的傷寒方來代替之前常用的温性藥材。南方的各種疾病,因其複雜的氣候類型、傳染性及肆虐範圍,在金、元、明時代發展出新的醫治理論架構,挑戰了過去人們基於《傷寒論》治療急性熱病的標準療法而樹立的信心。

清代古今醫學之辯與這一時期的漢宋之爭交相輝映。例如,研究五經的考證學家爲了克服當時程朱學傳統的不足,尊崇宋代之前遥遠的過去。這種觀念也進入醫學文獻的討論中。正如漢學學者,清代的儒醫亦從漢代醫書《傷寒論》及其最早的注解着手,他們認爲越早期的注解越接近經典的成書年代,也就越能呈現其原本的真實内涵。因此,他們摒棄傾向宋學的醫者所依賴的宋代醫學文獻,因爲在他們看來這些文獻既不權威又去古甚遠。

另一方面,清代學者對數學和天文學的興趣,直接受到耶穌會和梅文鼎(1633—1721)等人發現的影響。梅文鼎主張研究自然和物質世界是接近"理"(即自然界根本原則)的途徑。從本質而言,梅文鼎將西學視作提升和抽象化理學的道德和形而上觀念的手段之一。[33]不過與此同時,他仍舊秉承西學中源的信念。這個信念讓梅文鼎和清廷覺得,恢復中國固有的數理科學的光榮傳統是當務之急。康熙年間,在官方的贊助下,數學,包括律吕之學,從先前無關緊要的末流技能升格爲能夠擴充經學研究知識範圍的顯學。[34]

儘管在康熙年間,人們恢復了對數學的興趣,但當梅文鼎的孫子梅瑴成(卒於1763年)及其同儕試圖搜集古代的數學典籍的時候,卻發現《十部算經》中的元本寥寥。其中,除了李冶(1192—1279)於1248年撰寫的《測圓海鏡》之外,秦九韶(1202—1261)及朱世傑(約1270—1330)關於四元術和其他重要主題的著作因爲流傳不廣以至於極有可能在清朝征服明朝的戰爭中佚失。

1750年之後,大規模復原和校勘古代傳統漢文數學典籍的努力成爲18世紀晚期及19世紀早期考據學熱潮中一個重要組成部分。在康熙朝的最後幾年,幾乎與《古今圖書集成》纂成同時,衆多數學典籍也在官方力量的支持下得以整理。在1726年出版時,《古今圖書集成》還囊括了明末清初編纂的《崇禎曆書》中的歐洲文獻。在《古今圖書集成》的曆法典中，包含了下列 5 部與數學相關的作品：

1.《周髀算經》；

2.《數述記遺》；

3.《謝察微算經》；

4.《夢溪筆談》；

5.《算法統宗》。

在 1773 年至 1781 年編纂四庫全書的過程中，四庫館的纂官中包含了像戴震、孔繼涵(1739—1784)等通曉古代數學的學者。在天文演算法類中，收録了 58 部著作。其中一些古代佚失的數學典籍抄録自明代早期編纂保存相對完整的《永樂大典》。在四庫全書總目中，列有 25 部數學典籍的提要，其中 9 部是唐代著作，3 部是宋元時期的作品，還有利瑪竇(Matteo Ricci, 1552—1610)和徐光啓(1562—1633)合譯的歐幾里得《幾何原本》在内的 4 部明代著作，以及 9 部清代作品，其中最重要的是康熙年間編成的《數理精蘊》和梅文鼎的幾部著作。

復原古代數學典籍的工作也拓展到清朝疆域之外。世所共知，朝鮮和日本在保存中國典籍上起了重要作用。其中特别值得一提的是，阮元藉助 1660 年朝鮮重印的版本復原了 1443 年以來作爲朝鮮數學教材的《算學啓蒙》，作者爲朱世傑。《算學啓蒙》傳到日本之後，這部書及其中一元多次方程的符號運算在 17 世紀的日本數學發展史上扮演了重要角色。[35]

總體而言，阮元於浙江巡撫任内在杭州編撰的《疇人傳》誕生於 18 世紀江南學術圈熱衷自然研究這一重要時間節點。這部書於 1849 年再版，隨後有所增補，書中包含了 280 位疇人(即天文學家和數學家)的傳記和作品摘要，其中 37 位是歐洲人。19 世紀時，又出現了 4 部仿效《疇人傳》的續編性質的作品。18 世紀晚期數學跨越宫廷的界限擴展到士人中間，並愈發重要。數學通過考證與經學研究聯繫在一起。由於阮元長期在地方和中央身居要位，尤其他曾任職於國子監，所以他成爲自然研究的主要維護者之一，而其富有影響力的《疇人傳》也成爲數理科學與考據學相結合的代表。至此,數學研究已經不再獨立於經學研究之外。[36]學者們將數學納入考據中,使自然科學成爲經學研究的一部分,這也就能理解17世紀耶穌會士把自然研究和科學技術帶入中國之後它們在帝制晚期的中國的命運。

在評價近代早期歐洲的天文學發現時,梅文鼎和梅瑴成試圖從經典中找出證據證明這些來自西方的新知識有可能建立在由中國傳向西方的古代知識的基礎上。由此可以看出當時自然研究和語文學並舉的潮流。譬如,梅文鼎認爲,宋元時期的"天元"術代表代數方程式的方法,和之後耶穌會士介紹到中國的"借根方"並無二致。這種"中源"的論點爲清代學者重拾科學的興趣尋到了必要性和合理性,語文學也隨之成爲考據學家使用的重要工具之一。[37]

在18世紀與考據學聯繫起來的數學是演算法,即,重視正確結果而對證明方法和公式漠不關心。舉例來講,汪萊(1768—1813)和焦循(1763—1820)都嘗試建立以天元術爲名的中國傳統代數方程式,而非機械照搬耶穌會士及後來的新教徒帶來的印度—阿拉伯代數。尤其是汪萊,他遵循正負根的觀點,認爲由天元術能得出不止一個正數根,此觀點對傳統代數方程式求單一正數根的方式作出了新的貢獻。[38]

任職於北京欽天監時,汪萊在其天元術中運用了自康熙朝以來便長期爲欽天監所接受的西方方法。由於業務上的聯繫,他與欽天監中的耶穌會士關係密切,因而十分瞭解"新學"。這使他遭受到醉心於傳統數學、更爲保守的考據學家的批評。他們認爲汪萊在效仿西方方法上已經走得太遠。由於李鋭(1765—1814)是宫廷之外的學者,因此他和江南學術群體的關係更加緊密,他設計出一套嚴格以宋代數學爲依據的"天元"方程式理論,得到了更多儒士的支持。支持者中有很多人仍然因楊光先(1597—1669)曾於17世紀60年代指責康熙朝的耶穌會士而對他推崇備至。1850年之前,經學的地位依舊高於西學,考據學家研究中國原有的傳統數學典籍的動力是復古的志趣,而不是汪萊那樣在西方數學發現基礎上繼續發展中國數學。[39]

透過"西學中源"的爭論,清代士人重燃對科學的興趣合情合理,因此之後的考據學家，如徐壽（1818—1882）、李善蘭（1810—1882）等，把語文學作爲搭建西學與中國傳統科學相連接的橋梁。在此過程中，19世紀的西方近代科學在傳入中國時也得秉持與傳統經學研究並行不悖的原則。

八、結　　論

清代考據學的遺産固然十分重要，但並非獨一無二。清代的士大夫以新的政治論述來取代明代以來形成的保證政府專制權威合法性的陳舊帝國政治理念，在這一過程中，漢學和今文學發揮了重要作用。然而，現實的情況並非一成不變，擺在清政府面前的是過去歷朝歷代的統治者和官員都未曾遇到過的問題，即人口爆炸性增長帶來的巨大社會和經濟壓力。到1800年時，中國有超過3億人口。因此，脱胎於封建時代的古代理想已經無法令人滿意，甚至變得不合時宜，亟須尋求其他的解決辦法。很多士人意識到帝制結構下的諸多制度並非完美無瑕，面對前所未有的情況，他們需要别開生面的新手段。因鴉片戰爭和太平天国運動帶來的制度性和邏輯性的崩潰，19世紀早期的這批以經世致用自期的學者喊出了“與時俱變”的口號，試圖尋求可以醫治中國社會急劇惡化的實用的救世良方。

士人階層依然懷有過去可以指導現實的信念。然而，“過去”越來越意味着與現實衝突的道德政治理想。無論是宋學抑或漢學所支持的舊有典章制度都經歷了信心危機，帝國的制度永遠無法恢復。經學的考據學轉向表明，信心危機已經從帝國政治制度系統波及精英階層從明代就已經形成的價值準則。漢學派的學者不是邊緣的士大夫，也不是喜歡抱怨的低品級官員。儘管他們從年輕時就熟讀經書並以學者身份捍衛道學，但是他們對道學語録中提出的真理喪失信心，進而一頭扎入古老的經典外的文獻，試圖從中找到新的真理。[40]

以事後諸葛的眼光來看，當時的中國正處在變革的前夜，與西方帝國主義的遭遇及日本的崛起都給中國社會各個層面帶來革命性的衝擊。士人們在19世紀就已經明白,若想妥善應對種種問題,中國勢必要從根本上進行變革。企圖訴諸新的經學形式再造帝國的嘗試悲劇性地從未成功。伴隨着最後一波今文經學研究浪潮而來的是帝國的窮途末路。

漢學從來没有革命性的主張。雖然考據學家計劃改變傳統的政治議題,他們仍一次又一次地肯定經典中的理想所具有的現實意義。對他們而言,經學仍然是追求新信念和新政治行爲的出發點和不容置疑的必要條件。今文學者選擇以激烈的方式去重建過去,既爲了當下的穩定又爲了將來的未雨綢繆。他們的觀念没有達到要進行政治革命的地步,他們甚至没有充分理解社會進程的變化。但無論漢學家經驗主義式的考據學路徑,還是今文學家關於歷史變遷的觀點,以及倡導政治改革應當與時俱進的思想,都成爲日後政治和文化觀念轉型的踏腳石。在"現代性"處於真空的時期,我們很難想象究竟顧頡剛(1893—1980)和中國"新史學"是如何産生的。顧頡剛用來建設新史學的磚瓦,大多取自清代的考據學成就。在這個基礎上,他和其他史學家才能在五四時期揭穿"晚期帝制"時代視爲真理的各種謊言。

考據學在歷史學和語文學上的成果,有助於促成清末民初(1890—1930)的幾十年間出現的打倒孔子和革命的思潮,也能透過這些研究看到社會問題的根源,進而從根本上質疑政治統治的合法性。不過,這種觀點誤解了清代學者著述的真正目的。説到底,清代考據學的學術目的和文化後果需要明確區分。我們往往會把20世紀所見的考據學的影響解讀爲17世紀和18世紀學者著述時的動機。

這樣的錯誤觀念容易將戴震和錢大昕當作現代意義上的知識分子,但他們實際上明顯不是。作爲士人,他們依然恪守古典的儒學理想。在他們力求恢復國家和社會的古典理想的時候,他們代表了這個國家帝制時代在儒學框架内最後的變革,他們從來没有想要取代儒學理想。重塑語文學帶來的早期現代性的後果屈服於去經典化和去合法化帶來的現代性覺醒,這超出了經學家著作裏的思想框架,也是他們始料未及的。[41]

注釋

［1］参看 Raymond Schwab，Gene Patterson-Black，and Victor Reinking，*The Oriental Renaissance：Europe's Rediscovery of India and the East，1680—1880*（*Social Foundations of Aesthetic Forms*），New York：Columbia University Press，1984。

［2］参看 Richard Von Glahn，*The Sinister Way：The Divine and the Demonic in Chinese Religious Culture*，Berkeley & Los Angeles：University of California Press，2004。

［3］Benjamin Elman，*From Philosophy to Philology：Intellectual and Social Aspects of Change in Late Imperial China*，Second Edition，Los Angeles：UCLA Asia Institute Monograph Series，2001，72—102.

［4］Ibid.，101—144.

［5］Ibid.，Chapter 6.

［6］L.D. Reynolds and N. G. Wilson，*Scribes and Scholars：A Guide to the Transmission of Greek and Latin Literature*，London：Oxford University Press，1968，167—173.

［7］關於這個問題的討論，參看 James T. C Liu（劉子健），"How Did a Neo-Confucian School Become the State Orthodoxy?" in *Philosophy East and West* 23：4（1973），483—505。以及 Conrad Schirokauer，"Neo-Confucians Under Attack：The Condemnation of *Wei-hsueh*，" in *Crisis and Prosperity in Sung China*，John Haeger ed.，Tucson：University of Arizona Press，1977，163—198。

［8］参看 John Henderson，*Scripture，Canon，and Commentary：A Comparison of Confucian and Western Exegesis*，Princeton：Princeton University Press，1991，相關討論散見於書中各處。

［9］参看 Nathan Sivin，"Why the Scientific Revolution Did not Take Place in China—or Didn't It，" reprint in Nathan Sivin，*Science in Ancient China：Researches and Reflections*，Aldershot：Variorium，1995，VII：45—66。

［10］参看 Willard Peterson，"Calendar Reform Prior to the Arrival of Missionaries at the Ming Court，" in *Ming Studies* 21（1986），45—61。

［11］錢大昕：《潛研堂文集》第 3 卷，臺北商務印書館 1968 年版，第 94—95 頁。

［12］参看 Benjamin Elman，"Philosophy（*I-li*）versus Philology（*K'ao-cheng*）：The *Jen-hsin Tao-hsin* Debate，" in *T'oung Pao* 59：4—5（1983），175—222。

[13] 戴震:《戴震文集》,香港中華書局1974年版,第146頁;以及王鳴盛:《十七史商榷》,臺灣廣文書局1960年版,第2a頁。

[14] 參看 Benjamin Elman, "The Changing Role of Historical Knowledge in Southern Provincial Civil Examinations during the Ming & Qing," in *Journal of Social Sciences and Philosophy*(《人文及社會科學集刊》),1992年第5期第1卷,第265—319頁。

[15] Benjamin Elman, "Criticism as Philosophy: Conceptual Change in Qing Dynasty Evidential Research,"載《清華學報》1985年第17期,第165—198頁。

[16] 參看 Benjamin Elman, "Philosophy (*I-li*) versus Philology(*K'ao-cheng*): The *Jen-hsin Tao-hsin* Debate," in *T'oung Pao* 59:4—5(1983), 211—212。

[17]《欽定大清會典事例》第14卷,臺北中華書局1968年版,第6b頁。

[18] 參看 Benjamin Elman, "The Transformation of the Civil Service Curriculum Between 1250 and 1400 and the Role of the Yuan Dynasty in Classical Studies,"載林慶彰等編:《元代經學國際研討會論文集》,臺北"中央研究院"中國文哲研究所籌備處2000年版, 第23—69頁。

[19] 參看章學誠:《章氏遺書》,上海商務印書館1936年版,卷29,第54a頁。

[20] 參看近藤光雄:《清詩選》,集英社1967年版,第9—35頁;以及王鎮遠:《清詩選》,樂群文化公司1991年版;另參看 Pauline Yu, "Canon Formation in Late Imperial China," in *Culture & State in Chinese History: Conventions, Accommodations, and Critiques*, ed. Theodore Huters et al., Stanford: Stanford University Press, 1997, 83—104。

[21] 李調元:《淡墨録》第14卷,清光緒七年廣漢鐘登甲樂道齋刊本,第11b—12a頁;亦可參看 James J. Y. Liu(劉若愚), *The Art of Chinese Poetry*, Chicago: University of Chicago Press, 1962, 26—29。

[22] 參看王夫之等撰:《清詩話》,上海古籍出版社1963年版;另參看郭紹虞編:《清詩話續編》"引言",上海古籍出版社1983年版,第1頁。

[23]《千家詩》的作者是誰依舊存疑。

[24] 例如,梁章鉅(1775—1849)編:《試律叢話》,廣文書局1976年版,在這本書中,梁章鉅總結了研習詩歌的方法及創作律詩的規則;亦參看梁章鉅:《退庵隨筆》,載《清詩話》,第1949—1997頁。

[25] 參看《禮部題本》,臺北"中央研究院"編《明清檔案》,其中關於1765年9月5日四川方面的記載。1765年四川的資料大致與1750年之前專經的分布相同;亦參看 Benjamin Elman, *A Cultural History of Civil Examinations in late Imperial China*,

Berkeley：University of California Press，2000，Chapter 5。

［26］參看李調元:《淡墨録》第 16 卷,第 10a—12a 頁。

［27］參看《廣東鄉試録》,1794 年,第 9a—10b 頁,第 36a—39b 頁。

［28］錢大昕:《十駕齋養新録》第 18 卷,廣文書局 1968 年版,第 15b—16a 頁。

［29］參看孫星衍:《擬科場試士請兼用注疏》,載李國鈞編:《清代前期教育論著選》第 3 册,人民教育出版社 1990 年版,第 278—279 頁。

［30］參看《清朝續文獻通考》第 84 卷,上海商務印書館 1936 年版,第 8429—8430 頁;亦參看徐立望:《駁清代今文經學復興源於上書房"講義"説——兼論今文經學在康雍乾三朝的地位》,載《復旦學報(社會科學版)》2010 年第 5 期,第 132—140 頁。

［31］參看 Benjamin Elman，"Ch'ing Schools of Scholarship，" in *Ch'ing-shih wen-t'i* 4:6(1979)，1—44。

［32］參看 Tang Chih-chün(湯志鈞) and Benjamin Elman，"The 1898 Reforms Revisited，" in *Late Imperial China* 8:1(1987)，205—213。

［33］參看 John Henderson，"Qing Scholars Views of Western Astronomy，" in *Harvard Journal of Asiatic Studies* 46:1(1986)，121—148。

［34］有關醫學,參看紀昀等編:《四庫全書總目》第 103 卷,藝文印書館 1974 年版,第 1a 頁;卷 104,第 51a—55b 頁。亦參看 Chao Yuan-ling，"Medicine and Society in Late Imperial China：A Study of Physicians in Suzhou，" Ph.D. dissertation in History，University of California at Los Angeles，1995，72—80；Marta Hanson，"The *Golden Mirror* in the Imperial Court of the Qianlong Emperor，1739—1743，" in *Early Science and Medicine*，8:2(2000)，112—147。有關數學,參看 Catherine Jami，"Learning Mathematical Sciences During the Early and Mid-Qing，" in *Education and Society in Late Imperial China，1600—1900*，ed. Benjamin Elman and Alexander Woodside，Berkeley：University of California Press，1994，223—256。

［35］參看《四庫全書總目》第 106 卷,第 107 頁。亦參看 Jean-Claude Martzloff，*A History of Chinese Mathematics*，New York，Springer，1996，20，32—33;以及 Du Shiran(杜石然)和李儼(Li Yan)，*Chinese Mathematics：A Concise History*，Oxford：Clarendon Press；Oxford University Press，1987，223—224;又參看 Hu Mingjie，"Merging Chinese and Western Mathematics：the Introduction of Algebra and the Calculus in China，1859—1903." Ph.D. dissertation in the History of Science，Princeton University，1998。

［36］Arthur Hummel et al.，*Eminent Chinese of the Qing Period*，Washington，

D.C.: Government Publishing House, 1942, 402.

[37] John Henderson, "Qing Scholars Views of Western Astronomy," *Harvard Journal of Asiatic Studies* 46:1(1986), 121—148.

[38] Horng Wann-sheng(洪萬生), "Chinese Mathematics at the Turn of the 19th Century," in *Philosophy & Conceptual History of Science in Taiwan*, eds., Lin Cheng-hung & Fu Daiwie, Dordrecht: Kluwer Academic Publishers, 1993, 167—208.

[39] 黄一農:《清初天主教與回教天文家的鬥爭》,載《九州學刊》1993 年第 5 期第 3 卷,第 47—69 頁。

[40] 參看 Yü Ying-shih(余英時), "Some Preliminary Observations on the Rise of Ch'ing Confucian Intellectualism",載《清華學報》1975 年第 11 期,第 125 頁;關於晚明對《大學》各版本真僞的討論,參看林慶彰,《清初的群經辨僞學》,臺灣文津出版社 1990 年版,第 369—386 頁。

[41] 本文的撰寫在 2013 年夏天得到了梅隆基金會的支持。

(李騰　譯)

語文學還是語言學？跨越洲際的反應

張谷銘

"[語文學]跟語言學有明顯的區别，儘管這兩門科學也有它們的接觸之點，並且要互相借重。"

——費爾迪南·德·索緒爾：《普通語言學教程》，1916 年[1]

20 世紀初，語文學已經是一門顯要的學科，在歐洲大學的文學院裏占有穩固的地位。19 世紀從德國開始，古典語文學、現代歐洲語言語文學和比較(或是"印度日耳曼系")語文學的教席紛紛在全歐洲的大學中設置。[2]在其巔峰時，語文學經歷了至少兩個重要的發展階段。起初，它持續廣泛地傳播，最後傳出歐洲。1894 年東京大學授予上田萬年(1867—1937)語文學教席，標誌着它正式傳入東亞。上田在 1890 年至 1894 年間於柏林、萊比錫和巴黎學習語文學。他甫一回國，便在日本仿效他的歐洲前輩在 19 世紀的作爲，努力建立日本的民族語言，開啓現代日文、日語的研究，編纂了一部嚴謹而全面的現代日語辭典。[3]

雖然歐洲語文學傳入中國的時間晚於日本，但是其重要意義卻毫不遜色。語文學在中國的建立和另一個發展同時發生。當時在歐洲和美國，語言學正漸漸從語文學中分離出來，變成一門獨立的學科，這一發展也同時在中國發生。中國學界大致歡迎語文學和語言學，將之融合傳統的考證學和音韻學，作爲研究傳統的新學。因此，語文學傳入中國，既是西方也是中國學術的重要發展。

語文學和語言學的分化，反映在中央研究院歷史語言研究所的中英文名稱上。今天大家往往將該研究所的名稱解釋爲歷史學和語言學的研究機構，而該所在 1928 年成立之後的出版成果，似乎也說明了其語言研究就是語言學。然而該所的英文名稱卻是“The Institute of History and Philology”[4]。語文學和語言學，對今天的讀者來說並不一樣。是該所的創建者誤解了語文學的含義？或者是其他原因造成了這個問題？

答案在於語文學和語言學的學科認同以及該所的兩位創始成員的知識傾向。第一位是傅斯年（1896—1950），從該所成立到 1950 年間，一直擔任所長。他剛從德國學成回國便受蔡元培之託，在中央研究院建立新的人文研究所，基本上是他一人決定該所的中文和英文名稱。另一位是哈佛的哲學博士趙元任（1892—1982），他應邀領導該所的語言組。趙所接受的是非典型的語言學訓練。

雖然本研究聚焦於史語所的早年歷史，但卻遠非個別機構和地區的研究。本文說明傅和趙建立的研究所標誌着世界學術史上非常重要的一頁，德國的語文學、新興的英法語言學、傳統的中國考據學和音韻學一起塑造了一個成功的人文研究所。在這篇論文中我將首先回顧傅斯年所擁抱的德國語文學，並回顧 1910 和 1920 年代英、美、法國語言學希望在德國支配的語文學領域中求取獨立的努力。之後我將追溯趙元任成學的過程，最後分析歐洲和中國學術在歷史語言研究所中的結合。我認爲，這些元素在中國的結合，以及語文學和語言學在西方的分離，都是國際語文學的重要發展。

一、傅斯年和德國語文學

傅斯年於 1910 年代末就讀北大，身爲學生領袖，很早就關懷中國社會和傳統學術的改革。當時的知識分子在歷來的外國侵略中瞭解改革的迫切需要。辛亥革命雖然推翻了清朝，但隨後數年的國會政治卻令人失望。傅斯年的天分及對中國學術的知識令他的老師和同學驚嘆。然而他的天才並不僅限於傳統科目,他與朋友們還出版了相當流行的學生雜誌《新青年》,主張中國全面西化。對他們來説,單純的政治制度改革既然無望,那就要更進一步學習西方文明中的核心價值,也就是民主和科學。

爲了學習第一手的西方民主和科學,傅斯年從北大畢業後便赴英國學習科學。從 1919 年到 1922 年,他在倫敦大學認真學習化學、物理、數學和醫學等科目,詳讀西格蒙德·弗洛伊德(Sigmund Freud)(1856—1939)和威廉·詹姆士(William James)(1842—1910)的著作,並進入了實驗室實地研究實驗心理學。可是他發現動物的心理學實驗不能應用於人類,十分失望。他覺得最好去馬克斯·普朗克(Max Planck)(1858—1947)和阿爾伯特·愛因斯坦(Albert Einstein)(1879—1955)的母國學習科學,因此動身前往柏林。[5]

在柏林期間,傅斯年由於内心對中國研究現狀的關注,而萌發了對語文學的興趣。他在繼續學習自然科學課程的同時,閱讀了關於歐洲史的最新著作,並修習了語文學和語言課程。[6]那時在巴黎,漢學備受尊崇,傑出的漢學家包括馬伯樂(Henri Maspero, 1882—1945)、葛蘭言(Marcel Granet, 1884—1940)以及因發現敦煌而聞名的伯希和(Paul Pelliot, 1878—1945)。伯希和將敦煌藏經洞中數以千計的中古寫本帶回巴黎,並以語文學分析中古漢語和多種中亞語言的寫本,成爲中國研究的領軍人物,讓敦煌學聞名於世。巴黎儼然就是漢學的中心。傅斯年對漢學研究的中心不在中國深感痛惜。他對伯希和及其他巴黎學者的注意,似乎逐漸讓他相信與其以自然科學改革中國,不如將自己在德國所受的人文學訓練用於改革中國學術。

當時德國是西學、尤其是語文學研究的翹楚。美國的語言學先驅威廉·德懷特·惠特尼(William Dwight Whitney)(1827—1894)曾説:"比較語文學得以發展,幾乎全是德國的功勞,其他國家的貢獻都只是次要的。"[7]柏林更是德國語文學的中心。雖然在傅斯年的時代,語文學已經過了其巔峰時期[8],但是傅仍然對語文學滿懷敬意。

康斯坦斯·古廷柯(Constanze Guthenke)在《世界语文学》的相关章節中已經回顧了19世紀和20世紀早期歐洲的語文學實踐，本文僅指出19世紀以來語文學發展的三個趨勢。第一個趨勢是，以語文學爲中心的古代研究(Altertumswissenschaft, science of antiquity)的開展(下文帶引號的“古代研究”皆指 Altertumswissenschaft)。“古代研究”在18、19世紀之交在語文學家弗里德里希·奧古斯特·沃爾夫(Friedrich August Wolf)(1759—1824)的手中成型。對於沃爾夫來説，這一學科有三個基本組成部分：文法或語文研究(Sprachstudium)、詮釋學和文本考證(Wortkritik)。它還包括其他幾個主要部分(Haupttheile)：古代地理、政治、神話學、文學、科學和藝術的研究[9]——這些領域涵蓋古代生活的所有面向，而且都是應用語文學分析而獲得的歷史知識。

傅斯年在柏林所購的一本20世紀初的古代研究導讀，基本上遵循了沃爾夫爲該學科所描繪的藍圖。[10]沃爾夫的“古代研究”已經接受非文本材料，比如古迹、考古發現、錢幣、建築和工藝品。而該取向在此後一世紀裏更加强化。比如，烏爾里希·馮·維拉莫維茨-默倫多夫(Ulrich von Wilamowitz-Moellendorff)(1848—1931)在他名著《語文學史》(*Geschichte der Philologie*)中强調希臘奧林匹亞(Olympia)、克里特島(Cretes)和埃及美尼斯(Menes)時代出土文物的貢獻。[11]因此，傅斯年在柏林學習時，歷史學、語文學和考古學已經變成古代研究不可或缺的部分。傅斯年可能不知道或至少是不在意當時考古學家正在向語文學宣戰以求獨立[12]，所以他在中國建立的研究所融合了古代研究的相關學科。

第二個語文學發展趨勢是梵語、希臘語、拉丁語和其他印歐語言的比較研究。這個領域的研究超越了文本，開始轉向研究語言的歷史和親屬關係。歐洲學者發現比當時所知任何歐洲語言似乎都要古老的梵語，而且保留了比西方任何語言都要嚴格和精心制定的文法，這讓歐洲學者大爲震驚，因爲他們接受的人文教育(liberal arts education)，本來就偏重文法。[13]一開始梵文的研究使用的是古典語文學的原理與方法[14],但隨着比較的語言越來越多,比較語文學最終超越了古代研究的範圍(古希臘羅馬)。開創這一新的研究途徑的是弗朗茲·博普(Franz Bopp)在1816年出版的經典。[15]

博普的著作爲此後比較語文學領域里程碑式的著作奠定了基礎,如奥古斯特·弗里德里希·波特(August Friedrich Pott)的《印度日耳曼語言的詞源學研究》(1833—1836)(*Etymologische Forschungen auf dem Gebiete der Indogermänischen Sprachen*);奥古斯特·施萊謝爾(August Schleicher)的《印度日耳曼語言的比較語法學匯編》(1861)(*Compendium der vergleichenden Grammatik der indogermanischen Sprachen*);以及卡爾·布魯格曼(Karl Brugmann)和喬治·庫爾圖斯(Georg Curtius)的《印度日耳曼語言的比較語法學基礎》(1886—1900)(*Grundriss der vergleichenden Grammatik der indogermanischen Sprachen*)。他們的最初目的是比較印-歐語言的語法,但是在此過程中他們的注意力轉移到了語音學上。舉一個博普的例子,動詞"I may be"在梵語中的形式是 *syām*,在拉丁語中是 *siem*[如同在普勞圖斯(Plautus)所用的形式],在哥特語(Gothic)中是 *siyau*。[16]它們共同的詞幹强烈地顯示了這些語言之間有着共同的原型或者詞根,由於拼音文字的特性,拼法差異透露出發音的變異,同時也爲個别的字從共同詞根的演變提供了訊息。博普斷言,系統地比較這些差異,研究其演變,人們可以非常科學地辨認語言的親屬和歷史關係,並確定其發展的規律或法則。

與此趨勢同時出現的,是語言科學(science of language)的觀念。爲了重建歷史語言,一些學者構想了自然語言和文學語言之間的差異。自然的口語被認爲是純粹的語言,而文學語言則受到了從外語中借來的詞語的"污染"。文學或書面語言雖然對於歷史研究來説必不可少,但成爲了次要形式,而相比之下口頭語言或口語則是最主要的。[17]通過將口語列爲首位,比較語文學研究超越了書寫文字和文本考證,成爲考察作爲語法和聲音體系的語言。由此,在文本的研究之外,比較語文學引入了"語言科學"(Sprachwissenschaft,下文帶引號的"語言科學"皆指 Sprachwissenschaft)的意識。

第三個發展趨勢是日耳曼民族文學(Germanistik)的興起。古典語文學的知識和技術不僅應用於梵語研究,還應用於德語語言和文學。因爲没有原先就用古日耳曼語寫成的《聖經》或哲學典籍,德語語文學的出發點與古典語文學非常不同。德國語文學的從事者如格林兄弟(the Grimm brothers),收集口頭或寫本的民間故事、英雄傳奇和史詩。他們研究德語的不同方言來處理不同版本的民間文學,並且研究德語詞源學和語法,編纂德語詞典。雖然《聖經》起初並非用德語寫成,但是對於德意志的新教徒而言,路德的譯本與希伯來語和希臘語原典同樣神聖。來自外國如中國的編年史記録、考古發現,或者經文的語文學分析對《聖經》的絶對真理帶來質疑,其神聖性或許受到些許損害。然而,路德譯本,卻是德國文學的里程碑。[18]因此,德語語文學的構成是將民俗、辭典編纂、宗教著作和文學作品,納入了整個民族文學之中。

二、語文學、古代研究和語言學

當德國人在語文學研究占據領導地位時,其他國家的語言學者開始漸漸作出回應。本文開頭所引索緒爾的話,就顯示了這些學者在1910和1920年代的回應。[19]索緒爾承認語言學和語文學有共同的根基,但他同時强調語言學不僅研究語言的歷史關係。對索緒爾來説,這些學科的共同祖先,是古希臘七藝(seven liberal arts)之一的文法法。它們的共同歷史的第二和第三階段,已由沃爾夫和博普所展示。然而,沃爾夫語文學首要的目的是進行文本的修補、注解和評論。博普的比較語文學和語言學的關係更近,卻未達到真正的語言科學的地位,因爲它並不主要闡釋個體語言的性質。索緒爾更强調發音和言語,而非書寫文字和文本。並且,衆所周知,索緒爾高度重視符號或者説語義學的研究,因爲它是“一門研究社會生活中符號生命的科學”[20]。

雖然索緒爾是獨立語言學的擁護者,但他並非第一個區分語言科學與語文學的人。上文提到的美國語言學家惠特尼(Whitney),在19

世紀70年代已經在呼籲建立比語文學更優越的語言科學了。對他而言,"語言的科學"(linguistic science)和語文學乃一門學科的一體兩面,語文學是其運作的一面,而語言學是其"規範、批評和教學的一面"。然而惠特尼判斷説,除非語言研究的超級大國德國選擇接受語言學,否則這一學科不會成功。[21]

英國傑出的語音學家亨利·斯維特(Henry Sweet)(1845—1942)在1899年提出"活語文學"(living philology)和"古語文學"(antiquarian philology)的區分。活語文學通過語音學,精確觀察日常所説的語言,以此形成所有語言研究的基礎;而古語文學,即平常的語文學,卻認爲活着的語言從屬於已經死去的語言。斯維特把自己偏愛的學科稱爲"活"語文學,由此可見他仍然承認語文學的首要地位,儘管他已經將其内容替换爲口語和語音學了。[22]語言學的獨立,似乎是在1910年代和1920年代早期由索緒爾和葉斯柏森(Otto Jespersen)(1860—1943)最先宣布;後者是一位丹麥語言學家,他關於英語語法和語音的著作很有影響力。葉斯柏森寫道:

> 在背離語文學並聲稱語言學是新而獨立的科學時,這一新學説的擁護者認爲他們不僅發現了一個全新的方法,而且他們和語文學家的研究對象不同,即便他們都很關心語言。語文學家將語言視爲國家文化的一部分(就像"古代研究"那樣),但是語言學家卻將其視作研究對象。[23]

對語言學家來講,語音以及口語,而非書寫文字和文本研究,才是語言學真正研究的對象。

其實德國已於19世紀早期出現了"語言研究"或"語言科學"(*Sprachstudium* 或 *Sprachwissenschaft*)。沃爾夫在其《古代研究講稿》(*Lectures on Altertumswissenschaft*)一書中提到了"語言學"(*Linguistik*)和"語言研究"(*Sprachkunde*)這些名詞,不過他認爲它們可與語文學一詞互换。[24]傑出的德國語文學家馬克斯·繆勒(F. Max Müller)在牛津開展其學術生涯，在19世紀60年代就將“語言科學”視爲比較語文學。德爾勃吕克(Delbrück)在19世紀80年代也提出同樣的觀點。[25]另一方面，重要的德國語文學家也給予“語言研究”一些空間。奥古斯特·費迪南德·伯恩哈迪(August Ferdinand Bernhardi)在《語言科學入門》(*Anfangsgründe der Sprachwisseschaft*)這部相當早的著作中，將“語言科學”對象視爲超越個別語言的絶對(*unbedingt*)語言。對他來説，語言就是人類語音(*artikulirten Lauten*)之整體。[26]

西奥多·本菲(Theodor Benfey)認爲“語言科學”是對語言的理論研究，不完全屬於語文學，但其重要性主要還取決於它對語文學的貢獻。[27]布魯格曼(Brugmann)在閱讀了惠特尼的著作之後，贊成給予“語言科學”屬於它自己的性質和目標，儘管他更願意將語言科學與語文學視爲互補、相輔相成的關係。[28]甲柏連孜(Georg von der Gabelentz)是德國“語言科學”研究者中極少數認爲語言研究高於語文學的學者之一，但是其語言科學的理念似乎在德國從未成爲主流。[29]

因此，19世紀和20世紀早期的“語言科學”支持者們，各自接受了如下四種觀點中的某一種。第一種觀點認爲語文學囊括了所有研究語言的著作，也包括語言學。第二種認爲語文學就是“語言研究”。第三種認爲“語言科學”雖然自有其身份，但還是與語文學相互聯繫，互爲一體兩面。第四種是少數人的觀點，認爲“語言科學”不同於且高於語文學。對那些仍然忠於語文學的人如傅斯年來説，自然覺得“語言科學”就是語文學、至少是語文學的一部分。

19世紀和20世紀初的德國在語言研究中有獨一無二的地位。現代語言學的先驅如惠特尼，斯維特，索緒爾和葉斯柏森等人都在德國接受其語文學訓練，他們的職位也幾乎都是語文學的教職。當他們講述自己語言科學(linguistic science)的背景時，他們就像自己的德國同行一樣，視印-歐比較語文學作爲自己學科的前身。值得注意的是，即使語言學這個學科獨立之後，語文學不再獨占語言研究，它在文學和歷史研究中還有客觀的角色，因爲這兩者依舊處理古代語言以及文本知識。

理解傅斯年所謂的語言研究爲何，本文開頭所描述的問題，便能解決一半了。在20世紀20年代,中文裏沒有關於語言學的本土概念,也沒有“語文學”和“語言學”的固定翻譯。傅斯年在不同的時間和地點將philology譯爲“言語學”、“語學”或者“語言學”[30]。儘管有些許變化,但這些中譯詞在字面上都可解釋爲語言的學問或科學。在傅的《言語學備檢》所列書單裏,包含了印度-日耳曼系語文學書目以及語音學和普通語言學類書目。[31]傅斯年將語文學譯爲關於一門語言的科學(即“語言研究”),並且視語言研究爲語文學的一部分,顯然是反映了德國語文學界的主流看法。對於傅斯年來説,他爲史語所這個機構所取的中文名和英文名之間沒有什麽衝突。

這不是説傅斯年對語言研究在德國之外的發展全然不知。在其私人書房中有一本索緒爾1922年版的《普通語言學教程》,以及葉斯柏森大量的著作。[32]在其所列語音學和普通語言學書目中,包括了惠特尼的《語言的生命和成長》(*Life and Growth of Language*)以及斯維特和美國語言學家愛德華·沙皮爾的著作。[33]傅斯年決定用語文學來命名他的機構,只不過是表明他接受了德國語文學界主流的看法。

三、趙元任和1920年代的語言學

傅斯年的語言科學觀念明顯受到德國教育的影響,但史語所的語言研究卻是語言學(linguistic)而非語文學(philological)。這是因爲英、美、法語言學在史語所成立後即生根發芽,然後成長茁壯。英、美、法語言學引入史語所,趙元任厥功甚偉。

趙元任就學期間從未受到語言學或是語文學的訓練。他在庚子賠款的資助下於1910年前往康奈爾大學深造。他最初接觸語言研究是選修了赫爾曼·戴維森(Hermann Davidsen)(1880—?)的語音學課程。[34]戴維森將葉斯柏森的丹麥語著作《語音學教程》(*Textbook on Phonetics*)翻譯成德語,這門課播下了趙元任對語言研究的興趣,並帶領他接觸國際音標和世界語(Esperanto)。然而,這門課只占了趙元任在1912年春季學期所修18個學分中的1個學分。[35]趙元任在大學時期主修數學，同時也修了不少物理學課程。他於 1916 年前往哈佛研究生院，並於 1918 年選修意大利學者查爾斯・霍爾・格蘭根特（Charles H. Grandgent）（1862—1939）的語言學導論課程。[36]戴維森和格蘭根特的這兩門課很可能就是趙在校期間所修的所有語言研究相關課程了。此後他繼續從事數學哲學的研究，完成了一篇名爲《連續性：方法論之研究》（*Continuity, a Study in Methodology*）的論文，於 1918 年獲得哈佛哲學博士學位。

雖然趙元任不是一個專業的語言學家或語文學家，但他在 1916 年發表了一篇文章，提出他關於語言學的想法。該文題爲《漢語語言問題》（*The Problem of the Chinese Language*），分成三部分在一個中國留美學生刊物上刊出。趙元任表明這篇文章目的在"討論中國語文學的科學化研究的一般問題"。他將漢語語言的研究寫作語文學，顯然因爲即使在美國，語言學也還不是語言研究的固定名稱。他將這篇文章分成四節：語音；語法和方言；詞源，包括字的研究；以及語法和書面語。[37]這篇文章初次顯露了趙元任在語言研究上的涉獵。他說他對自己的課題本來已有一些想法，卻發現西方（在這些方面）已經做了很多工作，尤其是在語音學領域。[38]他倡議把外國的學術成就應用到漢語語言的研究上。在此應用過程中，他基本上都是以西方語音學術語來解釋中國傳統音韻，這展示了他在語音學和中國傳統音韻學領域的知識。他也拿英語、法語和德語研究做比喻。例如，在研究現代漢語標準化的必要性時，他舉了高地德語（High German）成爲德國的國語後，其他方言仍然繼續存在的例子。[39]

趙元任對語言的興趣，部分來源於他的早年信念。與同時代許多具有改革思想的中國人（如傅斯年）一樣，他深信中文要現代化，必須把漢字依拼音換作拉丁字母［即所謂羅馬化（romanization）］。1916 年的這篇論文中有一半內容討論漢語改革，特别是漢語的羅馬化。趙元任爲羅馬化提出了十四種理由，並擬定了方法，還一一反駁了十六條反對的意見。[40]趙元任認爲，漢語這種象形文字，對於多數的中國文盲來説晦澀難懂。而改成拼音文字，説漢語的人，只要學會拉丁字母後，既可以閲讀、書寫，又可促進現代國語的標準化，不必記憶幾千個漢字，外國概念、名字和術語更可以直接以字母呈現，方便活字印刷，而且辭典、索引、目録這些參考書裏的訊息就可以簡單以字母順序排列。[41]

趙元任獲得博士學位後，有幾年的時間没有固定的工作，四處游歷。從兒時起他便意識到他有着一雙好耳朵，能夠分辨中國許多不同方言。[42]他學過的音樂訓練了他對聲音和音調的辨識。他關於漢語語言的文章剛剛發表不久，便在日記中寫道："我大概是個天生的語言學家、數學家或音樂家。"一個月後，他寫道："我索性做個語文學家(philologist)，比任何其他都好。"[43]這裏"語文學家"(philologist)的意思基本上是學習語言的人，因爲語文學和語言學的區分其時尚未出現。趙元任利用旅行獎學金在芝加哥大學和加州大學伯克利分校各游學了一個學期，之後在康奈爾大學以講師身份教授物理。隨後，北京的清華學堂聘請他當哲學和數學講師，因此他於1920年返回中國。當時羅素(Bertrand Russell)在中國教學和演講長達一年，趙在大學教書之餘，還做羅素的漢語翻譯。

1920年趙元任獲任爲"國語統一籌備會"成員，從而有了機會實現語言改革的願景。這是一個教育部成立的組織。趙獲得任命，無疑要歸功於1916年關於漢語語言的論文，也有賴於他學習各種方言的天分。這種天分給其同時代人(譬如胡適)留下了深刻印象。[44]這一職位促使他利用在康奈爾和哈佛所學到的語音學知識，認真構想理想的國語。現代"國語"的成型，趙厥功甚偉。

由於中國有許多不同的方言，因而最終的國語版本是一個折中方案。雖然在趙元任的建議下以北京方言爲基礎，但最終版本與中國當時的所有方言全都不同，因此"國語"是一種從未有人説過的人造語言。趙元任可説是唯一能夠正確而流利地説新國語的人，因爲他熟知這個版本的創制過程，有現代的發音知識，熟稔大量的中國方言，還有説方言的天賦。[45]因此，他被受邀撰寫一本國語教科書，並製作學習國語的唱片。趙成了現代漢語的導師。

1920—1921年在國内時，趙元任下定決心從事語言研究。他在國語籌備會中的貢獻和他的語言學天分，使他的朋友和他的新婚妻子都相信，趙是最適合從事方言調查和統一國語的人選[46]，並勸他將語言研究作爲他的職業。他在 1921 年秋回到哈佛，並在 1922 年開始教授中文。這給了他另一個機會去思考漢語作爲一門語言的性質。從 1921 年到 1924 年，他旁聽了哈佛所有的語言學課程，就像修讀第二個博士學位。[47]從 1922 年開始，他發表了不少的關於漢語羅馬字母化、漢語聲調和音標的文章。

從趙元任所心儀的語言研究學者名單中，可以看出他的傾向。1921 年他擬定了赴歐洲拜訪著名語言學者的計劃[48]，1924—1925 年終於成行。他在阿圖・洛依德・詹姆斯(Arthur Lloyd James)(1884—1943)，丹尼爾・瓊斯(Daniel Jones)(1881—1967)和史蒂芬・瓊斯(Stephen Jones)(1871—1941)門下修習課程。這幾位都是任教於倫敦大學學院(University College London)的語音學家。趙也在史蒂芬・瓊斯的語音實驗室學習使用浪紋計，並且經常會見語音學家和言語治療師艾華・惠勒・史里普圖(Edward Wheeler Scripture)(1864—1945)。[49]

趙元任在巴黎見到了兩位語音學大師，實驗語音學家尚・皮耶・盧賽洛(Jean-Pierre Rousselot)(1846—1924)[50]和比較語音學家保爾・巴西(Paul Passy)(1859—1940)。趙還在索邦和法蘭西學院，修習兩位法國語言研究的領軍人物安東尼・梅耶(Antoine Meillet)(1866—1936)和約瑟夫・房德里耶斯(Joseph Vendreyes)(1875—1960)的課程。[51]雖然趙也曾經途經德國，但是他從未記録他在那裏拜訪過什麼語文學家，反倒是去了漢堡大學探望了一位語音學家朱利奥・龐康謝利-卡爾塞牙(Guilio Panconcelli-Calzia)。[52]因此，在趙元任開始他的語言學研究生涯之前，他對語音學有極大的熱忱，求教於所有傑出的英國和法國的相關語音及語言學者，但對德國的語文學卻漠不關心。

大概與此同時，趙元任對語言和語音的興趣隨着編撰《國語新詩韻》而與日俱增。[53]韻書在中國傳統學問的學習中占有重要地位。因爲象形文字中鮮有發音的綫索，中文發音的問題要比拼音文字多得多。更由於象形文字與其發音之間通常没有内在聯繫，一個字可能在不同的方言中隨着時間發展出迥異的發音。這些複雜情況導致了韻書的産生,而趙元任認爲新國語的來臨需要新的韻書。

用韻在中國有長久的歷史,尤其是唐代(618—907)以後,近體詩要求精確用韻。韻書用當時官話將漢字按所屬韻部歸類,方便作詩的人查閱。韻書遵循官話,並非因爲官話是官方訂定的國語,而是因爲作詩的人各講有不同的方言,不遵循一套公用的發音,詩作的韻脚和平仄就會南轅北轍,無法互相欣賞。在此意義上,韻書從實用的參考書變成了發音的規範。隨着中國的官話逐步演化,韻書也必須時常更新。歷代的韻書由於記録了當時的發音,因此成了清代音韻學者——其時被認爲乃考據之本(參看本書艾爾曼的論文)——在重構漢字古音時的必備參考書。在爲現代中國創作新韻書時,趙元任同時也熟悉了傳統的音韻學。

趙元任爲了準備實地的語言研究,求教於高本漢(Bernhard Karlgren, 1889—1978)。高氏是漢語語音學的先驅,彼時任教於瑞典的哥德堡大學。這位瑞典學者 1915 年在烏普薩拉大學(Uppsala)通過的博士論文《中國音韻學研究》(*Études sur la phonologie chinoise*),很快就成爲中國音韻學研究的經典。[54]他在中國調查了相當多的方言,以音標標注,並且比較了若干漢字在方言中和在過去韻書中的發音。通過這些比較,高本漢追溯每個漢字的發音轉變,重建了中古漢語的音韻。高氏不僅依賴於韻書,更實際做現代方言的田野調查,因此超越了中國傳統的音韻學家。1921 年,趙元任接觸到高本漢的《中國音韻學研究》。[55]1924 年,在歐洲旅行期間,趙元任拜訪人在哥德堡的高本漢,並從那時起一直到 1927 年都與他保持密切通信。例如,1925 年 1 月 18 日,應趙元任之請,高本漢在信中建議他學習普通語音學,並建議趙自己做出所研究方言的語音系統。此外,高本漢還自願要爲趙提供方言的範型字表。[56]趙元任在中國開始語言學的教學與研究之後,還繼續和高氏保持通信,並計劃翻譯他的《中國音韻學研究》。[57]

高本漢在烏普薩拉大學接受其導師奥古斯特·倫德爾(Johan August Lundell)(1851—1940)的方言研究訓練。倫德爾是斯拉夫語文學教授，也是方言研究的開拓者，語音學和方言學是他學術興趣所在。1877年，倫德爾提出了一個120個符號的音標系統，用於調查瑞典方言。[58]他的方言研究吸引了其時不到15歲的高本漢以少年調查員和記録員的身份加入。這位年少的參與者後來進入了烏普薩拉大學，跟隨倫德爾學習方言和俄語，高氏同時也精習古希臘語法。[59]倫德爾認爲由於瑞典缺少漢學家，建議高氏從事漢學研究，可以有最好的工作機會。高本漢接受老師的建議，於是轉向了漢語研究。1909—1910年他赴聖彼得堡跟隨俄國漢學家伊鳳閣（Aleksei Ivanoich Ivanov）（1878—1937）學習漢語，然後獲得獎學金前往中國，在中國學習漢語音韻，並進行方言調查。

在中國，高本漢產生了將歐洲的比較語文學應用到漢語研究中的想法，他甚至想找出漢語與印歐語言的關係。[60]1911年底他離開中國，1912年在倫敦短暫地停留修課，之後前往巴黎這個傅斯年認爲的漢學研究中心，並在那裏接觸沙畹（Eduoard Chavannes）、馬伯樂和伯希和等漢學家。在巴黎期間，高本漢的博士論文題目和結構已經基本成型了。他還在盧賽洛的語音實驗室工作。在那裏，高氏意識到他自己及其導師倫德爾的研究已經屬於舊學派了，“依賴耳朵，並根據舌頭的活動來給聲音分類”；而盧賽洛所代表的新方向，“與實驗語音學打交道，只依靠儀器的新興科學”。[61]儘管如此，高本漢意識到他在當時所從事的漢學研究都是語言學導向（linguistics-oriented），與19世紀在歐洲興起的漢學研究主流不同。但是，他從未要求分割語言學和語文學。相反地，他宣稱“没有語言學的語文學是不可能成功的……和絶大多數的語言領域相比，語言學、特别是歷史語音學對漢學研究的幫助特别不可或缺”[62]。

與高本漢比起來，趙元任的學術生涯更加遠離語文學。雖然能説幾種現代歐洲語言，但他從未做過古典語文學或者比較語文學的研究。他實際參與的國語統一、在康奈爾和哈佛的課程以及在倫敦和巴黎的進修，都是語音學和音韻學。他所在意的是聲音，而非文本。在他成學的過程裏，接受英法系語言學的訓練，形塑他的認同，認爲語文學和語言學截然不同。而傅斯年接受德國語文學的觀點,視語文學和語言學爲相容的整體。他們不同的學術訓練,決定了他們對語言科學的不同理解。

四、歐洲與中國學術的結合

要完全解決史語所名稱的矛盾,需要回答爲什麽傅斯年將"history"和"philology"選入其英文名稱。傅的選擇説明了西學和中學如何共同進入他創立的研究所。

趙元任和傅斯年分别於1925年和1926年回到中國,開始他們的學術生涯。趙元任先在北京清華學堂國學研究院任教,而傅斯年則在廣東中山大學任教。1928年,傅斯年受託於中央研究院創建人文研究所,所址設在廣東。他邀請趙元任主持語言組。然而在趙元任赴任之前,傅斯年已經決定好該所的名稱。

傅斯年在《史語所集刊》的發刊詞《歷史語言研究所工作之旨趣》中,詳述他對歷史學和語文學的願景,以此解釋他爲何選擇了這兩門學科作爲史語所的核心。他先簡要概述歐洲歷史學和語文學的發展。歐洲的歷史學能夠利用"自地質學以至目下新聞紙"的一切爲分析材料,以至於達爾文主義也能被視爲應用史學。他接着説,19世紀初"歐洲近代的語言學在梵文的發現影響了兩種古典語學(希臘語和拉丁語)以後才降生"。"印度日耳曼系的語言學已經成了近代學問最光榮的成就",而賽米的系、芬匈系、非洲語言和實驗語音學"也都有相當的成就"[63]。傅頌揚歐洲歷史學和語文學的成就,也説明他將語音學和語言田野調查當作語文學的一部分。

對傅斯年而言,傳統中國學術最偉大的成就也在於史學和語文學研究。他於前一年在《中山大學語言歷史學研究所周刊》的《發刊詞》中就寫道,與其他中國研究的領域相比較,"語言學和歷史學在中國發端甚早,中國所有的學問比較成績最豐富的,也應推這兩樣"[64]。他對中國史學和語文學之發展的描述,卻並非總是一致。在《旨趣》一文中,他斷定中國的考據(中國的語文學)在許慎(約58—約147)的《説文解字》書中已有可觀，17 世紀的顧炎武(1613—1682)和閻若璩(1636—1704)到達最高峰。[65]在其他地方，傅斯年曾經認爲清代學者的校勘比其歐洲同行更加精闢，不過清儒的大問題，是僅依賴少數的刊本，忽略出土材料及抄本。[66]

即使如此，傅斯年所有的著作還是都有一個一以貫之的主題。在他看來，他之前的三個世紀裏，中國所有值得贊揚的學術成就都在考據，傳統音韻和訓詁都有優秀的著作。[67]但是，儘管有這些優秀著作，中國學術最終還是衰落了。甚至章炳麟(1869—1936)，這位被傅斯年奉爲最後一代傳統學者中的頂尖人物，也比不上清代考據學和音韻學前輩。[68]傅的結論由此顯而易見：與西方相比，中國在 20 世紀初已經遠遠地落後了。

傅斯年希望在他的新研究所中開展現代歷史學和語文學。一方面，他認爲中國學術得力於新視野和新方法論的引入，在民國初年已經有所進步。例如，他的大學好友顧頡剛(1893—1980)的《古史辨》，已經超越了傳統學術。顧頡剛儘管從未留學，但他將現代史學方法論運用在對中國傳説的考察上。顧頡剛同時也是史語所籌備委員會的三名成員之一。[69]另一方面，傅斯年强調中國學者的弊病在於只依賴刊本。他立誓要將中國歷史的一手資料擴展到歐洲專業的史學家已經利用的所有類型的材料，包括考古發現、碑文、抄本、檔案以及民族志田野調查等。[70]相應地，他在研究所内成立了四個小組：歷史組、語言組(對他而言就是語文學)、考古組和人類學組。他爲安陽殷墟的發掘爭取到了可觀的資源，並派出人員在中國西部和西南部做田野調查。

傅斯年爲新研究所的語言研究系統規劃了四個領域。第一個是漢語方言。高本漢已經證明了方言調查是歷史音韻學的基礎。第二個是中國西南境内外的非漢語研究，包括藏語，緬甸語、泰語及它們的親屬語言。第三個是歷史上流通於中亞的抄本，包括梵語、突厥語、蒙古語、滿語以及印歐語系吐火羅語的不同分支語言。研究這些歷史文獻是伯希和等巴黎學者的專長，而傅斯年將這個領域的研究工作交付給陳寅恪(1890—1969)。陳也在德國接受語文學的訓練，並受邀擔任歷史組的主任。最後一個領域是語言學。雖然傅斯年指出中國學者還沒有能力爲普遍語言學作出貢獻，但是可藉助語音學記録中國大量的方言。[71]

傅斯年將語言研究的任務交給語言組(由趙元任領導)。趙元任剛出版了他對吴語的調查報告後[72]，離開清華到史語所，帶領語言組，展開由傅斯年指派的方言調查、歷史音韻學和語音學研究的任務。西南語言的工作由其同事李方桂(1902—1987)進行。李方桂從芝加哥大學獲得博士學位後於1929年加入史語所，他可是世界上第一批接受語言學正規訓練的人。他在其時的芝加哥大學比較語文學、普遍語言學和印度伊朗語文學系(Department of Comparative Philology, General Linguistics and Indo-Iranian Philology)，跟隨兩位美國頂尖的語言學家愛德華·薩皮爾(Edward Sapir)(1884—1939)和倫納德·布魯姆菲爾德(Leonard Bloomfield)(1887—1949)攻讀博士學位。1934年該系成爲有史以來第一個語言學系。李方桂的博士論文研究無文字的美洲印地安語馬掩勒(Mattole)。[73]顯然地，趙元任、李方桂及其語言組的同事們對語文學缺乏興趣。趙、李二人英法語系的學術訓練和學術觀點也引導了這個小組的發展，即使後來他們都離開史語所赴美任教。語言組的工作完全是語言學，並沒有語文學。

傅斯年在他自己的研究中，力圖將歐洲語文學用於中國材料。這一努力在其《中國古代文學史講義》中特別清楚，這是他回國不久後爲中山大學的課程所準備的講義。儒學經典《尚書》、《論語》和《春秋》長久以來被視爲絶對真理，但傅將它們當作文學史的材料研究。清儒開始把這些典籍當作歷史材料(見本書艾爾曼的論文)，已經多少將這些經典去神聖化了。傅的同學顧頡剛走得更遠，甚至懷疑這些文獻中的許多歷史記録。儘管有這些先例，傅斯年似乎是最先將儒家典籍視爲文學材料的人之一。在該書的理論部分，他講解了口語和文字的區別，這正是歐洲語文學所詳述的主題之一。他進一步區分古代文學在語言上的五個層次：方言(或口語)、階級語(不同社會階級所説的語言)、標準語、文言、古文(如拉丁語是死去了的語言，有人讀寫卻不再有人説)。[74]

傅斯年對語言差異的注意也與他關心古代中國的民族多樣性相關。中國學界歷來認定上古“中原”的人群，是血統語言相同的種族，傅並不贊同，顯然受到他所學古希臘羅馬城邦歷史的影響。這個觀點表現他對古代多元種族國家的思考。[75]對於語言多樣性的關注表現在他爲史語所指定的工作，搜集大量神話、民歌和故事這些中國尤其不完備的材料。[76]他的範本是印度的《吠陀經》、古希臘的荷馬史詩，尤其是日耳曼和北歐的《尼伯龍根之歌》。[77]

歐洲語文學和中國傳統學術似乎很相近，解釋了爲何前者在中國遭遇的阻力很小，也解釋了史語所研究的特色。傅斯年爲史語所集刊所寫的發刊詞並沒有引起任何爭議，該所早期發表的著作也受到學界歡迎。傅斯年尤其繼承了清代考據的學風，少提理論的重要，卻鍾意一手材料的發掘與編纂(參看本書艾爾曼的論文)。雖然傅的上古史著作實際上有很高的理論、假設性質，但他還是經常宣稱史料自己會說話，沒有必要也沒有餘地多做解釋；他說理論解釋是危險的。史語所的很多著作都是文字、地名或制度的訓詁，其方式更像清代的考證而不是歐洲語文學。

雖然史語所對非漢語研究的貢獻不容忽視，但是其語言研究最大的成績，還是在清代學者已經打卜基礎的漢語音韻學。比較而言，文法在史語所語言組的著作中微不足道。19 世紀歐洲最好的比較語文學家，比如布魯格曼和德爾勃吕克，都被稱作“年輕的文法學家”(Junggrammatiker)。史語所對文法的興致寥寥，只能歸因於中國學術傳統中向來忽視文法。[78]1960 年代，趙元任在任教於伯克利期間，最終完成了漢語語法的代表性著作。[79]他這麼做，並非受中國傳統的影響，反倒受西方語言學界的影響更大，因爲那時諾姆·杭士基(Noam Chomsky)剛剛發表了他在語法和結構語言學上突破性的著作。

五、結　論

因此，本文開頭所說的問題，源於兩種不同的觀點。在傅斯年看來,史語所的中文名和英文名之間没有不一致之處,語文學就是“語言研究”,而史語所也確實是研究歷史和語言的機構。而從趙元任所學的英法語言學的視角來看,語文學並不是語言學,歷史研究和語言研究的研究所並不等於史學和語文學的研究所,史語所中英文名稱的差異便由此産生了。

當語言學脱離語文學,獨立成爲學科時,史語所同時容納了傅和趙的觀點。傅斯年所理解的歐洲語文學由至少三個更早的發展所形塑:1.“古代科學”的展開,起初以古典語文學爲基礎,其後包含了文本研究、考古學和史學,用以研究古代生活的所有面向;2.比較語文學的發展壯大,其研究對象超越書面文獻,而將語言作爲語法和聲音的系統,研究其歷史和親屬關係;3.民族語文學形成,使得民俗、辭典編纂、宗教著作和文學作品融爲一體,形成整個民族文學。傅斯年根據他的現代史學和語文學知識建立了史語所,並將其運用到自己的古代史研究。他引入的歐洲語文學並未受到太多阻力,中國學界很容易就接納了,以爲歐洲語文學和中國考據學非常近似。從數學哲學博士轉變成語言學家的趙元任,欣然接受了英法語系關於語言研究取向,並帶領他的小組完成了田野調查、歷史音韻和語音研究。

傅、趙二人的語文學和語言學的視野與努力,使史語所上升成爲20世紀上半葉東亞頂尖的人文研究所。有四個例子説明史語所在考古學、語文學、史學和語言學方面對全球知識史的重要貢獻。

第一,史語所在安陽的考古發掘,重現了殷商,商朝不再是神話傳説,而是考古證實的信史,這一成就甚至令伯希和都驚奇不已。[80]第二,從考古挖掘中發現了數量驚人的甲骨文。儘管20世紀早期已有關於甲骨卜辭的研究著作,但是史語所第一次大規模系統地研究甲骨文。他們爲這些獸骨和龜甲上的刻辭斷代,從卜辭重建完整的商王世系表。第三,傅斯年的上古史研究影響深遠,唤醒了中國歷史的意識,瞭解古代世界的種族與國家的多元與複雜。最後,同等重要的是,趙元任的小組對漢語方言和非漢語語言進行了質量和規模都前無古人的研究,並將漢語音韻的構擬推到了上古。[81]由於趙在漢語語言學上的成就,於

1945年當選爲美國語言學學會主席。對於亞洲學者來説，如此早就獲得國際學界肯定，非常難得。

史語所的中英文名稱不同，今天更爲明顯。其原因有二。第一，在傅斯年的研究所乃至於整個中國，鮮有學者能夠理解歐洲語文學的内涵與背景，更不要説實踐了。雖然陳寅恪受傅斯年委任研究中亞語言的語文學，並在研究所的最初幾年發表了重要的語文學著作，但是他的興趣很快就轉向了唐代政治史。不論是陳寅恪還是傅斯年都没能以西方語文學來訓練年輕學者，後來更是讓幾乎没有受過德語訓練的人加入史語所。因此，小而在史語所，大而在整個中國，西方語文學都從没有生根發展。第二，今天東西方的學者和學生都接受了由索緒爾提出、趙元任引入中國的語言學定義。經歷了20世紀，語言學確實獨立於語文學並發展壯大成爲一門獨立的學問。但另一方面，語文學卻衰落了，在美國很少有大學生知道語文學到底是什麽，甚至在世界各國可能都是如此。在美國學術界，這門曾經享受榮光的學科，也許只有在美國語文學會(American Philological Association)的名稱及該學會會刊《美國語文學雜誌》(*American Journal of Philology*)中，才有一些形式上的殘留。但2013年該學會投票通過將其名稱改爲"古典研究學會"(Society for Classical Studies)，現在甚至連這一殘留都已絶迹。就是因爲語文學已經衰落，所以才有賴現在的學者重新介紹，波洛克的定義使"解釋文本(making sense of texts)"即是最爲人所知的解釋。[82]就是人們不再把語言研究理解爲語文學的時候，史語所中文和英文名稱，才看起來大不相同。[83]

注釋

[1] "Philologie est nettement distincte de la linguistique, malgré les points de contact des deux sciences et les services mutuels qu'elles se rendent." Ferdinand de Saus-

sure, *Cours de Linguistique Générale*. 2e éd, Paris: Payot & Cie, 1922, 21.

[2] Walter Rüegg, "Theology and the Arts," in *Universities in the Nineteenth and Early Twentieth Centuries (1800—1945)*, ed. Walter Rüegg, Cambridge: Cambridge University Press, 2004, 415—453.

[3] Patrick Heinrich, *Die Rezeption westlicher Linguistik im modernen Japan bis Ende der Shôwa-Zeit*, München: Judicium Verlag, 2002, 48—50; Viktoria Eschbach-Szabo, "Die Frühzeit der neueren japanischen Sprachforschung: Vom Kokugaku zum Kokugogaku," in *History of the Language Sciences: An International Handbook on the Evolution of the Study of Language from the Beginnings to the Present*, ed. Sylvain Auroux, Berlin & New York: Walter de Gruyter, 2000, 94—97.

[4] 在第一年前後研究所還用了法語名 "Institut historique et philologigue",至少被用在了信箋抬頭上。

[5] 王汎森、杜正勝編:《傅斯年文物資料選集》,傅斯年先生百齡紀念籌備會 1995 年版,第 41、44 頁。關於傅斯年的生平和著作,以及他去柏林的原因,見王汎森作的權威傳記。Wang Fan-sen, *Fu Ssu-Nien: A Life in Chinese History and Politics*, New York: Cambridge University Press, 2000, 58.

[6] 史學方面,傅斯年閱讀了伯倫漢(Ernst Bernheim)研究史學方法的著作以及亨利·巴克爾(H. T. Buckle)的英國史。Ernst Bernheim, Ernst, *Lehrbuch Der Historischen Methode Und Der Geschichtsphilosophie: Mit Nachweis Der Wichtigsten Quellen Und Hilfsmittel Zum Studium Der Geschichte*. 5. und 6., neu bearb. und verm. aufl, Leipzig: Duncker & Humblot, 1908; Henry Thomas Buckle, *History of Civilization in England*, The World's Classics 41, 48, 53, New York: Humphrey Milford, 1920.他甚至還翻譯了後者的前五章。傅斯年跟隨語文學家吕德斯(Heinrich Lüders)(1869—1943) 修了梵語課程,跟隨赫爾曼·弗蘭克(Herman Francke)(1870—1930)學習藏語,還修習了普通語音學課程。見王汎森、杜正勝編:《傅斯年文物資料選集》,第 51 頁。

[7] William Dwight Whitney, *The Life and Growth of Language: An Outline of Linguistic Science*, New York: D. Appleton, 1896, 318.

[8] 安東尼·格拉夫頓(Anthony Grafton)指出了 19 世紀末 20 世紀初語文學在德國文化中的衰落景象,並引用路德維希·哈特萬尼(Ludwig Hatvany)的諷刺語文學(以及一般的"古代研究")的流行作品 *Die Wissenschaft des nicht Wissenswerten*(1908)作爲實證。Anthony Grafton, "Prolegomena to Friedrich August Wolf," *Journal of the Warburg and Courtauld Institutes* 44(January 1): 101. 這也是蘇珊娜·馬尚德(Marchand)

書中的主題，尤其是第302—376頁。Suzanne L. Marchand, *Down from Olympus: Archaeology and Philhellenism in Germany, 1750—1970*, Princeton: Princeton University Press, 2003.感謝安東尼·格拉夫頓提供這兩條參考資料。

[9] Friedrich August Wolf, *Vorlesung über die Encyclopädie der Alterthumswissenschaft*. Leipzig: Lehnhold, 1831.

[10] 這部著作和沃爾夫著作在古代科學內容上的區別，大多只是分類上的不同。例如，雖然錢幣學作爲一個新的分類出現，但它的概念在沃爾夫制定的體系中，已經被納入了工藝品的研究中。見 Alfred Gercke and Eduard Norden, eds., *Einleitung in die Altertumswissenschaft*. zweite Auflage, 3 vols, Leipzig: B. G. Teubner, 1912。

[11] Ulrich von Wilamowitz-Moellendorff, *History of Classical Scholarship*, London: Duckworth, 1982, 159—165.

[12] Suzanne L. Marchand, *Down from Olympus: Archaeology and Philhellenism in Germany, 1750—1970*, Princeton: Princeton University Press, 2003, 116—151, 341—376.

[13] Leonard Bloomfield, *Language*, New York: H. Holt, 1933, pp.10—12.

[14]"若印度文學的研究想要繁榮興盛，則必須運用古典語文學的原則。"August Wilhelm von Schlegel, *Indische Bibliothek*(1820—1830)，見德爾勃吕克(Delbrück)所引，Berthold Delbrück, *Introduction to the Study of Language: A Critical Survey of the History and Methods of Comparative Philology of the Indo-European Languages*, New ed., Amsterdam: John Benjamins, 1989, 28。

[15] Franz Bopp, *Über das Conjugationssystem der Sanskritsprache in Vergleichung mit Jenem der griechischen, lateinischen, persischen und germanischen Sprache*, Frankfurt am Main: In der andreäischen Buchhandlung, 1816.

[16] Franz Bopp, *Analytical Comparison of the Sanskrit, Greek, Latin and Teutonic Languages, Shewing the Original Identity of Their Grammatical Structure*, Amsterdam: John Benjamins, 1974, 27—28.

[17] Delbrück, *Introduction to the Study of Language: A Critical Survey of the History and Methods of Comparative Philology of the Indo-European Languages*, 113—117.

[18] 德國語文學學者如雅各布·格林(Jacob Grimm)將路德的《聖經》視爲現代德語文學的里程碑。Jacob Grimm, *Deutsche Grammatik*. Göttingen: bei Dieterich, 1819, Vorwort.

［19］索緒爾的《普通語言學教程》在他去世後於1916年出版。從1906年開始直到1913年過世，他都在日内瓦大學教授普通語言學課程。

［20］Saussure，*Cours de Linguistique Générale*，13—15，p.33.

［21］William Dwight Whitney，*The Life and Growth of Language：An Outline of Linguistic Science*，New York：D. Appleton，1896，315.

［22］Henry Sweet，*The Practical Study of Languages*，New York：Henry Holt，1900，1.

［23］Otto Jespersen，*Language：Its Nature，Development and Origin*，London：George Allen & Unwin，1922，p. 65.對葉斯伯森來説，從語文學在大陸（即德國）的意義來説，頗有一個國家研究的意味。例如，拉丁語語文學是對羅馬文化的研究，而非語言的專門研究。Jespersen，*Language：Its Nature，Development and Origin*，64.美國傑出的語言學家倫納德·布魯姆菲爾德（Leonard Bloomfield）於20世紀30年代系統地表述了語言學和語文學的不同，他説："一切語言的歷史研究都以比較兩組或更多組的語言描寫資料爲基礎——爲了描寫一種語言，人們根本不需要什麽歷史知識；實際上，凡是讓歷史知識影響其描寫工作的人，一定會歪曲他的資料。"Bloomfield，*Language*，19—20.

［24］Wolf，*Vorlesung über die Encyclopädie der Alterthumswissenschaft*，47.

［25］F. Max Müller，*Lectures on the Science of Language*，New York：C. Scribner，1862，22；Berthold Delbrück，*Einleitung in das Sprachstudium：ein Beitrag zur Geschichte und Methodik der vergleichenden Sprachforschung*，Leipzig：Breitkopf und Härtel，1880，iii—iv.

［26］August Ferdinand Bernhardi，*Anfangsgründe der sprachwissenschaft*，Berlin：bei Heinrich Frölich，1805，1，6—10.

［27］Theodor Benfey，*Geschichte der Sprachwissenschaft und orientalischen Philologie in Deutschland*，München：J. G. Cotta，1869，4—8.

［28］Karl Brugmann，*Zum heutigen Stand der Sprachwissenschaft*，Strassburg：K. J. Trübner，1885，39.

［29］甲柏連孜認爲語文學是"低劣的模仿者的科學，他們懷揣著可悲的傾慕游蕩徘徊，穿過已經死去的文化的墓碑"。G. V. D. Gabelentz，*Die Sprachwissenschaft：ihre Aufgaben，Methoden und Bisherigen Ergebnisse*，London：Routledge/Thoemmes，1995（1891），21.對於他的影響的評價，見Chris Hutton，"Introduction，" in *Die Sprachwissenschaft：ihre Aufgaben，Methoden und Bisherigen Ergebnisse*，London：Routledge/Thoemmes，1995；Els Elffers，"Georg von der Gabelentz and the Rise of General Linguistics," in *Ontheven aan de tijd*：*Linguïstisch-historische studies voor Jan Noordegraaf bij zijn zestigste verjaardag*, ed. Lo van Driel and Theo Janssen, Amsterdam：Stichting Neerlandistiek VU, 2008。

[30] 當傅斯年還是大學生時，他在他的嚴復譯《穆勒名學》(John Stuart Mill, *System of Logic*)一書印刷本的第 2 頁空白處寫下批注："philology"應當譯爲"語學"。這册印刷本現藏於"中央研究院"史語所傅斯年博物館。感謝北京大學羅志田提供這則參考資料。傅斯年在《旨趣》一文中沿用這一翻譯。而在這本書的第 23 頁，他將"comparative philology"譯爲"言語學"。前文已經指出，他將史語所名稱中的"philology"譯爲"語言學"。

[31] 王汎森、杜正勝編：《傅斯年文物資料選集》，第 52 頁。

[32] 傅斯年所收集的葉斯柏森的著作包括：*Phonetische Grundfragen*, Leipzig：B. G. Teubner, 1904；*Negation in English and Other Languages*, København：Andr. Fred. Høst, 1917；*Chapters on English*, London：George Allen & Unwin, 1918；*Language*：*Its Nature*, *Development and Origin*, London：George Allen & Unwin, 1922；*Growth and Structure of the English Language*, 4th ed. New York：D. Appleton, 1923；*The Philosophy of Grammar*, London：George Allen & Unwin, 1924；*Mankind*, *Nation and Individual from a Linguistic Point of View*, Oslo：H. Aschehoug, 1925；*The System of Grammar*, London：George Allen & Unwin, 1933；*Analytic Syntax*, London：George Allen & Unwin, 1937。

[33] 王汎森、杜正勝編：《傅斯年文物資料選集》，第 52 頁。

[34] 趙元任："Yuen Ren Chao's Autobiography：First 30 Years, 1892—1921"，載《趙元任全集》第 15 卷上册，商務印書館 2007 年版，第 439 頁。

[35] 楊步偉："The Autobiography of a Chinese Woman,"同上書，第 439—441 頁。

[36] 楊步偉："The Autobiography of a Chinese Woman"，第 451 頁。

[37] 趙元任："The Problem of the Chinese Language"，載吴宗濟、趙新那編：《趙元任語言文學論集》，商務印書館 2006 年版，第 3—4 頁。

[38] 同上書，第 3 頁。

[39] 同上書，第 28 頁。

[40] 同上書，第 38—60 頁。

[41] 同上書，第 44—48 頁。

[42] 趙元任："Yuen Ren Chao's Autobiography：First 30 Years, 1892—1921"，第 395 頁。

[43] 吴宗濟:《前言》,載吴宗濟、趙新那編:《趙元任語言文學論集》,商務印書館 2006年版,第4—5頁。

[44] 趙新那、黄培雲編:《趙元任年譜》,商務印書館1998年版,第117—119頁。

[45] 胡適爲趙元任的《國語留聲片課本》作序,並稱贊他的專業知識。趙新那、黄培雲編:《趙元任年譜》,第117頁。

[46] 楊步偉:"The Autobiography of a Chinese Woman",第195頁。趙新那、黄培雲編:《趙元任年譜》,第117頁。

[47] 楊步偉:"The Autobiography of a Chinese Woman",第225頁。

[48] 趙元任:*The First Green Letter*,1921年自印本,第10頁。

[49] 趙新那、黄培雲編:《趙元任年譜》,第125頁。楊步偉:"Family of Chaos, Put into English by Her Husband Yuen Ren Chao",載《趙元任全集》第15卷下册,第550—551頁。

[50] 趙新那、黄培雲編:《趙元任年譜》,第126頁。

[51] 趙元任修習了梅耶(Meillet)關於抽象名詞和詞彙的一般理論的課程,並仔細閱讀了他的 *Linguistique historique et linguistique générale*(1921). Chao Yuen Ren, "To Bernhard Karlgren", W46—294, Carton 5, Yuen Ren Chao Papers, Bancroft Library, University of California, Berkeley, 1925, 69。楊步偉:"Family of Chaos, Put into English by Her Husband Yuen Ren Chao",第552頁。

[52]《趙元任年譜》只記載趙到漢堡探訪語音學家,趙新那、黄培雲編:《趙元任年譜》,第127頁。本文英文版判定是海因尼兹(Wilhelm Heinitz)(1878—1966),但進一步的研究發現更可能是龐康謝利-卡爾塞牙。海因尼兹當時只是他的助手。

[53] 趙元任:《國語新詩韻》,上海商務印書館1923年版。

[54] Bernhard Karlgren, "Études sur la phonologie chinoise", Ph. D. diss., Uppsala, 1915.

[55] 趙元任:"Yuen Ren Chao's Autobiography: First 30 Years, 1892—1921",趙新那、黄培雲編:《趙元任年譜》,第111頁。

[56] Bernhard Karlgren, "To Yuen Ren Chao", W46—294, Carton 5, Yuen Ren Chao Papers, Bancroft Library, University of California, Berkeley, 1925.

[57] Chao Yuen Ren, "To Bernhard Karlgren", W46—294, Carton 5. Yuen Ren Chao Papers, Bancroft Library, University of California, Berkeley, 1926.

[58] N. G. D. Malmqvist, *Bernhard Karlgren: Portrait of a Scholar*, Bethlehem, Pa.: Lehigh University Press, 2011, 33—34.

[59] Ibid., 33, 35, 39—40.

[60] Ibid., 57.

[61] Ibid., 82—83.

[62] Ibid., 114.

[63] 傅斯年:《歷史語言研究所工作之旨趣》,載《傅斯年全集》第4冊,臺灣聯經出版社1980年版,第253—254頁。

[64] 傅斯年:《發刊詞》,載《中山大學語言歷史研究所周刊》1927年第1期第1卷,第3頁。

[65] 傅斯年:《歷史語言研究所工作之旨趣》,第254頁。

[66] 傅斯年:《中國古代文學史講義》,載《傅斯年全集》第1冊,第153頁。

[67] 傅斯年:《與顧頡剛論古史書》,載《傅斯年全集》第4冊,第455頁。

[68] 傅斯年:《夷夏東西説》,載《傅斯年全集》第3冊,第410頁。

[69] 第三名成員是楊振聲。傅斯年、顧頡剛和楊振聲聯合挑選了一些提案作爲史語所1928年的工作方案。例如,傅斯年、顧頡剛、楊振聲:《傅斯年、顧頡剛、楊振聲呈大學院(1928年4月30日)》,載王汎森、潘光哲、吴政上編:《傅斯年遺札》,臺灣"中央研究院"歷史語言研究所2011年版,第115—126頁;《傅斯年、顧頡剛、楊振聲致蔡元培、楊銓(1928年5月5日)》,載《傅斯年遺札》,第128—133頁。傅斯年是史語所集刊發刊詞的唯一作者。

[70] 傅斯年:《歷史語言研究所工作之旨趣》。

[71] 傅斯年:《本所對於語言學工作之範圍與旨趣》,載《歷史語言研究所集刊》1928年第1卷第1期,第114—117頁。

[72] 趙元任:《現代吴語的研究》,清華學校研究院1928年版。

[73] Li Fang-Kuei. "Mattole, an Athabaskan Language", Ph. D. diss., University of Chicago, 1928.

[74] 傅斯年:《中國古代文學史講義》,第29—41頁。

[75] 例如傅斯年:《夷夏東西説》,第822—893頁;《周東封與殷遺民》,載《傅斯年全集》第3冊,第158—167頁。

[76] 傅斯年:《中國古代文學史講義》,第46—47頁。

[77] 同上書,第42—43頁。

[78] 馬建忠的《文通》(1898)常常被看作第一部研究漢語語法的著作,而王力最先撰寫了專業語言學的漢語語法著作。王力是趙元任在清華國學院最早的學生之一,此後去法國接受學術訓練。王力在清華完成的碩士論文是關於古漢語語法的,這是他自主選

擇的課題。20世紀30和40年代,他發表了另外三種關於漢語語法的著作:《中國文法學初探》,載《清華學報》1936年第11卷第1期;《漢語語法綱要》,開明書店1946年版;《中國現代語法》,上海商務印書館1947年版。他在漢語語法領域的特殊興趣和傑出成就無法在此詳述,但需要指出的是他從未在史語所工作過。

[79] Chao Yuen Ren, *A Grammar of Spoken Chinese*, Berkeley: University of California Press, 1968.

[80] Wang Fan-sen, *Fu Ssu-Nien: A Life in Chinese History and Politics*, New York: Cambridge University Press, 2000.

[81] 梅祖麟:《中國語言學的傳統和創新》,載《學術史與方法學的省思》,臺灣"中央研究院"歷史語言研究所1990年版,第475—500頁;丁邦新:《中國語言學與趙元任》,載《文化的餽贈》,北京大學出版社2000年版,第431—436頁。

[82] Sheldon Pollock, "Future Philology? The Fate of a Soft Science in a Hard World," in *Critical Inquiry* 35.4(2009):934.

[83] 感謝丁邦新、杜正勝和艾爾曼三位先生審閱本文的初稿,尤其感謝丁邦新先生指導漢語音韻學的專業知識。本文最初是爲蔣經國基金會資助的"古文字學與歷史學的世界史"國際研討會(臺北,2008年10月)而作;最終的檔案研究和論文修訂則由臺灣"中央研究院"前瞻計劃(2012—2016年)資助完成。承蒙這兩個機構的惠助,本人不勝感激。

(黃晨曦　譯)

日本"新訓詁學"芻議

王小林

"訓詁學"原本是中國古代一門綜合性的應用型學科,尤其是清代的乾嘉樸學,曾經在中國學術史上有過一段輝煌的歷史;但時過境遷,與時下流行的各種顯學相比,它的風光不再似乎也在情理之中。然而,與中國形成鮮明對照的是,當"訓詁學"流傳到日本後,不僅對後來的京都學派産生了深刻影響,而且在 1940 年代之後,還經歷過一次寧靜的革命,並誕生出了"新訓詁學"。所謂"新訓詁學",並不完全等同於近年來由歐洲學者所提出的"新語文學"(New Philology)概念。[1]"新訓詁學"先是出現在日本學者往來的書信中,之後經過理性而睿智的討論,被其他京都學派的學者逐漸納入研究之中,發展爲一種新的方法。其特徵可以概括爲,從文本的表達及内部結構入手,對其文字語義、文本意義乃至哲學思想本質作全面考證。鑒於"新訓詁學"尚未被日本以外的學者所瞭解,本文擬就其來源、方法、特徵及潛在意義作一介紹。

一、"新訓詁學"的起源

"新訓詁學"的思想,誕生於 1940 年代日本漢學家吉川幸次郎(よしかわこうじろう,1904—1980)與學者大山定一(おおやまていいち,1904—1974)之間的往來書簡中。這本衹有一百五十多頁的小册子《洛中書問》,記録了吉川有關"新訓詁學"的思考。其中寫道:

> 字典的解釋,要而言之,不過是一個近似值、標準答案。而語言本身,常常並不停留在某一點上。在實際使用語言文字的時候,根據使用者和使用狀況的具體實際,會產生出千差萬别、各不相同的結果來。雖然詞義以字典的標準解釋爲基礎,是立足其上的,但也會在字典的基礎解釋上游移不定。這種游移不定,究竟"游"向何方?定在何處?對其進行測定,就是文學研究之道。要想使測定成爲可能,必須洞察語言使用者即發言者的心理。换言之,文學研究,必須是以語言爲資料的人的學問,這也是文學研究的正道。在這一點上,文學研究與語言學研究的方向各不相同。語言學研究所追求的,是作爲詞典意義所表示的、統一意義的方向。形成這種意義的因素是社會,所以,它與社會學乃至民族心理學相互關聯。而文學研究,雖然以語言研究爲基礎,但對象是個人的語言,確切地説是通過個人的語言追溯個人的精神,追求的是意義分裂的方向。[2]

吉川對"訓詁學"有如此見解,與其兩位導師的影響有直接關係。一位是日本著名漢學家、"京都學派"的創始人狩野直喜(1868—1947)教授,1923年吉川考取京都帝國大學後,選修中國文學,遂拜其爲師;而狩野直喜的治學方法,又是清王朝被推翻後避居日本的王國維(1877—1927)所傳授。另一位是中國的楊鍾羲(1854—1940)教授,1928年吉川到北京大學留學,拜精通考據學的楊鍾羲爲師,專攻音韻學。

吉川對"舊訓詁學"與"新訓詁學"之區别的思考,被後來的日本文學研究家、原京都大學教授佐竹昭廣(1927—2008)所傳承,並作了更加詳細的詮釋。佐竹在《訓詁之學》一文中指出,舊訓詁學是"用今天的語言解釋過去的語言","過去與今天無論在語言和文字上,都經歷了無數的變遷。將過去的語言正確解釋爲今天的意思,不是一件容易的事情。如果以今天通行的字義閲讀古書,就背離了訓詁的方法,無法把握古書的含義。訓詁學的必要性亦即在此"[3]。然而,"新訓詁學"則完全不同:

> 文學作品，衹有語言性地被客觀化之後，才可以稱爲文學作品。表達主體將怎樣的思想、在何種狀況下、用什麼語言來表達出來，如果不對這些要素進行綜合性的追溯體驗，不對語言表達出來的作品内部世界進行明確的檢驗，我們對作品和作家究竟能夠瞭解多少呢？文學研究，歸根結底，必須通過語言瞭解作品的“意義”，進而通過瞭解作品的“意義”來解讀作者思想的“意義”。這就是文學研究的本質。[4]

佐竹昭廣所强調的對“意義”的追求，是“新訓詁學”之所以爲“新”的主要特徵。

重審“新訓詁學”的方法，可以看到，與“舊訓詁學”對語言文字的表層意義、社會性、社會學意義探索的方法不同，“新訓詁學”則是從語言文字的深層、潛意識、心理結構的角度認識追求其“意義”的。

二、“新訓詁學”的方法

（一）在問題中發現規律

“新訓詁學”秉承乾嘉樸學“實事求是”的態度，針對具體問題，從文本出發，在問題中發現規律以及解決問題的綫索。例如，主要用漢字的表音功能編寫的日本古詩集《萬葉集》一直存在許多不確定的讀法，原因多在於漢字書寫與日文古詩音節的不符。近代以後，隨着科學主義在人文領域的影響，絶對尊重原文的教條主義，特别是對大正年間編纂的《校本萬葉集》喪失了批判精神，成爲研究者的一大障礙和弊端。佐竹在討論《萬葉集》的文字訓詁問題時，批判地繼承江户時代國學家本居宣長(1730—1801)提出的“字餘説”，對《萬葉集》的文本提出了一系列的修訂。

所謂“字餘説”，是以《萬葉集》詩歌的“音數律”爲參照，對違反“音數律”的個案進行考察的方法。日本古代詩歌，無論長歌還是短歌，均由5、7的音數構成。本居宣長在《字音假字用格》中指出,《萬葉集》中的部分詩歌的書寫方式並不符合這種音數。他通過考察和歸納發現,凡是"音數律"存在問題的詩歌,特別是音節超出"音數律"者,均包含了可無聲化的母音"あ＝a"、"い＝i"、"う＝u"、"お＝o"。然而,這一發現在本居宣長之後的研究中並未受到重視。直到1940年代以後,佐竹在對《萬葉集》的音數律重新作了考察後,才有了進一步發展。佐竹發現,凡是不符合"音律數"的詩歌,其文字表達均存在一定的問題。具體表現在,或者前後文銜接不當,或者用字有誤。佐竹因此提出了"合理性脱字誤字説",對不符合"音數律"或者"音數律"正常但漢字表達不一致的和歌進行考察,《萬葉集》中近40首詩歌的讀法和寫法因此得以訂正,許多懸而未決的問題也因此得到解決。

上述方法對《萬葉集》的文本修訂起到了巨大的推動作用。這裏試舉四例:

例一,奥檝常念者(卷三,474)おくつきとおもへば→奥檝常今者　おくつきといま

例二,壽母不有惜(卷四,785)としもおしからず→身母不有惜　みもおしからず

例三,後波落易(卷六,988)のちはちりやすく→後波落湯のちはちりすぐ

例四,許能久礼罷(卷十九,4166)このくれやみ→許能久礼能このくれの

在四例中,箭頭左邊爲《萬葉集》原文及訓讀句,箭頭右邊爲修訂後的原文和修訂句。通過對各種手抄本文字的比較,以及訓讀句内容的重新考證,特别是依據"音數律"的規律,佐竹推測,在《萬葉集》的抄寫過程中,"念""壽""易""罷"極有可能是"今""身""湯""能"的誤寫。而以"今""身""湯""能"的訓讀重新讀這四首和歌,不僅"音數律"完全符合本居宣長所發現的規律,同時意義也較之前的各種解釋更加

清晰。

值得注意的是,佐竹並沒有忘記針對這些詩歌作爲文學作品的"意義"——其表達主體的思想、歷史背景以及語言風格的追求。例如,在將例三"落易"修訂为"落過"的基礎上,佐竹又關注到《萬葉集》中由"落過=ちりすぐ"所顯示的思想傾向,撰寫《自然觀的祖型》一文,在歸納和分析類似表達的同時,通過與佛教、基督教自然觀的比較,對古代日本人的自然觀作了闡述。[5]

佐竹之所以能夠在《校本萬葉集》中有突破和創新,與他運用近代語言學等新理論,從結構主義、語義學、人類學等角度將《萬葉集》研究相對化的方法有極大的關係。換言之,佐竹的研究雖然主要以《萬葉集》的文字訓詁爲中心,但涉及的範圍卻涵蓋了版本校勘、文字訓詁、比較思想、語言哲學、民俗學、心理學各個領域。新近出版的《當代東亞人文經典 100》,對佐竹昭廣的《萬葉集拔書》作了如下評價:

> 作者在本書中對《萬葉集》語言意義的探討,從方法論上講是基於結構主義語言理論的,作者的目的是闡明詞彙的結構及其歷史的變化,並通過逐字逐句的縝密和徹底的文獻考證來進行實證的解讀。但又不止如此,作者通過後世日語發展的廣闊空間,打破了《萬葉集》研究在文獻上所受的限制。古代文獻史料和文學作品自不必説,作者還自如地引用了中世的傳説、物語草子、能劇、狂言、近世的笑話、淨琉璃、歌舞伎、落語、民俗詞彙以及近現代小説中的語言,來對語言意義進行探究。[6]

其實,如果仔細閱讀《萬葉集拔書》,讀者不僅會被著者寬闊的學術視野、嚴密的論證邏輯、典雅的文字表達所折服,同時還會發現,每一篇論文,都是在解決文字語言最基本的問題,而非某種理論的簡單演繹。那些在研究史上或被輕視或被無視的文字語言問題,經由作者的考證,往往從根本上顛覆或改變了形成已久的共識和定論。在所有的文章中,舶來的理論和傳統的方法,都變爲作者手中可用可棄的工具,眼前的具體事例,永遠優先於那些現成的工具。而經由作者對具體事例的質疑、剖析,一個又一個的成見被推翻,隱藏在語言文字背後的歷史事實和思想形態頓然間變得鮮活生動、觸手可及。

(二)在規律中發現結構

佐竹昭廣運用"新訓詁學",除了呈現在《萬葉集》中的研究成果之外,還以另一種形式體現在中世紀日本的民間傳説研究方面。

例如,1973年出版的《民間傳説的思想》所運用的資料,基本上是從日本全國各地收集來的民間傳説。不僅數量龐大,而且語言表達也因地理因素呈現出極大的差異。然而,面對各種看似漫無邊際且非傳世的資料(其中包含大量的圖畫),佐竹以狂言中的角色"又九郎左衛門"爲綫索,注意到狂言和民間傳説中反複出現的關鍵詞——"正人""全人""完人""直人"。鑒於這些用詞的日文訓讀均爲"またうど",佐竹首先運用古代的詞典以及其他文獻中所見"またし""またい"等詞彙,考察這一概念的起源,同時對民間傳説中出現的相關概念進行歸納和分析,將這一概念的來龍去脈以及意義結構清晰地呈現在讀者面前。不止如此,佐竹同時對"またうど"的反義詞"かだむ"(慳貪、懈怠)進行了詳細考察,最終就中世紀日本社會圍繞"善"與"惡"的道德律内涵提出了獨特而又可靠的詮釋。

這裏需要强調的是,佐竹對於"またうど"這一概念的意義分析,並不是以某一個單一的定義來確定的。相反,雖然"またうど"中包含了"正直"的意思,但"またうど"與"正直"並非同義詞的關係。"正直"只不過是"またうど"的意義構成要素之一。有時以"誠實"的面目出現,有時又顯得"軟弱可欺",有時甚至顯出"遲鈍""笨拙"以及"愚蠢"的特徵。有時又會是上述所有概念結合在一起時所表達的人性之善的概念,例如"勤勉"(像傻瓜一樣的遲鈍、笨拙,但是卻一心一意勞作不息)。

換言之,從與"またうど"相關的各種文獻内容來看,"またうど"是一個不斷變化的意義構成體。(見圖1)

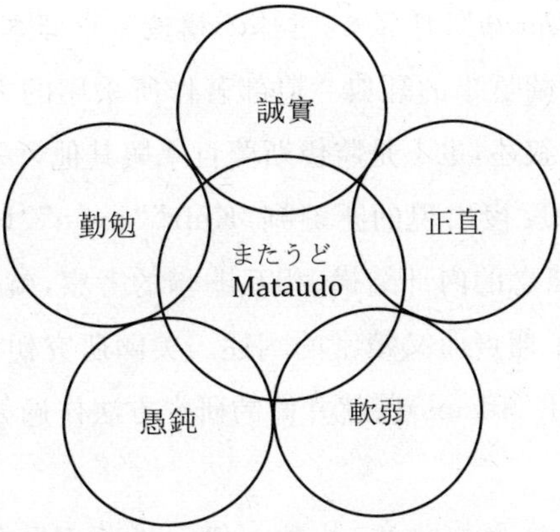

圖 1　“またうど”的意義結構

值得注意的是,正因爲“またうど”這一概念是難以用單一概念規定其性質的獨特的意義組合,才向人們展示了中世紀日本人的倫理意識結構。這種結構表明,如果嘗試對中世紀日本人的意識結構有所認識的話,是不能站在本身的文化語境中,用自己語言中有關“善”與“惡”的概念來作爲尺度的。所以,哪怕是對待一個貌似普通的概念,人們也應該運用所有相關文獻對其意義結構進行全方位的考察之後,從意義的關聯而非某個固定的角度進行瞭解。這一點,也正是“新訓詁學”在人文研究方面具有的另一個重要意義。

(三) 在結構中發現差異

“新訓詁學”的方法,乍一看與索緒爾(F. D. Saussure, 1857—1913)的結構主義理論密切相關。然而,它並非對結構主義理論的簡單套用。現代結構主義的語言學理論始終停留在對語言表層的關注,衹關心語言意義社會制度側面的結構性分析,而“新訓詁學”研究方法則是在不斷汲取近代學術方法論的同時,對文本語言的深層結構予以關注。這一點,可以從對佐竹研究影響甚深的宗教學研究者井筒俊彦(1914—1993)的著作中體現出來。

井筒俊彦以研究伊斯蘭哲學著稱。英文代表作“*Ethico-Religious*

Concepts in the Quran”(日譯本《意味の構造》,中譯本《意義的結構》),是一部研究伊斯蘭哲學的經典。這部著作所采用的方法,不是對伊斯蘭哲學的歷史性叙述,也不是將伊斯蘭哲學與其他哲學進行比較,而是以伊斯蘭文獻中反複出現的關鍵詞“Kufr”“Iman”“Kafir”“Sidq”爲綫索,通過對這些概念的内部結構、相互關聯的考察,就伊斯蘭哲學的認識論、倫理觀作了翔實而又縝密的闡述。美國研究伊斯蘭的著名學者亞當斯(Charles J. Adams)曾就井筒的研究方法作過如下評論:

> 他從語義學的角度,將每一個宗教倫理的概念置於語義的“場”(Field)中來考察。在文本中,每一個概念都被組成其“場”並被其他詞語所包圍。因而他强調,詞語的意義必須通過與之相關聯的詞語之間的關係來把握。事實上,這種方法是讓《古蘭經》來解釋其本身的意義。他的方法在該書的第一部分表現得最爲充分。重要的是,這種方法不僅可以應用在《古蘭經》的研究上,也可以應用在對其他文獻的闡釋上。[7]

“讓《古蘭經》來解釋其本身的意義”,實際上就是爲了避免在先入爲主的驅使下,將某種理論生搬硬套在具體文本之上。這一態度,也是“在文本中發現規律”的態度。在井筒看來,文本的研究,就是將文本看作一個獨立的有機體,透過語言的表面發現其内部結構;通過結構,窺見其内在的“語言”。這種内在的“語言”,才是文本的真實意義所在。

井筒俊彦在晚年與佐竹昭廣有過密切的交流。他曾經受邀爲1990年由中央公論社出版的《民間傳説的思想》撰寫“導讀”。在“導讀”中,他首先運用大量篇幅就其“語義學”(Semantic)理論進行闡述,其中寫道:

> 在現代結構主義的語言學理論中,至今依然保持着壓倒性支配力量的《講義》時代的索緒爾,對於意義現象的研究始終局限於語言表層的關注,以及對語言意義社會制度側面的結構性分析。

> 而我則更願意從代表東方語言論的唯識學傳統角度,不僅僅局限於對語言表層的社會制度的固定性的研究,在潛意識或無意識深層,意識的生成處於流動的、不穩定性的狀態,在這種狀態中對真相進行追求和把握。對於語言和意義本身的這兩種不同的態度,也必然決定了兩種截然不同的意義論的結論。[8]

文中所指出的方法,與索緒爾的語言學理論有着明顯的不同。至於兩者之間的具體區别,井筒在其《意識與本質》一書中有着詳細論述。概括起來就是:所有語言的表達,都經過了從無意識、潛意識到表層的過程;而語言的最終表達形式,應該是潛意識(阿賴耶識)中無數"語言種子"在相互碰撞、抵抗、鬥爭之後的產物;因而,以這些語言表達形式爲綫索探索其產生過程,就是對形成其結構的生成意識的把握和瞭解;在這些關係中發現的差異性,就應該是這個語言的意義。就此,井筒又作了如下論述:

> 用索緒爾理論來形容的話,存在論中的"意義"其實就是指"差異化"或差異性的原理。站在較爲東方哲學化的傳統立場,我姑且將其稱爲"分别"或"分節"。各色各樣的事物現象通過自身所擁有的界限從其他事物那裏獲得獨立性。例如,當某個符號象徵 A 的時候,A 會區别於 B、C、D、E 等其他事物而獨立。A 亦因此而作爲 A 開始發揮其獨立性。换言之,A 通過意義的"分節",第一次作爲存在者 A 現象性地展示自己。事物現象,即我們本身通常所感受到的存在者和存在世界,事實上不過是一個個"意義分節形態",以及由無數個"意義分節形態"組成的龐大的有機系統而已。如果没有意義的差異化和識别性,由各種不同事物現象構成的眼前的世界就不可能存在。這樣的事實,可以將其作爲一個基礎命題定義爲"意義分節即存在分節"[9]。

由此可以窺測到,井筒的理論方法,某種程度上是將傳統東方的認識論(特別是唯識哲學中的"阿賴耶識")與西方(特別是柏格森存在論哲學中的"純粹異質性")相結合的產物。

(四) 在差異中發現本質

與其他科學相同,"訓詁學"的終極目標是透過語言研究認識和瞭解事物的本質。然而,如果透過文本看到的只是"意義"之間的"差異",那麼"本質"又該如何來認識和確定呢? 對此,井筒認爲,通過結構來認識語言的差異性,就是對事物本質的認識。他在其代表作《意識與本質》一書中説道:

> 所有的"本質"並非完全以整齊完備的形態存在於文化性的無意識的"語言阿賴耶識"中。正如無意識以及阿賴耶識所暗示的,當我們深入到這樣的意識狀態來探索"本質"時,所有的一切均會隱蔽於潛在形態特有的模糊世界裏。不僅如此,在這個世界裏,那些尚未作爲"本質"而確定的,或者説尚未結晶的無數個浮動的意義因素,只是在那裏呈現出忽而結合忽而分離的狀態。在充滿了糾紛的無意識的世界裏,形成了唯識哲學所謂存在的"種子"。這些"種子"會隨機脱離潛在的狀態而出現在意識的表層。也就是在這裏,創造出本質並將經驗性的事物分節化。[10]

井筒的上述表述,與17世紀法國思想家拉羅什福科(F. D. L. Rochefoucauld, 1613—1680)在《箴言集》中有關認識論的敘述極爲相似:"爲了瞭解事物的本質,我們必須弄清楚事物的原委。然而,事物的原委幾乎是無窮無盡的。所以,我們的知識永遠停留在事物的表象,永遠只是一知半解。"這裏的"無窮無盡",可以理解爲語言文字的結構背後隱藏的"無窮無盡"的關聯性和差異性。正是因爲有了這樣的認識,人們才可以看到,在"新訓詁學"中,結構主義語言理論能夠與傳統訓詁學以及其他人文學理論相互交融並被發揮得淋漓盡致。作爲讀者,我們也就可以理解"新訓詁學派"何以面對一個文字一行詩句時傾盡所有精力的理由了。

井筒俊彦在《民間傳説的思想》的"導讀"中,對該著作運用"新訓詁學"方法所取得的成就作了如下論述:

> "またうど"的意義領域,不僅包含了積極的、肯定性的結構要素,同時,針對"またうど"的否定性、破壞性因素,即阻止和妨礙其意義領域形成的要素(例如正直者的反面意思:吝嗇、不懷好意、貪婪、邪惡等)以自我否定的形式(不貪吝、心懷善意等等),從完全相反的方向來參與"またうど"的意義領域。由於這種否定性要素的參與,"またうど"被意外地增添了新的層面,進一步擴大了其意義領域。阻止意義領域的否定性要素,通過自我否定而作爲構成意義領域的一部分發揮機能。這個事實,向人們展示了潛伏於心理活動深層的根源性悖論,或者説自我矛盾性。[11]

這裏就"またうど"意義領域形成背後的"根源性悖論"的闡述,讓人們領略到"新訓詁學"作爲人文研究理論所擁有的哲學基礎。

井筒的表述,也可以看作"新訓詁學"最不同於傳統訓詁學的部分:在文本内部發現規律,從文字表達的關係中發現結構乃至差異,繼而探索其意義,最終通過與相關意義領域的比較,認識其本質。擺脱籠罩於文本解讀周圍的傳統神學乃至單一的意識形態的權力氛圍,將傳統訓詁學"實事求是"的方法與近代西方語言學理論相結合,以文本爲中心,運用一切人文及社會科學的最新方法對文本進行分析和詮釋,最終還原事實,認識本質。這也可以看作"新訓詁學"最重要的特徵。

"新訓詁學"在日本古典學者的研究中也有出色的運用和發展,這以京都大學教授大谷雅夫(おおたにまさお)的一系列研究爲代表。[12]爲了避免與其他文章重複,在此省略。

三、"新訓詁學"在人文科學研究中的潛在價值

"新訓詁學"對於當今的人文科學研究,包含了許多潛在的意義和啓示。這裏,試以思想史上的"名"作簡單試驗。

日本漢學家森三樹三郎(1909—1986)曾經比較過中日圍繞"名"的差異,並從倫理思想的角度對兩者進行分析,特别是以"名"爲綫索對中國倫理思想進行探索的方法,爲研究中國文化的特質提供了一個非常新穎而富於啓示的視角。[13]雖然森三樹三郎的討論始終集中在中日倫理思想的比較方面,然而,"名"作爲中日之間所擁有的一個共通的概念,在彼此的語言哲學史乃至思想史上卻也演繹出了全然不同的兩種形態,並直接影響到兩國的倫理思想、自然觀、政治文化乃至對待外來文化所採取的態度。因此,這裏根據先秦兩漢各家的論述,試就"名"的形成背景與其他各項内容的關係做以下排列:

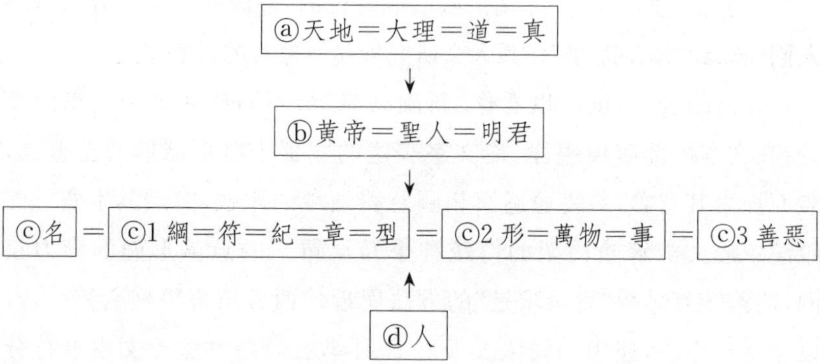

ⓐ的内容顯示,"名"的形成背景與古代中國的宗教信仰有着很深的關係。這在某種程度上決定了"名"的神秘性。同樣,作爲"名"的具體制定者,ⓑ"黄帝""聖人""明君"決定了"名"的正統性。這樣,以ⓐⓑ爲背景而産生的"名",就自然地成爲規範宇宙與人間社會的ⓒ1"綱=符=紀=章=型"。

在此需要注意的是ⓐⓑⓒⓒ1 四項與ⓒ2ⓒ3 之關係。在各家的論述中,"名"不僅是規範宇宙與人間社會秩序的"綱＝符＝紀＝章＝型",同時又可以與ⓒ2ⓒ3 所代表的"形＝萬物＝事＝善惡"等量齊觀。這一點,顯示出中國古代宗教信仰ⓐⓑ、政治倫理ⓒ1 與現實事物ⓒ2 以及道德倫理ⓒ3 互爲一體的基本特點。而作爲社會最根本組成部分的ⓓ人必須通過對ⓒ"名"的正確把握和運用,才能夠獲得穩定的ⓒ1 政治秩序和對事物ⓒ2 及其倫理ⓒ3 的正確認識。而隨着"名分論"的産生,ⓓ人的存在及行爲也逐漸被"名"規範和制約。ⓒ"名"似乎成了通往秩序、權威、事物本身的必由之路。换言之,在中國古代的認識論乃至政治文化中,"名"不僅是認識和把握事物的不二法門,同時也是運行政治、實現個人宗教性終極拯救的唯一途徑。相反,脱離了"名",則意味着在宗教信仰和政治倫理等各個方面徹底喪失存在的正當性。在對早期中國文獻中所見"名"的意義和結構作了如上基礎分析之後,就可以從倫理學、自然觀、中日近代化發展特徵的角度,討論和分析"名"在這些領域中所發揮的作用了。[14] 雖然這種嘗試尚有許多不盡完善之處,但可以看到,運用"新訓詁學"的方法探討具體事例,與那種將某種理論直接套用在文本上,動輒借題發揮、離題萬里的所謂研究相比較,這種尊重文本的語境以及關聯性,讓文本自身道來的方法是一種相對可靠的研究方法。

綜上所述,如果説傳統訓詁學的終極目標是從表層和制度的層面確認文字意義,那麽,"新訓詁學"則是對這種限制和束縛的徹底突破。用哥倫比亞大學教授波洛克(Sheldon Pollock)評價 18 世紀德國詮釋學的先驅沃爾夫(F. A. Wolf, 1759—1824)的話來説,就是在"確保其從神學中分離後的,作爲哲學的主體性"的同時,"拒絶所有形而上學的背景,建立擁有批判權利的獨立知識體系"[15]。由此來看,今天人們所從事的訓詁之學,無論是疑難文字的考證,還是錯簡缺文的還原,都可以嘗試運用"新訓詁學"的方法,透過文本呈現的規律、結構、差異,來探究文本的原始形態、意義和本質。這樣,既可以增强人文學研究的深度,也能夠拓寬人文學研究的廣度。作爲因應時代發展需要而產生的新的學術方法和思想,"新訓詁學"能夠讓文字訓詁之學永遠不失其魅力,成爲步入學術殿堂切實可靠的路徑。可以説,日本的"新訓詁學",也是現代世界"新語文學"中的一支,並且是十分成功的、值得借鑒的一支。

注釋

[1] Sheldon Pollock, Benjamin A. Elman, and Ku-ming Kevin Chang, *World Philology*, Harvard: Harvard University Press, 2015, 5.

[2] 吉川幸次郎、大山定一:《洛中書問》,東京:秋田屋 1946 年版,第 8—10 頁。

[3] 佐竹昭廣:《萬葉集拔書》,東京:岩波書店 1980 年版,第 203 頁。

[4] 同上書,第 204 頁。

[5] 佐竹昭廣:《萬葉集再讀》,東京:平凡社 2003 年版,第 41—64 頁。

[6] 東亞出版人會議編:《當代東亞人文經典 100》,臺灣聯經出版公司 2011 年版,第 276—278 頁。

[7] Toshihiko Izutsu, *Ethico-Religious Concepts in the Qur'an*, Montreal & Kingston: McGill-Queen's University Press, 2007, 11.

[8] 佐竹昭廣:《民間傳説的思想》,東京:中央公論社 1990 年版,第 250 頁。

[9] 同上書,第 264 頁。

[10] 井筒俊彦:《意識與本質》,東京:中央公論社 1992 年版,第 109 頁。

[11] 井筒俊彦:《民間傳説的思想》,第 270—271 頁。

[12] 王小林:《永夜清宵何所爲——讀大谷雅夫著〈歌與詩:和漢比較文學論考〉》,載《書城》2012 年第 11 期,第 61—70 頁。

[13] 森三樹三郎:《"名"與"恥"的文化》,東京:講談社 2005 年版。

[14] 王小林:《日中比較思想序論——"名"與"言"》,東京:汲古書院 2016 年版。

[15] *World Philology*, 2015, 7.

出土古代中醫寫本與科技文獻研究、寫本文化研究和新語文學

夏德安(Donald Harper)

古代中國歷史、思想和文學方面的出土文獻,以及與醫藥、占卜等相關的科技出土文獻,代表了一種主要面向精英的寫本文獻的生産狀況。此類社會精英的社會地位與他們所掌握的讀寫能力和與政府權力的接近相關聯。目前,我正在參與一個關於日書和相關寫本文獻的研究項目,這類寫本頻繁地出土於戰國、秦代和漢代的墓葬中。[1]我關注日書作爲當時寫本文化的物質産品或實際事物,以及寫本與包括精英和下層社會群體的流行文化的關係。日書以一種慣常的、記載信息(主要是堪輿)的流行文本形式出現,而這類文本由地方社會中各類人群在日常生活中所使用。

爲了進行日書研究,我曾經想在現代的寫本文化研究中尋找可供比較的範式。日書的研究主題,包括某一特定時段和地域内的文化水平,寫本在信息交流方面的功能,因應製作者、抄寫者、讀者和使用者需要而形成的文本的特定形式,文本在不同地域間的傳布,以及抄寫者的角色等。抄寫者的活動尤其重要,因爲在寫本産生的整個過程中,他們的抄寫活動是使寫本的物質材料變成寫本的關鍵過程。哪怕他們抄寫的是一種文本(text),我們也可以把這樣的寫本製作看成是一種創造過程,因爲這是抄寫者在控制文本的過程,而完成的寫本也是抄寫者對於文本的再現。日書的産量越大,抄寫者對於最終産品的影響也越大。這些産品

就是那許許多多流傳中的寫本，其中一些成了我們今天研究的本子。

我發現目前中世紀歐洲寫本研究的方向對於思考日書寫本研究中的一些問題很有幫助。中世紀歐洲的研究者提出來的一些基本問題，對於任何有着較强寫本傳統的文化來説，都很重要。某一特定時期所產生的大量内容相同或緊密相關的寫本的存在，提供了非常寶貴的證據，能夠幫助我們理解那個時期的寫本文化，定義那些在寫本流行的特定時期寫本的特徵，理解寫本作爲文本的實際存在形態，是怎樣爲當時的讀者和使用者所服務的。

大量中世紀歐洲原始寫本的存在，使得學者在考察寫本文化和文本性質時，能夠使用那些在前現代文獻僅僅或主要以印本形式存在時所不可能使用的方法。我們雖然有古代地中海世界的原始寫本，但是它們數量較少，古希臘文和拉丁文的研究者在參與寫本文化研究時也不如中世紀歐洲研究者那樣積極。而早期中國的情形與此不同。我們有着大量不同類型的寫本，並且還有更多的寫本在被持續發現。這些寫本的大部分内容没有出現在傳世文獻中，我們是首次閲讀它們。

我已經借用了中世紀歐洲寫本研究的一些觀念去考察日書文獻，本文會將這種分析延伸到出土的醫藥文獻，尤其是馬王堆 3 號墓、張家山 247 號墓和老官山 3 號墓出土的醫藥文獻。與堪輿及相關科技知識(包括占卜和醫藥)有關的日書文獻一樣，公元前 2、3 世紀的醫藥寫本數量，現在已經足以讓學者進行類似於中世紀歐洲寫本那樣的寫本文化研究了。此外，占卜、堪輿和醫藥知識在這類文獻中的相互聯繫正在逐漸變得明朗，知識在這些寫本中形式化(formalized)，並流傳於不同地區。寫本的發現所帶來的一個結果就是提供了比傳世的醫藥文獻所屬的時代更早的醫藥證據，尤其是現存中古時代修訂版本的黄帝文獻，它的產生年代被認爲是公元前 1 世紀左右。然而，這些寫本的最重要意義，是使我們有機會看到實際運作中的寫本文化，觀察醫藥理論和實踐是如何依託於抄寫，變成讀者和文獻使用者所知曉的多種科技知識的一部分。

在提供兩個例子作爲研究古代中國醫藥和寫本文化的案例之前，

我要介紹三個理論構架:新語文學(New Philology)、寫本文化研究以及科技文獻研究(technical literature)。西方學術界所謂的新語文學,指的是20世紀70年代以來運用社會學和人類學的方法研究寫本及其文化意義。許多中世紀歐洲的研究者樂意使用新語文學去考察中世紀歐洲寫本文化研究中的問題,並批判19世紀以來作爲現代學科建立起來的西方語文學。雖然語文學和校勘學(text criticism)的歷史在歐洲和中國不同,但是這兩種學術傳統有一些共同的問題,比如主要依靠研究從手寫本到現存印刷本的傳播歷史以確定可靠的文本,或是通過校讀已知的版本以決定文本的正確版本。新語文學的擁護者們,恰恰對西方語文學的這個傳統提出了質疑。

新語文學對於傳統語文學的主要批評,是傳統語文學假設存在一種文本,其準確(exact)形式由原作者或編輯者所創造。在文本形成以後,傳播文本的過程常常被看作是使原始文本出現錯漏的原因。而編輯文本的目標就是恢復原始文本,回復到它被傳播前的無損狀態。當涉及抄本時,抄寫者往往被看作是文本訛誤的直接原因,而現代文本編輯者的工作,就是要消除由抄寫者造成的文本錯誤。新語文學的興起,是因爲一些中世紀研究者認識到,優先考慮復原原始文本,會使現代語文學者忽略中世紀的文本製造者、抄寫者、讀者以及使用者如何體驗文本的過程。例如,在中世紀寫本中,很難找到符合現代學者所期望的那種能夠確定歸屬某一作者作品的抄本。强調通過搜集和整理其作品以確定重要的作者,是一種現代關懷。在中世紀寫本中,一個作者的作品通常零散地分布在現代學者所謂雜本(miscellanies)中,因爲這些寫本是多個文本的混合,而這些文本之間的關係反映了使該寫本爲中世紀讀者所用的抄寫者之行爲。在很多時候,抄寫者與讀者或使用者是同一個人。[2]

對於"原始文本"理念的質疑,引發了關於抄寫者角色以及寫本對於中世紀讀者和使用者用處的更多問題。新語文學與傳統語文學的區别,可以歸結爲兩個關鍵。第一,傳統上關於其歷史可通過不同版本譜系而追溯的原始文本的概念是無效的。原始文本的觀念是一種現代創造,而非中世紀的事實。第二,若不對抄寫者這個關鍵角色給予更多關注,就無法解釋寫本在中世紀讀者中的接受狀況。新語文學認爲抄寫者同樣參與了他們抄寫爲文本的那些文獻的製造。從這個角度看,問題就不是怎樣依靠確定及清除抄寫者所造成的錯誤去復原文本至其原始狀況,而是我們需要瞭解更多抄寫者本身以及他們在寫本文化中的角色。在文本創作和抄寫的過程中,雖然一些慣例使不同抄本之間保持了一定程度的一致性,但是那些不同文本群(groups of texts)之間的差異,則反映了抄寫者在抄寫手稿時的參與。

在傳統的語文學中,文本流傳歷史的譜系表試圖確定文本的不同版本以及每種版本的流傳體系,而在確定某一版本的流傳體系時抄寫者之間的細微差别則被忽略不計。新語文學將文本的每份寫本都看作是抄寫者積極參與當時寫本文化的寶貴證據。當同一文獻有多份抄本時,新語文學的目標就是去確定每種抄本所反映的抄寫者的書寫特徵,包括明顯的錯誤,以顯示這種抄本在當時寫本文化中的位置。揭示傳統語文學與新語文學區别的另一表現,是後者更注重寫本文化的社會學研究,考察寫本如何被其製造者、讀者和使用者所經歷和體驗的各個方面。

1989 年貝爾納·塞爾吉里尼(Bernard Cerquiglini)出版《異文贊:语文学的批评史》(*Eloge de la variante*: *Histoire critique de la philologie*)一書,在中世紀歐洲的研究者中引起對於語文學和校勘學的理論、方法和目標的討論。[3] 他的關鍵概念就在該書標題裏。當抄寫者在將一份文稿抄成寫本時寫下了不同的字或詞,改變了文字順序,或者添加了文字,他們并没有製造需要現代學者通過編輯而恢復原始文本的問題;每處異文都是那個被抄寫的寫本的基本元素,反映了抄寫者同時對文本創造和文本抄寫的參與。没有所謂的原始文本,只有文本的各種抄本,而文本的存在取決於重複的抄寫行爲。隨着寫本被重複地抄寫,寫本的形式也會發生變動,而即使産生了不同寫本的差别,抄寫者、讀者以及使用者也仍然能夠識别文本的身份(identity of the text)。

對於新語文學的爭論和反駁一直持續至今,然而,哪怕是捍衛傳統語文學原則的學者們,尤其是强調要整理出一種文本的關鍵性版本的學者,也承認了爲傳統語文學所忽視的、新語文學在研究寫本文化各個方面的價值。我們尤其必須從撰寫文稿的人及製作寫本的人開始,更多地注意前現代人物與寫本有關的經歷。在文稿和文稿抄本的産生過程中,抄寫者是一個關鍵人物。

對於科技文獻這個現代研究類別,我首先關注英文版《博睿新保利:古代世界的百科全書》(*Brill's New Pauly: Encyclopaedia of the Ancient World*)中解釋該詞的條目,而這一條目是德文 Fachliteratur 條目的英譯。該條目以對科技文獻的定義開頭,説它"包括了對於古代科學、藝術和技術的一般和專門記述(presentation)"。[4]儘管"科技文獻"這個詞現在已在英語中通用,但是對科技文獻的研究或 Fachliteratur 作爲由德語寫作的中世紀文獻的專門領域出現於 20 世紀 50 年代。最近的研究估計約有 90%的中世紀德文文獻是科技文獻,它們於 8 至 16 世紀在那些没有顯著文學作品的地區持續不斷地産生。文學作品在中世紀關於文獻的理念裏占有獨特的地位。[5]科技文獻的範圍包括中世紀三種關於技能和技術的知識(artes):人文學(修辭學、算術、音樂等)、機械工藝(mechanical arts,農業、冶金、醫藥等)和巫術(magical arts,占卜、咒語、通靈術等),但是也可以擴展到其他技術知識的領域,比如政治、法律和行政管理等。

英語的 technical literature 傳達的意思相當於德語的 Fachliteratur 一詞,指作爲應用型知識信息來源的文獻。但是,德語的"Fach"除了"技術"的含義外,還指各種被人們所實踐的知識。人們爲了提升技能而發展出技術語言,並通過文本將其傳播。這些文本用本土語言而非拉丁文創作,因而很可能既被專家使用,又被非專家使用。因此,德文或任何其他語言中的科技文獻,不僅對於文獻史有意義,也對於基於文本理解基礎上的社會史和文化史有意義。一方面,科技文獻解釋的是技術以及與技術有關領域的知識。從業者們不管有何不同,都分享了他們對科技文獻的參與以及文本生産的相同慣例。讓我們簡要地思考一下早期中國的占卜、堪輿和醫藥,當時的各種專家也在生産科技文獻,而出土的日書和醫藥文獻就是這樣一種文本産品。科技文獻變成了他們各自技能的共同背景。另一方面,科技文獻産量的增加導致了它們更大的利用率以及更廣泛的傳播,從而對全體社會的思想和實踐產生了影響。對於古代中國來説,日書和醫藥文獻是科技文獻生産普及的例證。

在中世紀歐洲,有文化修養的社會將人文、機械工藝和巫術三者進行了區分。然而在實際生活中,這種對於知識的分類與現代科學概念不同,不能劃分出諸如“天文學”和“占星術”、或者最寬泛的“科學”和“巫術”相對立的“宗教”的分界。科技文獻文本對於各式各樣有用知識的接受和傳播,反映其未有現代的二分法。中世紀歐洲科技文獻之所以對中世紀科學和宗教的現代研究特別寶貴,恰恰就在於呈現在這些文稿中的理論和實踐表現了中世紀的世界觀。使用英語的現代學者,不管是對於歐洲文化還是其他前現代文化,常常使用一些具有對比性的複合術語,如“巫術和宗教”(magic and religion)、“神秘的和科學的”(occult and scientific)以及“神秘的科學”(occult science),從與我們的文化和思想緊密相連的現代視角去考察他們的世界觀。

“技藝秘術和科學文獻”(Technical occult and scientific literature)與中國術語“數術”有着顯著的相似性。“數術”一詞首次出現於公元1世紀漢代朝廷的一次纂書工程的文獻分類,那次編纂産生了許多好的文本。在當時的書目中,“數術”指那類可以被恰當地譯爲“occult and scientific”(神秘的和科學的)的書籍。“數術”進而從書目分類中延伸到對這一類知識的命名。也即是説,知識等同於(identified with)文本,反之亦然。“術”指類似於中世紀歐洲(*artes*)的知識。“數”的基本含義是數學運算,引申爲熟練的方法。“數術”類保存於公元1世紀的《漢書·藝文志》中,被分出六個子類,而醫藥文獻則形成一個稱爲“方技”的單獨類别,反映出醫藥和醫學文獻同樣被當作技術的看法。[6]

儘管具有表面上的相似性,我必須强調,西方的術語如“科技文獻”(德語:Fachliteratur;英語:technical literature)和“技藝秘術和科學文獻”(Technical occult and scientific literature)是在歷史研究中用來處理問題的現代術語,而“數術”和“方技”則是中國傳統術語,來源於傳統的書目分類。即使關於占卜、堪輿或醫藥的文本可以被看作是“科技文獻”,這一術語的使用並不局限於古代中國“數術”和“方技”類别下的文獻。從西方研究科技文獻的視角來看,任何記録應用性知識的實際的、提供信息的文本,都屬於這一類别,因此它也包括有自己術語的法律文書。對於研究戰國晚期和秦漢時期的寫本文化而言,“科技文獻”這種分類使我們能夠思考文本生產過程中各種相互聯繫的活動的廣闊領域。在政府和法律事務領域,或在醫藥及其他形式的神秘和科學的知識領域,這一生産過程滿足了人們的實際需求。

從科技文獻的視角看醫藥寫本,有利於我們去關注那些促成技術文獻產生、並由各種古代專家(specialists)所分享的因素,同時也允許我們去思考寫本的流通,是如何影響了技術知識在有限數量專家之外的社會中的接受。馬王堆和張家山漢墓中的醫藥寫本,其主人並非醫生,文本的許多内容反映了以非專家讀者和使用者爲對象的醫藥寫本的生産。在我看來,老官山 3 號墓的墓主人生前並没當過醫生。醫藥的形成和醫藥文獻的産生齊頭並進。現在,我們有原始寫本爲基礎,研究古代中國醫藥的社會史和文化史由此成爲可能。

我將提供兩個将上述寫本文化研究應用於中國出土醫藥寫本的例子,展示與新語文學、寫本文化以及科技文獻研究有關的方法用於中國寫本研究的有益之處。這兩個例子都出自目前還未全部出版的老官山醫藥寫本。我還未看到老官山醫藥原簡的復原本(reproductions),我所依靠的是刊登在《考古》2014 年第 7 期上的老官山墓群初步發掘報告,其中有簡短的段落録文以説明其内容,我也參考了其他幾篇期刊論文中的録文。[7] 目前對老官山材料的研究必定只是嘗試性的,但是我的目的在於表明,馬王堆 3 號墓和張家山 247 號墓寫本以外另外一組醫藥寫本的加入,如何正好使我所提倡的那種寫本文化研究成爲可能。爲了便於呈現,我對寫本録文進行了必要的修正,但是保留了那些能夠顯示我的論點的關鍵細節。

例 1

例 1 比較老官山寫本《經脈書》(所有的老官山和馬王堆寫本的標題都是它們的現代整理者命名的)中與被稱爲“手陽明脈”的經脈的段

落有關的五種寫本。文本 1.a 與馬王堆寫本《陰陽十一脈灸經》(甲篇)、《陰陽十一脈灸經》(乙篇)以及張家山寫本《脈書》(該標題被寫在了寫本上)中三個有關經脈的寫本 1.b-c 和 1.e 最爲相似。而馬王堆寫本《足臂十一脈灸經》關於相同經脈的描述,顯示出它(即 1.d)是一種不同的文本。

1.a 老官山《經脈書》[8]

手陽明脈□□次指與大指之上出辟(臂)上廉入肘中乘腝(臑)出肩前廉循頸穿頰入口中其病□□痛口辟(僻)□□

1.b 馬王堆《陰陽十一脈灸經》甲本[9]

齒脈起於次指與大指上出臂上廉入肘中乘臑[穿]頰"入齒中"夾鼻是[動]則病齒痛"朏(頔)穜"是齒脈主治……

1.c 馬王堆《陰陽十一脈灸經》乙本[10]

齒脈·起□□□□□指上出臂上廉入肘中乘臑穿頰入齒中夾鼻是動則病齒甬(痛)朏(頔)腫是齒脈主治……

1.d 馬王堆《足臂十一脈灸經》[11]

臂陽明脈出中指閒循骨上廉出臑□□上奏腨之口[其]病=齒[痛]□□□□……

1.e 張家山《脈書》[12]

齒脈起於次指與大指上出臂上廉入肘中乘臑穿頰入齒中夾鼻是動則病齒痛朏(頔)穜是齒脈主治……

從老官山、馬王堆和張家山抄本的相似性,我得出幾個結論。首先,值得注意的是,我們可以看出公元前2世紀時這同一文獻是如何在今天的湖南、湖北和四川地區流傳的。它們在字詞間最明顯的區別,是1.a中指稱肩和頸的短語"出肩前廉循頸"没有出現在1.b-c以及1.e中。指稱嘴巴僵硬歪斜的疾病名稱"口辟"没有出現在1.b-e中,卻在《黄帝内經·靈樞》"經筋"篇中有關足上陽明脈(該脈經過嘴然後在鼻處結束)的内容中得到確認。[13]其次,來自馬王堆帛書《足臂十一脈灸經》的1.d是一種不同的脈經。然而,正如在例2中所看到的,老官山寫本包括了也出現在馬王堆《足臂十一脈灸經》中的材料,該材料與顯示死亡跡象的脈象有關,而該脈象的内容也出現在馬王堆寫本《陰陽脈死候》和張家山寫本《脈書》中。這樣一來,我們就有了不同寫本群之間相互影響的證據,從而提示我們同時期的科技文獻在不同地理區域之間的廣泛傳布。

例2

例2關注的是老官山寫本《脈死候》中的一句話(即2.a),而這同樣的句子也出現在馬王堆帛書《足臂十一脈灸經》關於足厥陰脈的描述中(即2.b)。因此,雖然1.d與1.a、1.b-c和1e都不相似,2.a卻與2.b那個寫本分享共同文句。2.b中的第二句,又與其抄本留存於馬王堆《陰陽脈死候》及張家山《脈書》(即2.c-d)中的另一文本相同。

2.a　老官山《脈死候》[14]

脈絶如□□不過二日而死煩心與腹伥□則死

2.b　馬王堆《足臂十一脈灸經》[15]

足厥陰脈……扁有此五病者有煩心死三陰之病亂[不]過十日死揗脈如三人參春不過三日死脈絶如食頃不過三日死煩心有腹張死不得卧有煩心死唐(溏)叚(瘕)恒出死三陰病雜以陽病可治陽病北(背)如流湯死陽病折骨絶筋而無陰病不死

2.c　馬王堆《陰陽脈死候》[16]

……凡三陰地氣殹死脈殹陰病而亂則[不]過十日而死三陰膌(腐)臧煉(爛)腸而主殺……

2.d　張家山《脈書》[17]

凡三陰地氣殹死脈殹腐臧闌(爛)腸而主殺陰病而亂則不過十日而死

根據老官山墓群發掘簡報,2.a所在的寫本探討的是預測死亡的脈象,因此該篇被命名爲《脈死候》。同樣的句子"絶如食頃不過三日死煩心有腹張死"也出現在了馬王堆《足臂十一脈灸經》中,用來描述與厥陰脈有關的死亡脈象(即2.b)。值得注意的是,馬王堆寫本中的這段(即2.b),包含了與馬王堆和張家山抄本中用以預測死亡的脈象相應的另一組内容(即2c-d):陰病而亂則不過十日而死。並且該短語在句中的位置,在2.c和2.d中有所變化。在馬王堆和張家山關於該脈描述的文獻中,只有馬王堆《足臂十一脈灸經》中對足厥陰脈的描述加入了與死亡脈象有關的段落。2.b的長度顯示,它可能首先是被從一段用以預測死亡的脈象的文獻中抽出來,然后加入了與足厥陰脈有關的描述。老官山、馬王堆和張家山寫本中相似的文句表明,在公元前2世紀這些相同的、書面的醫藥資訊在這三個地區的大量醫藥寫本之間流傳。

注釋

[1] 馬克(Mark Kalinowski)和我合作編輯的《早期中國有關命運的書籍與流行文化:戰國秦漢時期的日書写本》(*Books of Fate and Popular Culture in Early China*: *The*

Daybook Manuscripts of the Warring States, Qin, and Han)一書,即將由博睿(Brill)出版。

[2]《鏡》(*Speculum*)1990 年第 65 卷專門討論新語文學。參看齊格弗里德・文策爾(Siegfried Wenzel)的述評《關於(新)語文學的思考》[Reflections on(New) Philology],第 11—18 頁。

[3] Bernard Cerquiglini, *Eloge de la variante: Histoire critique de la philology*, Paris: Seuil, 1989;英譯本:*In Praise of the Variant: A Critical History of Philology*, trans. Betsy Wing, Baltimore: Johns Hopkins University Press, 1999。

[4] Hubert Cancik and Helmut Schneider, *Brill's New Pauly: Encyclopaedia of the Ancient World*, 1st English ed., s.v. "technical literature".

[5] Bernhard Dietrich Haage and Wolfgang Wegner, *Deutsche Fachliteratur der Artes in Mittelalter und Früher Neuzeit*, Berlin: Erich Schmidt Verlag, 2007, 47.

[6] 班固編撰:《漢書》第 30 卷"藝文志",中華書局 1962 年版,第 1763—1780 頁。

[7] 參看成都文物考古研究所、荆州文物保護中心:《成都市天回鎮老官山漢墓》,載《考古》2014 年第 7 期,第 59—70 頁;張雷、劉志梅:《老官山漢墓醫簡選釋》,載《中醫藥臨床雜誌》2015 年第 3 期,第 354—356 頁。

[8] 張雷、劉志梅:《老官山漢墓醫簡選釋》,第 356 頁。

[9] 裘錫圭主編:《長沙馬王堆漢墓簡帛集成》第 5 册,中華書局 2014 年版,第 200 頁。

[10] 裘錫圭主編:《長沙馬王堆漢墓簡帛集成》第 6 册,中華書局 2014 年版,第 11 頁。

[11] 裘錫圭主編:《長沙馬王堆漢墓簡帛集成》第 5 册,第 194 頁。

[12] 張家山漢墓竹簡整理小組:《張家山漢墓竹簡》[二四七號墓],文物出版社 2001 年版,第 240 頁。

[13] 楊維傑:《黄帝内經靈樞譯解》,台聯國風出版社 1984 年版,第 164 頁。

[14] 張雷、劉志梅:《老官山漢墓醫簡選釋》,第 355 頁。

[15] 裘錫圭主編:《長沙馬王堆漢墓簡帛集成》第 5 册,第 191 頁。

[16] 同上書,第 209 頁。

[17] 張家山漢墓竹簡整理小組:《張家山漢墓竹簡》[二四七號墓],第 243 頁。

(胡瓊　譯)

通假字、新語文學和出土戰國秦漢簡帛的研究

來國龍

一、引　言

通假字歷來是訓詁學研究的一個主要問題。清代學者朱駿聲説，“不知叚借者，不可與讀古書”（《説文通訓定聲·自叙》）。通假字研究也是清代學術的一大成就。近三十年來，地下出土了大量清人所不得見的戰國秦漢簡帛古書，學界出版了不少通假字方面的研究論文和工具書[1]，大學也生産了大量研究通假字的碩士博士論文，在通假字理論方面取得了不少新成果，但是也還存在不少問題。由於對前人學説没有深刻的批評與反省，實踐中不少研究者承襲了清人在古文獻釋讀中輕言假借、濫用通假的流弊，“幾若善博者能呼盧成盧，喝雉成雉之比”（陳寅恪語），致使當前的古文字研究中，濫用通轉的例子比比皆是。最近李學勤回顧楚文字研究史，也指出目前通假字研究中“想象力度太大了，好像什麽字都可以通。過去有一種説法，説章太炎編《成均圖》，什麽都可以轉……今天有些做法也差不多，轉得太厲害了，不合理”。[2]本文想利用近年出土的戰國秦漢簡帛新材料，從新語文學的角度來重新探討戰國秦漢簡帛研究中的通假字問題。

在進入正題之前，首先來説明一下幾個相關的概念。關於通假字，學者大都區分六書造字“本無其字”的假借與古書用字“本有其字”的假

借(或稱通假)。雖然這個説法非常流行,但其實在實際研究中並没有多大意義。因爲所謂的"本字"多數是後起的,而且不少字是否有"本字"、哪個是"本字",也很難確定,而且古書用字而言,也存在"本無其字"或"本字後起"的通用和"本有其字"的假借。因此,洪誠説,"從造字的角度看,字有本義,詞有本字,字形有助於瞭解一個詞的原始意義;從語言的角度看,無所謂本字,約定俗成的用法和意義就是文字的本義。"[3]據此,王力主編的《古代漢語》中通假的定義是:"所謂古音通假,就是古代漢語書面語裏同音或音近的字的通用和假借。"[4]通用是無本字或者是本字後起的同音或音近的字的替代關係;假借是本字與借字之間的替代關係。關於通假字的性質,也有學者打比方説,就是古人寫"别字"、"白字"。如王力説:"所謂假借或古音通假,説穿了就是古人寫别字。"[5]這當然是用後來的用字習慣去比擬早期的情況,因爲對於古人來説,這並不是"别字"、"白字"或"誤寫"。本文所謂通假字即指古書和出土文獻用字中的通用字與假借字。

對於"本字",學者尚有不同的説法,我們這裏採取通行的、也是傳統説文學所强調的説法,是指"字形表現出製字本義的字"[6],即字形與字義之間有某種直接的聯繫。漢字中大量的所謂"本字",其實是後起的本字(如在東漢或更晚才出現)。[7]秦漢統一文字之後,"閭里書師"整合《蒼頡》、《爰歷》、《博學》三篇而編成的《蒼頡篇》共收 3 300 字,大致包括了當時識字教育中通行的常用字。而到了東漢許慎的《説文解字》,收字 9 300 多,字數增加了將近兩倍。一般認爲,一個時代所用的通行漢字,也就在三至四千字左右。原來是一個字形代表幾個詞(音義)的,在《説文》所增加的字中,有的字形就專門用來表示一個固定的音義,這樣就産生了大量的後起本字。[8]

王力在上述通假的定義中採取的是"通用"的概念,避開了"本字"有無以及出現時間早晚的糾纏。也有學者直接把"通假字"稱爲"通用字"。如裘錫圭説:"在古文字資料裏,通用字(也有人稱通假字)是很常見的。如果同一個詞可以用不同的字來表示,這些不同的字彼此就互爲通用字。除去少數很特殊的情況,兩個通用字的原來讀音一定是完全相同或非常接近的。”[9]無論是本無其字還是本有其字，或是本字後起，“通用”的提法，大大降低了對傳統説文學中的“本字”概念的依賴與强調，是符合漢字歷史發展實際情況的。如我在下面還會談到，這也是與新語文學所强調的注重歷史事實與强調歷史演變的觀念相一致的。

因此，我們這裏採用的是大家普遍接受的通假字的定義。簡略地説，無論是否有本字，通假字是“兩個字形體不同，意義不同，只是由於聲音相同或相近，古人就用甲字來代替乙字”[10]。即兩個以上的字符之間，因聲音相同或相近而互相替代通用。其實也就是由兩個不同的字，來代表同一個詞(音義的結合)。而且，兩字必須如上面裘錫圭所説，“原來讀音一定是完全相同或非常接近的”。這也就是通假字的同音替代原則。[11]

二、通假字研究史的回顧

通假字研究中的主要問題，其實就是古音研究的問題。朱駿聲在説了“不知叚借者，不可與讀古書”之後，緊接着就説：“不明古音者，不足以識叚借”(《説文通訓定聲・自叙》)。從通假字研究歷史的簡略回顧，我們可以清楚地看到，通假字研究的每一次突破都是與上古音研究的進步緊密相聯。

在漢唐學者的注疏中，有大量的字詞解釋，有時他們也直接指出某字是某字的“假借字”，或者用“讀爲”、“讀曰”、“某之爲言某”等術語來標示，前人多認爲這些就是古人對通假字的説解。其中有不少情況，由於經師遵從的是以前的師説，或者由於去古未遠，某些字詞的語音還没有變化或變化還不明顯，經師們的説解有可能是正確的。但是，如董同龢所説，“東漢去古近千年，傳授上不可能没有錯；自古至漢，文字增多很多，他們所想的本字也難免没有後起的字在内。漢儒鬧‘家法’，各家所有不同就是其中有誤的明證。……尤有進者，古音到漢代不能没有變，漢儒的古音知識如何，有没有以今律古的情形，又是值得注意的一個問題”。[12] 因此常見的現象是，雖然漢唐注疏自己説是“假借字”，但是由於當時古音知識的局限，他們所説的也未必就是我們現在定義的“通假字”。

例如，《周禮・冬官考工記・矢人》：“（殺矢）五分其長而羽其一。以其笴厚，爲之羽深。”鄭玄注：“笴讀爲稾。謂矢幹。古文假借字。”鄭玄明確説“笴”是“稾”的古文假借字。根據《周禮・冬官考工記》總叙中的鄭注，我們知道，這個解釋來自從劉歆受《周禮》的漢代學者杜子春。《周禮・冬官考工記》：“妢胡之笴。”鄭玄注：“笴，矢幹也。故書笴爲筍。杜子春云：筍當爲笴。笴讀爲稾，謂箭稾。”杜子春指出故書裏的“筍”字應該是“笴”的訛字，而“笴讀爲稾”。《説文》不見“笴”字。《廣韻》“笴，箭莖也”。段玉裁《周禮漢讀考》把“稾”改爲“槀”，是因爲《説文》“槀，木枯也”，而“稾，稈也”，改“槀”是用本字。這是清代學者經常改用本字的做法。但是在東漢杜子春、鄭玄的時代，未必已經有“稾”與“槀”孰爲“本字”孰爲“借字”的區别。進一步分析“笴”與“稾”的語音，我們可以發現，“笴”與“稾”並不是我們上面所定義的通假字：笴：《廣韻》有“古我切”和“古旱切”兩音。根據諧聲原則，“笴”上古音屬見紐歌部（OCM ＊kâiʔ）；根據“古旱切”，則又屬於見紐元部（OCM ＊kânʔ/S-B ＊kˤarʔ）。[13] 但是無論如何，也不與見紐宵部的“稾”（OCM ＊kâuʔ/B-S ＊[k]ˤawʔ）字同音或音近。杜子春所説的“笴讀爲稾”，是否因爲他的方言或其他因素影響所致，我們就不得而知了。這裏恐怕還只是説“笴”與“稾”同義，或者後來念“古旱切”的“笴”，就是“稈、幹、榦”同一個詞的另一種寫法。從上面的例子可以看出，我們利用漢唐學者的傳注，不能迷信傳注（這也是清代高郵二王的原則，詳下），也還要用現代語文學的方法重新衡量定奪。

漢唐學者對於通假字的説解，也已經認識到其中的複雜性。如鄭玄説：“其始書之也，倉卒無其字，或以音類比方假借爲之，趣於近之而已。受之者非一邦之人，人用其鄉，同言異字，同字異言，於兹遂生矣。”[14] 這是鄭玄對先秦古書中的通假字的理解。他説通假字是在古代口授筆録時，倉猝間忘其本字而寫成另一個音同或音近的字，是一種臨時的替代；又説，通假字可能受方言方音的影響。漢唐注疏中的異文中，可以肯定有方言方音的影響，但是由於材料和研究方法上的限制，我們對古代方言的認識還不是很深、也不系統。我們如能積累通假字中的方言材料，或許對古代方言的進一步研究有所裨益。

通假字研究中最重要的突破，是清代王念孫、王引之在清代古音學研究的基礎之上，系統地、自覺地運用“因聲求義”的訓詁方法，提出“訓詁之旨，本於聲音”，“就古音以求古義，引申觸類，不限形體”（《廣雅疏證》自叙）的觀點。[15]清代學者如王念孫的《廣雅疏證》、《讀書雜志》和與子王引之合著的《經義述聞》，段玉裁的《説文解字注》，朱駿聲的《説文通訓定聲》，馬瑞辰的《毛詩傳箋通釋》等等，都是研究通假字的名著。董同龢總結清人辨識通假字的方法有三：1.“比對異文——相同的語句，在兩處用字不同的時候，決定其中之一是本字，另一個是假借字。”2.“根據舊注推斷。”3.“直接用語文學的知識推斷。”[16]劉又辛也指出，王氏父子在考訂假借字時，利用前人傳注，但不迷信傳注，以是否能得經意爲取捨的標準，不合經意的還敢於以“己意逆經意”。二王成功的另外一個秘訣，就是科學地運用歸納法，綜合歸納同類語言材料，批判性地利用前人舊注。[17]王引之在《經義述聞・序》介紹王念孫的方法，説：“説經者期於得經意而已。前人傳注不皆合於經，則擇其合經者從之。其皆不合，則以己意逆經意，而參之他經，證以成訓。雖别爲之説，亦無不可。必欲專守一家，無少出入，則何邵公之墨守，見伐於康成者矣。”在《廣雅疏證》中王念孫提出的通假原則是：音同、音近和音轉（即“通轉”或“一聲之轉”）。

以今天的學術水平來看，清代學者（即使是二王）的研究方法還有很多局限，存在不少問題。[18]首先，由於他們對聲紐、韻部的劃分還比較寬泛，因此，有時他們所説的雙聲疊韻，其實還不是現在意義上（如王力 33 聲紐、29 韻部的上古音系統）的雙聲疊韻。其次，如上面已經提到，清人尊崇《説文》，拘執於《説文》“本義”和“本字”，在理論上忽略了古書用字的歷史發展，把東漢的文字學觀念（如本字、本義等）投射到上古，而虛構一個“上古黄金時代式”的非歷史的文字發展觀。最後，他們利用前人經傳注疏中的異文，由於當時對傳世文獻材料的時間層次理解不夠清楚，其中混雜了不同時代（以及前面提到不同地域的方言方音）的語言材料，因此清代學者根據這些不是在同一時間層面上的語音材料總結歸納出來的通假原則，不僅包括了共時的通假，也包括了歷時的音變。因此，清人通假字研究中提出的所謂的"通轉"或"一聲之轉"，是根據混雜的材料，歸納出來的錯誤的結論，然後又把它運用到通假字的研究中去，造成輕言假借、濫用通假的混亂。這個問題一直到現在仍然是通假字和同源字研究中的大問題。[19]

所謂"通轉"或"一聲之轉"，從統計《廣雅疏證》的用例來看，絕大部分是指雙聲條件下韻部的通轉，少數是指疊韻或韻部相近的前提下聲紐之間發生的轉變。[20]在不少學者看來，這樣的"通轉"或"一聲之轉"是古音相近而造成的通假。但是，事實上"通轉"或"一聲之轉"所説的是音變問題。而音變，原則上就没有變化前後兩者語音遠近的問題，因爲從理論上説，只要符合語音學的規則，什麽音都可能變成另外的音，只要有合適的條件，而並不一定只有音近的音之間才能發生通轉（同源字也一樣，並不是只有音近的字才可能有同源關係）。趙元任是這樣説的：

> 如果有規則可循呐，雖然聲音差得遠啊，你仍舊可以説這個是那個傳下來的，同一個來源。如果没有規則的啊，不管發音多近，也不能隨便瞎扯。所以要緊的是規則，不管轉得多遠，所以中國往往説某某字就是某某字，因爲都是"一聲之轉"。可是要説是"一聲之轉"，你要回答出娘家來，要説得出怎麽轉法來才可以稱"一聲之轉"；説不出什麽規則來，差一點兒都不應該差。[21]

王力早年也嚴厲批評古音通假中的"一聲之轉"、"通轉"的説法[22]，可是到他晚年的《同源字論》，又用這一套"對轉"、"旁轉"、"通轉"的音轉原則來討論同源字的語音關係。但是，即使如此，王力還是明確區分了同源字與通假字語音關係的不同。只是到了古文字研究者手中，才把王力用來説明同源字音轉的這一套原則，應用到通假字的研究中來，作爲通假字在音理上的標準。[23]這是值得商榷的。

正如有音韻學者已經指出的，“一聲之轉”是清代學者對上古漢語語音變化規律的一種表面的、模糊的、不精確的認識。[24]或許可以説漢語字詞的歷時演變中有“一聲之轉”的特點[25]，但如趙元任所説的，“一聲之轉”只是對語音現象的描述，並没有解釋現象後面的規律。而事實上，韻部“通轉”的性質比較複雜。現代音韻學家大致歸納出其中的語音關係：大部分的通轉是不同時代語音系統之間的歷時音變，也有部分是形態變化和方言差異，小部分是音近通假和連讀音變等。[26]因此我們在分析通假字的語音關係時，不能含糊其詞地説“一聲之轉”或“通轉”就了事，而要對具體字詞的語音關係作具體的分析。

清代學者的這種通假字研究的方法，尤其是“通轉”的學説，爲章太炎、黄侃等學者所繼承。章太炎的《成均圖》、黄侃的《求本字捷術》（收入《黄侃論學雜著》）把這一方法説得很清楚。洪誠《訓詁學》一書的相關章節也對此作了很好的概括與總結。這一套通假字通轉的方法，又爲羅振玉、王國維等所接受，因而也影響了後來的古文字研究者。一直延續到于省吾的通假字“律例兼備”説、洪颺概括的通假字“音理上的標準”和“文獻上的例證”，都還是承襲了二王、章黄的通假字的理論。[27]裘錫圭等雖然在理論上贊同王力的説法，但是在實踐中，例如在解釋“勢”、“設”兩字的關係時，還是求助於“二字之間存在着嚴格的陰入對轉的關係”、“古音相近，可以通用”來解釋。[28]

通假字研究的另一條道路，同樣是在清人古音研究的基礎之上發展起來的，是瑞典學者高本漢的通假字研究。和多數現代音韻學家不太一樣，高本漢在完成了劃時代的中國音韻學研究之後，對經典古籍的訓詁傾注了很大心力。先是對《詩經》、《書經》的注釋與研究，接着是在《先秦文獻假借字例》（*Loan Characters in Pre-Han Texts*，1963—1967）[29]，對先秦文獻中的通假字作了全面的清理。高本漢的通假字研究方法，主要是用現代古音知識（他的古音構擬）檢驗前人認定的通假字，用更嚴格的標準來判定兩個字古代是否同音（包括聲母和韻母的每一個部分），然後再看古書中有沒有同樣的確實可靠的例證。[30]他把先秦文獻中的通假字歸納爲5類：

A. 甲字假借爲一個没有本字的乙字，甲乙同音且語源上没有關係；

B. 甲字假借爲一個有本字的乙字，甲乙同音且語源上没有關係；

C. 甲字假借爲一個没有本字的乙字，甲乙兩字語音上相近但不相同，在語源上没有關係；

D. 假借爲一個有本字的乙字，甲乙兩字語音上相近但不相同，在語源上没有關係；

E. 甲字假借爲乙字，在語源上没有關係，語音上只有些微相似或者全不相似，甲乙兩字的關係只是同義詞。

其中A、B兩類，甲乙兩字同音，則没有疑義，"只要在出現的句中或上下文裏能夠確定假借詞的意義，那麽這項假借訓詁是毋庸置疑的，因爲從聲韻的觀點上看，是不可受到反駁的"[31]。C類的假借字是有諧聲關係的假借字，雖然它們只是"音近"的關係，"我們可以認爲這種假借關係是當然要受到承認的"[32]。同時，高本漢還反過來，用諧聲字之間的語音關係（C類通假字）來歸納和定義D類非諧聲關係的通假的"音近"的程度。E類兩字之間的關係是同義换讀，已經不屬於通假字的範疇。因此，對於高本漢來説，通假字的語音關係最基本的就是同音，其次是音近。他把清人所謂的"一聲之轉"徹底排除在通假關係之外，而用"詞群"（詞族）的觀念來加以分析。[33]

高本漢關於通假字研究的新觀念新方法，在學界得到一致的推崇。但是真正能在通假字研究中貫徹這些新觀念新方法的，則寥寥無幾。[34]惟有董同龢在翻譯了高本漢的《詩經注釋》之後，對訓詁學發生濃厚的興趣。他晚年在臺灣大學中文系連續幾年開設"古籍訓解討論"課，主要目的是想把語言學的研究結合傳統的訓詁學，開闢新訓詁學的天地。但是,由於董先生英年早逝,僅留下《假借字研究》及《古籍訓解和古語字義的研究——一個工作計劃的擬議》等殘稿。因此,本系列會議所倡導的"新語文學",也可以説是繼承董先生等前輩未竟的事業,提倡"用現代語言學的觀點,來建立真正可以稱得上一門學術的"新語文學。[35]

回顧通假字研究史,我們可以清楚看到,通假字研究有兩次突破:一是以高郵二王爲代表的清代學者,在清人古音學的基礎之上,突破漢字形體的束縛,倡導"因聲求義,不限形體"的訓詁方法;二是高本漢、董同龢利用現代語言學、音韻學的成果,堅持通假字的音同、音近原則,擯除所謂"通""轉"等玄説。[36]近數十年來,國内外的上古音研究在高本漢的基礎之上已經有突飛猛進的新進展,再加上大量戰國秦漢簡帛古書的出土,爲我們提供了前所未有的瞭解先秦秦漢寫本文化的新材料,因此我們在通假字的研究上應該有一個新的、第三次的突破。

三、歐洲中世紀寫本研究中新語文學的啓示

本文所説的"新語文學",除了是指在早期中國研究中,提倡"用現代語言學的觀點,來建立真正可以稱得上一門學術"的"新語文學"外,主要是指歐洲中世紀寫本文化研究中的"New Philology"。語文學(Philology)在西方,一般是相對於語言學(linguistics)而言,是从文獻學和歷史語言學的角度,側重對古典文獻的考證、詮釋和評注,目的是爲了讀懂古代文獻,是通過文本來研究古代的書面語。西方現代語言學的發展(尤其法國的結構主義語言學),就是想要擺脱舊語文學在文本上的局限,特别强調口語與書面語的差别,雖然有時也利用文本,但主要研究的對象是口語語言的一般規律。因此在現代語言學中,語文學一度幾乎是指陳舊方法的一個貶義詞。但是,近數十年的學術發展,揚棄舊語文學的缺陷與短見,借助現代語言學研究的新成果,在世界範圍内,語文學又有重新復活的趨勢。

西方學術界對於語文學的新興趣,是從比較文學的研究開始的。

1982年解構主義文學理論家保羅・德曼(Paul de Man)發表一篇題爲《重回語文學》("The Return to Philology")的文章,重新提出語文學的重要性。[37]在他的影響之下,1988年在哈佛大學召開了一個叫"語文學是什麼"What is Philology? 的討論會,會議論文後來發表在("Comparative Literature Studies")[27.1(1990)]雜誌的專輯,同時又以*On Philology*一書的形式出版。[38]1990年北美中世紀研究的學術雜誌《窺鏡》(*Speculum*)出版一期"新語文學(The New Philology)"的專輯(edited by Stephen Nichols),之後在西方中世紀研究中引起廣泛的爭論,出版了一系列新著及會議論文,重新審視語文學在文本(尤其是中世紀俗文學)研究中的方法與作用。[39]雖然中國自清代乾嘉以來就有優良的語文學傳統,在西方漢學中也一直有很强的語文學的傳承[如伯希和(Paul Pelliot)、卜弼德(Peter A. Boodberg)、薛愛華(Edward Shaefer)等就非常重視語文學[40]],但是20世紀90年代興起的歐洲中世紀寫本研究中的"新語文學"的討論,也還可以爲我們研究戰國秦漢的簡帛寫本文化提供一些新的啓示。

概括地說,新語文學和西方19世紀以來傳統語文學的差别,是兩個研究"范式"(paradigm)的不同。傳統語文學的校勘方法,如製作"精校本"(critical edition)典籍的拉赫曼(Lachmann)方法("Lachmann Method"[41]),是建立在一個有"原始文本"(original text 或 authorial text)的假設之上的。這個"原始文本"是由原始作者寫下或編者編寫而成;而文本的流傳通過人爲的傳抄。由於人不是機器,容易在傳抄過程中不斷産生訛誤,因此文本流傳就是一個原來純粹的"原始文本"不斷被污染、被干擾的過程。而版本校勘(或者説生産"精校本")的過程,就是儘量收集在時間與空間上接近"原始本文"的中間版本,通過比對,去粗取精,去僞存真,濾去雜質,儘量還原文本的"原始"面貌。

而新語文學對傳統語文學的主要批評是在很多情況下(尤其是在早期,如西方的中世紀時期),這個"原始文本"的假設只是現代學者構築的空中樓閣,是一個根本不能成立的假象。純粹的"原始文本"不但在歷史上根本不存在,而且,即使存在過,這樣的文本也可能不可得、不可知。而在過分追求復原“原始文本”的過程中,研究者往往忽略了文本流傳的歷史過程中的抄手、讀者、改編者和寫本使用者(他們是所謂“雜質”的製造者)的歷史作用和歷史體驗。受到法國學者保羅·卒姆托(Paul Zumthor)和貝爾納·塞爾吉里尼的影響,新語文學的倡導者强調中世紀的文本本質上是不穩定的,是和當時的口傳文化緊密相聯的。保羅·卒姆托在研究法國中世紀詩歌時發現,大量的無名氏作品有很多異文。他用 *mouvance*(法語:“流動性”)的概念來概括文本的不穩定性。他認爲這些無名氏的作品在當時並不被看作是個人的“知識産權”,因而在流傳過程中經常被改編、被重寫,因而産生大量的異文。[42] Bernard Cerquiglini 更在 1989 年出版的《異文贊:語文學的批評史》(*Éloge de la variante: Histoire critique de la philologie*)中提出,異文是中世紀文本的本質特徵;現代學者經常把異文當作“雜質”過濾篩掉,其實是没有很好地利用異文來研究中世紀寫本文化。[43] 異文應該成爲學者研究的主要對象,通過這些異文來瞭解當時的社會和寫本文化。

新語文學也被稱爲“物質性的”語文學(material 或 artifactual philology),强調了對寫本(manuscript),而不僅僅是抽象的文本(text)的研究,試圖通過寫本的全面具體的研究來瞭解當時的寫本文化及其社會歷史背景。

雖然新語文學在歐洲中世紀寫本研究領域内,學者還有不同意見,但是這一方法論對戰國秦漢簡帛寫本的研究具有重要的借鑒意義。首先,就像許多學者已經指出的,戰國秦漢文本的“作者”觀念,與西歐中世紀的某些情況類似;先秦“古書不皆手著”,“秦漢諸子即後世之文集”[44];其次,抄手的文本的流傳與文本的理解方面起了極其重要的作用[45];最後,應該更具體地分析異文,挖掘其中的社會文化信息,不能只把異文看作是某個標準字形相對的“錯字”“别字”而已,要進一步細究其背後致誤的原因。

回到本文討論的出土戰國秦漢簡帛寫本中的通假字上來,歐洲中世紀寫本研究中的新語文學給我們的啓示是:1.在文字層面上,應該警惕對於"本字"、"本義"的過度追求，把注意力放到從社會文化、寫本文化的歷史環境中去理解文字、文本的時代意義，而不是一味株守《説文》的本字、本義，用後起的本字本義去解釋戰國秦漢的文字與文本；[46] 2.在文本層面上，應該更加重視考慮異文產生的多方面的文化因素及其複雜性，而不是簡單地把異文歸結爲"錯别字"、"音近通假"或"一聲之轉"；3.改變習慣性地以今本（往往是漢代或以後的本子）作爲理想的、標準的底本，或建構一個歷史上從來不存在的理想化的標準本，來與出土文本對照；努力弄清楚今本的歷史沿革，把它也作爲一個歷史上重要的本子和證據來對待；4.重新審視利用出土文獻校讀古書的合理性。首先要考慮戰國秦漢的出土文獻是否能用來校讀主體爲漢代或以後的古書，兩者是一個寫本文化的產物，還是兩個不同的寫本文化的產物。其次要考慮其背後的邏輯假設，是否這樣精校產生的文本，是現代學者思想、理念的投射，還是挖掘文本本身所藴含的深意。尤其是用"理校法"推衍，這裏的"理"是戰國秦漢時期的"理"，還是現代學者的"理"。這些都是我們在研究戰國秦漢簡帛寫本時應該考慮及注意的問題。總之，在我們的研究中，要更加歷史地看待文字和文本。

四、出土戰國秦漢簡帛中的通假字

目前出土文獻的通假字研究中，幾乎千篇一律都説出土文獻中存在着大量的通假字，尤其是有大量"通轉"關係的通假字。例如，沈祖春對《馬王堆漢墓帛書[壹]》（其中包括《老子》甲乙本、《五行》、《九主》、《明君》、《德聖》、《經法》、《經》、《稱》、《道原》）中的531對通假字進行分析，發現聲韻皆同（雙聲疊韻）的243對（48.8%），聲近韻同（疊韻）的211對（39.7%），聲同韻近（雙聲）的28對（5.2%），聲韻皆近（聲韻皆不同）的49對（9.2%）。趙立偉對《睡虎地秦墓竹簡》的通假字統計的情況，上面四項的百分比分别是：46.2%、41.5%、6.5%、5.8%。兩書各類通假字的百分比大致相當。[47] 從各類的百分比分布來看，出土文獻中所謂的"通假字"，雙聲疊韻（同音）與通轉（不同音）[48] 大致各占一半。[49]

類似的，雷黎明利用楚竹書語料庫進行量化分析，主要參考了白於藍的《簡牘帛書通假字字典》和劉信芳的《楚簡帛通假匯釋》等書的材料，也得出相似的結論。在"排除殘缺字、存疑字、衍文及部分未用通假字表示人名、地名等特殊專名的字"，考察楚竹書共有 31 071 個用字，其中用爲通假字的有 7 859 個，佔總數的 25.3%。[50]"這就是説，楚竹書有超過四分之一的比例是由通假字來記載的；楚竹書平均每四個字中，就有一個是通假字。"因此，作者得出的結論自然是"通假字在楚竹書文獻中占有重要位置"。雷黎明進一步分析通假字與本字的語音關係：根據 1 550 對通假字的分析，聲韻皆同的 551 對(35.5%)，疊韻的 680 對(43.9%)，雙聲的 123 對(7.9%)，聲韻皆不同的 196 對(12.6%)。他把雙聲疊韻歸爲"同音"，其他三類爲"音近"，因此得出結論："在 1 550 個楚竹書通假字中，通假字與本字音同者有 551 個，佔 35.5%；通假字與本字音近者有 999 個，佔 64.5%。與本字音近的通假多於音同通假，説明楚竹書通假字對與本字聲韻完全相同的要求不太嚴格。"[51]更有學者因此推論"不論聲或韻，只要有一相同或相近即可"、"我們越來越傾向於通假的語音標準較寬的主張"[52]。

但是，事實果真是這樣嗎？

我們認爲這樣的結果，其實可説是"種瓜得瓜，種豆得豆"。因爲幾乎所有通假字研究者所使用的材料中，夾雜了大量的歷時的材料，所以必然會有大量的歷時的、有所謂"通轉"關係的通假字在裏面，以至於誤以爲通假字"聲韻完全相同的要求不太嚴格"或"通假的語音標準較寬"。現在流行的出土文獻通假字研究的基本套路，就是把出土文本與今本(或通行本)相對照，然後分析本字(或正字、通行字、傳世文獻的習用字，也即古文字研究和出土文獻整理"破讀括注法"中括注裏的字)與假借字(被括注的字)之間的關係，從字形、字音等關係的角度進行分類。如果所謂的今本(或通行本)是漢代或以後的版本，那麽這裏假借字(被括注的字)與本字(括注裏的字)的語音關係，必然就是歷時的關係。而在這樣歷時的演變中，有的語音没有明顯的變化或者變化較小，有的則發生了較大的變化。因此在假借字(被括注的字)與本字(括注裏的字)的語音分析中,有的是“音同”(雙聲疊韻),有的是“音近”(聲或韻、或者聲韻都發生了變化)。

這裏我們不得不引進一個新的概念來概括這類現象,即“歷時通假字”。“歷時通假字”是一個自相矛盾的(oxymoronic)概念。因爲按照本文開頭討論的通假字概念,其中隱含的一層意思是通假字應該是共時的。也就是本字(或正字、通行字、習用字)與假借字之間、通用字之間是在同一個歷史平面上的。這樣才有所謂的寫“别字”或“白字”的比方和鄭玄所説的“倉卒無其字”的臨時替代。因此,從嚴格的定義來看(或者説狹義的通假字),通假字不應該是歷時的(歷時的,可能是古今字、同源字等)。但是,爲了把通假字的問題研究清楚,或許我們可以放寬尺度,把“歷時通假字”也包括在廣義的通假字研究範圍中來。

從上面的分析,我們可以看到,歷時通假字可以分爲兩類:一類是雙聲疊韻(同音);另一類是不同音的通轉,包括疊韻通轉、雙聲通轉、聲韻皆不相同的通轉。對於前一類的雙聲疊韻字,我們可以認爲它們是“等於”或“近似”的關係,因此它們的時間差異或許對我們討論它們字詞之間的關係,以及由此推斷出來的語音關係,並不造成問題。而對於後一類的歷時通假字,因爲它們不是在同一歷史平面上的,同樣推斷出來的結論就不是某一個特定時期的語音現象,而是這個時期向來發展的語音演變現象。或許在我們以後的通假字研究中,應該引進一個新的符號,即“>”。甲、乙是歷時通假字,甲>乙,是説“甲”這個意義的字,在後來的傳世文獻中被寫作了“乙”字。從甲到乙,發生了語音變化。

那什麽才是真正意義上的、狹義的、共時的通假字呢?

值得慶幸的是,近年出土的戰國秦漢簡帛中,有不少平行的兩個或兩個以上的文本。這爲我們研究真正的通假字(共時通假字)提供了良好的機緣。[53]在研究方法上,我們也采用傳統通假字研究的歸納法,也就是對既有文字形態、語言事實進行總結概括。和傳統的通假字研究所不同的是,1.從語言的角度、從用字的角度考慮,我們放棄了對“本字”的過度追求，而把這些相關的字看作是通用字；2.在歸納之前，我們先對所處理材料的性質及其時間層次進行分析（限於材料我們現在大致只能做時間層次的語音分析，將來如果有了更多記録方言的古文字材料，還可以做空間的語音分析）。本文所用材料，是戰國秦漢出土簡帛中時代和地域相對比較明確或是同時共出的平行寫本。通過比對兩個或兩個以上的寫本，我們兩相對照，發現其中有語音關係的通假字，才是我們文章一開始時定義所説的真正的共時通假字。[54]

我們在對出土戰國秦漢簡帛的平行文本的比對結果中發現，其實共時的通假字並不很多。我們所謂的共時平行文本是指近年出土的年代大致相當、内容大致相同的文本，比如郭店《老子》甲乙丙本、郭店《緇衣》與上博《緇衣》、郭店《性情論》與上博《性自命出》、上博二《從政》甲乙本、上博六《天子建州》甲乙本、上博七《鄭子家喪》甲乙本、《君人者何必安哉》甲乙本、《凡物流形》甲乙本、上博九《成王爲成濮之行》甲乙本、清華六《鄭文公問太伯》甲乙本，另外如岳麓秦簡《爲吏治官及黔首》與睡虎地秦簡《爲吏之道》等。我們全面考慮平行文本在單字層面上的差别，考慮到文字之間的差異：1.書風不同：指兩個字形、音、義完全相同，只有飾筆的增減、部件的移位、書寫風格的不同；2.聲旁相同而形旁不同：指兩個字的聲旁相同而形旁不同或有無，但表達同一詞（音義相同）；這兩個字共有一個聲旁，經常是諧聲關係；3.非諧聲關係的通假字：指兩個不同的字（形、義不同），但是由於聲音相同或相近可以互相替代通用；4.用詞不同：指兩個至少形、音完全不同的字，有的可能詞義也不同，有的可能是同義换讀。通過初步研究，我們發現，如果嚴格按照共時和歷時來區分的話，真正的通假字並没有那麽多。其中有大部分是諧聲通假字，而非諧聲關係的通假字其實較少。並且共時通假的主要原則，是同音或音近。[55]

例 1

郭店《老子》甲丙本的比較：平行單字 61 對，異文 26 對。書風不同：7 對（11.5％）；聲同形不同（諧聲通假字）：10 對（16.4％）；非諧聲的通假字：0 對；用詞不同：9 對（14.8％）。

例 2

郭店《緇衣》與上博《緇衣》的比較：平行單字 161 對，異文 44 對。聲同形不同（諧聲通假字）：30 對（18.6％）；用詞不同：6 對（3.7％）；非諧聲通假字：4 對（2.5％）；不明：4 對（2.4％）。這 3 對非諧聲通假字是：威—畏；氏—是；正—貞（2 次）。

例 3

郭店《性情論》與上博《性自命出》的比較：平行單字 1 177 對，異文 364 對。書風不同：206 對（17.5％）；聲同形不同（諧聲通假字）：127 對（10.8％）；用詞不同：16 對（1.4％）；非諧聲通假字：15 對（1.3％）。這十五對通假字是：義—宜（9 次）；證—徵，要—謠，卷—患（2 次），梟—巢，陶—舀。

例 4

上博六《天子建州》甲乙本比較：平行單字 344 對，異文 25 對。書風不同：16 對（4.7％）；聲同形不同（諧聲通假字）：8 對（2.3％）；用詞不同：0 對；非諧聲通假字：1 對（0.3％）。這一個通假字是：直—得。

例 5

上博七《君人者何必安哉》甲乙本比較：平行單字 234 對，異文 7 對。書風不同：5 對（2.1％）；聲同形不同（諧聲通假字）：2 對（0.9％）；用詞不同：0 對；非諧聲通假字：0 對。

例 6

上博七《鄭子家喪》甲乙本比較：平行單字 216 對，異文 29 對。書風不同：16 對（7.4％）；聲同形不同（諧聲通假字）：13 對（6.0％）；用詞不同：0 對；非諧聲通假字：0 對。

例 7

上博七《凡物流型》甲乙本比較：平行單字 537 對，異文 28 對。書風不同：18 對（3.4％）；聲同形不同（諧聲通假字）：10 對（1.9％）；用詞不同：0 對；非諧聲通假字：0 對。

其中的通假字主要可以分爲兩類：一類是諧聲通假字，即同一諧聲系列的字之間大致可以互相替代。這和先秦時期的文字系統的性質有

關，筆者擬另文討論。[56]一是同音（或音近）的非諧聲通假字：如[57]

1. 威（B-S * ʔuj/OCM * ʔui）—畏（B-S * ʔuj-s/OCM * ʔuih）：影紐微部，雙聲疊韻。

2. 氏（B-S * k.deʔ/OCM * geʔ）—是（B-S * [d]eʔ/OCM * deʔ）：禪紐支部，雙聲疊韻。

3. 正（B-S * C.teŋ/OCM * teŋ）—貞（OCM * treŋ）：耕部疊韻，章紐與端紐，同屬舌音。

4. 義（B-S * ŋ(r)aj-s/OCM * ŋaih）—宜（B-S * ŋ(r)aj/OCM * ŋai）：疑紐歌部，雙聲疊韻。

5. 證（B-S * təŋ-s/OCM * təŋh）—徵（B-S * trəŋ/COM * trəŋ）：蒸部疊韻，章紐與端紐，同屬舌音。

6. 卷（B-S * [k](r)o[n]ʔ/OCM * konʔ）—患（B-S * [g]ˁro[n]-s/OCM * grôns）：元部疊韻，見紐與匣紐分屬牙音與喉音。

7. 桌（B-S * [ts^h]ˁawʔ/OCM * sâuh）—巢（B-S * [dz]ˁraw/OCM * dzrâu）：宵部疊韻，清紐與崇紐，同屬齒音。

8. 陶（B-S * [l]ˁu/OCM * lû）—舀（B-S * l̥ˁu/OCM * lu）：幽部疊韻，定紐與透紐，同屬舌音。

9. 直（B-S * N-t＜r＞ək/OCM * drək）—得（B-S * tˁək/OCM * tə̂k）：職部疊韻，定紐與端紐，同屬舌音。

10. 要（OCM * ʔiau/B-S * ʔew）—謡（OCM * jau/B-S * law）：宵部疊韻，影紐與喻紐，分别屬喉音與舌音（此例的上古音構擬還可以進一步討論）。

所以從上面的分析可以看出，根據對共時平行文本的不完全統計，2 730 對平行單字用例中，諧聲通假字有 200 對，非諧聲通假字只有 20 對。這樣，總共所有通假字加起來的比例是 8.1%。如果除去由於文字系統的性質而造成的諧聲通假字，那麽真正意義上的通假字，即兩個不同字符（非諧聲）因音同或音近而可以互相替代的字只有 0.7%。[58]

這和本文前面提到雷黎明統計的，說楚竹書有超過25%的字是通假字，是有很大的差距的。產生這種差距的原因，就是因爲在他們的統計中，包括了大量的歷時通假字。

如果我們注意所用戰國秦漢簡帛材料的時間層次，則更可以幫助我們利用通假字的語料，來研究古代詞彙史及語音史。如我們有戰國、漢初和通行本的《老子》和《周易》、秦漢時期《蒼頡篇》不同時期的版本。舉一個例子，如上博簡（三）戰國《周易》14號簡的"疌"字，馬王堆漢墓帛書本《周易》對應之字是"讒"，今本王弼本《周易·豫》是爻辭"朋盍簪"的"簪"。該字古注多訓"疾"或"速"。漢魏以來學者收集異文，唐陸德明《經典釋文》在《周易》"簪"字下著録"古文作貸，京作撍，馬作臧，荀作宗，虞作戠"[59]。《集韻·感韻》："簪、疌，速也。《易》朋盍簪，王肅讀或作疌。"[60]在這樣錯綜繁複的異文裏，如果我們能注意經典異文的時間層次，我們就能從中清理出這樣的頭緒來：在"疾、速"這一意義上，這個詞經歷了以下的語音變化：

疌（OCM/B-S ＊dzap）＞讒（OCM ＊dzrâm）[61]＞簪（OCM/B-S ＊tsrəm）

而在"（病）篤"這一意義上，又經歷了與之平行的、以下的歷時音變：

疌（OCM/B-S ＊dzap）＞漸（OCM/B-S ＊tsam）＞侵（OCM ＊tshəm/B-S ＊[tsʰ][i]m）[62]

在上面這兩個義項上，語音的變化是大致平行的，但是用來記録詞的漢字已經用了不同的字。漢字由於字形本身不直接反映語音的變化[63]，所以在漢語的發展史上，形、音、義的發展變化是比較複雜的。例如一種情況可以是一個字形不變，而所記録的音、義都發生變化。這就是我們在如《漢語大字典》等一般字典上所常看到的，某一個字的音、義隨時代而發生變化。另一種情況也可以是一個意義不變，而記録這個義的字形及其字音發生變化。比如我們上面舉的例子,就是在"疾、速"和"(病)篤"兩個意義上,字形與字音都發生了變化。

五、結　　論

清代高郵二王倡導的"以音求義,不限形體"的新方法,利用清代音韻學研究的新成果,對通假字進行了全面徹底的梳理,是清代語文學上的一大突破。但是限於材料與見識,清代學者的材料以傳世文獻爲主,在語音分析上還是運用了含混模糊的"通轉"學説。自 20 世紀以來,尤其是 90 年代以來,大量前人所未及見的戰國秦、楚及西漢的簡帛寫本的發現,使我們有機會突破清代以來强調"本字"、"本義"的傳統説文學的樊籬,利用上古音研究的新成果,以更加歷史的觀點看待古代文字與文本的發展與演變。近年來新語文學在國際學術界的復興,也爲這一古老學科和研究方法的翻新,提供了良好的契機。具體地説,我們認爲這種新方法應該包括兩個方面的突破:第一,突破專注於單個字詞的本字、本義的研究,轉移到對字詞的語境以及文本的整體研究。從本質上説,文字的意義來自上下文的語境,而不是本形本義。第二,突破以傳世文獻爲中心,以考古發現的秦漢文字材料主要用於校讀傳世古籍的研究方法,而轉變爲以出土寫本爲主,以傳世文獻爲輔,綜合運用多種材料與手段,尋找一種適合闡釋早期中國文本及藴含其中的思想文化意義的"新語文學",以推進出土戰國秦漢寫本學的發展,綜合運用多種材料與手段,探究早期中國文本及藴含的社會思想和歷史文化意義。

注釋

[1] 工具書如:高亨、董治安:《古字通假會典》,齊魯書社 1989 年版;王輝:《古文字通假釋例》,臺北藝文印書館 1993 年版;《古文字通假字典》,中華書局 2008 年版;白於藍:

《簡牘帛書通假字字典》，福建人民出版社 2008 年版；劉信芳：《楚簡帛通假匯釋》，高等教育出版社 2011 年版；白於藍：《戰國秦漢簡帛古書通假字彙纂》，福建人民出版社 2012 年版。

[2] 李學勤：《楚文字研究的過去與現在》，《歷史語言學研究》第 7 輯，商務印書館 2014 年版，第 1—4 頁。

[3] 洪誠：《訓詁學》，江蘇古籍出版社 1984 年版，第 34 頁。

[4] 王力主編：《古代漢語》（修訂本）第 2 册，中華書局 2013 年版，第 546 頁。

[5] 王力：《訓詁學上的一些問題》，收入《龍蟲並雕齋文集》第 1 册，中華書局 1980 年版，第 338 頁。

[6] 楊劍橋：《通假研究述略》，收入楊劍橋、楊柳：《楓窗語文札記》，復旦大學出版社 2009 年版，第 31 頁；劉又辛，《假借概説》，巴蜀書社 1988 年版，第 43—44 頁。"本字"强調了字形與字義之間的直接聯繫，或者字形的某一部分（所謂的形旁或意符）起到區别詞義的作用，也包括林澐所説的表示一種特定意義的"專用字"，參洪颺：《古文字考釋通假關係研究》，福建人民出版社 2008 年版，第 2 頁第 1、2 注。

[7] 王力主編《古代漢語》把"後起本字"更加準確地稱爲"後起的區别字"，不稱"本字"，因爲這些字"不是在同一個歷史平面上産生的"。見《古代漢語》（修訂本）第 2 册，第 547 頁。

[8] 龍宇純：《有關古書假借的幾點淺見》，收入《絲竹軒小學論集》，中華書局 2009 年版，第 398—399 頁。

[9] 裘錫圭：《談談學習古文字的方法》，《裘錫圭學術文集》（第三卷），復旦大學出版社 2012 年版，第 468 頁。

[10] 王力主編：《古代漢語》（修訂本）第 2 册，第 546—547 頁。

[11] 同上書，第 551 頁。

[12] 董同龢：《假借字問題》，收入丁邦新編：《董同龢先生語言學論文選集》，臺北食貨出版社 1974 年版，第 303 頁。

[13] 高亨、董治安抄録鄭注，未加辨析，見《古字通假會典》，第 664 頁。

[14] 陸德明：《經典釋文》，中華書局 1983 年版，第 2 頁。

[15] 丁邦新：《以音求義，不限形體——論清代語文學的最大成就》，《中國語言學論文集》，中華書局 2008 年版，第 527—537 頁。對於清代以前"因聲求義"方法的萌芽以及清代其他學者的研究，參看孫欽善：《清代訓詁學對"因聲求義"方法的繼承與發展》，《北京大學中國古文獻學中心集刊》2004 年第 4 輯，第 261—291 頁。

[16] 董同龢：《假借字問題》，第 302 頁。

［17］劉又辛:《假借概説》,巴蜀書社 1988 年版,第 68 頁。

［18］参考董同龢:《假借字問題》,第 303—305 頁。

［19］關於"一聲之轉"及其同源字研究方法引起的爭論,見梅祖麟:《有中國特色的漢語歷史音韻學》,*Journal of Chinese Linguistics* 30.2(2002), 211—240;郭錫良:《歷史音韻學研究中的幾個問題》,《古漢語研究》2002 年第 3 期,第 2—9 頁;梅祖麟:《比較方法在中國,1926—1998》,《語言研究》2003 年第 23 卷第 1 期,第 16—27 頁;郭錫良:《音韻問題答梅祖麟》,《古漢語研究》2003 年第 3 期,第 2—17 頁;綜合討論又見金理新:《上古漢語形態研究》,黄山書社 2006 年版,第 3—12 頁。

［20］杜麗榮:《試析〈廣雅疏證·釋詁〉"一聲之轉"的語音關係》,《漢字文化》2004 年第 3 期,第 23—26 頁。更仔細的分析,見陳新雄:《王念孫〈廣雅疏證·釋詁〉訓詁術語"一聲之轉"索解》,《陳新雄語言學論學集》,中華書局 2010 年版。

［21］趙元任:《語言問題》,臺灣商務印書館 1968 年版,第 128 頁。

［22］王力:《雙聲疊韻的應用及其流弊》、《訓詁學上的幾個問題》等,收入《王力語言學論文集》,商務印書館 2000 年版。

［23］洪颺:《古文字考釋通假關係研究》,第 3—7 頁。

［24］麥耘:《音韻學概論》,江蘇教育出版社 2009 年版,第 107 頁。

［25］但其實許多語言都有類似的音變現象,如詞尾輔音的脱落、連讀音變等。參看 Jean Aitchison, *Language Change: Progress or Decay?*, Cambridge University Press, 1991, 124—137。該書有中譯本:簡·愛切生:《語言的變化:進步還是退化?》,徐家禎譯,語文出版社 1997 年版。詞尾輔音的脱落,用我們傳統音韻學的術語就是"陽轉陰"和"入轉陰"。俞敏認爲,一大部分的"旁轉"都可以用連讀音變的原理來解釋。俞敏:《古漢語裏面的連音變讀(sandhi)現象》,《俞敏語言學論文集》,商務印書館 1999 年版,第 361 頁。

［26］麥耘:《音韻學概論》,第 107—109 頁;楊劍橋:《"一聲之轉"與同源詞研究》,收入楊劍橋:《漢語現代音韻學》,復旦大學出版社 2012 年版,第 232—244 頁;來國龍:《説"殺""散",兼談古文字釋讀中的通假字問題》,《簡帛》2009 年第 4 輯,第 315—331 頁。

［27］洪颺:《古文字考釋通假關係研究》,第 3—10 頁。

［28］裘錫圭:《裘錫圭學術文集》(第一卷),復旦大學出版社 2012 年版,第 174 頁。

［29］高本漢:《先秦文獻假借字例》,陳舜政譯,臺灣"中華叢書編審委員會"1974 年版。

［30］董同龢:《高本漢的詩經研究》,第 310 頁。

［31］高本漢:《先秦文獻假借字例》,第 4—8 頁。

[32] 高本漢:《先秦文獻假借字例》,第 11 頁。

[33] 董同龢:《高本漢的詩經研究》,第 310 頁;高本漢:《先秦文獻假借字例》,第 7—43 頁。高本漢關於諧聲字"音近"關係、"詞族"等的研究,牽涉較廣,擬另文討論。

[34] 也有不少中國學者批評高本漢的方法,見周斌武:《應該對高本漢的漢語學説重新評價》,《中國語文》1958 年 11 月;吕珍玉:《高本漢〈詩經注釋〉處理假借不當檢討》,"第一屆國際暨第三屆全國訓詁學學術研討會論文集","國立"中山大學中國文學系、"中國訓詁學會"編,臺北"中國訓詁學會"1997 年版,第 351—385 頁。裘錫圭説,"高氏的做法也許有矯枉過正的地方,但是他的謹嚴態度是非常值得我們學習的。"見《文字學概論》(修訂本),商務印書館 2013 年版,第 197 頁。

[35] 董同龢:《古籍訓解和古語字義的研究——一個工作計劃的擬議》,第 313 頁,見注 1 鄭再發按語。

[36] 值得一提的是,厦門大學的周長楫教授也一直提倡通假字的同音原則,參看周長楫:《通假字"同音"原則淺説》,《古代漢語研究》1998 年第 1 期,第 20—24 頁。

[37] Paul de Man, "The Return to Philology." *Times Literary Supplement*, December 10, 1982.

[38] Jan M. Ziolkowski(ed). *On Philology*. University Park: Pennsylvania State University Press, 1990.其中有漢學家史蒂芬・歐文(Stephen Owen)寫的一篇《語文學的不滿回應》("Philology's Discontents: Response")。該文以回應相關會議論文爲主;但在他的西方同行面前,歐文有過分美化中國傳統語文學的傾向。

[39] 參看如 Seth Lerer(ed.), *Literary History and the Challenge of Philology: The Legacy of Erich Auerbach*。Stanford University Press, 1996; William Paden(ed), *The Future of the Middle Age: Medieval Literature in the 1990s*. University Press of Florida, 1994; John van Engen(ed), *The Past and Future of Medieval Studies*. University of Notre Dame Press, 1994.

[40] 關於漢學研究中語文學地位的消長,參看 David B. Honey, *Incense at the Altar: Pioneering Sinologists and the Development of Classical Chinese Philology*。New Haven, Connecticut: American Oriental Society, 2001。

[41] Sebastiano Timpanaro, *The Genesis of Lachmann's Method*, edited and translated by Glenn W. Most. The University of Chicago Press, 2005.

[42] Paul Zumthor. *Essai de poétique médiéval*. Paris: Seuil, 1972; English translation: *Toward a Medieval Poetics*. Minneapolis: University of Minneapolis Press, 1992.

[43] Bernard Cerquiglini, *Éloge de la variante: Histoire critique de la philologie*.

Paris: Seuil, 1989; English translation: *In Praise of the Variant: A Critical History of Philology*. Baltimore: Johns Hopkins University Press, 1999.

[44] 余嘉錫:《古書通例》,收入《余嘉錫説文獻學》,上海古籍出版社 2001 年版,第 206—219、259—267 頁;又參見李零:《簡帛古書與學術源流》,生活・讀書・新知三聯書店 2004 年版,第 219、223—224 頁。

[45] 馮勝君:《從出土文獻看抄手在先秦文獻傳布過程中所産生的影響》,《簡帛》2009 年第 4 輯,第 411—424 頁。

[46] 前輩學者已經指出清代訓詁學株守本字本義、墨守許書的缺點,見周祖謨:《清代的訓詁學》,《周祖謨語言文史論集》,浙江人民出版社 1988 年版,第 341—347 頁。

[47] 沈祖春:《〈馬王堆漢墓帛書[壹]〉假借字研究》,巴蜀書社 2008 年版,第 84—85 頁。

[48] 嚴格地説,雙聲疊韻也不見得就是同音,很多情況下只是音近。如上文所説,通轉主要指雙聲條件下的"韻部通轉",因此其實兩個字是不同音的。但也有極少數疊韻條件下的"聲紐通轉",尤其是發音部位相同的某些聲紐之間,在上古其實有可能是有相同的聲母,因此,它們倒可能會是同音或音近。這裏的主要原因,是韻、紐這樣的傳統音韻學的音類分析不如現代語音學的精密確切,因此造成表達上的困難。上古音的語音分析還是要以細緻的語音構擬爲基礎。因此,在後面的共時通假字的語音分析中,我把兩者都列出來,以資比較。

[49] 清人在對傳世文獻的通假字研究中,上述各類通假字的分布情況也大致相同。吴澤順對王引之《經義述聞・通説》中集中列舉經傳中前人未及的 251 對通假字的統計,其中 112 對是同音通假,占總數的 45%,具有通轉關係的通假字 139 個,占總數的 55%。吴澤順:《論假借音轉》,《浙江師範大學學報》2004 年第 4 期,第 3 頁。

[50] 雷黎明:《基於語料庫的楚竹書通假字量化研究》,《古漢語研究》2014 年第 4 期,第 77—84 頁。

[51] 雷黎明:《基於語料庫的楚竹書通假字量化研究》,第 81 頁。

[52] 楊建忠:《楚系出土文獻語言文字考論》,浙江大學出版社 2014 年版,第 314—315 頁。

[53] 當然除了平行文本外,共時通假字的認定還可以在詞彙的層面上,用同一文本或共時的不同文本中語意相同的平行詞彙之間的對比等方法,即找出不同字表達同一個詞的例子,來確定真正的通假字。

[54] 曾昱夫在他未發表的臺灣大學碩士論文中已經注意到了本字與假借字之間的時間差問題。如他將出土文獻中的通假異文分爲四類:A 類是有同篇出土文獻的内部證

據或有相同出土文獻資料相對照者；B類是有相同傳世文獻材料相對照者；C類是没有相同文獻可供比對，而根據專家學者們的意見或者依上述間接例證所考訂的假借字；D類是依整理小組釋文所判定的假借字，無相關證據證明的存疑組。本文所説的平行文本中的通假字，即屬於A類的通假字。轉引自程少軒：《試説戰國楚地出土文獻中歌月元部的一些音韻現象》，《簡帛》2010年第5輯，第142頁。

[55] 以下數據參考 Daniel Morgan, "A Positive Case for the Visuality of Text in Warring States Manuscript Culture," paper for the Creel-Luce Paleography Forum, University of Chicago, April 24—25, 2010，但有調整與修改。

[56] 來國龍：《識字教育與戰國秦漢間文字系統性質的轉變》，"戰國文字研究的回顧與展望"國際學術研討會論文，復旦大學，2015年12月12—13日。

[57] 上古音聲紐韻部，參考唐作藩：《上古音手册》（增訂本），中華書局2013年版。

[58] 先秦時期漢字系統中的諧聲字之間，應該是同音或音近的關係。

[59] 陸德明：《經典釋文》，中華書局1983年版，第22頁。

[60] 劉樂賢：《戰國秦漢簡帛叢考》，文物出版社，第29頁。

[61] "讒"的歸部，古韻學家有"侵""談"兩部的爭論，見陳復華、何九盈：《古韻通曉》，中國社會科學出版社1987年版，第318、383頁。Axel Schuessler, *Minimal Old Chinese and Late Han Chinese*: *A Companion to Grammata Serica Recensa*. Honolulu: University of Hawai'i Press, 2009, p.352.

[62] 來國龍：《"走"字補釋——兼論通假字韻部"通轉"的謬誤與聯綿詞"從容"的來源與本義》，《饒宗頤國學院院刊》2016年第3期，第17—45頁。

[63] 除了在某些情況下，一個字的讀音發生變化後，變换聲旁，這也反映了語音的變化。但這樣變换聲旁後的字，在秦漢以後的文字系統中，往往被看作是另一個新字。

當代中國的寫本文化及其對研究戰國後期至秦漢的書寫實踐和方術類文獻的啓示

馬克(Marc Kalinowski)

近年來,簡帛文獻研究的學者開始投身於早期中國書籍的産生、傳播及接受的研究。憑藉出土寫本提供的物證,此類研究試圖回答以下問題:這些文本的編纂者是誰?它們在文本知識的傳授過程中的作用和動機是什麽?這些流傳給我們的寫本到底是怎樣抄寫的?有時因爲現存寫本之間的差别過大,以至於我們不得不把它們看作不同的版本或修訂本。由此提出了這些問題:出現以上矛盾的原因是什麽?迄今發現的大多數寫本有一個共同特點,即各寫本之間存在大量的異文、謄寫錯誤的詞語和句子、微妙的修改、增補和簡寫。當代的讀者該如何理解這一特點?

在本文中,我首次嘗試運用詹姆斯·洛克哈特(James Lockhart)在20世紀70年代根據墨西哥"新語文學"研究的語境下提出的民族語文學的研究方法。[1]這篇文章的材料基於2007年我在江西省進行的一次田野調查中發現並掃描存檔的兩份寫本。這兩份寫本的擁有者是一個以民間儀式"開光"爲業的家族。第一份寫本由其中一位已故的家族成員在1982年編寫。在2006年,他的孫子在該寫本的基礎上製造出一份内容相同的新寫本。有趣的是,他的孫子還活着——這對於簡帛文獻研究的學者來説是無法實現的夢想。在2008年2月,我有幸采訪到這個人。作爲一位抄寫者,他向我介紹了他的新寫本和25年前他祖父的版本有何不同。

首先,我將探尋兩份寫本各自的歷史背景。之後,我會呈現每一份寫本的特徵並着重説明二者最主要的不同。最後,我將會評價過去幸存文本的書寫實踐,這需要通過抄寫者對我的問題的回應來引導我們更好地去理解這一問題。而這一有關當代中國的寫本文化的研究,對研究戰國後期至秦漢的書寫實踐及方術類文獻應具有啓示意義。

一、作爲法師的鄭氏家族

這項研究之所以成爲可能,要歸功於勞格文(John Lagerwey)及其香港中文大學的同事組織的對華南地區民間宗教的長期田野調查。在2006年,一份關於贛西地區的詳盡田野調查報告出版。感謝法國人類學家范華(Patrice Fava),使我在2007年於北京第一次見到本文要論述的兩份寫本。2008年2月,我拜訪了這兩份寫本的所有者鄭氏家族,希望通過他們瞭解更多關於寫本産生的細節。

在南宋的時候,擁有這兩份寫本的鄭氏從河南遷到江西,其家族中的一支現定居在距湘贛交界數里之外的銅鼓縣英溪村。鄭氏家族嗣承龍虎山通靈院法脈,此院據説可以追溯至宋代,是道教華山派的分支。鄭氏家族的成員精通於雕刻放在内室及神龕中的神明和祖先塑像,並通過"開光"儀式將塑像神聖化。

在2008年,鄭氏家族有以下成員:

鄭人偉,法名法明(生於1937年,71歲):瑞春的父親,住在銅鼓縣城,那裏有他自己的店鋪。他仍舊雕刻神像,但不再參加開光儀式。

鄭瑞春,法名法靈(生於1956年,52歲):人偉的兒子,和他的妻子住在英溪村的祖屋裏。平時爲當地鄉親舉行開光儀式。他就是2006年第二份寫本的編纂者。

鄭鍾發(約30歲):瑞春的兒子,帶着他的妻子及兩個孩子與他的祖父人偉一起住在銅鼓縣城。他從他父親那裏學習並參加開光儀式。

二、寫本的歷史

這兩份寫本都源自一本名爲《開光法事全宗》的文本。這個文本屬於"方術類文獻"的範疇,此類文獻囊括古代各種科學、藝術和技術的概述及分論。寫本的内容包括開光儀式中法師的誦詞及對儀式流程的指導。這些寫本的歷史是典型的"家法"案例,即方術知識可以記録在文本裏並在家族成員内部代代相傳。

19世紀晚期:鄭名塔製作了《開光法事全宗》,這是後世各抄本的基礎。根據其曾孫(人偉)的説法,名塔是第一個將開光儀式記録下來的人,因此他應該被視作這一文獻的創始者。人偉的兒子(瑞春)卻不同意此説法,他認爲在名塔之前該文獻就已經存在。

1952年:20世紀50年代初期開始的集體化運動以及隨之而來對"地主"階級的批鬥,使鄭家的財産被付之一炬,其中就包括名塔本《開光法事全宗》。

1952—1976年:在這一時期,鄭氏家族成員中止了雕刻神像及開光儀式的活動。

1976年:鄭鳴岐,法名法應(卒於1989年,78歲,推測他生於1911年左右),曾經隨他的祖父名塔學習開光儀式,在這一年,他憑記憶用鉛筆記下了當年其祖父所用的手稿。

1982年:鳴岐根據1976年自己的鉛筆版抄本製成了毛筆版抄本。這是保存至今的兩份寫本中的第一本(以下稱爲"法應本1982")。從這一年直到1989年去世,鳴岐恢復了他的法師身份。他的兒子人偉和孫子瑞春延續了家族的傳統,定期舉行開光儀式。

2006年:鄭瑞春在他祖父的寫本基礎之上進行修訂,這就是至今存世的兩份寫本中的第二本(以下稱爲"法靈本2006")。

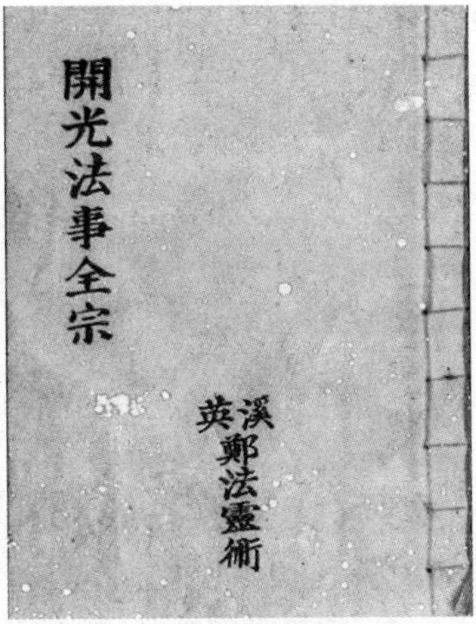

三、開光儀式及寫本的內容

據鄭瑞春(法靈)總結出的開光儀軌如下表：

儀軌次序	法應本 1982	法靈本 2006
1-起請 2-進表	1a：開光法事全宗 8b：在此進表	1a："諸佛讚" 6b：進開光表
3-請神 4-進腹臟	开始於 9a 15b：在此進腹脏、請神終	开始於 7a 13a：進腹脏
5-開光	开始於 15b 21a：開光法事終 在此求受像	开始於 13b 19a：开光法事終
6-獻香茶	开始於 21b 23b：唱化錢咒	开始於 19b 21a：化錢讚
7-囑神	24a：開光囑神全卷 29b：囑神終	21b："囑神" 完结於 26a
8-拜神	29b	26b：開光法事終

法應本 1982：書名在頁 1a 重複一次；在每一個具體儀式的開頭没有標題，在一些儀式的結尾處以小字的形式標記起到指示的作用。

法靈本 2006：在 2006 年法靈本的 1a 頁没有書名；在(19a 和 26b)

“開光法事終”重複了兩次;兩個章節題目用紅色標記。第二個標題中的“囑神”代替了法應本(1982)中的“開光囑神全卷”。

四、法應本 1982

此寫本特點如下:

- 綫裝本(5 個訂口,19 釐米×11 釐米),書皮,扉頁,29 折(58 頁)。
- 封面:書名,使用人姓名(鄭法應)及其原籍(從右往左書寫“英溪”),通靈院印章。
- 扉頁:編纂者的姓名(鄭鳴岐)及其印章。
- 末頁:時在　西元壬戌年農曆八月上浣　鄭鳴岐抄。

此寫本的布局如下:

- 儀軌次序和兩份寫本中實際的標題如下表:

儀軌次序	法應本 1982	法靈本 2006
1-起請 2-進表	開光法事全宗 伏以,香贊,伏以,伏以,伏以,恭聞,奉請,恭奉,伏以,伏以,伏以,伏以,伏以,伏以	没有重复标題 伏以,“諸佛讚”伏以
3-請神 4-進腹臟	伏以	伏以
5-開光	水贊,伏以,伏以,伏以,伏以,伏以	水贊,伏以,伏以,伏以
6-獻香茶	香贊,伏以,伏以,伏以,伏以,伏以,伏以	香贊
7-囑神	開光囑神全卷,十囑付,其三,其四,其五,其六,其七,其八,其九,其十,囑神終	“囑神”
8-拜神		開光法事終
末页	時在	時維

- 另有以小字書寫的注釋如下表:

儀軌次序	法應本 1982	法靈本 2006
起請 進表	3a:洒净≈≈内有口功 6b:南方丙丁火=西方庚辛金=北方壬癸水=中央戊己土= 6b:(五方同变) 8b:在此進表	無 5a:五方同变有口功 5a:≈東南西北中方青赤白黑黃帝 6b:進開光表
請神 進腹臟	12a:請阳神隨心应 14b:再來关请 14b:五方同变 15b:在此進腹脏、誓願筈盖保筈	9b:請陽神隨心应口 無 無 13a:進腹脏,頌誓願
開光	19a:地社 21a:在此求受像　領受筈勝阴盖筈	17a:地衆信 19a:領受　盖筈
獻香茶	22b:同前唱 23b:唱化錢咒	20a:同前 21a:化錢讚
囑神	24a、24b、25a:地社 25b、26a:社地	22a、22b、23a:厶衆信 23b:厶衆信

標點符號和其他標記:

- 正文中基本没有標點符號:没有逗號、頓號、句號等(除頁 21b 的“香贊”整篇有標點符號)。
- 剩下的部分以句子之間的空白代替標點符號。
- 整個文獻中系統使用重複符號(々)。
- 在法事過程中用明顯的着重符標記在字詞(○○○或ムム)或句子(≈≈≈≈≈)之下來提示法師。
- 用下面符號表示兩個字需要調整順序:千|三|→三千(15a),火|香|→香火(29b);用符號(○)來表示一句話中需要調整一些字的順序:開你尊○心中神○光→開你尊神心中光(19a),或口々流於傳○末学→口口流傳於末學(8a);偶爾只用括弧括住小字的注解。

增補和修改:(正文)用三種墨水寫成,即和原文相似的黑色墨水、灰色陰影的墨水和藍色墨水。

- 用黑色墨水增補(出現 16 次):增加一到兩個字(用小一號字,11 次出現):例如,4b,水和身;8a,於;增補整句話(出現 5 次):例如,18b(27 字)。

- 用黑色墨水訂正(出現7次):劃字(出現2次):4b, 22b;在字右邊寫下要替換的一個或幾個字(出現4次),例如,11b宵丸→楊洒;兩個儀式次序需要顛倒(出現1次):以“夫水”開頭的部分(17a在此夫水)需要放到下一段以“夫筆”開頭部分(15b可先夫筆)之後。
- 用灰色陰影的墨水進行增補和修改(出現9次):和黑色墨水採用相同的技巧,例如,21b(14字);用藍色墨水進行增補和修改(出現3次);用漢字“上”和“下”來表示兩個字需要調換順序:15b罪下滅上→滅罪。
- 用藍色標記灰色陰影修改部分中的第三個字(鸕鷀酌):該證據說明用藍色墨水書寫的記號寫於灰色陰影墨水標記的字之後。

由於1982年的寫本在開光儀式中多次使用,因此它經歷了不斷的變化(例如增加了佚失的字句或修改了錯誤)。據鳴岐的兒子人偉所稱,所有的修改都由他父親從1982年到他1989年去世之間完成。

五、法靈本2006

據鄭瑞春(法靈)的說法,他花了兩個月的時間來編纂這份寫本。底本是他祖父在1982年編成的寫本(法應本),他根據這個版本學習開光儀式,直到他祖父1989年去世。從瑞春對我問題的回答來看,他似乎還另外使用一種未具體説明的文獻。《新華字典》是他唯一的參考工具書。

此寫本的特點如下:

- 綫裝本(9個訂口,19釐米×11釐米),封面,26折(52頁)。
- 封面(白色紙,與寫本的其他部分一樣):書名,編纂者姓名,沒有印章。值得注意的是,“英溪”二字是從左往右寫的,這與現代印刷的書籍書寫格式一致。
- 扉頁:西元二千〇六年甲戌歲三月二十八日騰抄　弟子　鄭法靈　行用
- 日期使用了現代的表達方法。編纂者並沒有提到自己的本名(瑞春)。“謄抄”則寫成了“騰抄”。

此寫本的布局如下:

● 兩份寫本中開光儀軌及相應的具體部分如下表：

儀式次序	法應本 1982	法靈本 2006
1-起請 2-進表	1a：開光法事全宗 8b：在此進表	1a："諸佛讚" 6b：進開光表
3-請神 4-進腹臟	开始於 9a 15b：在此進腹脏、請神終	开始於 7a 13a：進腹脏
5-開光	开始於 15b 21a：開光法事終 在此求受像	开始於 13b 19a：开光法事終
6-獻香茶	开始於 21b 23b：唱化錢兕	开始於 19b 21a：化錢讚
7-嘱神	24a：開光嘱神全卷 29b：嘱神終	21b："嘱神" 完结於 26a
8-拜神	29b	26b：開光法事終

在頁 1a 上沒有書名。兩個章節的題目標記成紅色。在法應本 1982 中，第二個"嘱神"代替了"開光嘱神全卷"。"開光法事終"重複了兩次(19a，26b)。

● 儀式次序和兩份手稿中實際的標題如下表：

儀式次序	法應本 1982	法靈本 2006
1-起請 2-進表	開光法事全宗 伏以，香贊，伏以，伏以，伏以，恭聞，奉請，恭奉，伏以，伏以，伏以，伏以，伏以，伏以	没有重复标題 伏以，"諸佛讚"伏以
3-請神 4-進腹臟	伏以	伏以
5-開光	水贊，伏以，伏以，伏以，伏以，伏以	水讚，伏以，伏以，伏以
6-獻香茶	香贊，伏以，伏以，伏以，伏以，伏以，伏以	香讚
7-嘱神	開光嘱神全卷，十嘱付， 其三，其四，其五，其六，其七，其八，其九，其十，嘱神終	"嘱神"
8-拜神		開光法事終
末頁	時在	時維

請注意這裏只列出了每列中包含“伏以”的題目。在頁 1a 上没有書名，正文從以“伏以”爲開頭兩字的單獨一列開始。

“香贊”由“諸佛讚”所取代，而“囑神”代替了“開光嘱神全卷”。在 1982 年的版本中，開光儀式中的“囑神”(imploring spirits)部分是作爲一個獨立的文本單元(即“全卷”)出現，並與整部寫本這一更大的語境融爲一體，而在 2006 年的版本中，卻只有一個文本單元，在封面頁已經給出其標題，而兩個用紅色括弧標記的標題成爲了開光儀式的序言部分“諸佛贊”(Praising the Buddhas)和結尾部分“囑神”。

從頁 1b 到頁 2a，第二個“伏以”單獨成列。而接下來的“伏以”(1b，第 3 列和第 5 列；2a，第 2 列)則没有單獨成列，不過均出現在每列的頂部或底部。

• 寫本中用小字注釋，如下表：

儀式次序	法應本 1982	法靈本 2006
起請 進表	3a：洒净≈≈内有口功 6b：南方丙丁火=西方庚辛金=北方壬癸水=中央戊己土= 6b：(五方同变) 8b：在此進表	無 5a：五方同变有口功 5a：≈東南西北中方青赤白黑黄帝 6b：進開光表
請神 進腹臟	12a：請阳神隨心应 14b：再來关请 14b：五方同变 15b：在此進腹脏、誓願筈盖保筈	9b：請陽神隨心应口 無 無 13a：進腹脏，頒誓願
開光	19a：地社 21a：在此求受像　領受筈勝阴盖筈	17a：地衆信 19a：領受　盖筈
獻香茶	22b：同前唱 23b：唱化錢咒	20a：同前 21a：化錢讚
囑神	24a、24b、25a：地社 25b、26a：社地	22a、22b、23a：厶衆信 23b：厶衆信

用小字書寫的記號數量減少了。一些記號被删除，縮寫，或者和正文整合在一起。另外請注意 1998-6b 和 2006-5a 兩個互不相干的變化。

標點符號和其他標記：

- 大部分情况下,文本嚴格用紅色的逗號和句號來區分段落,句子之間沒有空白。一旦文本出現空白的時候(如詩歌部分、唱誦部分),就添加上了標點。
- 其他記號:沒有重複符號(々);沒有用(○)來指代語序顛倒的字;沒有括弧;一個"ムム"符號;十個"≈≈≈≈"符號;請注意紅色的螺旋符號標記在標題之下用來强調("伏以"等)。

增補和删減

- 所有的增補均用紅色的墨水書寫(除了三處首次增加的小字之外,1a, 3b, 8a)。
- 在"囑神"部分,加上了正常字體大小的"十嘱咐",而最開頭的四句詩則在每一列之上用數位標明順序(一二三四)。
- 除了最終在正文中增加了一個小字之外,其餘部分沒有修改(黑色的墨水出現了3次,紅色的墨水出現了4次),即便有錯的段落確實存在(例如,14a)。

鄭瑞春的法靈本2006是法應本1982的修訂版,在24年後編成,也就是在他祖父去世的1989年的17年之後。從整體來看,兩份寫本確有不同:1982年的法應本以舊的體式書寫,而2006年的法靈本則完全按照現代的書寫方式。瑞春的修改包括:改變了原文的布局,更换了一些標題的名稱,整合了1982年版本中用小字書寫的多數建議,訂正了正文中的錯誤,删去了一些現有的段落並增添了新的段落。修改的過程如下:(1)用毛筆蘸黑色墨水書寫全文;(2)通讀並用紅色墨水句讀;(3)同時用同樣的手法進行增減;(4)之後如有需要再進行增補。法靈本中的更改和增補數量不多,可能因爲該版本的完成距離本次田野調查只有兩年(2008年2月)。

六、兩份寫本中的異文

除了布局、標點及各類小字注解的區别之外,兩份寫本都包含了大量的異文。這些異文可以分成三種:字體變化、詞彙轉變和文本變動。

字體變化如下表：

1982 年版	闻	开	台	洒	秽	万	烟	达	门	尽
2006 年版	聞	開	臺	灑	穢	萬	煙	達	門	盡
1982 年版	间	灵	边	齿	烛	来	庆	坛	场	运
2006 年版	間	靈	邊	齒	燭	來	慶	壇	場	運
1982 年版	賛	岳	远	炉	观	拥	宝	处	后	闪
2006 年版	讚	嶽	遠	爐	觀	擁	寶	處	後	閃
1982 年版	扫	笔	支	书	只	蕩	阳	应	災	呌
2006 年版	掃	筆	枝	書	隻	盪	陽	應	烖	叫
1982 年版	臟	餘	誦	頌	歷	隨	于			
2006 年版	脏	余	頌	誦	麻	随	於			

對於讀者而言，20 世紀進行的漢字簡化運動讓他們能明確瞭解簡體字和繁體字的區别，以上列出的書寫變體很明顯是同一漢字簡繁兩種形式的變化。2006 年版本的編纂者，在 20 世紀 60 年代和 70 年代受教育，他努力嘗試把 1982 年版本中的非繁體字系統地轉化成繁體字。一個文本中同時存在繁簡兩種字形被認爲是不正確的。

對 1982 年版本的編纂者來説，情況就完全不同了。他混用了繁體字和簡體字，其中的一些字甚至不是整齊劃一的繁體字，而是異體字，比如“呌”和“災”。這同樣涉及他所使用的簡化字，這些簡化字在一系列改良運動之前很久的時候就已經在廣泛使用。

詞彙轉化如下表：

1982 年版	漂	阿	髍	藏	炷	歷	氛	暫	廳	晨
2006 年版	飄	訶	摩	滄	注	靂	分	謹	聽	神
1982 年版	灵	宙	如	申	变	地	育	伸	暮	衍
2006 年版	寧	廟	而	伸	遍	殿	浴	申	悟	愆
1982 年版	居	渠	君	旬	金	穩	如	皇	原	保
2006 年版	歸	鉅	均	寻	今	隱	之	惶	源	實
1982 年版	軒	殺	從	騰	彻凡	上	星	湖	丹	宵
2006 年版	轟	刹	通	傳	仰煩	大	幸	府	冉	霄

（續表）

1982 年版	巡	首	合	充	鳴	增	河	稟	俊	呼
2006 年版	行	豹	喝	稱	明	爭	鶴	秉	峻	乎
1982 年版	渺	客	煬	晏	棲	皈				
2006 年版	邈	容	剔	筵	催	歸				

這裏列出的大多數變化是同音字的轉化，類似於古文中的“假借字”。2006 年版本中的一些字反映出編纂者的個人選擇（同義詞“晏→筵”或者非同義詞“穩→隱”），其他則顯然是對錯字的更正（河→鶴），或者是對正確文字的誤讀（宙→廟）。

文本變動：

● 兩個字的變動如下表：

1982→2006		
宇宙→宇廟*	山崗→三光	万物→萬神
非塵*→灰塵	歷代→諸位	猖坛→光壇
證明*→證盟	高陳→勾陳*	青天→泰山
六師→六司	元神→元辰	風北*→風伯
山舍→三舍	張老→章老*	壁山→碧山
大大→代大	坛庭→壇場	順敬→盛敬

此表格的情形與前面單字表格相同。在此表格中，錯誤的詞語標有星號（*）。請注意 2006 年版正誤參半。

● 兩個字以上的變動如下：

望氣君*→旺氣均

南無香雲界→南無香雲盖*

急急如律令→急急而敕令

二位真人→衆位尊神

行乙三千數→行一三千數

斬注金爐之上→謹注金爐之内

● 較長的段落

1982-17b　先点左眼为太阳　后点右眼为太阴　双悬日月光辉照　中天拔开云雾散　毫光一照遍三千。

2006-15a　先點左眼爲太陽，後點右眼爲太陰。太陰太陽一齊放毫光。

根據編纂者的回憶，他祖父曾口頭告訴他這一段應該删除，因爲這段本應位於較前的位置(1982-18b 和 2006-16a)。編纂者並没有告訴我，這段被替换的話究竟是他自己創作的還是從已有文本中照搬的。

七、訪　　談

2008 年 2 月，在英溪村鄭瑞春的家中，我進行了這次訪談。在采訪之前，我針對兩份寫本的變化進行了研究，並在此基礎上準備了一系列共計 55 個問題。在這裏我將扼要地總結受訪者對我提出問題的不同回應。

● 有關編輯的問題

問題 1：你爲什麽没有留出一頁署以編纂者的本名並蓋上通靈院的印章？

答："十方顯應"這句話並不適合放在開光儀式中，另外印章也没必要。

問題 2(82.1a，06.1a)：爲什麽你把標題中的"香贊"换成了"諸佛讚"？

答：我的標題是正確的，"諸佛讚"更適合這段文字。而且，"香贊"之後還會出現，我希望避免重複兩次。

問題 8(82.3a，06.2a)：爲什麽你把"奉請"一詞放到了正文中而不是讓這兩個字單獨起頭？

答：我不清楚你的意思。這兩個字本來就是正文的一部分，没有理由把它單獨拿出來成一列。

問題 53(82.24a, 06.21b):爲什麽你把“開光囑神全卷”換成了“囑神”?

答:我的文字更言簡意賅。

問題 54(82.26b, 06.23b):爲什麽“十囑付”用紅色墨水書寫,而且單獨成列?

答:在對比我祖父的寫本之後,我把這個加了進去。

● 與儀式實踐相關的變化

問題 3—4(82.1b, 06.1a):爲什麽你把這裏的“≈≈≈≈”符號删除了?

答:法師已經對這裏要背誦的神名十分熟悉,所以這些符號没有存在的意義。

問題 9—10(82.3a, 06.2b):爲什麽你把護身符和相應的祈禱前後的文本和標記都删除了?

答:因爲這些記號只對法師有用,起到提醒他用淨水來寫符咒和進行祈禱的作用,同時需要默念咒語(口功意爲口傳)。

問題 31(82.8b, 06.6a):爲什麽把“弟子誠皇誠恐　稽首俯拜上言”换成“弟子領帶衆信,誠皇誠恐,稽首俯拜上言”?

答:因爲當我誦出這句話的時候,信衆在我身後隨我一起稽首俯拜。

問題 34(82.9a, 06.7b):爲什麽把文獻中全部的“猖壇”統統换成了“光壇”?

答:因爲猖壇指五猖儀式所需要的儀式空間,既然開光儀式有一個特殊的儀式空間,因此這裏用光壇更合適。

問題 39(82.14b, 06.12a):爲什麽你把“點起ムムム神”换成了“点起尊神”?

答:其實我没必要這麽修改,因爲“ムムム”在這裏表示要請的神名,在這裏應該叫出神的名字。

問題 52(82.23b, 06.21a):爲什麽你把“三献以畢　礼不再斟　具有到座钱财用慿火化　唱化钱咒”这个已经很长的句子改为一个更长的句子“信士虔誠，酒斟三獻，酒斟三獻，禮不再斟，信等具有到座錢財，恭就，尊神位前用憑火化。化錢讚”？

答：雖然這一段是正文的一部分，但它包含了對法師在儀式中的指引。我的版本基於我祖父撰寫的另一份寫本。（瑞春没有明確説明這份寫本是否就是《開光法事全宗》的另一個版本，例如，1972年的版本在我做這次訪談的時候已經遺失，或許有可能是其他的版本。）

- 異文1：2006年寫本的編纂者修改了他認爲1982年寫本中錯誤的地方（標有星號者表示對該問題的回答存疑）

問題7（82.2a，06.1b）：隨風蕩散　四野交氛→隨風蕩散　四野交分

答：“氛”代表“氣氛”的“氛”，這是不對的，所以我要修改。

* 問題19（82.4b，06.3a）：必先嚴洁于坛场→必先嚴潔於壇場

答：“于”寫錯了，應該是“於”。

問題25（82.5a，06.4a）：一滴法水變十方→一滴法水遍十方

答：“遍”比“變”更合適。

* 問題26（82.5b，06.4a）：功成大殿放毫光→功成大地放毫光

答：“大殿”在文中不貼切，所以我修改爲“大地”。

問題30（82.6b，06.5a）：五方生氣新　望氣君→五方生氣新，旺氣均

答：我祖父的版本是胡編的。

* 問題29（82.6a，06.4b）：翻渠海之銀船→翻鉅海之銀船

答：“渠”似乎不對，所以我换成了“鉅”。

問題32（82.7a，06.5b）：凡人不敢旬常用　我金取来蕩厭穢→凡人不敢尋常用，我今取來蕩厭穢

答：兩個字都寫錯了。

* 問題11（82.3b，06.2a）：步氣晨氛→步氣晨昏

答：“昏”和“晨”相配，而“氛”在這裏很奇怪。

* 問題18（82.4a，06.3a）：使鬼妖邪如喪胆→使鬼妖邪而喪胆

答：“而”比“如”更貼切。

問題 20(82.4b, 06.3a):此真香先申召請→此真香先伸召請

答:“伸”比“申”更好。

* 問題 22(82.5a, 06.3b):淨天淨地淨山崗→淨天淨地淨三光

答:“山崗”与“天”和“地”不相配,因此我修改成“三光”,這才是正確的讀法。

* 問題 27(82.5b, 06.4a):香花沐育斬注金炉之上→香花沐浴謹注金爐之内

答:我認爲“育”是錯的,而“斬”在這裏毫無意義。因此,我傾向於用“浴”和“謹”來代替。

• 異文 2:承認自己的錯誤

問題 6(82.2a, 06.1b):焚香寶鼎　謹炷金炉之内→焚香寶鼎謹注金爐之内

答:我犯了一個錯誤,“炷”比“注”要好。

問題 12(82.3b, 06.2a):養育廳之歷令→養育聽之麻令

答:我不應該把“廳”換成“聽”,這是一個錯誤。

問題 28(82.5b, 06.4b):迎巨請聖當今肅廟以同居→迎巨請聖當今肅廟以同歸

答:“居”是錯的,我應該改成“歸”。

問題 51(82.22b, 06.20a):皇帝煬明燈→皇帝剔明燈

答:我不應該把“煬”换成“剔”,“煬”更好一點。

• 異文 3:個人的選擇

問題 16(82.4a, 06.3a):願令我通真　思神練液　道氣常存→願令我通真,思神練洕,道氣常存

答:這兩個字意思相似。

問題 17(82.4a, 06.3a):應变無靈→應變無寧

答:對我來説“寧”更好一點,但是二者都可接受。

問題 33(82.9b, 06.7b):歷代宗師→諸位宗師

答:“歷代”和“諸位”都可以,但是後者更準確。

問題 37(82.12a, 06.9b):二位真人→衆位尊神

答:對我來說,“二位真人”過於局限,我傾向於用“衆位尊神”。

問題 47(82.20b, 06.18a):衆神兵將→衆兵神師

答:兩者之間没有太大區别。

八、結論:一份寫本的製作

1. 歷史、文化及意識形態背景

從 1952 年到 2006 年,鄭氏家族所傳承的寫本與這一時期的歷史背景和意識形態密切相關。作爲法師,鄭氏家族成員的社會地位是我們理解他們家族兩份寫本變遷過程的主要因素。

2. 編撰者的動機

兩份寫本的編纂動機都是爲滿足開光儀式對成書文獻的需求,從而提升鄭氏家族在這個領域的權威性和合法性。鄭鳴岐的動機是爲鄭氏家族復原一份已佚失超過一代的成書文本。而鄭瑞春的動機則是在其祖父注解的寫本的基礎上製作一份修訂本,以便日後讓最近承嗣開光儀式傳統的兒子使用,同時也是爲了回應當地鄉親逐漸增長的需求。

3. 寫本作者所做的工作

關於作者、編纂者、抄寫者:鳴岐和瑞春都不認爲自己只是抄寫者。我曾問過人偉爲什麽他的父親鳴岐在 1982 年版寫本的最後寫下了一個“抄”字,人偉的回答是:“抄也是撰。”在瑞春的例子中,他的工作既包括了抄寫者的工作(他照抄他祖父的手稿),也包括了文字編輯者的工作(他對他祖父的文本進行了修改),還包括了編纂者的工作(他添加了一些其他材料裏的段落)。不論如何,每一份寫本的誕生都是一件獨一無二的手工品,而它的製造者也同時身兼“作者”的角色。

關於手稿的來源：據他兒子（人偉）所述，鳴岐於 1976 年靠回憶他祖父在 1952 年被毁的手稿，首先製作了《全宗》的鉛筆版本，然後在 1982 年依據此鉛筆版製作了毛筆版，此版至今尚存寫本。據瑞春的回答，1982 年版是他的主要原始資料，同時基於以下幾方面作了修改：(1)一些成文的二手資料；(2)其祖父的口頭傳授；(3)作爲法師，自己在開光儀式中的體驗。

比較同一文本的兩個不同版本：每一份寫本都是獨立製作完成的。兩個抄本都重制了同一文本，但是卻有相當多的異文。這個特點廣泛存在於任何時期、任何地點的寫本文化中。“法靈本 2006”是“法應本 1982”的修訂版。這從末頁記録的日期中就可以明確地看出來。不過就算末頁缺失，我們照樣可以通過分析文本中的異文得出相同的結論。除了某些特例外（參看問題 52），大部分的修改都指明 2006 年本抄自 1982 年本。寫本中的一些異文與當時的社會變遷息息相關。瑞春對開光儀式的宗教意涵的理解和其祖父就截然不同。從書寫體制的角度而言，兩份寫本在整體上有以下不同：“法靈本 2006”有着堅定不移的現代眼光，而“法應本 1982”仍依循舊例。

關於字體變化：“法靈本 2006”對繁體字的系統使用與 20 世紀下半葉的文字改革相關。相對於 1982 年的法應本隨意使用簡化字、異體字、俗字和正字的現象，2006 年的法靈本則恪守簡體字和繁體字之間的區别。

關於詞彙和文本的變化：(1)大多數詞彙的變化只是不同詞彙的相互替代；若兩個字是同音字，一個字被替換爲另一個會被解釋爲“正寫”和“誤寫”，而非基於“本字”和“假借字”的考量。(2)從瑞春對我提出問題的回應來看，不同文字的選用有多種原因。不過，當今的讀者卻未必都會認可他的解釋。

以上對兩份有關當代民間儀式的寫本的分析研究，在一定程度上回應了本文開頭提出的關於出土古代寫本的一系列問題。研究戰國至秦漢的書寫實踐及方術類文獻的學者可由此獲得一些重要的啓示和借鉴，諸如從寫本文化研究和新語文學的角度探討寫本的歷史、文化及意識形態背景，分析作者、編纂者、抄寫者的動機和作用，考察寫本的產生、修改和增補的過程，並重視對異文的分析和比較。

注釋

［1］James Lockhart，"Charles Gibson and the Ethnohistory of Postconquest Central Mexico，" in *Nahuas and Spaniards：Postconquest Central Mexican History and Philology*，Stanford：Stanford University Press，1991.

（李騰　譯）

《鄭文公問太伯》與中國古代文獻抄寫的問題

夏含夷(Edward L. Shaughnessy)

《清華大學藏戰國竹簡(陸)》於 2016 年年初公布了清華大學出土文獻研究與保護中心所藏戰國竹書中的又一批文獻。這一輯的文獻多與春秋時代的鄭國有關,一共包括五種文獻。其中《鄭文公問太伯》與清華收藏的其他文獻相比,相當獨特,存在兩種抄本,稱作《鄭文公問太伯甲》、《鄭文公問太伯乙》,下面簡稱《甲》、《乙》兩本。正如清華大學編者馬楠所指出,兩個抄本"係同一書手根據不同底本進行抄寫,爲目前戰國簡中僅見的情況"。[1]這種僅見的證據爲瞭解中國古代文獻的抄寫過程提供了極其難得的信息,下面對這個問題作初步討論。

《甲》本和《乙》本的形式和内容都非常相似,但是也存有個别明顯的不同。兩種寫本的竹簡都長 45 釐米,寬 0.6 釐米,原來都由三道編綫編聯。清華編者雖然没有記載編綫確切的位置,但是從圖録可知兩個寫本也都相同,上面編綫離簡首約 3.5 釐米,中間編綫離簡首約 22.5 釐米,下面編綫離簡尾約 3.5 釐米。《甲》本保存相當完整,一共包括 14 支簡,唯有簡 3 中斷,只存有下面一部分。《乙》本相對而言保存稍差,原來應該包括 12 支簡,但是現在只存有 11 支簡,原來第三支簡不存。另外,簡 2 和簡 4 都中斷,只存有下面一部分。簡 1、2、12 的簡首都殘缺,簡 1 缺一字,簡 9 和簡 12 都缺兩三個字。兩個寫本背後都没有標題。從《清華大學藏戰國竹簡(陸)》的照片看,《乙》本多數簡的背面存有劃痕,《甲》本就不見劃痕。

上面已經指出,馬楠認爲兩個寫本"係同一書手根據不同底本進行抄寫"。儘管没有科學方法證明這一點,可是無論從宏觀還是微觀看,很容易看出兩個寫本都是一個人抄寫的。兩個寫本的形式非常相似,每一個字占的位置都一樣,字跟字之間空格的比例也差不多。書法的筆勢也非常相似,大多數的字幾乎一模一樣,顯然是一個人寫的。雖然如此,也有少數文字寫法不一樣。有的僅僅是一個寫本較之另一個寫本多出或少了一個部件,諸如:《甲》本作"孛",《乙》本作"敎"(即"穀"字);《甲》本作"學",《乙》本作"幽";《甲》本作"肰",《乙》本作"然";《甲》本作"庚",《乙》本作"康";《甲》本作"壅",《乙》本作"衛";《甲》本作"俑",《乙》本作"戠"(即"寵"字)等。也有個别例子,兩個寫本用不同的字,諸如《甲》本作"爭",《乙》本作"請";《甲》本作"徲",《乙》本作"遺";《甲》本作"宩"(即"次"字),《乙》本作"事"。《甲》、《乙》本也各有個别漏字,譬如《甲》本第9簡漏一個"其"字、第14簡漏一個"曰",《乙》本第9簡漏"及虗"(即"及吾")兩個字,第11簡漏一個"也"字,第12簡漏"戒之哉"三個字等,都可以根據相應的抄本補充。兩本也似乎含有個别錯字,諸如《甲》本第10簡之"色"應該以《乙》本第9簡之"孚"爲正,《乙》本第12簡之"⿰衛阝"應該以《甲》本第14簡之"醫"(即"殷"字)爲正。除了這些少數不同之外,兩個文本還有一種系統性的不同。文本的内容往往牽涉到地名,地名的名字多半都含有"邑"旁,可是兩個抄本的寫法迥然不同。《甲》本一律都將"邑"旁置於字的左邊。與此不同的是,《乙》本將"邑"旁置於字的右邊,如下:

⿰於阝　　⿰醫阝　　鄶

《甲》

《乙》

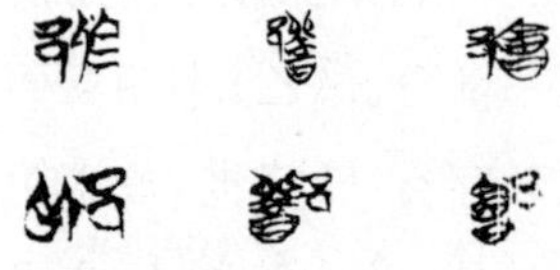

從"邑"旁的位置,我們大概可以確定兩個抄本是根據兩個不同的底本抄寫的,兩個底本反映了兩個不同的書寫傳統。楚國的書寫習慣

一律都將"邑"旁置於字的左邊,正像《甲》本那樣。與此不同的是,秦國的習慣是將"邑"旁置於字的右邊,正如《乙》本那樣。我們當然不能確定《乙》本的底本就是從秦國(抑或秦國的系統)來的;也有可能中國早期其他的書寫習慣,諸如三晉或是齊魯系統,也將"邑"旁置於字的右邊。我們也不能排除這僅僅是兩個抄手自己的習慣。然而,《鄭文公問太伯》的兩個文本如果不像馬楠所説的那樣"係同一書手根據不同底本進行抄寫",我們很難想象這樣好的書手會隨意地改變他的習慣。我們只能同意馬楠所説,他很細心地抄了兩個不同的底本,每一個抄本都如實地反映了兩個底本的原來面貌。

《鄭文公問太伯》的兩個寫本爲瞭解中國古代文獻的抄寫過程提供了極其難得的信息。中國古文字學家對這個問題向來注意得不多。西方學者相對來説非常關心這個問題,早已經發表了各種詳細的討論。在西方漢學界最有影響的討論應該算是柯馬丁(Martin Kern)在2002年發表的《異文分析與中國古代文本製造:方法論的反思》。[2]在這篇文章裏,柯氏對戰國秦漢寫本引用《詩經》的情況作了概述,將引文和傳世本《毛詩》作比較,發現三分之一的字都不同,儘管它們原來所表示的詞應該相同。根據這一點認識,他説古代抄寫文獻過程當中可能會有三種不同的抄寫模式:

- 抄手複製他面前的底本,因此可以對照底本和抄本
- 有一人拿底本,給抄手念書,抄手一邊聽一邊寫
- 抄手按照記憶來寫,抑或按照他人唱誦,没有一個底本

柯馬丁説按照他的分析第三種抄寫模式(即抄手按照他自己的記憶來寫,抑或按照他人唱誦)更有可能。因此,他强調説文獻的抄寫通常没有底本:

> 假如承認在早期中國既存在一定程度的文字規範又有大量的同音詞,一個抄本和與之對應的傳世文獻有三分之二的字相同,同時有三分之一的字(通常是比較難寫的字)不同,我們大概應該考慮這符合於没有底本的文本製造模式。[3]

柯馬丁的結論是根據詳細的統計學的分析，對西方學者相當有影響。譬如，麥迪(Dirk Meyer)經常根據柯馬丁的研究提出同樣的看法，在他 2012 年出版的《竹上的哲學：中國古代的文本以及意味的創造》一書裏，他甚至説：

> 抄手是按照他所聽到的，而不是按照他所看到的文字，來製造一個文本的新抄本。[4]

爲了支持這種推論，麥迪還提出"與歐洲文本製造進行對比"。中國古文字學家和文獻學家雖然對這個問題没有給予多少注意，過去也没有具體證據可供討論，但是我的印象是大多數中國學者大概默認的是柯馬丁所提出的第一種抄寫模式，即有一個抄手複製他面前的底本。第二種模式也很有可能。不但有"讎"字本身這一文字學證據可以説明，並且也或多或少有一點物質證據，如 1958 年在湖南長沙金盆岭 9 號墓葬所出的兩個石俑，一個拿書念誦，一個執筆抄寫。這兩個模式雖然不一樣，可是都假設有一個底本。

幸運的是，在柯馬丁 2002 年發表文章和麥迪 2012 年出版書之間，中國就發現了一些文獻證據説明古代文獻的抄寫確實是從一個底本到一個抄本。《上海博物館藏戰國楚竹書(六)》載有《天子建州》兩個文本(編者稱作《甲》本和《乙》本)，很明顯是兩個不同的抄手分别書寫的，而且有證據説明《乙》本很可能是《甲》本的底本。李孟濤(Matthias Richter)對這兩個文本作了詳細比較，説：

> 對比兩個文本的時候，第一個特點是"也"字的特殊寫法。在整個的文本裏，這個字出現四次，後三次都是戰國文字常見的"也"字，然而兩個文本裏第一次出現的"也"字的寫法從來没有見過。如果僅有一個文本含有這種特殊寫法，我們很容易理解。然而，兩個文本都同樣有特殊寫法只能説明一個文本是另一個文本的底本，第二個文本的抄手應該是模仿第一個文本的字形。僅僅從這

> 一個例子,我們仍然無法判斷哪一個文本是底本,哪一個是抄本,但是我們可以肯定一個受到了另一個的影響。[5]

李孟濤還作了相當大膽的推論,説《天子建州乙》應該是底本,《天子建州甲》是抄本。他説:

> 《乙》本抄手的筆墨雖然很不整齊,並且在整篇文本裏也不能保持統一的書法,可是也不能説他是完全没有經驗的。字形的構造和筆勢都正確。有的時候,他似乎不知道怎麽寫一個字。我們大概可以看出他不是一個常常寫作文本的人,但是他仍然明瞭所寫的内容。根據《乙》本的書法,我們大概可以判斷他寫得很快,也没有太用心。
>
> 《甲》本明顯是《乙》本的抄本。《甲》本的形式很整齊,文字的構造都寫得很正確,很容易看懂。雖然如此,這個抄手不是很識字,不能判斷哪一個特殊文字正確,也不知道《乙》本的特點都有甚麽意思。這不是説他不是一個好抄手。《甲》本的美觀特點比内容更爲重要。無論是《甲》本還是《乙》本,文字的正確性並不重要。同樣的現象也可以見於中國古代許多寫本上。讀者如果知道一個文本,他不需要統一文字,因爲他並不僅僅依靠所寫的文字知道文本的意味。文本只是爲了提醒讀者的記憶。因爲文本的作用並不是爲了公布新的内容,文本外貌的重要性並不在於它的可讀性,而是在於它的象徵價值。[6]

無論李孟濤的這種看法有多少説服力,我們可以肯定的是《天子建州》兩個文本之間的互相關係,也可以肯定一個是底本,一個是抄本,抄寫過程是按照視覺來抄寫。[7]

《天子建州》兩個文本的關係與《鄭文公問太伯》兩個文本的關係雖然不一樣——《天子建州》的兩個抄本是由兩個抄手製造的,《鄭文公問太伯》兩個抄本是由一個抄手製造的——然而抄寫過程應該相同:無論是一個抄手還是兩個抄手,抄手都是一邊看底本,一邊抄寫。這不一定説明柯馬丁所提出的第三個抄寫模式,即"抄手按照記憶來寫,抑或按照他人唱誦,没有一個底本",完全不可能,但是至少到現在爲止,較多的證據説明,在戰國時代,文本的製造方法通常是從一個底本到一個抄本抄寫的。當然,我們還需要更多的證據出來才可以得到更廣泛的結論。不過,除非有新的反證出現,我覺得一個底本一個抄本應該算是中國古代最可能的文本製造方法。

注釋

[1] 清華大學出土文獻研究與保護中心編:《清華大學藏戰國竹簡(陸)》,李學勤主編,中西書局 2016 年版,第 118 頁。

[2] Martin Kern, "Methodological Reflections on the Analysis of Textual Variants and the Modes of Manuscript Production in Early China," *Journal of East Asian Archaeology* 4.1-4(2002):143—181.

[3] Kern, "Methodological Reflections," 171.

[4] Dirk Meyer, *Philosophy on Bamboo*: *Text and the Production of Meaning in Early China*, Leiden: Brill, 2012, 150.

[5] Matthias L. Richter, "Faithful Transmission or Creative Change: Tracing Modes of Manuscript Production from the Material Evidence," *Asiatische Studien/Etudes Asiatique* 63.4(2009):897.

[6] Richter, "Faithful Transmission or Creative Change," 904—905.

[7] 墨子涵(Daniel Morgan)在未發表的文章裏,指出這兩個文本多處都使用同樣的特殊寫法,不但是文字如此,並且兩個文本的非文字部分,諸如標點符號和文字的飾筆也正好相同。他得出結論説:"根據這些相同點,我們可以肯定兩個文本的關係只能是根據不斷的視覺的抄寫而産生的。"見 Daniel Morgan, "A Positive Case for the Visuality of Text in Warring States Manuscript Culture," "The Creel-Luce Paleography Forum," Ph.D Diss. University of Chicago, 2010。

第二编　新語文學與早期中國歷史文化研究

秦與漢初律令中馬"食禾"釋義及其方法論啓示

陳　偉

在秦與漢初律令中,對于馬這種主要的交通工具和畜力資源,存在多方面的規定。本文打算討論的馬"食禾",涉及公務用馬喂飼的制度。有關條文最早見於 1975 年出土的雲夢睡虎地秦簡,隨後陸續有更多發現。這類文句的確切含義一直不是太清楚。本文擬綜合梳理秦漢簡牘中的相關資料,辨析語義,並對這一討論包含的方法論意義試作説明。

《秦律十八種・倉律》簡 47 整理小組釋文云:

① 駕傳馬,一食禾,其顧來有(又)一食禾,皆八馬共。其數駕,毋過日一食。駕縣馬勞,有(又)益壺〈壹〉禾之。　　倉律

一食禾,整理小組注釋説:"喂飼一次糧食。"並把這條律文語譯爲:"每次駕用傳馬,喂飼一次糧食,回程再喂飼一次糧食,都要八匹馬一起喂。如連駕几次,不得超过每天喂飼一次。如駕车路遠,馬疲勞了,可再加喂一次糧食。"[1]熊鐵基先生認爲:這似乎是關於供應傳馬精細飼料的規定,因爲這裏講的是禾,當即精細飼料。[2]魏德勝先生認爲《説文》:"禾,嘉穀也。"段注:"嘉穀之連稿者曰禾,米曰粱,今俗云小米是也。"《説文》:"稼,禾之秀實爲稼,莖節爲禾。"段注:"全體爲禾,渾言之也,……莖節爲禾,别於穗而言,析言之也。下文之稭、稈也。"根據《説

文》,禾,是指連着稭稈的穀子,即段注所謂"全體爲禾",而相對於穗而言,禾又專指莊稼的莖稈。《儀禮·聘禮》:"積唯芻禾,介皆有餼。"鄭玄注:"禾以秣馬。"《儀礼》"芻禾"連言,鄭注以爲這裏的"禾"是喂馬用的。都表明,"禾"正指"莖稈",古時用以秣馬。[3]彭浩先生認爲禾指未脱粒的糧食。張家山漢簡《二年律令》簡425"傳馬、使馬、都廐馬日匹叔(菽)一斗半斗",傳馬的飼料在芻稾之外,還有糧食。[4]

1983年發掘的江陵張家山247號漢墓竹簡《二年律令》,有多條相關表述。簡232—234記云:

> ② 丞相、御史及諸二千石官使人,若遣吏、新爲官及屬尉、佐以上徵若遷徙者,及軍吏、縣道有尤急言變事,皆得爲傳食。……食馬如律,禾之比乘傳者馬。

對"食馬如律"一句,整理小組无注釋。[5]富谷至先生主编《江陵張家山二四七號墓出土漢律令研究(譯注篇)》對"禾之"注釋説:此處"禾"爲動词,喂食草料的意思。並舉上揭睡虎地秦律作爲例證。[6]《二年律令與奏讞書》則提示參看簡425與簡421—423。[7]

《二年律令》簡421—423記云:

> ③ 馬牛當食縣官者,犙以上牛日芻二鈞八斤;馬日二匹共食一石十六斤,芻稾半。乘輿馬芻二稾一。犕、玄食之各半其馬牛食。僕牛日芻三鈞六斤,犢半之。以冬十一月稟之,盡三月止。其有縣官事不得芻牧者,夏稟之如冬,各半之。

"馬日二匹共食一石十六斤,芻稾半",整理小組釋文作:"馬日二钧□斤,食一石十六斤,□□稾□。"[8]《二年律令與奏讞書》根據紅外圖像改釋後面一句。[9]"馬日二"下實爲"匹共"二字並應與下文連讀,則是我們根據常規圖像與紅外圖像對比而作出的判斷。其中"匹"字在常規圖版中比較清楚,在紅外圖像中其左半也很清楚,不應是"鈞"字。"共"

字的左半在兩種圖版中也比較清楚。常規圖版雖然開裂但不像紅外圖版那樣破碎,"馬日二"與"食一石十六斤"之間祇有二字而不是三字,也比較容易判斷。

《二年律令》簡 425 記云:

④ □□馬日匹二斗粟、一斗叔(菽)。傳馬、使馬、都廄馬日匹叔(菽)一斗半斗。

簡文中的兩个"叔(菽)"字,整理小組 2001 年刊本釋爲從"啚"從"寸"的字,注釋説其字"不清,疑從'叔',即菽,豆"[10]。2006 年修訂本已改釋爲"叔",讀爲"菽"[11]。

新近刊布的《岳麓書院藏秦簡(肆)》,有兩條律令與我們討論的問題有關,即:

⑤ • 田律曰:吏歸休、有縣官吏(事)乘乘馬及縣官乘馬過縣,欲貣芻稾、禾、粟米及買叔者,縣以朔日 111/1284 平賈(價)受錢。先爲錢及券銗,以令、丞印封,令令史、賦〈錢〉主各挟一辨。月盡發銗令、丞前,以中辨券案 112/1285 雔(讎)錢,錢輒輸少内,皆相與靡除封印,中辨臧(藏)縣廷。113/1281

⑥ 縣官毋得過騎乘,所過縣以律食馬及禾之。……313/0698

例⑤的斷讀,在整理者釋文基礎上有幾處调整。[12]錢銗,在秦漢律中已几次出現。[13]"券銗"則是第一次看到。看簡文,"錢銗"當用於盛放"買菽"所發生的現金交易,"券銗"則大概是用於盛放"貣芻稾、禾、粟米"時所製作的券。

在例①的解讀方面,整理者和幾位研究者都以"食禾"連讀,看作動賓結構。在這種情形下,後文"日一食"的"食"、"一禾之"的"禾",都與"食禾"相當(如整理小組語譯所示)。然而,從文句来看,這裏其實存在另外一種可能性,即"食禾"應在其間斷讀,其中"一食"與後文"日一食"

對應,“一禾”與“一禾之”對應,分别指兩種不同的喂飼行爲。

這裏提出的另外一種可能性,在例②、例⑥中得到支持。前者説“食馬如律,禾之比乘傳者馬”,後者説“以律食馬及禾之”,都把“食馬”與“禾之”分開来説,显然是有區别的兩件事。其中例⑥也屬於秦律,它對例①解讀的參考意義尤其直接。此外,例③、例④述及不同飼料及其不同比例,也在一定程度上形成這一判斷的佐證。這樣,例①的前半部分標點當改爲:“駕傳馬,一食、禾,其顧來有(又)一食、禾,皆八馬共。”

例①整理小組把飼料籠統地説成“糧食”。熊鐵基、魏德勝、彭浩三位從“禾”字入手,對飼料作具體辨析,思考方向更爲合理。在把“食”、“禾”區隔之後,它們應該分别是指用不同的飼料喂馬。

“禾”的具體所指,彭浩先生所説更爲可信。“禾”是動词用法,指用禾(粟的穀粒)喂飼馬匹。這可以從三个方面来看。第一,在秦與西漢律令中,禾有广義、狭義兩種用法,前者泛指穀類作物,後者則具體指粟。[14]並且這兩種用法在比較多的场合,均是指“原糧”,即多種穀類作物的穀粒或者粟的穀粒。[15]而禾指莊稼莖稈的情形則未之見。第二,與例①同爲《秦律十八種·倉律》的簡 49—52 記云:

> 隸臣妾其從事公,隸臣月禾二石,隸妾一石半;其不從事,勿稟。小城旦、隸臣作者,月禾一石半石;未能作者,月禾一石。小妾、舂作者,月禾一石二斗半斗;未能作者,月禾一石。嬰兒之毋(無)母者各半石;雖有母而與其母冗居公者,亦稟之,禾月半石。隸臣田者,以二月月稟二石半石,到九月盡而止其半石。舂,月一石半石。隸臣、城旦高不盈六尺五寸,隸妾、舂高不盈六尺二寸,皆爲小;高五尺二寸,皆作之。　倉

與記載“駕傳馬”的給食規則相同,對徒隸的給食也使用“禾”字表述。黄展岳先生早先已指出表述徒隸給食的“禾”應作未脱殼的穀粒(原糧)解。[16]里耶秦簡牘中多見的徒隸稟食記录進一步證實了黄先生的論斷。[17]例①的“禾”字,宜於作相同理解。第三,在例⑤中,禾與芻稾並

列，因而不能也看作莊稼的莖稈。

例⑤的“粟米”，整理者釋文在“粟”下加頓號，看作兩種物品。恐誤。在里耶秦簡中，“粟米”常常連言，是指粟去皮後的穀實。[18]例⑤的“粟米”亦當如此。這樣，上揭6條秦至漢初律令，叙及馬的飼料凡五種：芻稾（例③⑤）、禾（例①②⑤⑥）、粟（例④）、粟米（例⑤）、菽（例④⑤）。

“食”的具體所指，有可能是粟、粟米或者菽。例①後面兩句説：“其數駕，毋過日一食。駕縣馬勞，又益壹禾之。”顯示“食”比“禾”貴重，因而不會是芻稾。在例④中，先説到的某種馬的飼料是粟、菽兩種，接着説的傳馬、使馬、都廄馬，則都只説到用菽。例⑤中，吏歸休或有縣官事時，乘馬飼料在芻稾、禾、粟米之外，也説到菽。例①的駕傳馬與例④的傳馬大概是一種馬。因而“食”指給馬喂菽的可能性似應更大一些。

回顧相關資料發表和討論的过程，我們對以下三點頗有感受。

其一，與古書通常得到較好的傳承、理解不同，律令類簡牘用語的一些特定含義（如“禾”指喂禾，“食”則可能指喂菽）每每失傳，需要通过較多辭例的細緻比勘、勾稽，嘗試予以抉發。

其二，秦與漢初律令中“食禾”應斷讀的證據，固然在晚後發表的《二年律令》簡232—234（例②）、岳麓秦簡（肆）簡313（例⑥）中才比較充分，但在睡虎地秦簡《秦律十八種·倉律》簡47内部，如上所述，實已包含斷讀的證據。而同屬《秦律十八種·倉律》的簡49—52所記，也支持這一判讀。這提示我們，對於律令類簡册措辭中的異同，應該高度敏感，悉心辨析，尽量捕捉細微但可能極其重要的信息。

其三，《二年律令》簡232—234（例②）、岳麓秦簡（肆）簡313（例⑥）刊布後，《秦律十八種·倉律》簡47先前處理未當的問題已有比較充分的條件去訂正。然而這在實际中並未及時發生。對於既有解説質疑和重新審視的意識，是探求真義的首要前提。

注釋

[1] 睡虎地秦墓竹簡整理小組:《睡虎地秦墓竹簡》,文物出版社 1990 年版,“釋文注釋”第 31—32 頁。

[2] 熊鐵基:《秦代的郵傳制度——讀雲夢秦簡札記》,《學術研究》1979 年第 3 期,載《熊鐵基學術論著選》,華中師範大學出版社 2012 年版,第 346 頁。

[3] 魏德勝:《〈睡虎地秦墓竹簡〉詞彙研究》,華夏出版社 2003 年版,第 233 頁。

[4] 陳偉主編:《秦簡牘合集(壹)》,武漢大學出版社 2014 年版,第 75 頁。睡虎地 11 號墓秦簡法律部分由彭浩先生撰著。

[5] 張家山二四七號漢墓竹簡整理小組:《張家山漢墓竹簡(二四七號墓)》,文物出版社 2001 年版,第 164 頁。

[6] 富谷至主編:《江陵張家山二四七號墓出土漢律令研究(譯注篇)》,京都:朋友書店 2006 年版,第 154 頁。

[7] 彭浩、陳偉、工藤元男主編:《二年律令與奏讞書》,上海古籍出版社 2007 年版,第 185 頁。

[8]《張家山漢墓竹簡(二四七號墓)》,第 189—190 頁。

[9]《二年律令與奏讞書》,第 251—252 頁。

[10]《張家山漢墓竹簡(二四七號墓)》,第 190 頁。

[11] 張家山二四七號漢墓竹簡整理小组:《張家山漢墓竹簡(二四七號墓)(釋文注釋修訂本)》,文物出版社 2006 年版,第 66 頁。

[12] 陳松長主編:《岳麓書院藏秦簡(肆)》,上海辭書出版社 2015 年版,第 105、198 頁。參看小文《岳麓秦簡肆校商(壹)》,簡帛網(http://www.bsm.org.cn/)2016 年 3 月 27 日。“粟米”連讀的説明,請看後文。

[13] 可參看小文《關於秦與漢初“入錢缿中”律的幾个問題》,載《考古》2012 年第 8 期,第 69—79 頁。

[14] 參看睡虎地秦墓竹簡整理小組對《秦律十八種·倉律》簡 33 的注釋,《睡虎地秦墓竹簡》,第 28 頁;劉樂賢:《睡虎地秦簡日書研究》,文津出版社 1994 年版,第 43—44 頁。

[15] 參看黄展岳:《關於秦漢人的食糧計量問題》,載《考古與文物》1980 年第 4 期,第 91—95 頁,收入氏撰《先秦两漢考古論叢》,科學出版社 2008 年版,第 171 頁。

[16] 同上。

[17] 參看黄浩波:《〈里耶秦簡(壹)〉所見稟食記録》,載《簡帛》第 11 辑,上海古籍出版社 2015 年版。

[18] 參看陳偉主編,何有祖、魯家亮、凡國棟撰:《里耶秦簡牘校釋》第 1 卷,武漢大學出版社 2012 年版,第 22 頁。

讀岳麓秦簡小劄一則

方　勇

岳麓秦簡（壹）《爲吏治官及黔首》簡 1579/二〇正曰：“□□多草。”[1]

其中“多草”前兩個字形，岳麓秦簡整理者未釋。我們認爲其應是“鬏下”二字，因秦簡中的“鬏”字常作以下形[2]：

、、、、 （摹）、、

上舉例中最後一個“鬏”字形見於嶽麓奉簡《爲吏治官及黔首》簡 1581/一一正壹，辭例爲“鬏死〈列（裂）〉弗補”，該字形爲復旦讀書會首釋[3]，意見甚確。上舉“鬏”字的其餘字形均見於睡虎地秦簡，睡虎地秦簡整理小組皆隸定爲“髹”形[4]，《漢語大字典》隸定爲見於《説文》之“鬏”字形。[5]按，“髹”與“鬏”字互爲異體。

除以上秦簡字形外，“鬏（髹）”字在江陵鳳凰山漢墓竹簡中作以下形[6]：

　八號墓九五簡：“髹平盤一。”

又，馬王堆一號漢墓遣策簡中“髹”作以下形[7]：

 165 簡  166 簡  167 簡  168 簡  169 簡  170 簡  171 簡  172 簡  173 簡  174 簡  175 簡  176 簡  177 簡  178 簡  179 簡  180 簡  181 簡  182 簡  183 簡  184 簡  185 簡  186 簡  187 簡

188 簡 189 簡 190 簡 191 簡 192 簡 193 簡 194 簡 195 簡 196 簡 197 簡 198 簡 199 簡 200 簡 201 簡 202 簡 203 簡 204 簡 205 簡 206 簡 207 簡 208 簡 209 簡 210 簡 212 簡 214 簡 216 簡 218 簡 219 簡 229 簡

以上所列馬王堆一號漢墓竹簡字形的辭例包括"桼畫"、"桼布"、"桼汧"等内容,其皆表以漆漆物之義。[8]

另外,"髹(桼)"在馬王堆漢墓帛書中作以下形[9]:

《養》一二九:"桼(漆)髹之。"

馬王堆漢墓帛書《五十二病方》中的"髹"作形。[10]

張家山漢簡中"桼(髹)"作如下形[11]:

《算數書》第 66 簡:"桼(漆)一斗飮(飲)水三斗而極。"

《算數書》第 66 簡:"問餘桼(漆)、水幾何。"

《算數書》第 66 簡:"餘桼(漆)卅七分升卅。"

遣策第 5 簡:"桼(漆)丈(杖)二。"

遣策第 14 簡:"桼履一兩。"

此外,雲夢大墳頭 M1 物疏牘中的"桼"作如下形[12]:

正面第二欄:

:桼隋檢二,其一小畫。

:桼汧畫閜二。

:桼汧畫小卑虒二。

:桼汧畫大婄十。

:桼汧畫小婄十。

:⿰镸桼木檢一合。

:⿰镸桼汧畫盛二合。

:⿰镸桼汧畫盂二。

正面第三欄:

:⿰镸桼畫角傷二。

:⿰镸桼卑虒四。

:⿰镸桼汧畫勺一。

:⿰镸桼畫瓦甕一。

背面第一欄:

:⿰镸桼汧畫曲一。

背面第四欄:

:⿰镸桼桮十。

江蘇邗江縣楊壽鄉寶女墩新莽墓出土的河平元年漆盤中的"⿰镸桼(髤)"字作形。[13]

20世紀50年代出土的清鎮平壩漢墓出土的元始三年漆耳杯上的"髤"作、、、等形,其年代爲西漢末期到東漢時期。[14]

武威磨嘴子62號墓出土的綏和元年(公元前8年)漆耳杯銘文亦有"髹(髤)"字。[15]

朝鮮樂浪郡時代遺跡出土的漢代漆器中的"⿰镸桼(髤)"字作以下形[16]:

A:、、

B: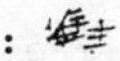、、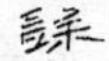、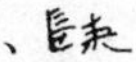、、

其中B類的"⿰镸桼(髤)"字形同於上舉其他秦漢簡牘、漆器材料的字形。唯獨A類的三個字形比較怪異,日本學者梅原末治將這三個字隸定爲"䝿",認爲从久得声,同"髹"。[17]我們則認爲這幾個字形意義同"髹"是没有問題的,但是隸定爲"䝿"形,恐非。漢代隸書中的"䝿"作形[18],這和上舉的A類字形有很大區別,因爲A類这幾個字形寫法草率，我們懷疑它們是“䰍(髼)”形的寫訛，從“髟”形的甲骨文、、諸形來看[19]，它表示一個人的長髮飄飄之形，正如《説文》所説的“長髮猋猋也”，而上舉的三個“䰍(髼)”形應是將“髟”的長髮以下的人形筆畫與“桼”筆畫寫在了一起，並且出現借筆的情況，尤其藉助居延漢簡草書的“桼”字的形寫法[20]，便可看出此形筆勢變化的端倪，所以這幾個字形似可直接隸定爲“䰍(髼)”字。

例不多舉，通過和以上秦漢文字材料中“䰍(髼)”字形的比較，可見岳麓簡1579/二〇正的形當是“髼”字。下面我們再看一下相關辭例。

睡虎地秦簡《秦律十八種》簡102：“公甲兵各以其官名刻久之，其不可刻久者，以丹若髼書之。其叚(假)百姓甲兵，必書其久，受之以久。”

整理者注釋曰：“髼，即䰍、髹字，《説文》：‘桼(漆)也。’此處係名詞，參考王筠《説文句讀》。古書常以髼字與漆字混用，以致讀髼爲漆，如《釋文》把《周禮・笙師》的髹字讀爲香牛反或七利反，七利反即漆。丹爲紅色，髼爲黑色。”

在此之前，參加過睡虎地秦簡整理工作的于豪亮先生曾經對秦簡中的“髼”字進行了較詳細的論述，他説：

> 髼字也寫作髹或䰍，有兩種讀音。一種是音休，意思是涂漆。《史記・貨殖傳》：“木器髹者千枚”，集解引徐廣曰：“髹音休，漆也。”《漢書・外戚傳下》“其中庭彤朱，而殿上髹漆”。顔注：“以漆漆物謂之髹，音許求反，又許昭反。”“許昭反”其實是“許求反”的訛變。這是一種讀法。[21]
>
> 秦律把“髼園”寫作髼，則是讀髼爲漆。這是另一種讀法。這種讀法在古書中也有。《周禮・司几筵》：“右漆几”，《説文・几部》引作“髼几”，此髼讀爲漆的證據之一。《周禮・巾車》：“然複髹飾”，注：“故書髹爲軟，杜子春云：軟讀爲桼垸之桼。”軟字从次得聲，次字古音讀與漆同，《續漢書・郡國志・東海郡》：“蘭陵，有次室亭”，注：“《地道記》：故魯次室邑。《列女傳》有漆室之女，或作次

室。"是其證。《周禮》故書髤爲軟，而軟讀桼，則髤必讀爲桼。此髼讀爲漆的證據之二。《廣韻》髼、髤入尤韻，髼字又入至韻。《集韻》髼、髤均入至韻。此髼讀爲漆的證據之三。

另外，朱德熙先生認爲："秦簡的'髼'字有時用來指漆本身，似乎也有'髹'、'漆'兩種讀法。"[22]

此後，李家浩先生也注意到了居延漢簡中同時存在"髼履"、"漆履"的例子，並結合馬王堆一號漢墓遣册中的"髼畫"的字例，指出秦漢資料中的"髼"應多讀爲"桼（漆）"，屬於一字異讀（即一個字有兩種截然不同的讀音）的現象。[23]

但是"髼"字讀音究竟真如以上諸位學者所注意到的那樣有兩個讀音嗎？其實這個問題的解決還要回到以下相關秦漢資料的辭例中去尋找答案：

睡虎地秦簡《秦律十八種》簡 104："公器官□久，久之。不可久者，以髼久［書］之。其或叚（假）公器，歸之，久必乃受之。敝而糞者，靡蚩其久。"

睡虎地秦簡《效律》簡 45："殳、戟、弩，髼、汧相易殹（也），勿以爲贏、不備，以職（識）耳不當之律論之。"

睡虎地秦簡《效律》簡 46—48："工稟髼它縣，到官試之，飲水，水減二百斗以上，貲工及吏將者各二甲；不盈二百斗以下到百斗，貲各一甲；不盈百斗以下到十斗，貲各一盾；不盈十斗以下及稟髼縣中而負者，負之如故。"

睡虎地秦簡《秦律雜抄》簡 20—21："貲司空嗇夫一盾，徒治（笞）五十。髼園殿，貲嗇夫一甲，令、丞及左各一盾，徒絡組各廿給。髼園三歲比殿，貲嗇夫二甲而法（廢），令、丞各一甲。"

睡虎地秦簡《封診式》簡 59："□汙血。男子西有髼秦綦履一兩，去男子其一奇六步，一十步；以履履男子，利焉。……"

又馬王堆漢墓帛書《五十二病方》有如下内容：

三八〇：髤：唾曰："歕，桼(漆)"，三，即曰："天啻(帝)下若。以桼(漆)弓矢，今若为下民疕，涂(塗)若以豕矢。"以履下靡(磨)抵之。

三八二：歕，桼(漆)王，若不能桼(漆)甲兵，令某傷，奚(雞)矢鼠襄(壤)涂(塗)桼(漆)王。

三八三：……令人終身不髤。[24]

以上諸例"髤"皆表漆義，同時上引漢代簡帛、漆器材料中的諸字亦是如此。前面文中提到的諸位學者之所以認爲"髤"字有兩個讀音，究其原因自然還是要從許慎的《説文解字》説起，《説文解字・桼部》曰："髤，桼也。從桼髟聲。"段注認爲："桼也，韋昭曰：'㕞桼曰髤。'師古曰：'以桼桼物謂之髹。今關東俗謂之捎桼，捎即髹聲之轉耳。髹或作髤。'按以桼桼物皆謂之髤，不限何色也。《鄉射禮記》曰：'楅髹。'注云：'赤黑桼也。''巾車'注云：'髹謂赤多黑少之色，韋也。'《漢書》：'中庭彤朱，殿上髹桼。'《西都賦》謂之'彤庭玄墀'。然則或赤、或黑、或赤黑兼、或赤多黑少，皆得云髤。"

王筠《説文句讀》曰："髤下云'桼也'，此以靜字作動字用。……今人呼其汁爲桼，以桼桼物，仍呼爲桼。據許君説知古亦不別也。《玉篇》曰'髤，赤黑色'，非也，桼之新者蒼白色，凝者正黑色，無赤黑色之桼。至如塗之於器，則視其所刷之色爲色，非桼之本色也。"

桂馥《説文解字義證》認爲：

《急就篇》："革轖髤漆油黑蒼"，《論語》"漆雕開"，《古今人表》作"彫"。案，漆當作桼，蓋雕桼之業，後因爲氏，髟其彫文也。桼也者，《廣韻》："髤，以漆塗器。或作髹。"《鄉射記》："楅髹"，注云："髹，赤黑漆也。"《周禮・巾車》："駹車髹飾。"注云："故書髹爲軟"，杜子春讀爲桼垸之桼，直謂髹桼也。髹，赤多黑少之色韋也。《史記・貨殖傳》:"木器髤者千枚。"徐廣曰:"髤音休,漆也。"《漢書・外戚傳》:"其中庭彤朱而殿上髤漆。"顔注:"以漆漆物謂之髤,音許求反,又音許昭反。今關東俗器物一再着漆者謂之捎漆,捎即髤聲之轉重耳。髤字或作髹,音義亦與髤同。今關西俗云黑髤盤,朱髤盤,其音如此,兩音並通。"

《韓非子・外儲説左下》:

客有爲周君畫筴者,三年而成,君觀之,與髤筴者同狀。[25]

關於上揭桂馥所引《周禮・巾車》"駹車髤飾"一句,孫詒讓《周禮正義》云:

軟,舊本誤軟,今據宋婺州本、余本、岳本及《釋文》正,下同。……云"軟讀爲桼垸之桼,直謂髤桼也"者,段玉裁云:"古音次同桼,在真臻部入聲,如漢蘭陵有次室亭,故魯次室邑,《列女傳》漆氏之女,或作'次室'是也。輚字軟字蓋本無車旁,轉寫加之耳。易次爲桼,於其聲類得之。既易其字,乃以髤桼訓其義。凡言直謂者,皆舉方俗語言明之。"華藻"、"髤桼"皆方俗語言也。但云讀爲桼,則桼之色不一,故斥言髤桼。《説文》無軟字者,從杜。"又云:"《司几筵》'漆几',《説文》作髼。凡此,蓋禮家有易桼爲髼者。《巾車》此條,則杜易軟爲桼。桼字在真臻部,髼從桼髟聲,俗作髤,在尤幽部,音理遠隔,而俗或誤伆一字。如《笙師》注:"《釋文》'髤,香牛反,或切利反'",則字當作桼。《廣韻》、《集韻》髤音七四切,誤放於此。"案:段謂軟、桼聲類同,以申杜易字之恉,其説甚覈。此經故書作軟,今書作髤。故書之軟,於義無取,故杜破爲桼。今書之髤,則義自可通,故後鄭因而不易。[26]

此外,《説文解字詁林》輯録了以下幾種關於"髼"字的考證意見:

……髤字或作髹，音義亦與髤同，今關西俗云黑髤盤朱髤盤，其音如此。《周禮·巾車》："駹車髤飾。"鄭注：故書髤爲軟，杜子春云："軟讀爲桼垸之桼。"灝按，髤者髹之省體，或作髹，用休爲聲，而從髟建類，非其義矣。或以髤爲髹之省，誤也。《巾車》故書髤爲軟，軟者桼之假借字，故杜子春讀爲桼，非謂髤有軟音也。蓋桼之轉聲七四切，故與軟通。《廣韻》髹、髤入尤韻，復於至韻收髹字，已欠精審。《集韻》乃以髹、髤字入至韻而幽部不收，彌爲疏失矣。——《徐箋》

《儀禮·鄉射禮記》"楅髤"，注："髤，赤黑漆也。"《周禮·巾車》："然幦髤飾"，注："髤，赤多黑少之色韋也。"髤即此髹字，作髹爲正，今作髤，隸蓋從桼省，俗儒不解字者，以《説文》音休，遂從木變作休。《史記·貨殖傳》："木器髤者千枚。"髤又作髹，本爲從桼髟聲之字，變爲從髟休聲，《正義》不知糾正，但引顔云以漆之物謂之髹，失之甚矣。——《群經正字》

髹……通漆，《周禮》"漆几"，《説文》引作"髹几"，按髹又七四切，音次，漆次雙聲也。桼，《經典》通作漆。——《字通》[27]

根據以上幾位《説文》學家對於"髹"的説解，再結合地下出土秦漢材料的實例，加之于豪亮、朱德熙、李家浩等先生的論述，我們可以得出以下這樣的結論：

第一，"桼"本表示漆之本字，亦常用"漆"字表示其本義；"髹"字或作"髹"、"髤"形，"髤"應是"髹"字的省形異體，而"髹"應是在"髤"字基礎上進一步形成的訛變字，我們懷疑是因後世抄書之人誤將早期的"髹"字所从"髟"字的左下部分代表人身之形的筆畫寫作"人"旁，並與"桼"字省形的"木"旁逐漸合寫爲"休"字，進而形成了以休爲聲符的"髹"字。按照《説文》"髹，從桼髟聲"的説法，"髹"與"漆"字古音韻部相隔較遠（"髹"上古音爲曉母幽部字，髟为幫母幽部字，"漆"爲清母質部），但從上舉秦漢文字的實際用法來看，"髹"確實是與"桼"、"漆"混用無别，我們認爲這種混用應該不僅僅是因爲三者之間義同或義近，更重要的是因爲它們的字音關係密切,也正因如此,《釋文》、《廣韻》、《集韻》都標注其音爲"切利反"、"七四切",這些標音即指"桼"、"漆"音。《古文字譜系疏證》曾疑"髼"字从髟桼聲。[28]我們同意《古文字譜系疏證》的说法,并且我們猜測《說文》在解釋"髼"字時應該表述爲"从髟桼聲",而不是"从桼髟聲"的内容,這可能是傳抄者抄寫時的誤書,所以,"髟"形可能僅僅參與了"髼"字的表義過程,而不表音,這種情況應該能夠很好地從讀音方面解釋"髼"與"漆"、"桼"混用無别的現象。此外,上文已經提及,"髼"字所從"髟"形表示人長髮飄飄的樣子,而"髼"字之所以從"髟"形,我們認爲這應該和漆刷是由毛髮製成有關。[29]據研究,在古代天然漆施工主要使用人毛髮製的短毛漆刷。隨着合成樹脂漆的出現,長毛漆刷幾乎成了漆工和家庭不可缺少的塗漆工具。[30]另據《髹飾録》記載,古代髹刷有"疏鬣、馬尾、豬鬃"等根據材質而命名的名稱。王世襄先生引《漆工資料》的記載,漆刷製作可以選用女孩的長髮。[31]由此可見,"髼"字的構形即是表示用人毛髮或動物鬃鬣做成的刷子刷漆之意,"髟"、"桼"二形充當了其字的表意功能,而"桼"又同時兼具了表音功能。

第二,"髼"字在詞義上既可指漆木又可指漆木所産之漆;在語法功能上可做名詞和動詞,即前文所引王筠所說的"静字"、"動字"。如《詩經·鄘風·定之方中》:"樹之榛栗,椅桐梓漆。"朱熹《集傳》:"漆,木有液黏黑,可飾器物。"《詩經·唐風·山有樞》:"山有漆",陸德明《釋文》:"漆,木名。"《山海經·西山經》:"其木多漆椶",郭璞注:"漆,樹,似樗也。"《逸周書·職方》:"其利林漆絲枲",朱右曾《集訓校釋》:"漆,木有汁,可以髹物,其木似樗。"又如睡虎地秦簡《日書》甲種簡六八正貳:"病:甲乙有疾,父母爲祟,得之於肉,從東方來,裹以桼(漆)器。"其中的"桼(漆)器"即指用漆所漆之器。另外,孫機先生《關於漢代漆器的幾個問題》一文認爲,髼字也只能解釋爲漆。但是此字亦訓爲塗漆。同時,孫先生結合馬王堆一號漢墓遣册和大墳頭木牘的相關内容,指出"髼"就是塗黑漆。[32]其說甚確。2015年11月4日,江西新聞網發表了南昌西漢海昏侯墓出土的一張漆器照片,具體如下圖所示[33]:

其釋文如下：

私府髹木笥一合，用漆一斗一升六籥，丹臾，醜布。財用，工牢，并直九百六十一。昌邑九年造，卅合。

其中的“私”、“臾”，爲范常喜先生首釋，且范先生認爲“臾”當讀爲“斞”，爲量器單位。[34]我們認爲范先生的意見可從。從漆文來看，“髹”和“漆”同時出現，且用法不同，這也許是書寫者在有意區别二者的用法，前引馬王堆帛書《養生方》一二九“桼(漆)髼之”的内容也是如此，即“髼(髹)”是表示刷黑漆之義，而“漆”即是名詞詞義，即指黑漆。後來，有網站又公布了海昏侯墓出土的另一件木笥，其圖如下[35]：

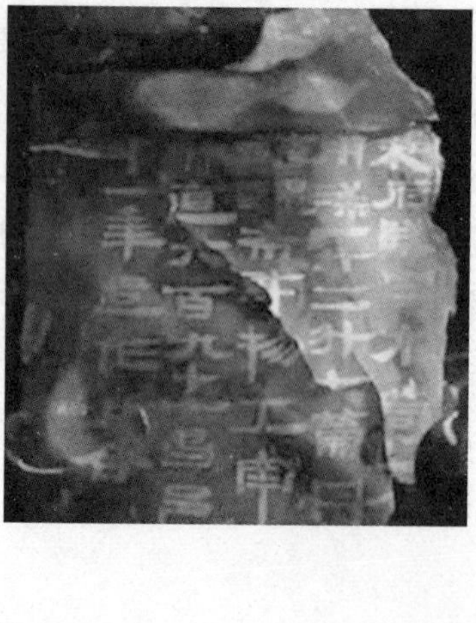

其釋文爲：

私府髹丹木筒一合，用漆一斗二升七籥，丹猶，醜布，財物，工牢，并直六百九十一。昌邑十一年造作，廿合。

其中的"猶"字，吴雪飛先生著文認爲通假爲"油"。我們認爲此説不確。其實通過和上文的"丹臾"内容之比較即可看出，"丹猶"即是"丹臾（斞）"，爲丹漆之容量單位。因"猶"上古音是喻母幽部，而"臾（斞）"上古音是喻母侯部，雖然二者韻部稍有差別，但是二者字音關係應該很密切。《説文》曰："猶，從犬酋聲。"我們在文獻中可以找到從"酋"得聲之"猶"字與"臾"字及從"臾"得聲之字輾轉通假的例子，如《詩・小雅・斯干》："無相猶矣。"鄭玄箋："猶，當作瘉。"又《鼓鐘》："其德不猶。"鄭玄箋："猶，當作瘉。"《漢書・宣帝紀》："今繫者或以掠辜若飢寒瘐死獄中。"顔師古注："瘐，字或作瘉。"[36]可見，"猶"、"俞"、"臾"三者音近，因此漆文中的"丹猶"當讀爲"丹臾（斞）"。因這兩件漆器銘文的行文内容及款式基本一致，所以可以看出前一件漆文中"私府髹木筒一合"的内容當脱一"丹"字，兩件漆文中的"髹丹"即指用黑漆和丹漆渏製之含義。

綜合以上的結論和意見，我們附帶提及並解決以下一點小問題：

在睡虎地秦簡《日書》乙種 66—67 簡有以下内容：

木良日：庚寅、辛卯、壬辰，利爲木事。其忌：甲戌、乙巳、癸酉、丁未、癸丑、□□□□□寅、己卯，可以伐木。木忌：甲乙榆、丙丁棗、戊己桑、庚辛李、壬辰髹（漆）。

對於以上内容，饒宗頤、曾憲通二位先生認爲[37]：

此處木日當謂於五行屬木之日，榆、棗、桑、李、髹，即所謂五木。……《周禮・夏官・司爟》："四時變國火"，鄭司農説以鄹子云云,其文以土配季夏與此正同。皇侃《論語疏》謂“改火之木,隨五行之色而變。榆柳色青,棗杏色赤,桑柘色黄(季夏是土,土色黄),柞楢色白,槐檀色黑。”此即楚帛書言青木赤木黄木白木墨木之精。日書甲乙榆屬木,丙丁棗屬火,戊己柘桑屬土,庚辛李屬金,䣛屬水。榆、棗、桑三者與周書、鄒子相同,唯李及䣛異。䣛或即楖,《説文繫傳》謂“即栁栗之屬”。栗正是黑色,故屬水(䣛當即亦取漆黑義)。

劉樂賢先生對此也有論述,他認爲[38]:

從木日的具體内容看,木日是爲行木事而設立的。……在《日書》中木事主要指建築、伐木一類事。簡文云:“木忌:甲乙榆、丙丁棗、戊己桑、庚辛李、壬辰䰍(漆)。”榆、棗、桑、李、漆等五種樹與甲乙、丙丁、戊己、庚辛、壬癸相配,當與古代的五木有關。

按,上舉簡文的“䰍”字還應是“漆”,整理者的意見可從,即指漆木。實際上,以上所載鉆燧改火的“五木”内容還見於《逸周書·月令篇》,其云“春取榆柳之火,夏取棗杏之火,季夏取桑柘之火,秋取柞楢之火,冬取槐檀之火。”

此外,天水放馬灘秦簡《日書》乙種簡 129 貳—131 貳有如下内容:[39]

春三月甲乙不可伐大榆東方,父母死;夏三月丙丁不可伐大棗南[方],長男死;戊己不可伐大桑中央,長女死之。

雖此段簡文殘泐不全,卻可證明睡虎地秦簡整理者將“榆、棗、桑、李、䰍(漆)”理解爲五種樹木的意見很正確,其與五行相配,和五色相和。

又孔家坡漢簡《日書》部分一至六簡的第二欄有如下相關的

内容[40]：

伐木日：壬……；甲子、乙丑伐榆，父死；庚辛伐桑，妻死；丙寅、丁卯、己巳伐棗□母死；壬癸伐□□少子死。

其中的“母”字前一字作形，整理者未釋。李義平先生將此字釋爲“昆”字，認爲“母”字爲“女”字，“昆女”讀爲“貫汝”，其義類似於後世的乳母之類。[41]我們認爲，從字形來看，其與“昆”字極爲相像，但是細審之餘不難發現此字當是“長”字，只是“長”字上側筆畫的三個横笔的墨跡粘連在一起，形成了類似方框類的筆畫，進而造成了與“昆”字高度相似的假象。簡文所謂的“母”字，正如李義平先生的分析，當爲“女”字，簡文“長女”爲一詞組，“長女死”與上舉天水放馬灘秦簡的“長女死之”相應，和孔家坡漢簡下文的“少子死”的結構雷同。簡文緊接着的“壬癸伐□□少子死”所涉的伐木之名，陳炫瑋先生懷疑是“漆木”。[42]我們認爲陳先生的説法是有道理的，惜其字形漫漶不清，無從考證。如按照陳炫瑋先生所説，則孔家坡漢簡的内容也應該可以和上舉睡虎地秦簡的相關内容相對應。

論述完以上相關的一點問題，我們再來看一下岳麓秦簡《爲吏治官及黔首》簡 1579/二〇簡中“髼(漆)”字下面的那個字，我們懷疑它是“下”字，因秦簡中的“下”字作以下形：

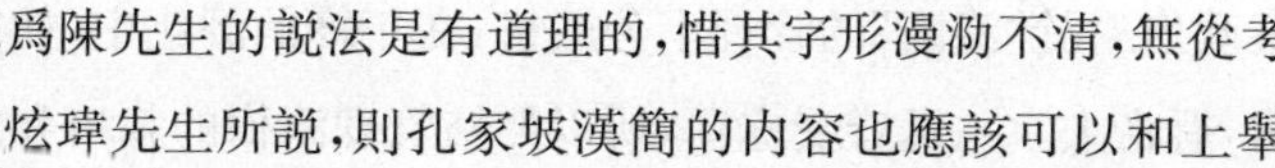

和上舉諸形進行比較，即可明白將釋爲“下”字應可取。岳麓秦簡簡文“髼(漆)下多草”應是指漆園中的漆樹下雜草叢生的場景，此應和漆園的管理不力有關，按照正常理解，“漆樹”下“多草”會影響漆木的生長，從而導致漆樹産漆數量的減少，所以“髼(漆)下多草”應是秦時“漆園”管理制度中的一個重要内容。據研究，漆樹是適應性較强的陽性樹種，喜温暖氣候及深厚、濕潤、肥沃的石灰質土，不耐嚴寒，適宜生長在海拔不高、氣候濕潤多霧的向陽山坡的山腰上或山腳避風處，土層要求深厚肥沃，排水良好的砂壤土。[43]如今人們在漆樹栽種以後，對漆樹要及時人工或自然給水；要及時除草、除雜；施肥，最好是家肥或壯土。對於野生漆樹，尤其是對待已經衰老的野生漆樹，要進行墾撫管理，一是全面墾撫，既在漆樹周圍 50 釐米以外的地方，先清除荆棘、灌木及其他非目的樹種；二是簡易墾撫，在分散的野生漆林中，將樹周圍 2 米範圍内的荆棘、雜草、灌木砍除即可。[44]此外，漆樹造林後每年進行 1—2 次中耕除草，深度 0.2—0.3 米。在 6—7 月施一次追肥。[45]尤其是漆樹建園後應及時進行鬆土除草，與扶苗、除蔓等結合進行，對穴外影響幼樹生長的高密雜草，要及時割除。[46]由以上漆樹的現代栽培技術我們可以推知，古人應該很早就掌握了漆樹培育及管理的相關技術，並且漆樹種植範圍很廣，居延新簡中也有關於"桼(漆)樹"的記載。[47]此外，上引睡虎地秦簡《秦律雜抄》簡 20—21 云"貲司空嗇夫一盾，徒治(笞)五十。髹園殿，貲嗇夫一甲，令、丞及左各一盾，徒絡組各廿給。髹園三歲比殿，貲嗇夫二甲而法(廢)，令、丞各一甲。"此法律内容表明秦政府對於"漆園"的管理十分嚴格，在年終的評比中，如被評爲最後一名，縣嗇夫、令、丞皆受處罰，所以严格管理漆樹的栽培和生產應該是當時秦國地方官員必須注意的日常行政問題。

據《周禮・地官・載師》載："凡任地……唯其漆林之征二十而五。"孫詒讓云："漆林者，亦於園地樹之。《史記・老子韓非傳》説莊周嘗爲蒙園吏是也。蓋園征雖二十而一，其種漆林者，則當二十而五，不可以一率齊也。"[48]可見，先秦時期政府對漆林的税收徵繳力度也是很大的。

又，聶菲先生《湖南楚漢漆器製作工藝探討》一文列舉了里耶秦簡 1554 封檢(下圖第 1)有貳春鄉負責漆樹的種植和漆的生產官郵件標籤的簡文："貳春鄉主髹(漆)發。"以及 16—1105 簡(下圖第 2)："☑受屠陵髹(漆)園☑。"還有 9—1138 簡(下圖第 3)："卅七年遷陵庫工用計受其貳春鄉髹桼(漆)三升・歙(飲)水十一升，乾重八。"[49]此外，里耶秦簡 8—456 中還有"桼課"的簡文記載。[50]這些内容對於我們研究秦帝國生漆的生產、管理以及瞭解掌握當時漆園分布情況具有重要意義。

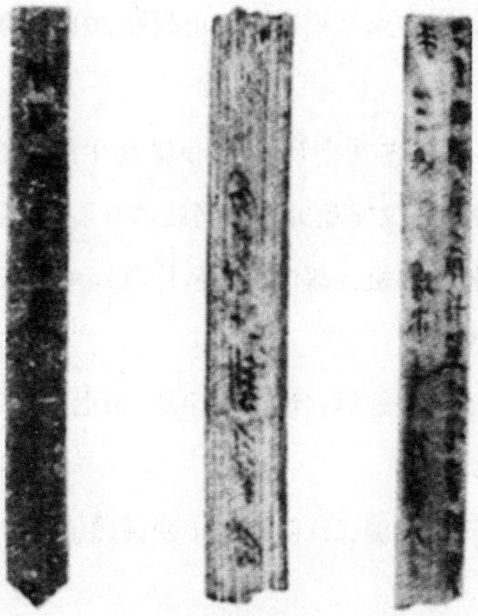

1　　2　　3

聶菲先生文中附圖

附記:本文寫作過程中曾經向陳偉師、陳劍先生請教,並得到他們熱心幫助,在此表示誠摯謝意! 又,在參加澳門大學承辦的"首屆新語文學與早期中國研究"會議期間,小文又得到了李守奎先生及其他與會專家的指正,在此一併表示感謝!

[項目基金]　本文爲 2016 年國家社科項目"漢代簡帛醫學文獻的綜合整理與研究"(編號:16BZS012);2013 年度教育部人文社會科學研究青年基金項目"秦簡牘醫學文獻的整理與研究"(批准號:13YJC770011)、2014 年度國家社科基金重大項目"簡牘學大辭典"(批准號:14ZDB027)、中國博士後科學基金第八批特別資助項目"新見秦簡牘文字資料的綜合整理與研究"(資助編號:2015T80828)階段性成果。

注釋

[1] 朱漢民、陳松長主編:《嶽麓書院藏秦簡(壹)》,上海辭書出版社 2010 年版,第 117 頁。

［2］方勇編著：《秦簡牘文字編》，福建人民出版社2012年版，第180頁。以下秦簡字形皆出此書，不另注。

［3］復旦大學出土文獻與古文字研究中心研究生讀書會：《讀〈嶽麓書院藏秦簡（壹）〉》，復旦大學出土文獻與古文字研究中心網站，2011年2月28日。

［4］睡虎地秦墓竹簡整理小組：《睡虎地秦墓竹簡》，文物出版社1990年版，以下睡虎地秦簡材料皆出此書，不另注。

［5］漢語大字典編輯委員會編纂：《漢語大字典》第七册，四川辭書出版社、湖北辭書出版社1990年版，第4533頁。

［6］湖北省文物考古研究所編：《江陵鳳凰山西漢簡牘》，中華書局2013年版，第21、37頁。

［7］湖南省博物館、中國科學院考古研究所編：《長沙馬王堆一號漢墓》（下集），文物出版社1973年版，第234—238頁。

［8］湖南省博物館、中國科學院考古研究所編：《長沙馬王堆一號漢墓》（上集），文物出版社1973年版，第143—148頁。

［9］陳松長編著：《馬王堆簡帛文字編》，文物出版社2001年版，第255頁。

［10］馬王堆漢墓帛書整理小組：《馬王堆漢墓帛書》（肆），文物出版社1985年版，圖版第33頁。

［11］張家山二四七號漢墓竹簡整理小組：《張家山漢墓竹簡》［二四七號墓］，文物出版社2001年版，圖版第88、121、122頁，釋文第257、303頁。

［12］湖北省博物館：《雲夢大墳頭一號漢墓》，載《文物資料叢刊》1981年第4期，圖版第17頁，釋文第17—20頁。

［13］揚州博物館、邗江縣圖書館：《江蘇邗江縣楊壽鄉寶女墩新莽墓》，載《文物》1991年第10期，第53頁。

［14］貴州省博物館：《貴州清鎮平壩漢墓發掘報告》，載《考古學報》1959年第100、101頁。

［15］甘肅省博物館：《武威磨嘴子三座漢墓發掘簡報》，載《文物》1972年第12期，第15頁。

［16］梅原末治：《支那漢代紀年銘漆器圖説》所附圖版，京都桑名文星堂刊印1943年版。

［17］梅原末治：《支那漢代紀年銘漆器圖説》，京都桑名文星堂刊印1943年版，第6—7頁。

［18］佐野光一：《木簡字典》，東京雄山閣出版株式會社1985年版，第753頁。

[19] 劉釗、洪颺、張新俊編纂:《新甲骨文編》,福建人民出版社 2009 年版,第 504—505 頁。

[20] 陸錫興:《漢代簡牘草字編》,上海書畫出版社 1989 年版,第 118 頁。

[21] 于豪亮:《秦律叢考・鬃園》,載《文物集刊》第 2 輯,文物出版社 1980 年版,第 173 頁。又見氏著《于豪亮學術文存》,中華書局 1985 年版,第 135 頁。

[22] 朱德熙:《馬王堆一號漢墓遣策考釋補正》,載《朱德熙文集》第 5 卷,商務印書館 1999 年版,第 131 頁。

[23] 李家浩:《從戰國"忠信"印談古文字中的異讀現象》,載《北京大學學報》(哲學社會科學版)1987 年第 2 期,第 9—19 頁。

[24] 馬王堆漢墓帛書整理小組編:《馬王堆漢墓帛書・五十二病方》,文物出版社 1979 年版,第 115—116 頁。

[25] 桂馥:《説文解字義證》,中華書局 1987 年據崇文書局本影印,第 532 頁。

[26] 孫詒讓:《周禮正義》第八册,王文錦、陳玉霞點校,中華書局 1987 年版,第 2176—2177 頁。

[27] 丁福保編纂:《説文解字詁林》,中華書局 1988 年版,第 6392、6393 頁。

[28] 黄德寬主編:《古文字譜系疏證》,商務印書館 2007 年版,第 3378 頁。

[29] 此點曾蒙陳劍先生提示。

[30] 周紹繩:《漆刷辨談》,載《塗料工業》1987 年第 4 期,第 49 頁。

[31] 王世襄:《王世襄集・髹飾録解説》,生活・讀書・新知三聯書店 2013 年版,第 12 頁。

[32] 孫機:《關於漢代漆器的幾個問題》,載《文物》2004 年第 12 期,第 52—53 頁。

[33] 謝子玥:《揭開 2 000 年前南昌西漢海昏侯墓面紗 發現刻"南昌"字樣文物》,江西新聞網 2015 年 11 月 4 日,http://jiangxi.jxnews.com.cn/system/2015/11/04/014424154_01.shtml。圖版稍做處理。

[34] 范常喜:《江西南昌西漢墓出土漆銘補札》,簡帛網 2015 年 11 月 9 日,http://www.bsm.org.cn/show_article.php?id=2346。

[35] 吴雪飛:《釋海昏侯墓出土木笥漆文中的"丹油"》,簡帛網 2015 年 11 月 23 日,http://www.bsm.org.cn/show_article.php?id=2367,木笥圖版轉引自此文且稍有處理。

[36] 張儒、劉毓慶:《漢字通用聲素研究》,山西古籍出版社 2001 年版,第 142、268 頁。

[37] 饒宗頤、曾憲通:《雲夢秦簡日書研究》,香港中文大學出版社 1982 年版,第 41 頁。

[38] 劉樂賢:《睡虎地秦簡日書研究》,文津出版社 1994 年版,第 330 頁。

[39] 孫占宇:《天水放馬灘秦簡集釋》,甘肅文化出版社 2013 年版,第 155 頁。

[40] 湖北省文物考古研究所、隨州市考古隊編:《隨州孔家坡漢墓簡牘》,文物出版社 2006 年版,圖版第 65 頁,釋文第 130—131 頁。

[41] 李義平:《孔家坡漢簡〈日書〉初探》,中山大學 2009 年碩士學位論文,第 27、28 頁。

[42] 陳炫瑋:《孔家坡漢簡日書研究》,清華大學歷史研究所 2007 年碩士學位論文,第 27 頁。

[43] 許繼澤:《漆樹》,載《中國林副特産》1992 年第 1 期,第 45 頁。

[44] 李子科:《漆樹的栽培與管理》,載《中國生漆》1984 年第 3 期,第 18 頁。

[45] 徐東景:《如何加强經濟林木漆樹的栽培管理技術》,載《吉林農業》2011 年第 4 期,第 235 頁。

[46] 孟娟、胡斌:《秦巴山地漆樹良種及其高效栽培技術》,載《現代農業科技》2012 年第 16 期,第 192 頁。

[47] 甘肅省文物考古研究所、甘肅省博物館、文化部古文獻研究室、中國社會科學院歷史研究所編:《居延新簡:甲渠候官與第四燧》,文物出版社 1990 年版,第 87 頁。

[48] 孫詒讓:《周禮正義》第四册,王文錦、陳玉霞點校,中華書局 1987 年版,第 962—963 頁。

[49] 聶菲:《湖南楚漢漆器製作工藝探討》,載《湖南省博物館館刊》第 10 輯,岳麓書社 2014 年版,第 216—217 頁。

[50] 里耶秦簡博物館,出土文獻與中國古代文明研究協同創新中心中國人民大學中心編著:《里耶秦簡博物館藏秦簡》,中西書局 2016 年版,彩版第 9 頁。

“或”：上博楚竹書《恒先》的一個疑難概念研究*

丁四新

楚竹書《恒先》，是一篇很重要的道家文獻。這篇竹書收在《上海博物館藏戰國楚竹書（三）》中[1]，原釋文和注釋是由李零做的。這篇佚書刊布後，在學界引起了熱烈的討論，迄今已發表相關論著100多篇。《恒先》不過是一篇510字的短文，然而它爲何引起了如此衆多的討論呢？因爲一者，它在中國早期宇宙生化論上具有突出的思想價值；二者，它有多處文本和多個重要概念值得深入研討，而“或”正是這樣的一個概念。

一、研究現狀及本文問題的提出

1.“或”的研究現狀

“或”，在楚竹書《恒先》中無疑是一個重要術語，但它是何義？學者的訓解不一，產生了比較熱烈的爭論，一直到現在還沒有達成一致意

* 本文爲武漢大學自主科研項目（人文社會科學）研究成果，得到“中央高校基本科研業務費專項資金”資助。本文曾在澳門大學主辦的“首屆新語文學與早期中國研究國際研究會”（2016年6月）上發表過，感謝馮勝君教授的點評。此前曾在《中國哲學史》2016年第2期上刊出，本次發表是修改稿。

見。有鑒於此,重新研究這一概念是非常必要的。

關於“或”,目前主要有四種訓釋和理解。第一種,依據“或然”的字義,而將“或”解釋爲“或有或無”的生化階段。此種訓解以李零爲代表,季旭昇和曹峰等人表示贊成。李零説:“‘或’在簡文中是重要術語。它是從‘無’派生,先於‘氣’、‘有’的概念,從文義看,似是一種介於純無(道)和實有(氣、有)的‘有’(“或”可訓“有”),或潛在的分化趨勢(“或”有或然之義)。”[2]李零的説法包括兩個要點:其一,從訓詁來看,李零訓“或”爲“或然”,又訓爲“有”;其二,“或”屬於宇宙生化論的重要術語,介於“恒”之“純無”與“氣”之“實有”之間,是從“無”到“氣有”的中間環節。季旭昇的特别之處,在於指明了“或”是一個“不定代詞”。[3]曹峰則説“或”指“初始的、不確定的、細微狀態”,“它只能是微弱的、不確定的存在”。[4]可以看出,曹氏的解説更爲具體,有將其精氣化的傾向。筆者當初受到李零説法的影響,曾持相近的解釋,云:“‘或’,介於無有與氣有之間,爲或無或有、或有氣或無氣的階段。此‘或’在‘氣’、‘有’之前,在有形有名之前,所以屬於形而上者。”[5]現在看來,這未必正確。

第二種,將“或”讀爲“域”,解釋爲“宇”,表示空間之義,並認爲它相當於《淮南子・天文》的“虚霩”概念。這種意見以廖名春爲代表,朱淵清和李學勤等人從之。廖名春説:“‘或’當讀爲‘域’。‘或’,本爲‘域’本字。而‘域’與‘宇’同。‘宇’爲空間。《文子・自然》:‘往古來今謂之宙,四方上下謂之宇。’《淮南子・齊俗》同。《尸子》佚文則作:‘上下四方曰宇,往古來今曰宙。’可見“或”即“域”,也就是“宇”,指空間。‘無稱不可得而名曰域也’(《老子》25 章“域中有四大”王弼注),‘域’是一個相當抽象的表示空間的概念。《淮南子・天文》:‘道始於虚霩,虚霩生宇宙,宇宙生氣。’‘道始於虚霩’即‘恒先無有’,‘虚霩生宇宙’相當於‘域作’,‘宇宙生氣’相當於‘有域,焉有氣’。可見《淮南子》説與此相當接近。”[6]李學勤的意見與廖説幾乎相同[7],這裏就不再作徵引了。朱淵清同意廖説,專以“域”爲訓。他説:“《恒先》的‘域’實際上只表明一個範圍,而不是具象屬性的概念。”[8]龐樸也讀作“域”,解釋爲“區域"[9]。在朱、龐二氏訓解的基礎上,郭梨華和王中江的解釋又糅合了前一種,而具有調和的特徵。郭梨華認爲《恒先》的"或"具有二重含義,第一重含義訓"或"爲"域",解釋爲"場域",它相當於《淮南子·天文》的"虚霩"概念;第二重含義訓爲"或然",指稱一種"不被限定的"形而上的存在狀態。[10]王中江在肯定"或"讀爲"域"、相當於"宇",表示"空間"的基礎上,又認爲它包含着"時間"的意義。[11]

第三種,將"或"讀爲"惑",訓爲"惑亂"或"疑惑"。日本學者淺野裕一説:"原本'或'自身就是从'自厭不自忍'的惑亂的、負面的感情中產生出來的,而且產生於'或中的萬物也是從'昏昏不寧'的惑亂的、負面的感情中產生出來的。"[12]這是暗中讀"或"爲"惑"。而林義正則直接讀"或"爲"惑",並説它指"心理的存有(比"有"更根本,或存有的心理)"[13]。

第四種,將"或"與接子的"或使"關聯起來,认为《恒先》的"或作"是"由始源説其作用",而接子的"或使"是"由萬物論始源之存",而"或"概念"都是發揮一不被限定之哲學作用"。此説由郭梨華首先提出[14],李鋭後來又有所論述,而黄鴻春則撰寫了專門的論文。李氏從宇宙生化動力的角度思考了《恒先》的"或",認爲它偏重於接子的"或使"。[15]黄氏雖然認爲"或"是一個不定代詞,但訓爲動詞"有"。[16]綜合起來看,此一種訓解是對第一種的轉進和深入。最爲值得重視的是,它將《莊子·則陽》等傳世文獻帶入進來,給學者提供了新的思考維度和切實的材料依據。

2. 簡單的批評與本文問題的提出

在上述四種解釋中,第三種首先可以排除。淺野裕一和林義正均讀"或"爲"惑",不過一訓爲"惑亂",一訓爲"疑惑"而已,二氏都是從心理的角度來作解釋的。按照這種解釋,就必須設想《恒先》的"或"是一種具有高度人格心理化的神性存在,而這顯然與竹簡原意不符。《恒先》屬於自然主義的道家著作。

其次,第四種與第一種可以歸納在一起,它們與第二種的對立是很明顯的。在第二種中,廖名春將“或”讀爲“域”,從聲音通假關係來看,這是允許的,但是在竹簡的具體語境中“或”未必應當讀爲“域”。還需要指出的是,一者,廖名春等人混淆了“域”“宇”二字的含义,而未作嚴格的區分。其实,“域”是“區域”“疆域”之義,跟“宇”不同,而“宇”則表示“空間”之義。二者,儘管“或”字的訓讀有異,但是諸家的解釋最終都與《淮南子·天文》的“虚霩”相關聯,並將其看作一個“空間”概念。不過,在筆者看來,這是值得高度懷疑的,因爲看不出竹簡原文有此方面的可靠依據。

最後,在第一種訓解中,李零以“有”和“或然”兩訓之,彼此齟齬,不能統一;而季旭昇又以“不定代詞”解之,更生新訓,這都需要作進一步的批評。

總之,對於楚竹書《恒先》的“或”概念,目前學界尚未真正理清其内涵,並達成一致意見,仍需要從字義到思想對其作出新的探討。

二、“或”既不讀作“域”,不訓爲“宇”,也不等於“虛霩”

1. 研究對象的確定:《恒先》的“或”字用法辨析

“或”字,在楚竹書《恒先》中一共出現了12次,而在用法上它們可以分爲二組。第一組爲(本文凡引《恒先》文,均從寬式):

> 自厭不自忍,或作。又(有)或,焉又(有)氣。(第1號簡)
>
> 或,恒焉;生或者,同焉。(第3號簡)
>
> 又(有)出於或,性出於又(有)……或非或,無謂或。又(有)非又(有),無謂又(有)。(第5—6號簡)

第二組爲:

若寂寂夢夢,靜同而未或明,未或滋生。(第 2 號簡)

舉天下之作也,無不得其極而果遂,庸或得之,庸或失之?(第 12—13 號簡)

先看第二組的 4 個"或"字。第 2 號簡的兩個"或"字訓"有",在句中作謂詞,動詞。《廣雅·釋詁一》:"或,有也。"《書·五子之歌》:"有一於此,未或不亡。""未或"即"未有"。第 12—13 號簡的兩個"或"字,相當於"或者",在句中表示選擇或列舉,連詞。顯然,這 4 個"或"字均非專有名詞,與第一組 8 個"或"字的用法不同。

再看第一組的 8 個"或"字。這 8 個"或"字在《恒先》中都是作爲概念來使用的,它們都表示宇宙生化的一個形上階段。對於這一點,目前大家没有不同意見。從研究現狀來看,它是一個疑難概念,至今學界没有達成一致的解釋。而這個概念,正是本文所要討論的核心對象。

2. "或"不讀作"域",不訓爲"宇"

作爲概念使用的 8 個"或"字,廖名春等人都讀作"域",訓爲"宇",並認爲相當於《淮南子·天文》的"虚霩"概念。不過,在筆者看來,廖氏的説法很難説是正確的,"域"無得訓爲"宇"或與"宇"同義,"域""宇"二字義實有較大分别。衆所周知,"域"爲"或"的分别字,"或"即"國"字的初文。"域"在戰國時期一般爲"區域"、"疆界"之義,是一個形而下的詞彙。[17] 而"宇"字不同,其本義爲"屋宇",引申之,有"空間"義。從詞源來看,它具有嚴重的具象色彩。"宇宙"之"宇"即爲此義。《墨子·墨經上》:"宇,彌異所也。"《莊子·庚桑楚》:"有實而無乎處者,宇也。"《尸子》卷下:"上下四方曰宇。""宇"即是由上下四方構成的"空間"。很顯然,這個定義今天看來具有濃厚的形下色彩。而反觀《恒先》的"或"概念,具有明顯的形上色彩。《恒先》第 1 號簡曰:"有或,焉有氣;有氣,焉有有;有有,焉有始;有始,焉有往者。"其中,"有"屬於一般性的"有",它是有形有名之"有"得以成立的前提和本質。而在生化過程中,"或"處於“恒”之後,“氣”“有”之前。結合漢人的“形上”、“形下”概念來判斷,“恒”、“或”、“氣”和“有”在《恒先》中都屬於形而上者,而“始往”、“天地”則屬於形而下者。廖氏讀“或”爲“域”,解“域”爲“宇”,顯然與此不合。此其一。其二,“或”介於“恒”、“氣”之間,從竹簡原文還看不出它具有“空間”的特性。總之,筆者不贊成將《恒先》的“或”讀作“域”、進而解释爲“宇”,或者解釋爲“區域”的意見。

3. “或”不等於“虚霩”

廖名春等人之所以讀“或”爲“域”,訓同“宇”字,及或人訓爲“區域”,還與他們徵引的一段《淮南子》文獻有關。《淮南子·天文》:“天墜未形,馮馮翼翼,洞洞灟灟,故曰太昭(始)。道(太)始於(生)虚霩,虚霩生宇宙,宇宙生氣。氣(元氣)有涯垠,清陽者薄靡而爲天,重濁者凝滞而爲地。”[18]《淮南子》以太始、虚霩、宇宙、氣、天地、陰陽、四時、萬物爲生成次序,而其中“虚霩”和“宇宙”兩概念並存,足見那種將“或”訓解爲“域”並訓同“宇”的意見是不正確的。不過,《恒先》的“或”概念在宇宙生化論的結構上是否相當於《淮南子》的“虚霩”呢?這是另外一個問題。雖然這有存在的可能性,但是目前還難以確定。“虚霩”,或作“虚廓”,是宇宙未生之前的一種清虚空廓而無形跡的存在階段,它與“宇宙”具有先後的生化關係。但除此之外,它們之間到底有什麼類似性質,目前尚無人論述清楚。而在《恒先》中,從“或”到“氣”的生成,其間根本没有經過“宇宙”一環,這是與《淮南子》頗不相同的地方。

三、“或”是不定代詞“某物”之義及其作爲宇宙論概念的典籍考察

1. “或”是不定代詞“某物”之義,而非“有”義

關於《恒先》的“或”概念,李零等人有一種看法,將其解釋爲“或

然”、“或有或無”的形上狀態。這個解釋看起來與“虛霏”較爲相似,但是“或”真的可以如此作解釋嗎?據《漢語大字典》,“或”有“或許”義,有“有”義[19],這大概是李零等人如此作訓解的依據吧。不過,“或”訓“或許”、“或然”,在古書中是作副詞用的;而訓爲“有”,則是作動詞用的。反觀李氏的解釋,不但糅合了此二義,而且偷偷地改變了其詞性。在筆者看來,這是不夠尊重古人的。依此,黄鴻春訓“或”爲“有”,及郭梨華以“不被限定義”(其實以“或然”爲訓)解釋之,這都是不正確的。在研究中,我們應當將一個概念的内涵與其在相關文本中的詞義、詞性統一起來。

筆者認爲,在《恒先》中作爲概念使用的“或”的確是一個不定代詞。季旭昇先生最先指出這一點。他説:“依‘或’字作‘不定代詞’的常用義來解,‘或’表現的正是一種似動不動、似發未發的蘊發狀態,也就是質、静、虛的道體‘不自忍’,將發作的狀態。”[20]與李零相較,其最大的不同即在於此。不過,他對“或”的具體解釋仍然以“或許”、“或然”義爲依據,這是不正確的。在古書中,“或”作爲不定代詞,乃泛指(不定指)某人、某物或某事等。[21]《論語·爲政》:“或謂孔子曰:‘子奚不爲政?’”“或”作“或人”(“某人”)解。《史記·陳平世家》:“凡六出奇計,輒益邑,凡六益封。奇計或頗秘,世莫能聞也。”“或”作“或計”(“某計”)解。

作爲不定代詞,“或”不必前指或後指,而可以泛指言説者所屬意的某人、某物或某事。這種代詞,可以直接代替名詞作爲特定的術語或概念來使用,而楚竹書《恒先》的“或”正當如此理解之。而作爲不定代詞使用的“或”當然不是“有”義,因爲“有”是一個動詞。不過,動詞“有”可以名詞化,在《恒先》中“有”作爲名詞是一個較爲重要的哲學概念。此其一。其二,在竹書《恒先》中,作爲專有名詞(哲學概念)的“有”和“或”,二字的寫法是不同的,前者借“又”爲之,後者則如字直接寫之,兩不相混。其三,從原文來看,“或”和“有”都是竹書《恒先》的重要概念,若“或”只訓爲“有”,那麽這是衝突的。總之,不能從“有”來理解竹簡“或”概念的基本内涵,而那種將竹書的“或”概念訓爲“有”的意見,顯然是不正確的。

2. "或"作爲宇宙論概念的典籍考察:《管子·白心》的"或維""或載"和《莊子·則陽》的"或使""莫爲"

"或"能否作爲宇宙論概念及其爲何意,這從傳世典籍可以得到論明。廖名春等氏徵引了故書,認爲《恒先》的"或"相當於《淮南子·天文》的"虚霩"。不過,這個論據是不夠直接的,而且很難説是有效的。突破性的發現來自郭梨華教授,她最早徵引了《莊子·則陽》少知與大公調的那段對話。[22]隨後,李鋭專門著文討論了"或使"與"莫爲"的問題,除了重點討論《則陽》的那段對話外,他還引用了《管子·白心》"天或維之,地或載之"這一段文字。順便,他也論及《恒先》的"或"概念。[23]黄鴻春則更進一步,專門著文討論了《恒先》的"或"概念,其中《管子·白心》和《莊子·則陽》的那兩段文本,他也都引用到了。[24]不過,需要指出的是,李氏没有徵引郭梨華的文章,而黄氏則一併連李氏的文章也没有引用。總結郭、李、黄三氏的研究,在筆者看來,他們都没有恰當地或者正確地闡明《恒先》"或"概念的内涵,因此進一步的研究在目前仍然是必要的。

先看《管子·白心》那段包含"或"概念的文本:

> 天或維之,地或載之。天莫之維則天以墜矣,地莫之載則地以沉矣。夫天不墜,地不沉,夫或維而載之也夫。又況於人,人有治之,辟之若夫靁鼓之動也。夫不能自摇者,夫或摇之。夫或者何?若然者也?視則不見,聽則不聞,灑乎天下滿,不見其塞。集於顔色,知於肌膚,責其往來,莫知其時。薄乎其方也,韕乎其圜也,韕韕乎莫得其門。故口爲聲也,耳爲聽也,目有視也,手有指也,足有履也,事物有所比也。當生者生,當死者死,言有西有東,各死其鄉。[25]

上引文中的諸"或"字,均爲不定代詞用法,指代作者所設想的"某物”。這段話的本來目的是爲了闡明“或使(孰使)形治”的問題。根據《白心》上下文,作者認爲,使形治者乃“神”也。而爲了增强論證的效力,作者多方譬説之:天維地載、雷鼓之動,夫使之者何也?《白心》即以不定代詞“或”説之,是“或”使之也。而此“或”又是什麽呢?在作者看來,它類似於“視則不見,聽則不聞,灑乎天下滿,不見其塞”的“風”。由此可見,“或維”“或載”和“或摇”中的三“或”字,在《白心》中具有較爲濃厚的宇宙論意味。

再看《莊子·則陽》那段包含“或”概念的文本:

> 少知曰:“季真之‘莫爲’,接子之‘或使’。二家之議,孰正於其情,孰偏於其理?”大公調曰:“雞鳴狗吠,是人之所知,雖有大知,不能以言讀其所自化,又不能以意其所將爲。斯而析之,精至於無倫,大至於不可圍。‘或之使’‘莫之爲’,未免於物,而終以爲過。‘或使’則實,‘莫爲’則虚。有名有實,是物之居;無名無實,在物之虚。可言可意,言而愈疏。未生不可忌,已死不可阻。死生非遠也,理不可睹。‘或之使’‘莫之爲’,疑之所假。吾觀之本,其往無窮;吾求之末,其來無止。無窮無止,言之無也,與物同理。‘或使’‘莫爲’,言之本也,與物終始。道不可有,有不可無。道之爲名,所假而行。‘或使’‘莫爲’,在物一曲,夫胡爲於大方?言而足,則終日言而盡道;言而不足,則終日言而盡物。道、物之極,言默不足以載。非言非默,議有所極。”[26]

關於季真的“莫爲”説和接子的“或使”説,目前大體有兩種解釋。其一,郭象《注》曰:“季真曰,道莫爲也。接子曰,道或使。或使者,有使物之功也。”[27]“爲”“使”同義。在此,郭象以“道”爲“莫爲”“或使”的主語。季真主張道無爲使萬物的生起,接子主張道有爲使萬物的生起。這樣,“莫爲”之“莫”就應當训“無”,而“或使”之“或”就應當訓“有”。其二,林希逸《口義》曰:“莫爲者,言冥冥之中初無主宰,皆偶然耳。或使者,有主宰,無非使然。”又説:“或是則實者,謂冥冥之中有物以司之,是實也。莫爲則虚者,謂冥冥之中無所主,是虚也。”[28]在此,林氏“莫”爲“無物”,“或”爲“有物”。這兩種訓釋,哪一種更恰當,更符合原文的意思? 這需要做一番深入的辨析。

《經傳釋詞》卷三“或”詞條曰:“引之案:《易・益》上九曰:‘莫益之,或擊之。’或與莫相對爲文。莫者,無也;或者,有也。”[29]俞樾據此認爲,《則陽》“莫爲”之“莫”、“或使”之“或”訓同此。他曰:“樾謹按……此云季真之莫爲、接子之或使,或與莫爲對文:莫,無也;或,有也。《周易・益》上九:‘莫益之,或擊之。’亦以莫、或相對。”[30]不過,《則陽》的“或使”“莫爲”上下對文衹是一種表象。實際上,一者,就文意來看,它們是兩種對立的觀點,各自具有高度的獨立性,而與《益》上九“莫益之,或擊之”不同。二者,《則陽》的“‘莫爲’‘或使’”,在陳述上可以變换爲“‘或使’‘莫爲’”,或者“‘或之使’‘莫之爲’”等形式,而這與《益卦》上九“莫益之,或擊之”的結構也有别。因此,俞樾對“莫爲”“或使”的訓詁未必可靠。筆者認爲,《益卦》上九爻辭的“或”還是以訓作“或人”(“有人”)爲當。《益卦》六二曰:“或益之十朋之龜,弗克違,永貞吉。”《損卦》六五曰:“或益之十朋之龜,弗克違,元吉。”二“或”字均宜訓作“有人”。由此應用於《益卦》上九的“或”字,“莫益之,或擊之”二句就是“無人增益之,而有人折損之”的意思。進一步,從文意來看,筆者同意林希逸的訓解,《則陽》的“莫爲”“或使”,“莫”以解作“無某物”,而“或”以解作“有某物”爲當。“莫爲”説,即是説宇宙萬物的生化没有推動者;“或使”説,即是説宇宙萬物的生化有主使者。

《莊子・則陽》的這段話屬於寓言性質,其主旨是通過對季真、接子觀點的批評,而力圖闡明應當如何理解和探索萬物生成變化的原因(“萬物之所生惡起”)的問題。李鋭説這段話的主旨“應該是討論宇宙的生化動力問題”[31],這個判斷較爲恰當;而黄鴻春認爲它是“討論天地萬物的本根”[32],這個判斷在筆者看來則失之迂遠,不能直切這段對話的本身。對於“萬物之所生惡起”的問題,當時諸子多有思考,季真主張“莫爲”,而接子則主張“或使”。“莫爲”是没有某物使爲之的意思,而“或使”則是“有某物使爲之”的意思。而在莊子學派看來,這二説都有過失:“或使”説拘執在實物上,以爲真有某物使爲之;而“莫爲”説則蹈空淪虚,以爲無物使爲之。它們都没有得見真相,都是圍繞作爲動力根源的“某物”來探討萬物生成變化的原因的:或者從有物説,或者從無物説,均“未免於物”,“在物一曲”。毫無疑問,季真的莫爲説和接子的或使説都是“以物觀之”的結果,而莊子學派則主張以道觀之。以道觀之,則對於“萬物之所生惡起”的回答就既不能是“或使”説,也不能是“莫爲”説。在《則陽》的作者看來,萬物的生成變化乃是自生自起、自爲自化的。

總之,不論是從《管子·白心》還是從《莊子·則陽》來看,作爲不定代詞的“或”在先秦確實可以作爲一個哲學概念來使用。而這個概念的使用,或者是因爲在宇宙論上尚未能究明其實際,或者是出於修辭表達的需要,因此作者即以不定代詞“或”來表示之。由此,竹書《恒先》的“或”概念也應當如此觀之,它代指尚未明其實際的、宇宙生化論的“某物”。而在詞義上,《恒先》的“或”概念既非“有”,也不是“或然”、“或有或無”之義,這就變得更加清晰了。

3.《恒先》的“或”接近於《莊子·至樂》的“芒芴”概念

關於《恒先》“或”概念的宇宙論含義,在功能和位置上比較接近於《老子》的“恍惚”和《莊子》的“芒芴”。在《老子》中,“恍惚”(或“惚恍”)是作爲描繪本體之存在狀態的一個超越於感性(“視”“聽”“搏”)的概念。值得注意的是,老子一方面説“惚恍”是“無狀之狀,無物之象”,另一方面又説“其中有象”“其中有物”“其中有精”,肯定其中有某種東西確實存在,“其精甚真,其中有信”,而不是絶對的空蕩和虚無。[33]不過,這一概念没有實現與“本體”(“道”)的必要分離,而被設想爲一個獨立的生成論階段,亦即這一概念還没有從“本體”的概念中獨立出來。

在《莊子·至樂》中,出現了一個類似於“恍惚”,但已完全獨立的概念,這就是“芒芴”。《至樂》曰:

莊子妻死,惠子吊之,莊子則方箕踞鼓盆而歌。惠子曰:"與人居,長子、老、身死,不哭亦足矣,又鼓盆而歌,不亦甚乎!"莊子曰:"不然。是其始死也,我獨何能無概!然察其始而本無生;非徒無生也,而本無形;非徒無形也,而本無氣。雜乎芒芴之間[34],變而有氣,氣變而有形,形變而有生。今又變而之死。是相與爲春秋冬夏四時行也。人且偃然寢於巨室,而我噭噭然隨而哭之,自以爲不通乎命,故止也。"

還有一段相關文獻見於《莊子・知北遊》篇。該篇曰:

生也死之徒,死也生之始,孰知其紀!人之生,氣之聚也,聚則爲生,散則爲死。若死生爲徒,吾又何患!故萬物一也,是其所美者爲神奇,其所惡者爲臭腐;臭腐復化爲神奇,神奇復化爲臭腐。故曰:"通天下一氣耳。"

這兩段文字,本來都是爲了消解悦生惡死的問題。從本文的論題來看,上引《知北遊》和《至樂》兩段文本頗具參考價值。《知北遊》提出的"通天下一氣耳"是一個重大命題。雖然此篇對於氣之上的階段未作説明,但是這並不意味着在作者的思想世界中氣之前的階段不存在。這個問題,在《至樂》篇中有所交代,該篇推本溯源,云"而本無氣"。從無至有,《至樂》篇還提出了"芒芴"的概念,作爲宇宙生化的一個階段,它是完全獨立的。"芒芴",與老子的"恍惚"義近。將竹簡《恒先》與《莊子・至樂》相對照,可知竹書的"或"無論在功能還是在位置上都與"芒芴"相當,其意相近。這説明,竹簡《恒先》的"或"概念可以通過《莊子》的"芒芴"來粗略的理解。所不同者,竹簡的"或"是一個不定代詞,指代"某物",而《莊子》的"芒芴"則有所實指。

試圖從宇宙生化的形上本源中再分別出新的階段,這既是當時天文學之進步使然,也是當時之宇宙論思想深化的結果。竹書《恒先》的宇宙生化論無疑具有深化的特徵,它對於形上界之内在結構的描述不僅表現在“氣有”(“氣—有—始往”)的區分上,而且表現在對“恒無”的結構化上。在竹簡中,“恒無”被作者區分爲“恒先”和“或”二者:在此,“恒先”是終極始源(《莊子》稱爲“太初”[35]),而“或”是此終極始源從無到有再分別出來的一個階段——“某物”,無論在地位上還是在功能上,它與《莊子》的“芒芴”最爲接近。此後,在古典文獻中,形上之“無”的結構不斷得到深化,《淮南子·天文》作出了所謂“太始—虛霩—宇宙—元氣”的區分,《易緯·乾鑿度》作出了所謂“太易—太初—太始—太素”的構造。[36]《淮南子》與《易緯》的製作時代不同,《天文》篇的宇宙論與渾天説初步提出時,而《乾鑿度》的宇宙論已經置身於其成熟形態之中了。

四、結　　論

經過以上各節的仔細梳理和深入分析,本文得出了如下幾點結論:(1)竹簡《恒先》的12個“或”字可分爲兩組,一組作副詞、連詞用,一組作不定代詞用。作不定代詞使用的“或”字在竹書中是一個宇宙生化論概念,它居於“恒”之後、“氣”之前,是本文的研究對象。至今,它仍然是一個疑難概念,學界尚未達成一致的意見。(2)作不定代詞用的“或”在《恒先》中是“或物”“某物”之義,而不是“有”(動詞)“或然”(副詞)或者“或有或無的狀態”之義。這一點,我們應當嚴格看待之。不過,在宇宙生化次序上,它的確介於無(“恒先”)、有(“氣有”)之間。作爲證明,不定代詞“或”用作哲學概念在《管子·白心》和《莊子·則陽》二篇中都有確實的文獻發現,且其詞義都是以“某物”爲基礎的。(3)《恒先》採用不定代詞“或”表示宇宙生化過程的一個階段,這雖然一方面表明作者的宇宙論思想有所深化和推進,但是另一方面也表明他的認識還是不夠具體和成熟的。這即是説,“或”説到底是一個權且的而不是一個究竟的概念,在宇宙生化論上有待落實下來。它大約相當於《莊子·至樂》的“芒芴”概念。我們看到,《淮南子·天文》的宇宙生化論結構更爲具體和複雜,這是當時天文學思想進一步發展的必然結果。(4)順便指出,接子的"或使"和季真的"莫爲"都是從物上探尋萬物生成變化的動因的,只不過一作肯定,一作否定。而竹簡《恒先》則與此不同,它在宇宙生化論上持自然主義的主張,認爲形上、形下二界都是自生自作的,這與莊子學派的"自化"觀是高度一致的。

此外,"或"與"恒""氣"的關係問題也值得注意。其一,在《恒先》中,"或"是作者從"恒"中分化出來的一個概念。竹簡説:"或,恒焉,生或者同焉。""或"雖然由"恒"所生,與其有所分化,但是它仍然屬於"恒"的範疇。而且,"恒先"也是從"恒"分化出來的一個概念,其字面意思是"恒之先",是"恒"自身的端始,而不是在"恒"之外、在"恒"之前的意思。簡言之,竹書以"或"和"恒先"深化了"恒"概念的内涵。其二,在宇宙生化論上,《恒先》認爲"或"與"氣"具有先後關係("有或,焉有氣"),但不是因果生成的關係。聯繫竹簡"氣是自生"和"氣是自生自作"的説法,可知《恒先》的宇宙生化觀也屬於道家所謂的自然主義,與莊子學派相同。

注釋

[1] 李零釋文注釋:《恒先》,載馬承源主編:《上海博物館藏戰國楚竹書(三)》,上海古籍出版社 2003 年版,第 287—299 頁。

[2] 同上書,第 288 頁。

[3] 季旭昇:《恒先譯釋》,載季旭昇主編:《〈上海博物館藏戰國楚竹書(三)〉讀本》,臺灣萬卷樓圖書股份有限公司 2005 年版,第 210 頁。

[4] 曹峰:《〈恒先〉釋義四題》,載曹峰:《上博楚簡思想研究》,臺灣萬卷樓圖書股份有限公司 2006 年版,第 165 頁。

[5] 丁四新:《楚簡〈恒先〉章句釋義》,載《楚地簡帛思想研究》第二輯,湖北教育出版社 2005 年版,第 89 頁。

[6] 廖名春:《上博藏楚竹書〈恒先〉簡釋(修訂稿)》,載"孔子 2000 網"(www.confucius2000.com),2004 年 4 月 22 日;廖名春:《上博藏楚竹書〈恒先〉新釋》,《中國哲學史》

2004年第3期,第83—92頁。

[7] 李學勤:《楚簡〈恒先〉首章釋義》,載《中國哲學史》2004年第3期,第81—82頁。該文原載“孔子2000網”(www.confucius2000.com), 2004年4月19日。

[8] 朱淵清:《“域”的形上學意義》,載劉大鈞主編:《簡帛考論》,上海古籍出版社2007年版,第275—276頁。該文原載“孔子2000網”(www.confucius2000.com), 2004年4月18日。

[9] 龐樸:《〈恒先〉試讀》,載“孔子2000網”(www.confucius2000.com), 2004年6月21日。此外,譚寶剛等人也贊成此説。參看譚寶剛:《〈恒先〉考論》,巴蜀書社2009年版,第346頁。

[10] 郭梨華:《〈恒先〉及戰國道家哲學論題探究》,載氏著:《出土文獻與先秦儒道哲學》,臺灣萬卷樓圖書股份有限公司2008年版,第206—207頁。郭文,最初發表在“出土簡帛文獻與古代學術”國際研討會論文,臺灣政治大學,2005年。

[11] 王中江:《〈恒先〉宇宙觀及人間觀的構造》,載《文史哲》2008年第2期,第49頁。

[12] 淺野裕一:《上博楚簡〈恒先〉的道家特色》,載《清華大學學報(哲學社會科學版)》2005年第3期,第64頁。

[13] 林義正:《論〈恒先〉的宇宙新維:基於内觀功夫的另一個詮釋》,“出土簡帛文獻與古代學術”國際研討會論文,臺灣政治大學,2005年。

[14] 郭梨華:《〈恒先〉及戰國道家哲學論題探究》,載氏著:《出土文獻與先秦儒道哲學》,第207—208頁。

[15] 李鋭:《“或使”與“莫爲”》,載《中國哲學史》2009年第4期,第37—38、41頁。

[16] 黄鴻春:《上博簡〈恒先〉的“或”考論》,載《北京師範大學學報(社會科學版)》2010年第2期,第130頁。

[17] 筆者曾對“或”、“域”、“國”和“邦”四字作了比較細緻的辨析,可以參看拙作:《郭店楚竹書〈老子〉校注》,武漢大學出版社2010年版,第195—199頁。

[18] 引文有校改,據王念孫、王引之説。轉見何寧撰:《淮南子集解》上,中華書局1998年版,第165—166頁。

[19] 漢語大字典編輯委員會:《漢語大字典》,湖北辭書出版社、四川辭書出版社1992年版,第1402頁。

[20] 季旭昇:《恒先譯釋》,載氏主編:《〈上海博物館藏戰國楚竹書(三)〉讀本》,第210頁。

[21] “或”爲泛指代詞,即楊樹達所謂“虚指指示代名詞”。參看楊樹達:《詞詮》第三

卷,中華書局 1965 年版,第 125—126 頁。

[22] 郭梨華:《〈恒先〉及戰國道家哲學論題探究》,載氏著:《出土文獻與先秦儒道哲學》,第 207—208 頁。

[23] 李鋭:《"或使"與"莫爲"》,載《中國哲學史》2009 年第 4 期,第 34—41 頁。

[24] 黄鴻春:《上博簡〈恒先〉的"或"考論》,載《北京師範大學學報(社會科學版)》2010 年第 2 期,第 127—131 頁。

[25] 這段引文,參看黎翔鳳:《管子校注》,中華書局 2004 年版,第 799—800 頁。

[26] 這段引文,參看郭慶藩:《莊子集釋》,中華書局 2004 年版,第 916—917 頁。

[27] 郭慶藩:《莊子集釋》,第 916 頁。

[28] 林希逸撰、周啓成校注:《莊子鬳齋口義校注》,中華書局 1997 年版,第 412、413 頁。

[29] 王引之:《經傳釋詞》第三卷,岳麓書社 1985 年版,第 65 頁。楊樹達也引用了此訓,見氏著:《詞詮》第三卷,第 125 頁。不過,王、楊二氏在其大著"或"字條下都没有列舉《莊子・則陽》"莫爲""或使"的例子。

[30] 參看俞樾:《莊子平議》第十九卷,載胡道静等主編:《藏外道書》第三册,巴蜀書社 1992 年版,第 389 頁。

[31] 李鋭:《"或使"與"莫爲"》,載《中國哲學史》2009 年第 4 期,第 35 頁。

[32] 黄鴻春:《上博簡〈恒先〉的"或"考論》,載《北京師範大學學報(社會科學版)》2010 年第 2 期,第 130 頁。

[33] 王弼本《老子》第二十一章:"孔德之容,惟道是從。道之爲物,惟恍惟惚。惚兮恍兮,其中有象;恍兮惚兮,其中有物。窈兮冥兮,其中有精;其精甚真,其中有信。自古及今,其名不去,以閲衆甫。吾何以知衆甫之狀哉? 以此。""道之爲物",帛書二本和北大漢簡本均作"道之物"。"自古及今",帛書二本和北大漢簡本均作"自今及古"。第十四章:"視之不見名曰夷,聽之不聞名曰希,搏之不得名曰微。此三者,不可致詰,故混而爲一。其上不皦,其下不昧,繩繩不可名,復歸於無物。是謂無狀之狀,無物之象,是謂惚恍。迎之不見其首,隨之不見其後。執古之道,以御今之有。能知古始,是謂道紀。""視之……曰夷"、"搏之……曰微",帛書二本作"視之……曰微"和"搏之……曰夷"。

[34] 在另一處文本中,《莊子・至樂》也出現了"芒芴"一詞,曰:"天無爲以之清,地無爲以之寧,故兩無爲相合,萬物皆化。芒乎芴乎,而無從出乎! 芴乎芒乎,而無有象乎! 萬物職職,皆從無爲殖。故曰:'天地無爲也,而無不爲也。'"由此引文看,"芒芴"確實相當於老子的"恍惚",所不同者,在《莊子》中,它已從本體中分離出來,而作爲一個獨立的生化階段了。

[35]《莊子·知北遊》曰:"若是者,外不觀乎宇宙,内不知乎太初,是以不過乎崑崙,不遊乎太虚。"同書《列禦寇》曰:"若是者,迷惑於宇宙,形累不知太初。"

[36] 參看安居香山、中村璋八輯:《緯書集成》上册,河北人民出版社 1994 年版,第 11 頁。這段文字,亦見於《白虎通·天地》所載"《乾鑿度》云",但略有不同。參看陳立:《白虎通疏證》卷九,中華書局 1994 年版,第 421 頁。

先秦道家的“無名”與“有名”*

曹　峰

“名”是先秦思想的重要話題，不僅所謂名家，幾乎各家都討論“名”的問題，並使其成爲各自思想體系中的一個重要組成部分。但“名”的問題極其複雜，同一個“名”字，有時候代表名譽、名聲；有時候代表名字、名稱；有時候代表名分、名位。同時，關於“名”的討論，從今天的眼光來看，也可以大致分出兩重維度，即語言學、邏輯學、知識論的維度，或政治學、倫理學的維度。在筆者看來，邏輯學、語言學、知識論意義上的“名”，可以《公孫龍子》、《墨辯》爲代表，我們今天對先秦名家以及中國古代邏輯學的研究，就是主要以這些文獻爲研究物件的，然而在先秦思想史上，各家所討論的“名”更多具有倫理學、政治學的意義，是先秦政治思想的一個重要組成部分[1]，道家也不例外，但關於“名”的態度，和其他各家相比，道家呈現出非常有趣的姿態，那就是，有時候表示出輕視和否定，有時候又表示出重視和肯定，爲什麽會出現這種看似矛盾的現象呢？這是值得令人深思的思想史問題。

一、先秦道家對“名”的否定

“無名”是道家常用的一個概念，顯然，“無名”是對“名”或者“有名”

* 本論文獲得“中國人民大學‘統籌支持一流大學和一流學科建設’”經費支持。

的一種否定。《老子》第一章說:"無名,天地之始",第十四章說:"其上不皦,其下不昧。繩繩不可名,復歸於無物。"(第十四章)第十四章說:"有物混成,先天地生。寂兮寥兮,獨立不改,周行而不殆,可以爲天下母。吾不知其名,字之曰道,强爲之名曰大。"第三十七章說:"道常無爲而無不爲,侯王若能守之,萬物將自化。化而欲作。吾將鎮之以無名之樸。"[2]第三十一章又說:"道常無名",第四十一章也說"道隱無名"。可見,"無名"是對"道"性質與狀態的描述。之所以"無名"可以用來描述"道"性質與狀態,則和道家的基本理念"道"不同於"萬物"有關。"道""物"兩分可以說是道家最爲基本的思維結構,捨此,將無法真正理解道家。就是說,正因爲"物"是"有名""有形"的,那麼,不同於萬物並且超越萬物的"道"就一定是"無名""無形"的。[3]其背後暗含的基本預設就是,"萬物"既然由某種"形"某種"名"構成,那就必然帶有一定的局限性,相反,超越於萬物之上的"道"不存在這樣的局限。因此,作爲萬物產生、存在、運動、發展之總依據、總根源、總動力的"道"就不可能用"名"和"形"去認識和把握。從生成論上講,就一定是"無名""無形"的"道"在先,"有名""有形"的"物"在後。這種思維結構在《老子》第一章中已經表現得非常清楚。《老子》第一章說:"無名,天地之始;有名,萬物之母。"(帛書甲乙本和北大漢簡本《老子》均作"無名,萬物之始;有名,萬物之母")這是說,從生成論上講,"無名"的"道"才是天地萬物之始源;而用來區分、描摹、認識、管理萬物的"名"雖然也是"萬物之母",但"有名"卻是生於"無名"的。這一點通過《老子》第四十章"天下萬物生於有,有生於無"也可以得以印證。

"道"不同於"萬物",用《莊子》的話講就是"物物者非物"(《知北遊》),這是大量道家文獻不遺餘力反復加以説明的一個道理,這種説明往往通過"名"的角度展開。例如,《管子・内業》云:"不見其形,不聞其聲,謂之道。"《黄帝四經・道原》云:"恒無之初,迵(通)同大(太)虛。……古(故)無有刑(形),大迵(通)無名。……萬物得之以生,百事得之以成。人皆以之,莫知亓(其)名。人皆用之,莫見亓(其)刑(形)。""是故上道高而不可察也,深而不可則(測)也。顯明弗能爲名,廣大不能爲刑(形)。”王弼《老子指略》也説:“夫物之所以生,功之所以成,必生乎無形,由乎無名。無形無名者,萬物之宗也。”[4]

大量道家文獻也從生成的角度强調“有名”生於“無名”的理論,例如《黄帝四經・十六經・行守》云:“無刑(形)無名,先天地生。”《莊子・天地》説“泰初有無,無有無名,一之所起。有一而未形,物得以生,謂之德。未形者有分,且然無間,謂之命。留動而生物,物成生理,謂之形。形體保神,各有儀則,謂之性。”這裏描述了從“無有無名”到“未形”的“一”然後再到有“形”之“物”的生成過程,雖然這裏的重點在於“德”、“命”、“形”、“性”在萬物形成過程中的重要性,而且没有提到“有名”。但换個角度看,可以説“德”、“命”、“形”、“性”正昭示了萬物如何一步步獲得其確定性,從而得以命名的原因。《鶡冠子・環流》有一個詳細的生成序列圖式:“有一而有氣,有氣而有意,有意而有圖,有圖而有名,有名而有形,有形而有事,有事而有約。約決而時生,時立而物生。”這裏,“名”和“形”被置於萬物生成途中的一個環節上,那麼可想而知,作爲萬物生成起點的“一”毋庸置疑是無名無形的。在上博楚簡《恒先》中,也有一個類似的生成序列,那就是:“又(有)出於或,生出於又(有),音(意)出於生,言出於音(意),名出於言,事出於名。”這是一個從不確定的“或”,經過“有→生→意→言”,最後到達具有高度確定性之“名”、“事”的過程。“或”是一個表示不確定的詞彙,在“或”之前,還有所謂“恒先”(或稱爲“恒”),“恒先”的性質是“無有”,是“大樸”、“大静”、“大虚”,這和《莊子・天地》“泰初有無,無有無名”非常接近。

《莊子・天道》下面這段話既涉及“道”也涉及“形名”,此文雖然承認“形名”具有一定的作用,但又提出“可用於天下,不足以用天下”,即其作用有局限性。只能“下”用來“事上”,而不能“上”用來“畜下”,即不可能以此導致天下太平。歸根結底,“驟而語形名,不知其本也。”“本”就是“大道”,“道”是最高最完善的東西,“形名”不是“本”,而是“末”,不能過分看重“形名”的地位和價值,在“大道”中要“五變”才“形名可舉”,如果想不依賴“道”,僅僅依賴“形名”“賞罰”這些禁忌與規範來解決政治問題,那是治標不治本。

> 是故古之明大道者，先明天而道德次之，道德已明而仁義次之，仁義已明而分守次之，分守已明而形名次之，形名已明而因任次之，因任已明而原省次之，原省已明而是非次之，是非已明而賞罰次之。賞罰已明而愚知處宜，貴賤履位，仁賢、不肖襲情。必分其能，必由其名。以此事上，以此畜下，以此治物，以此修身，知謀不用，必歸其天。此之謂太平。治之至也。故書曰：“有形有名。”形名者，古人有之，而非所以先也。古之語大道者，五變而形名可舉，九變而賞罰可言也。驟而語形名，不知其本也。驟而語賞罰，不知其始也。倒道而言，迕道而説者，人之所治也，安能治人。驟而語形名、賞罰，此有知治之具，非知治之道。可用於天下，不足以用天下。此之謂辯士。一曲之人也。禮法數度，形名比詳，古人有之。此下之所以事上，非上之所以畜下也。

從“書曰：‘有形有名。’形名者，古人有之”來看，形名的問題在莊子之前早就有人討論，並載入古書了。但莊子的心目中，“形名”和“因任”、“原省”、“是非”、“賞罰”一樣，這種帶有規則、規範意義的概念，只能排在“大”、“道德”、“仁義”、“分守”之後，屬於“治之具”，而非“治之道”，因而加以輕視。

正因爲“道”是“無名”的，所以得道之人也可以用“無名”來命名，例如，《莊子・逍遥遊》説“至人無已、神人無功、聖人無名”。在《莊子・應帝王》中，“天根”爲了尋求“爲天下”之道，而去求教“無名人”，“無名人”正是一位“方將與造物者爲人，厭則又乘夫莽眇之鳥，以出六極之外，而遊無何有之鄉，以處壙垠之野”的得道之士，他給予的回答是“汝遊心於淡，合氣於漠，順物自然，而無容私焉，而天下治矣”。即只有進入道的境界和高度，才有可能脱有形世界的束縛，從而真正實現天下之治。《淮南子・説山訓》明確指出：“凡得道者，形不可得而見，名不可得而揚，今汝已有形名矣，何道之所能乎。”就是説，“已有形名”和“得道”之間是不可能兩立共存的。

與今本《老子》第三十七章相應的馬王堆帛書本是“道恒無名，侯王若能守之，萬物將自化。化而欲作，吾將鎮之以無名之樸。鎮之以無名之樸。夫將不辱，不辱以静，天地將自正”。按照這個邏輯，侯王需要以“無名”爲政治策略來對應包括百姓在内的萬物，這樣萬物就能“自化”，即自己合理地、完善地解決自己的問題。但是“自化”進一步發展，可能會導致“欲作”這種無法控制的局面，這裏雖然没有明説，但可以想象，“欲作”的世界必然爲“有名”、“有形”活躍的舞臺，這時，老子再次明確提出要用“無名之樸”加以壓服，這樣才有可能重新回到“不辱以静”的“自正”的局面。因此，“無名”在老子這裏也成爲克服“有名”世界之弊端的利器。

此外，正因爲由“名”“形”構成的物體只能代表萬物中的一種，因此必然有其特殊性，而無普遍性，只能處於“末”的位置，無法處於“本”的位置，因此如王弼《老子指略》所言：“名必有所分，稱必有所由。有分則有不兼，有由則有不盡。”[5] 相反，“道”則“名之不能當，稱之不能既”。所以，在道家看來，處於萬物層面的“名辯”之爭，雖然自以爲是，喋喋不休，其實永遠不可能跳出“物”的層面，達到最高的真理。因此，老子説“絶知棄辯”（郭店楚簡《老子》甲種）、“善者不辯，辯者不善”（第八十一章），《莊子·齊物論》則是從道的高度對“名辯”之徒展開的總批判。同樣，在道家看來，“名利”不過是“人”這種“物”虚妄狹隘的追求，《莊子·人間世》説“爲善無近名、爲惡無近刑”，這裏的“名”指的是名譽，“刑”指的是刑罰，無論是名譽還是刑罰，歸根結底都是身心的桎梏。《莊子·則陽》説“有名有實，在物之居。無名無實，在物之虚”，這裏的“名”指的是名譽，“實”指的是實利，凡人無法擺脱名利的束縛，只有得道者才有可能處於“無名無實，在物之虚”的境地。

這樣看來，“無名”有時是道家一種否定的工具，藉以在“道”和“物”之間，得道者和凡夫俗子之間拉開距離，從而形象地説明“道”作爲本源、本體用語言不可描述、用知識無法把握的崇高地位。有時是道家一把批判的利器，藉以反襯凡夫俗子津津樂道的“名辯”、孜孜以求的“名利”是多麽的虚幻不實，或用來克服“有名”世界出現的問題。有時是道家用以衡量得道與否的一個尺規，只有達到“無名”的程度才能擺脱

“名”“形”的束縛。

二、道家對“名”的肯定

值得注意的是,《老子》第一章既説“無名,天地之始”,同時又説“有名,萬物之母”,按照馬王堆帛書《老子》和北大漢簡本《老子》的説法,此處作“無名,萬物之始;有名,萬物之母。”這樣看來,老子並非僅僅重視“無名”,雖然“無名”是萬物生成的本源,但萬物要成爲萬物,僅有“無名”還不夠,還需要“有名”。第一章“此兩者,同謂之玄”(此處馬王堆帛書《老子》和北大漢簡本均作“此兩者同出,異名同謂”)中的兩者,歷史上有多種説法,或曰“有欲”與“無欲”;或曰“始”與“母”;或曰“有”與“無”;或曰“常有”與“常無”;或曰“其妙”與“其徼”;或曰“道”與“名”;或曰“恒道”與“可道”;或曰“無名”與“有名”[6]。還有“有形”與“無形”[7]、“名”與“欲”[8]以及“道”與“萬物”等説法。[9]具體所指,或許永遠莫衷一是,但顯然指的是對立的兩個方向,這兩個方向看似對立,但在“同出”及“同謂”上是一致的,因此是缺一不可的。“無名”和“有名”顯然也正是這樣一對因素。老子第三十二章也説“道常無名。樸雖小,天下莫能臣也,侯王若能守之,萬物將自賓。天地相合,以降甘露。民莫之令而自均。始制有名,名亦既有,夫亦將知止”。這裏先强調道是“無名”的,侯王只有守住這種“無名”的“樸”,包括百姓在内的萬物才會自動賓從。但後面話鋒一轉,老子又説“始制有名”,就是説社會管理是需要“名”的[10],只不過對“名”這種東西需要保持警惕,即需要“知止”,不能讓“名”的使用超越了尺度。[11]用前引《老子》第三十七章的話説,就需要用“無名之樸”加以鎮之。前引《莊子·天道》雖然强調“驟而語形名,不知其本也”,但是也承認“形名”是“大道”“五變”以後的産物,屬於“治之具”,没有“道”這個根本,不能治理天下,缺少“形名”這樣的工具,同樣不能治理國家。

因此,在《老子》的思想結構中,決不僅僅强調“無名”,强調“無名”最終是爲了走向“有名”,强調“道”最終是爲了走向“物”,不然道家理論就成了空洞無用的理論。世界萬物由“形名”構成,如果想要認識世界萬物,必須從“形名”開始,如果想要把握世界萬物,也必須從“形名”開始。“形”指的是具有形狀樣態的實體,“名”則是對形狀樣態的規定。這一點,作爲事實是先秦各家都承認的。没有“名”、“形”,萬物就無法被區分、描摹、認識、管理,這就是“名”之所以成爲“萬物之母”的原因吧。[12]

《尹文子》被認爲是名家之作,但據筆者考證,其中思想成分極爲複雜,而且道家在其中有着極高的地位。[13]《大道上》説“大道無形,稱器有名。名也者,正形者也,形正由名,則名不可差。……大道不稱,衆有必名,生於不稱,則群形自得其方圓。”“無名,故大道無稱;有名,故名以正形。今萬物具存,不以名正之則亂;萬名具列,不以形應之則乖。故形名者,不可不正也。”這裏首先强調“大道”是“無名”、“無稱”的,而“衆有”之“名”是“生於不稱”的,這類似於《老子》的“道常無名”以及道生萬物。但是,接下來《大道上》馬上就突出了“名”的重要性,其特色在於,這裏不是泛泛講“名”和“形”都很重要,而是具體論述,“形”需要“名”來“正之”,“名”需要“形”來“應之”,“形名”均得以正,天下的治理就順理成章了,用《大道上》的話講就是“名以檢形,形以定名;名以定事,事以檢名。察其所以然,則形名之與事物,無所隱其理矣”。這套理論在王弼《老子指略》那裏也同樣存在,如前所述,王弼雖然在《老子指略》中説:“夫物之所以生,功之所以成,必生乎無形,由乎無名。無形無名者,萬物之宗也。”但後文中他也交代:“夫不能辨名,則不可與言理;不能定名,則不可與論實也。凡名生於形,未有形生於名者也。故有此名必有此形,有此形必有其分。”

總之,“形名”之辯在道家那裏不是可有可無的。當道家强調“無名”高於“有名”,“有名”高於“無名”,“有名”代表局限性,“無名”代表無限性時,“有名”成爲輕視和否定的對象。然而,一旦進入形而下的“萬物”的世界,就進入了“形名”的舞臺,道家尤其黄老道家,作爲一種建設性的思維,其根本目標在於天下的大治,在於“無不爲”。“名”作爲塑造世界的工具和力量,是不可能不加以重視和把握的。

道家對於"名"的重視和肯定,其理論基本上從三個方向展開。第一,"形名"的存在有其合理性。道生萬物的原理也可以説是由無名、無形的道走向有名、有形的物的過程,與此相應,君主作爲執道者,在人間所要從事的一項重要工作,就是認識和把握形名,在此基礎上,建立起人間的名分系統、規則系統,然後讓名分、規則系統發揮自我組織、自我管理的功能。因此,"形名"由道而生,例如在《莊子・天道》的"大道"展開模式中,"形名"也是需要"明"的物件之一,因爲有着明確等級和分業的社會管理需要"必分其能,必由其名"。所以"形名"是不可缺少的"治之具",只是不能"驟而語形名",不然就"不知其本"了。馬王堆帛書《黄帝四經》是一篇將道家理論運用於政治實踐的政論,其中存在一個"道"到"名"、"法"的思想結構,作者對於"名"的論述要遠遠多於"法"。特别强調"執道者"必須認識和把握"形名",只要"形名"樹立起來,則天下的治理就容易做到。[14]書中多處提到"形名"的由來:"見知之道,唯虚無有。虚無有,秋稿(毫)成之,必有形名。形名立,則黑白之分已。"(《經法・道法》)這段話説的是:"見知"(即認識把握世界)之道,在於採取虚無有的態度,如果採取虚無有的態度,那就知道,即便再小的事物,也必有它的"形名"。事物的"形名"確立了,則"黑白之分"即事物的特徵、位置和是非標凖也建立起來了。可見這裏的"形名"不是與人没有直接關聯的萬物的"形名",而是和是非價值判斷相關的人世間的"形名",對於這種"形名"的認識,必須在"虚無有"的心理條件之下,才有可能凖確把握。《黄帝四經・十六經・觀》説人間社會最初是"無恒"(即"無常""無序")的,具體表現爲"逆順無紀、德瘧(虐)無刑(形)、静作無時、先後無名",於是黄帝命大臣力黑"見黑則黑、見白則白"。通過上述《經法・道法》"刑(形)名立,則黑白之分已"可知,"見黑則黑、見白則白"指的正是確立"形名",即確定應有的位置。《黄帝四經・稱》説:"有物將來,亓(其)刑(形)先之。建以亓(其)刑(形),名以亓(其)名。"筆者贊同王博的意見,可以把這裏的"建以亓(其)刑(形),名以亓(其)名"理解爲聖人建立規範、標凖的舉動。[15]所以,在《黄帝四經》的宇宙論中,"形名"是天地開闢,文明發生過程中不可省略的必然環節,代表着秩序和規範的形成。

第二,强調道“無名”“無形”並不是最終的目標,通過“無名”“無形”的“道”去把握“有名”“有形”的萬物才是最終的目的。依據“道”“物”相分,“道”高於“物”的理論,萬物的問題無法在萬物的世界内部解決,必須跳出“有名”“有形”的束縛,站在“無名”“無形”的“道”的高度,從根本上解決萬物中存在的問題。在黄老道家中,這種思維具體表現爲以“道”爲體,以“名”“法”爲用的理論結構,在具體政治實踐中,表現爲君主與臣民截然不同的認識原理。如《莊子・天道》所言:“禮法數度,形名比詳,古人有之。此下之所以事上,非上之所以畜下也。”因此“形名”只能制約臣民,不能制約站在“執道者”立場上的君主。《韓非子・揚權》説“夫道者,弘大而無形”,《韓非子・主道》説“道在不可見,用在不可知”,目的在於强調“道不同於萬物”(《揚權》),因此,“君臣不同道,下以名禱。君操其名,臣效其形,形名參同,上下和調也”。在這裏“名”“形”成爲操縱臣下的工具。唯有“執道者”能夠站在“道”的高度,依據萬物生成的理論,由“道”下貫至“名”,並建立人間的政治秩序,這樣就保證了君主在政治上的壟斷權。或者説唯有“執道者”能從“無形”“無名”中看到即將形成的“形名”,這樣“執道者”就控制了發源於“道”這一最爲根本的政治資源,從而使其立於無人能挑戰的絶對地位。這方面的論述,《黄帝四經》和《韓非子》的《主道》《揚權》都堪稱典範。《黄帝四經》雖然講“見知之道,唯虚無有”(《經法・道法》)。但“虚無有”的“執道者”最首要政治任務是審名察形,確定事物究竟處於“正名”還是“倚名”。“故執道者之觀於天下也,必審觀事之所始起,審亓(其)刑(形)名。刑(形)名已定,逆順有立(位),死生有分,存亡興壞有處。然後參之於天地之恒道,乃定禍福死生存亡興壞之所在。”(《經法・論約》)《黄帝四經》中充斥着這樣的内容,即先描述物件的各種“形”態,然後爲之命“名”(采用“是謂”“此謂”“名曰”“命曰”等方式),最後根據賦予物件之“名”,采取相應的政治行動。[16]

第三,在古人眼中,“形名”具有規則、規範的意義。因此,“形名”一旦確立,就能自發地産生規則、規範的效應。道家相信並借重這種思維方式，即“執道者”只要依賴“形名”系統自發地發揮作用，就可以達到“物自爲正”，從而聖人“無爲”的效果。這方面的論述不勝枚舉：“故聖人執一以靜，使名自命，令事自定。”(《韓非子·揚權》)“故虛靜以待，令名自命也，令事自定也。虛則知實之情，靜則知動者正。有言者自爲名，有事者自爲形。形名參同，君乃無事焉，歸之其情。”(《韓非子·主道》)“凡事無小大，物自爲舍。逆順死生，物自爲名。名刑(形)已定，物自爲正。”(《黄帝四經·經法·道法》)“是故天下有事，無不自爲刑(形)名聲號矣。刑(形)名已立，聲號已建，則無所逃跡匿正矣。”(《黄帝四經·經法·道法》)因此，黄老道家倚重“形名”並不奇怪，黄老道家推崇的“無爲”、“因循”，如果缺少“循名責實”的機制保障，就有可能淪爲空頭理論，必須藉助“形名”，才有可能實現臣民自我組織、自我管理的政治效應。

既然“名”被視爲一種塑造世界的力量，在有些黄老道家的著作中，甚至害怕“無名”狀態的出現，例如在《黄帝四經·十六經·觀》中有：“逆順無紀，德虐無刑，靜作無時，先後無名。”《黄帝四經·經法·論》中有：“三名：一曰正名，一曰立(位)而偃(安)；二曰倚名，法(廢)而乳(亂)；三曰强主威(滅)而無名。三名察則事有應矣。”當然這個“無名”不是萬物創生以前没有形名的狀態，而是失去了曾經存在的“形名”，事物處於混亂的、最壞的結局。

因此，黄老道家利用“形名”學説，既建構起通過“無名”“無形”去把握“有名”“有形”的宏大理論，也建構起利用形名參同統御臣下的具體法術。這些不是空洞的玄想，而是有實際内涵的、可操作的實用主義政治理論。這種思想雖以形而上的“道”爲首，但融合“名”“法”，强調制度、法規的建設。其理念和戰國中晚期爲絶對君權專制政體服務的名分制度其實非常吻合，即每個人都有其確定的位置，確定的職業，確定的奮鬥目標，統治者只要把握住這種確定無疑的制度，就可以把握每個人的欲求和發展方向，使行政效率得以大幅度提高，使統治變得輕而易舉。

三、餘　　論

可見,在先秦道家思想中,關於"名"的論述是不可缺少的一環。對於"名"的態度,道家奇妙地呈現出兩個極端,一方面是輕視與否定,另一方面是重視與肯定。《老子》首章就是這兩者的奇妙結合,在講"無名,天地之始"的同時,馬上講"有名,萬物之母"。可以説,老子同時開啓了"無名"和"有名"這兩道大門。可見無論是"無名"還是"有名",對於道家而言都具有重要的意義。講"無名"是爲了跳出"有名"的束縛,講"有名"是爲了使萬物都得到區别、認識和管理。因此,"無名"和"有名"在不同的場合有不同的存在合理性。"名"的内涵包括名稱、名號、名分,有時甚至包括名譽、名聲。尤其在重視將道家理論落實到具體政治實踐的黄老道家那裏,如果缺少了對"名"的審查、認識和把握,如果不能建立起由名號、名分所代表的規則、規範系統,不能使這套系統發揮自我組織、自我管理之功能的話,那麽黄老道家"無爲而治"的政治理念就是一句空話,井然有序的政治局面就難以形成。

《老子》首章"道可道,非常道"容易理解,但爲何同時還要讓"名可名,非常名"與之並列?既然"道"不可"名",爲什麽還有所謂的"常名"?爲何北大漢簡本《老子》要寫作"名可命,非常名"?這是《老子》首章的一大謎團。現在,當我們瞭解到道家有時重視"無名",有時又重視"有名",那麽這個看似矛盾的現象就容易解決了。《老子》首章在郭店楚簡的《老子》文本中尚未看到,而且筆者注意到早期對《老子》首章的解釋,幾乎都只談何謂"道可道,非常道",不談"名可名,非常名"。所以筆者推測,"名可名,非常名"有可能比較晚出,這句話的出現,可能和"名"的重要性大大提高有關,和重視"名"的政治思想的黄老道家在戰國中晚期的盛行有關。黄老思想家既重視絶對的、本源的"道",又重視形成人間秩序的"名"。可以説,"道"和"名"是現實政治中最關鍵兩個要素,只有執道者才有能力把握"不可道"的"道"、"不可名"的"名"。黄老道家雖然也認可"道"不可言、不可名,但同時更强調如何藉助"道"之名,使聖人站在"無名"、"無形"的立場上,去把握有名有形、可分可定的世界。既然"名"是構成形下世界的主要因素,既然"名"是可以"命"的,由誰去"命",如何去"命",讓"物"之"名"如何自發地發揮規範約束的作用,是政治的首要課題之一。因此,基於這種政治思維背景,"道""名"幾乎具有了平等的地位,聖人不僅要把握"道",也需要把握"名"。而不是僅僅用"不可道"、"不可名"打發了事。這個問題,筆者有較詳細論證,可以參考。[17]

注釋

[1] 這方面的詳細論述可參曹峰:《對名家與名學的重新認識》,載《社會科學》2013年第11期;曹峰:《回到思想史——先秦名學研究的新路向》,載《山東大學學報》2007年第2期。

[2] 此句馬王堆帛書《老子》作"道恒無名,侯王若能守之,萬物將自化"。

[3] 基於這樣的思維結構,老子必然講"道"無法命名,因此就有所謂第一章"道可道,非常道;名可名,非常名",以及第二十五章"吾不知其名,字之曰道,强爲之名曰大"的說法。

[4] 樓宇烈校釋:《王弼集校釋》,中華書局1980年版,第195頁。

[5] 樓宇烈校釋:《王弼集校釋》,第196頁。

[6] 詳見劉笑敢:《老子古今》上卷,中國社會科學出版社2006年版,第95頁。

[7] 任繼愈:《老子新譯》,上海古籍出版社1985年版,第62頁。

[8] 李先耕:《老子今析》,中國社會科學出版社2002年版,第10頁。李若暉:《道之隱顯(下)——〈老子〉第一章闡微》,《哲學門》第21輯,北京大學出版社2010年版,第180頁。

[9] 池田知久:《馬王堆出土文獻譯注叢書:〈老子〉》,東京:東方書店2006年版,第180頁。

[10] 如王弼的《老子道德經注》說:"始制,謂樸散始爲官長之時也,始制官長,不可不立名分以定尊卑,故始制有名也。"參見樓宇烈校釋:《王弼集校釋》,第82頁。

[11] 王弼認爲所謂"知止"就是"任名以號物,則失治之母也"。參見樓宇烈校釋:

《王弼集校釋》，第 82 頁。

［12］關於"萬物之母"，王弼的《老子道德經注》説："及其有名有形之時，則長之、育之、亭之、毒之，爲其母也。"參見樓宇烈校釋：《王弼集校釋》，第 1 頁。這是利用第五十一章來説明萬物形成具體事物之後，繼續得到"道"的養育之恩，所以可以稱爲"母"。這種説法首先不對稱，因爲"有名"没有和"無名"相對，而是成了"有名之時"，其次也和他對"始制有名"的解釋形成矛盾。

［13］曹峰：《〈尹文子〉所見"名"思想研究》，載王中江主編：《新哲學》第 8 輯，大象出版社 2008 年版。

［14］參見曹峰：《"名"是〈黄帝四經〉中最重要的概念之一——兼論〈黄帝四經〉中的"道""名""法"關係》，載徐炳主編：《黄帝思想與道、理、法研究》（《軒轅黄帝研究》第一卷），社會科學文獻出版社 2013 年版。

［15］王博：《老子思想的史官特色》，文津出版社 1993 年版，第 354 頁。

［16］這方面的論述，詳見曹峰：《"名"是〈黄帝四經〉中最重要的概念之一——兼論〈黄帝四經〉中的"道""名""法"關係》。

［17］曹峰：《〈老子〉首章與"名"相關問題的重新審視——以北大漢簡〈老子〉的問世爲契機》，《哲學研究》2011 年第 4 期。

誠字新釋及其宗教起源*

賈晉華

一、引　子

誠是中國思想史上的重要概念之一，古今中外學者的相關研究堆積如山。大多數學者集中於對《孟子》、《荀子》、《中庸》以降儒學著作中有關誠的倫理、政治、宇宙、自然等思想觀念的分析，也有擴展至《莊子》、《吕氏春秋》等諸子思想的相關研究。20 世紀 90 年代，李澤厚在《説巫史傳統》中列有"仁與誠"一節，指出在上古巫術禮儀中，"敬、畏、忠、誠等真誠的情感素質及心理狀態"極爲重要。[1] 近十幾年來，有一些學者認真地研究了誠與古代宗教儀式的關係。如紀志昌認爲誠的觀念從古代祭禮中的齋戒儀節發展而來。[2] 馬克・克克斯琴米里耶(Mark Csikszentmihalyi)指出誠原本是祭祀等宗教儀式中所必備的精神態度，後來才與道德行爲聯繫起來。[3] 陳旻志將誠看成精神上的齋戒，認爲其起源於原始的穀神崇拜和"聖巫關涉"[4]。鍾志祥同樣追溯誠的思維至原始巫術場景，認爲其在早期由精字承載，顯示爲一種精誠致神的結構。[5] 伊藤將之主要分析了《禮記》中的誠字，指出其中有一些指的是對於鬼神和祭祀禮儀中的虔誠。[6] 這些研究各有所見，對學界具有重要的啓示意義。然而至今爲止，在此方面仍缺乏追根溯源的

* 本文初稿承陳偉教授提出寶貴修訂意見，謹此致謝。

細緻而全面的考論。

本文嘗試運用新語文學的研究方法,將文字分析、文獻考據、文本解讀與宗教史、思想史的研究相結合,首先分析"誠"字的初構"成"之形音義,進而探討成/誠的早期字義所蘊含的在祭禱儀式中以至誠的言語、情感、物品感通神靈而使之降格饗祀的過程。關於上古巫術的實際表演場景,我們目前尚缺乏直接的證據,難以進行具體的描述。但是巫術文化經過商周之際的理性化和禮儀化,演化爲祖先崇拜的宗教觀念及對祖先神和其他各種自然神靈的祭禱儀式,其中以至誠感動神靈降饗始終是一個重要環節,見於大量的文獻記載,可以通過發掘梳理而揭示出來。

本文全面搜集運用相關的傳世和出土文獻,其中有一部分引自《周禮》、《儀禮》和《禮記》。關於這幾部禮經的成書年代,歷來存在不同看法,至今尚在爭論。但是近年來,越來越多的學者認爲三禮(如包括《大戴禮記》應爲四部書)的核心内容至遲在戰國時期已經存在。例如,新出土楚簡中發現了與《禮記》相應的篇章;《儀禮》所記喪禮儀式,在目前發掘的東周墓葬中大都得到了證明。此外,雖然三禮所描繪的禮制儀式和觀念在戰國至西漢間可能被增飾和理想化,許多證據表明其中有相當部分的内容可以追溯至西周時期甚至更早。例如,根據花園莊東地甲骨文,三禮所記射禮甚至可追溯至商代[7];2005 年於山西絳縣發掘的西周中期倗伯及其夫人墓葬 M1 中,出土了罩在棺材上的繪有圖案的絲織品,被確認爲三禮所記載的"荒帷";許多學者將《周禮》中的官名與西周青銅銘文或其他文獻相對證,發現頗多一致或相近的地方[8],等等。因此,將三禮與其他傳世和出土文獻資料相對照,來探討西周至戰國時期的祭禱儀式與誠的觀念的關係,應是可行的方法。

二、"誠"字初構"成"字之形音義分析

不少學者感嘆誠字遲出,甲骨文、金文未見,戰國之前的典籍也少見,無從探尋其源。然而,如同漢字中許多範疇性的表意偏旁諸如

"人""示""水""心"等皆是後來的添加,如"儀"之初構爲"義","祖"之初構爲"且","源"之初構爲"原","感"之初構爲"咸"等,誠字的初構也應爲成。《中庸》云:"誠者,自成也。……誠者,非自成己而已也,所以成物也。"[9]在早期典籍中,成、誠通用的情況甚常見,如《詩經》中的"成不以富,亦衹以異"[10],成用爲誠,《論語》引此二句,即寫作誠[11];在《墨子》、《韓非子》、《淮南子》、《玉篇》等書中,我們也見到相似的用法。[12]根據現代學者對上古音的重構,成和誠同音或同韻。例如,根據白一平(William H. Baxter)和沙加爾(Laurent Sagart)的重構,成之上古音爲*[d]eŋ或*m-[d]eŋ;誠之上古音爲*[d]eŋ。[13]由此可知成爲誠之音符兼義符,故應即誠之初構。

在甲骨文中,成字從戌從丨()。[14]在上古時代,戌、戊、戚、戉一類的大斧皆是禮兵器,在舉行儀式時使用,象徵神靈威懾之下的宗教、政治、軍事三重權力。例如,良渚文化玉器中的玉斧刻有神靈面紋[15],益都出土的青銅鉞也鑄有相似的神靈面紋。[16]在周代祭祀儀典中,"君執干戚就舞位"[17]。戌與成或誠亦可互訓,如《淮南子·天文訓》云:"戌爲成"[18];《玉篇》云:"戌,誠也。"[19]關於成的另一個構成字符"丨",可能即許慎所釋"上下通也"[20]。上指天和神靈,下指地和人類。如果此說可成立,由戌和丨構成的成字,其初義可能表示在各種宗教儀式中人與神靈之感通。但即使不用許慎對"丨"字的解釋,成作爲禮兵器,其初義仍然與宗教儀式相關聯。

甲骨文中另有從戌從丁的字(),原本也被釋爲成。但孫詒讓、島邦男、張秉權、胡厚宣等學者提出,卜辭中從戌從丁和從戌從口的字()相近,皆應釋爲咸,爲人名。所指可分爲兩類,其一爲咸戊[21],即《尚書》中所記活躍於大戊時期的巫咸[22];其二爲商王湯的名或號,因爲這一位"咸"在卜辭中的地位與成湯相應,其權位遠遠超過咸戊。[23]胡厚宣還援引《尚書》中的"成湯咸"證成此說。[24]

咸爲感之初構,而從戌從口的構形,有可能包含卜筮祭禱儀式中人神感通、代神宣言的意義,如王充(公元27—約97)云:"鬼神用巫之口告人。"[25]在先秦至漢代典籍的大量記載中,巫咸之名和事迹出現於不同的時代和地域。巫咸既是商史上大戊時期的大巫，又代表“能事無形，以舞降神”的巫覡的集體名稱或巫之“始祖”。[26]這樣，如果我們接受成和咸皆爲商王湯的名或號的説法，這兩個名稱有可能都含藴了商湯作爲“巫王”或“群巫之首”所具有的感通降神的能力和成就，而有關成湯的桑林禱雨等傳説，可能正傳達了這方面的信息。[27]

雖然以上對成字構形和商湯之成、咸二名號的闡釋尚缺乏直接的證據，而且有關上古巫術表演的記述和成湯禱雨的傳説也難以證實，但是巫術文化經過商周時期的逐漸理性化和禮儀化，演化爲祖先崇拜的宗教觀念及對祖先神和其他各種自然神靈的祭禱禮儀，卻有大量的文獻可證，其中感通降神始終是最重要的一個環節。我們可以從新出土簡帛文本和傳世典籍中找到成與卜筮祭禱、感通降神直接關聯的有力證據。在包山 2 號墓、望山 1 號墓及葛陵 1 號墓等簡册的卜筮禱祠記録中，有以下 7 條涉及成的記載：

1. 親父既成。親母既成。（包山 202 背）

2. 大、后土、司命、司禍、大水、二天子、峗山既皆成。（包山 2015）

3. 公主既成。（望山 1 號墓 129）

4. ……成。門既成。（望山 1 號墓 178）

5. 吉，既成。（新蔡零 396）

6. 既成，攻逾而厭之。（新蔡甲三 111）

7. 占之，吉。既成。（新蔡甲三 451）[28]

上引第一條中，“成”原作“城”，包山楚簡整理者釋爲成，引《儀禮・少牢禮》之“祝告曰利成”及注“畢也”爲證。[29]于成龍認爲“既成”是祭禱完畢之意。[30]沈培認爲“既成”是“完成了移祟”。[31]李零指出，“簡文把禱祠完成稱爲‘既禱’（簡 205、206、224、225），並把神祖歆享其祀，稱爲‘既城(成)’（簡 202 反、215）”[32]。根據這些解釋，特別是李零的解釋，在此 7 條中，成可能指舉行卜筮禱祠時，神祖、天神、地祇等感應下降,歆饗祭品,主祭者的祝禱實現,儀式圓滿完成。第 1 條爲父母神祖的降臨饗祀;第 2 條涉及太一、后土、司命、司禍、大水、二天子、峗山等天神地祇;第 3 條"公主"所祭爲何種神主待考;第 4 條"門"指五祀中的門神;第 5、6、7 條所祭或所占之神靈不詳。第 6 條之"既成,攻逾而厭之",陳偉等解爲攻人(祝)從祭壇下來,舉行厭祭。"攻逾"與《儀禮·特牲饋食禮》所記"祝告利成,降,出;主人降,即位"相合。《儀禮·特牲饋食禮》、《儀禮·少牢饋食禮》記,"尸"入之前,饗神之饌設於西南奧,稱"陰厭";祭畢,"尸"起,饗神之饌設於西北隅,稱"陽厭"。陳偉等指出,簡文的"厭"在"既成,攻逾"之後,從祭祀的次序看,很可能爲文獻所記"陽厭"。[33]

傳世文獻中,也有許多記載可以佐證成的這一含義。例如,《詩經·小雅·鳧鷖》首章云:"鳧鷖在涇,公尸來燕來寧。爾酒既清,爾殽既馨。公尸燕飲,福禄來成。"[34]公尸象徵宗廟之神,此詩描寫周王於祭祀後宴尸。"公尸燕飲,福禄來成",應解爲依附於公尸的神祖宴享並以福禄下祐周王。再如《儀禮》中記祭祀過程,當神尸完成一次饗祀(一飯),往往有"祝告利成",鄭玄注云:"告主人也。利,猶養也。成,畢也。言養禮畢也"[35];也就是祝告訴主人其孝養神祖之禮完成了一節。又如《儀禮·士虞禮》載:"又三飯,舉肩,祭如初。"鄭玄注云:"後舉肩者,貴要成者。"賈公彦疏云:"案《禮記·祭統》云'周人貴肩',故云貴者要成也。要成者,據後食即飽也。"[36]據此,"要成"可能指象徵祖神的尸即將完成歆饗。又如《周禮·大司樂》記祭祀樂舞,以遍作六代之樂的"大合樂"提及天神、地祇、人鬼:"若樂六變,則天神皆降,可得而禮矣。……若樂八變,則地示皆出,可得而禮矣。……若樂九變,則人鬼可得而禮矣。"[37]按"變"與"成"同義,孔穎達云:"每曲一終,必變更奏,故經言'九成',傳言'九奏',《周禮》謂之'九變',其實一也。"[38]此處"經"指《尚書》,"傳"指孔安國傳。由此可知以"成"稱樂舞,本義應指曲終鬼神降格(或扮成鬼神的神尸出現),其後才順理成章地成爲一曲之終了的名稱,所謂"簫韶九成,鳳皇來儀"[39]。

三、誠：言語、情感、物質及儀式的符號載體

成字加上“言”符成爲誠，誠字的初義同樣與卜筮祭禱的宗教儀式緊密關聯。《禮記》中的誠，雖然大多闡發儒學進一步發展了的倫理意蘊，但也有一些保留了早期的宗教含義。例如，《禮記・曲禮上》云：“禱祠祭祀，供給鬼神，非禮不誠不莊。”[40]《禮記・樂記》云：“窮本知變，樂之情也；著誠去僞，禮之經也。禮樂偵天地之情，達神明之德，降興上下之神。”[41]《大戴禮記・五帝德》亦云：“絜誠以祭祀。”[42]絜誠即明誠。漢代文獻中常見至誠感神的表達，如《越絶書》有“至誠感天”[43]，《韓詩外傳》有“惟誠感神”[44]。以上所引諸條表明，誠的早期含義與成字相似，表示在禱祠祭祀的過程中以誠意感動鬼神降格歆饗，完成儀式。綜考相關文獻，我們發現加上了言符的誠字進一步衍生出更豐富的宗教意蘊，可以從言語、情感、物質及儀式過程四個層次來展開分析。

在言語的層次，誠指以真誠的祝禱饗神之辭取信於鬼神，由此而引出誠信之義。從誠字從言從成的構形看，這一層次應是最基本的原因義。《周禮・春官・大祝》載：

> 大祝掌六祝之辭，以事鬼神示，祈福祥，求永貞，一曰順祝，二曰年祝，三曰吉祝，四曰化祝，五曰瑞祝，六曰策祝。掌六祈，以同鬼神示，一曰類，二曰造，三曰禬，四曰禜，五曰攻，六曰說。

賈公彦釋“六祝之辭”云：“此六辭皆是祈禱之事，皆有辭説以告神。”鄭玄注“六祈”云：“謂爲有災變，號呼告神以求福。”[45]由此可知在各種儀式中祝禱之辭種類繁多，是與人鬼、天神、地祇溝通的最基本方式。《儀禮》中則記有衆多卜筮祭祀過程中的祝禱饗神之辭。例如，“士虞禮”記既葬父母，迎神而歸，祭之於殯宫而安之的儀式，在初虞、再虞、三虞、薦(卒哭之祭)、祔、小祥、大祥等祭禮過程中，孝子、孝女或孝婦皆致饗神之辭以表示哀情和勸神祖歆饗[46]；在少牢饋食禮等祭祀宗廟之

吉禮中,也有各種筮辭、告辭、祝辭等。[47]這些繁細的記述容或有後來的增飾,但其他傳世和出土戰國秦漢文獻中,的確保存衆多祝禱之辭。例如,《尚書·金縢》記周公爲武王之疾所作的祝禱之辭[48];包山、望山、葛陵等簡册中的卜筮祭禱辭中,也有禱、祈、攻、説等祭祀活動和辭語的簡要記録。[49]此處則引較爲完整的出土於陜西華山的秦駰禱病玉版爲例:

> 有秦曾孫小子駰曰:孟冬十月,厥氣敗凋。余身遭病,爲我慼憂。忡忡反側,無間無瘳。衆人弗知,余亦弗知,而靡有息休。吾窮而無奈之何,永戁憂愁。周世既没,典法蘚亡。惴惴小子,欲事天地、四極、三光、山川、神示、五祀、先祖,而不得厥方。犧豭既美,玉帛既精。余毓子厥惑,西東若惷。東方有士姓,爲刑法氏,其名曰陘。潔可以爲法,淨可以爲正。吾敢告之:余無罪也,使明神知吾情。若明神不□其行,而無罪□宥刑,毉毉烝民之事明神,孰敢不敬?小子駰敢以介圭、吉璧、吉紐以告於華大山。大山有賜,倘已吾腹心以至於足髀之病,能自復如故,請有司用牛犧貳,其齒七,□□□及羊、豢,路車四馬,三人壹家,壹璧先之。□□用貳犧、羊、豢,壹璧先之,而覆華大山之陰陽,以□□咎,□咎□□,其□□里,世萬子孫,以此爲尚。苟令小子駰之病自復故,告太一、大將軍,人壹□□,王室相如。[50]

秦駰有可能爲秦惠文王(公元前325—前311年在位)[51],因重病而向華山、太一、大將軍等諸神禱告。禱辭中秦駰首先向神靈哀告自己的病情,誠懇表白自己無罪,並許諾如果神靈使自己康復,將奉獻犧牲、車馬、玉璧等物品,並令子孫世代祭祀。

值得特别注意的是,此類祝禱饗神之辭突出强調"信",即以真誠的言語取信於鬼神。例如,《左傳》桓公六年(公元前706年)記季梁語云:"所謂道,忠於民而信於神也。上思利民,忠也;祝史正辭,信也。"[52]同書襄公二十七年(公元前546年)記趙孟語云:"其祝史陳信於鬼神,無愧辭。”[53]兩處的“信”皆明確地指祝史對於神的祭禱之辭真誠而取信於神。故後來《文心雕龍・祝盟》一再强調:“祝史陳信,資乎文辭”;“凡群言發華,而降神務實”[54]。

反之,如果祭禱之辭不是出於誠信,鬼神不但不肯享祀和福祐,還會作祟降禍。例如,《國語・晉語三》載:“惠公即位,出共世子而改葬之,臭達於外。國人誦之曰:‘貞之無報也。孰是人斯,而有是臭也?貞爲不聽,信爲不誠。……’”[55]共世子指晉獻公世子申生,遭驪姬之讒而自殺。其弟晉惠公即位後,將申生的尸體依照世子之禮埋葬,但尸體仍發出惡臭,於是國人賦詩譏刺惠公。“貞爲不聽,信爲不誠”二句,前句指惠公以正禮改葬申生,卻未能爲死者之靈所接受;後句則可能指葬禮過程中惠公的祭祀饗神之辭缺乏誠意,未能取信於死者之靈。

許慎云:“信,誠也。”並列有從人從口的古文。[56]信字始見於西周金文,戰國古文中還有多種構形,包括從口從千、從言從千、從言從身等。[57]人言爲信,信之初義可能爲以言語取信於鬼神,其後擴展至以言語取信於人,所謂“修辭立其誠”[58],最後才成爲儒學的基本倫理價值觀念之一。許慎又云:“誠,信也。”[59]誠字從言,誠字本身,或誠與信的結合,開始時也應指以真誠的言語取信於鬼神,招至鬼神降格歆饗祭品,以完成祭禱儀式。如上引“信爲不誠”例;再如,《禮記・祭統》云:“是故賢者之祭也,致其誠信”;[60]《禮記・檀弓》云:“喪三日而殯,凡附於身者,必誠必信,勿之有悔焉耳矣。三月而葬,凡附於棺者,必誠必信,勿之有悔焉耳矣。”[61]

誠與祭禱禮儀關係的第二個層次是情感,即以真誠恭敬的情感和行爲打動鬼神,由此而引出誠敬或誠感之義。雖然誠字從言而不從心,但心理情感的層次也是十分重要的原因義。《儀禮》中記凶禮,孝子、孝女、孝婦等在祭祀過程中必須齋戒縗絰,反復哭、踊、拜,以表達真誠的哀悼之情。[62]《儀禮》記吉禮,從周天子到士人在祭禱過程中皆必須齋戒盛服,對由臣或孫扮演的象徵神靈的尸反復“再拜稽首”,一再懇勸神尸飲食,以表達恭敬虔誠的情感,儘管這些扮演者的身份地位遠比主祭者低。[63]《國語・楚語下》引觀射父論祭祀,云:“其誰敢不戰戰兢兢,以事百神”;“其誰敢不齊肅恭敬,致力以神”[64]。這也就是上引《禮記・祭統》所提到的“與其忠敬”、“盡之謂敬”,及《禮記・曲禮上》之“禱祠祭祀,供給鬼神,非禮不誠不莊”。莊,敬也。由此可知,誠和敬相結合,開始時應指以虔誠恭敬的情感祭禱和感通鬼神。李澤厚曾指出,敬源於上古的巫術禮儀,一直到孔子和《論語》一書仍然保留了對神明的畏懼、恐怖、敬仰的情感特徵。[65]如《論語・八佾》載:“祭如在,祭神如神在。子曰:吾不與祭,如不祭。”孔子參與祭祀時,内心誠敬,猶如神靈確實降格存在。

誠與祭禱禮儀關係的第三個層次是物質,即以充實富裕的祭品吸引鬼神降格歆饗,由此而引出誠實之義。祭品是否充實富裕,神祖或神尸能否醉飽滿足,也是人神感通、祭禱禮儀圓滿完成的必備因素。《禮記・郊特牲》云:“郊特牲而社大牢……貴誠之義也。”[66]觀射父對楚昭王云:“毛以示物,血以告殺,接誠拔取以獻具,爲齊敬也。”韋昭注:“接誠於神也。”[67]此述以犧牲的毛血致誠於神。包山、望山、葛陵等楚簡中的卜筮祭禱和簿書中,都記録了祭禱所用牲品酒食。[68]上引秦駰禱病玉版,也敘述以介圭、吉璧、吉紐祭禱華山之神,並許諾如果康復,將奉獻牛犧、羊、豢、車馬、玉璧等給各位神靈。《儀禮》中不厭其煩地列舉各種大小祭品,敘述這些祭品如何在儀式開始前被“實於鼎”、“實於筐”、“實於豆”、“實於椝”等,以及如何在儀式過程中不停地被用來侑勸神尸,從“一飯”達至最多“十五飯”,盡心盡力地使神尸之腹醉飽充實;其間皇尸一再“告飽”,而祝則一再侑曰:“皇尸未實,侑”;主祭者也一再“拜侑”[69]。按許慎云:“實,富也,從宀從貫。貫,貨貝也。”[70]段玉裁注云:“以貨物充於屋下,是爲實。”《説文通訓定聲》云:“凡中質充滿皆曰實。”[71]可知實之初義爲富裕,引申指滿、填塞、充滿等。上引與祭禱相關的實字,涉及兩方面的意義,其一爲將祭品分類填滿各種容器,顯示獻祭於鬼神的物品的充實富裕;其二爲以酒食侑勸鬼神/神尸,使其腹充實飽滿。《詩經・小雅・楚茨》對此兩種充實的活動有生動的描繪:“爲俎孔碩”,“爲豆孔庶”,“神保是格”,“神嗜飲食”,“神具醉止”[72]。碩,大也;庶,多也;具,皆也。大俎填滿了牲肉,豆中充滿品種多樣的菜肴,神祖降格歆饗,全部醉飽滿足。此兩種充實的行動皆以對鬼神的誠意而出之,即上述引文之“貴誠之義”“接誠”等。因此誠和實結合,原本應指宗教儀式中對於鬼神的真誠充實奉獻。[73]

誠與祭禱禮儀的關係的第四個層次是人神感通的儀式過程和完成。如《吕氏春秋・士容》云:“誠有之,則神應乎人矣”[74];《申鑒・俗嫌》云:“祈請者誠以接神,自然應也”[75];前引《禮記・樂記》述通過“著誠去僞”,可使禮樂“偵天地之情,達神明之德,降興上下之神”,以及《越絶書》之“至誠感天”和《韓詩外傳》之“惟誠感神”,這些皆記述祭者以誠使神靈感應來饗,從而完成人神感通的祭禱儀式。《禮記・中庸》借孔子之口陳述:

> 子曰:“鬼神之爲德,其盛矣乎! 視之而弗見,聽之而弗聞,體物而不可遺。使天下之人,齊明盛服,以承祭祀,洋洋乎如在其上,如在其左右。詩曰:‘神之格思,不可度思,矧可射思。’夫微之顯,誠之不可揜如此夫!”[76]

此段話末尾之“誠”,鄭玄解爲指神之真實不欺[77],其後學者多從之。然而,細讀全段,前面談雖然鬼神不可見聞,但如果以“齊(齋)明盛服”的誠敬之情祭祀,就可以感動鬼神降格,洋洋如在左右;後面引《詩經・大雅・抑》談鬼神降格難以測度,祭祀時不可厭倦(射,倦也)。勞思光指出此處的“神之格思”中,“格”兼有“來享”和“感通”之意。[78]因此,此段話以人之祭祀爲主,似可解爲以人之誠感通鬼神來饗,由微而顯,從而完成儀式。

綜上所述,誠從成繁衍而來,進一步發展了與祭禱禮儀相關的内涵,蘊含了誠信的辭語、誠敬的情感、誠實的祭品和鬼神感通來饗而完成儀式等四個層次。《禮記・祭統》中的一段話談祭祀之道,可謂總結了誠的這四個層次:

> 是故賢者之祭也,致其誠信,與其忠敬,奉之以物,道之以禮,安之以樂,參之以時,明薦之而已矣,不求其爲。……身致其誠信,誠信之謂盡,盡之謂敬,敬盡然後可以事神明,此祭之道也。[79]

"致其誠信"指以誠信的祭禱之辭致神,"與其忠敬"指誠敬的情感,"奉之以物"指奉獻誠實的祭品,加上相配的禮樂和合適的歲時,就可以奉事鬼神,完成祭祀儀式。觀射父對楚昭王論祭祀過程,也清楚地説明了此四方面内容:

> 國於是乎蒸嘗,家於是乎嘗祀,百姓夫婦擇其令辰,奉其犧牲,敬其粢盛,潔其糞除,慎其采服,禋其酒醴,帥其子姓,從其時享,虔其宗祝,道其順辭,以昭祀其先祖,肅肅濟濟,如或臨之。[80]

犧牲、粢盛、酒醴乃奉獻誠實的祭品,糞除(掃除)、采服、敬、慎、肅肅濟濟(恭敬地聚集)乃表達誠敬的情感,虔其宗祝、道其順辭乃祝告誠信的辭語,"如或臨之"乃鬼神降臨歆饗,完成祭禮。

四、結　語

通過對誠字及其初構成字的重新闡釋,我們發現成和誠的初義皆與卜筮祭禱的禮儀相關聯,蘊含主祭者以誠信的辭語、誠敬的情感和誠實的祭品感通鬼神,使之降格歆饗,從而完成儀式等活動和過程。正是在這些宗教意蘊的基礎上,戰國諸子,特别是孔門後學,逐漸發展出誠、誠信、誠敬、誠實等哲理觀念,涉及心理、倫理、品德、人格、宇宙、自然、政治、審美等衆多義項和範疇。其中作爲核心概念的誠,被神聖化爲"天之道";而人通過自我修養,可以達到"至誠如神"的神秘境界,可以"贊天地之化育",可以被上天賦予大命,等等。[81] 由於誠字的豐富、神聖、神秘内涵,其被學者們感嘆爲最難理解、最迷惑的中國哲學概念[82],曾被英譯爲"sincerity""perfection""truth""realness""integrity""creativity"

等，或乾脆只音譯爲"cheng"。本文關於誠的宗教起源和意蘊的探索，或許可在一定程度上幫助揭開其神秘的、迷惑的外衣。但限於篇幅，有關誠的豐富哲理含義及其在中國思想史上的逐漸發展演變，則需要另外撰文討論。

本文的研究希望以小見大，從一個方面説明新語文學的研究方法的重要性。長期以來，無數學者從哲學思想的角度直接切入，分析誠在《孟子》《荀子》《中庸》《莊子》《吕氏春秋》等著作中所藴含的思想觀念，提出了許多富於啓發意義的深入闡釋。但是由於未能追本溯源，未注意到誠在諸子思想之前和同時所含有的豐富宗教和人文意義，也有衆多解説並未能觸及根本，産生了不少相去甚遠的、甚至相互矛盾的看法，有時還出現"六經注我"，以今人思想或西方思想生搬硬套古人觀念的情況。雖然有一些學者曾經嘗試探索誠的宗教源頭，但由於未能全面運用文字學、文獻學、文本解讀等語文學的考釋方法，往往只注意一隅而未及其他，也未能全面揭示其豐富意義。本文以嚴謹的態度遍搜傳世和出土文獻，將文字文獻的考證與宗教史、思想史、文化史的分析相結合，也就是以新語文學的多學科綜合方法解讀和闡釋文本，從而獲得關於誠的宗教起源和人文觀念的新結論，説明了誠與中國古代人神感通的祭禱禮儀及敬神崇祖的心理情感的密切關聯，爲進一步研究誠的觀念在諸子思想及後世的發展演變提供了基礎。

注釋

[1] 李澤厚：《説巫史傳統》，收《己卯五説》，中國電影出版社 1999 年版，第 61 頁。

[2] 紀志昌：《"誠"與"齋戒"：從祭禮到哲學的轉化》，載《哲學與文化》2000 年第 27 卷第 11 期，第 1084—1092 頁。

[3] Mark Csikszentmihalyi, "Ethics and Self-Cultivation Practice in Early China," in *Early Chinese Religion, Part One: Shang through Han (1250 BC-220 AD)*, ed. John Lager-

wey and Marc Kalinowski, Leiden: Brill, 2009, 519—542.

[4] 陳昊志:《"誠"體寂感的文化原型與聖巫關涉之探勘》,載《哲學與文化》2009 年第 36 卷第 11 期,第 103—128 頁。

[5] 鍾志翔:《〈易・文言〉修辭立誠論原解》,載《周易研究》2013 年第 5 期,第 12—20 頁。

[6] 佐藤將之:《戰國時代"誠"概念的形成與意義:以〈孟子〉、〈莊子〉、〈吕氏春秋〉爲中心》,載《清華學報》2005 年第 35 卷第 2 期,第 215—244 頁。

[7] 宋鎮豪:《從花園莊東地甲骨文考述晚商射禮》,載《花園莊東地甲骨論叢》,臺灣聖環圖書有限公司 2006 年版,第 77—98 頁。

[8] 主要參看張亞初、劉雨:《西周金文官制研究》,中華書局 1986 年版;劉起釪:《〈周禮〉真僞之爭及其書寫成的真實依據》,收入《古史續辨》,中國社會科學出版社 1991 年版,第 619—653 頁;William G. Boltz, "*Chou li*," "*I li*," in *Early Chinese Texts: A Bibliographical Guide*, ed. Michael Loewe, Berkeley: University of California, 1993, 24—32, 234—243; Lothar von Falkenhausen, "Reflections on the Political Role of Spirit Mediums in Early China: the *wu* Officials in the *Zhou li*," *Early China* 20(1995), 279—300; 沈文倬:《宗周禮樂文明考論》,杭州大學出版社 1999 年版,第 1—54 頁;李學勤:《簡帛佚籍與學術史》,江西教育出版社 2001 年版,第 110—118 頁;王鍔:《禮記成書考》,中華書局 2007 年版;楊華:《新出簡帛與禮制研究》,臺灣古籍出版公司 2007 年版;曹建敦:《东周祭祀研究》,清华大學博士論文,2007 年;楊華:《古禮新研究》,商務印書館 2012 年版,第 1—9、197 225、313—347 頁。

[9]《禮記注疏》,《十三經注疏整理本》,北京大學出版社 2000 年版,第 1694a 頁。

[10]《毛詩正義》,《小雅・我行其野》,《十三經注疏整理本》,第 794b 頁。

[11]《論語注疏》,《顏淵》,《十三經注疏整理本》,第 184a 頁。

[12] 孫詒讓撰:《墨子閒詁》第 12 卷,中華書局 2001 年版,《貴義》,第 441 頁;陳奇猷編:《韓非子新校注》第 8 卷,上海古籍出版社 2000 年版,《功名》,第 552、554 頁;何寧編:《淮南子集釋》第 3 卷,中華書局 1998 年版,《天文訓》,第 262 頁;胡吉宣編:《玉篇校釋》第 30 卷,上海古籍出版社 1989 年版,第 5883—5884 頁。

[13] William H. Baxter and Laurent Sagart, *Baxter-Sagart Old Chinese Reconstruction*, version 1.1(20 September 2014), 12—13.

[14] 郭沫若主編:《甲骨文合集》第 13 册,中華書局 1982 年版,第 4905 頁,第 39503 號。參看徐中舒主編:《甲骨文字典》,四川辭書出版社 1998 年版,第 1552—1553 頁。

[15] 蘇秉琦:《華人,龍的傳人,中國人》,遼寧大學出版社 1994 年版,第 249 頁。

［16］《山東益都蘇埠屯一號奴隸殉葬墓》，載《文物》1972 年第 8 期，第 17—30 頁。

［17］《禮記注疏》，《十三經注疏整理本》第 49 卷，《祭統》，第 1577a 頁。

［18］《淮南子集釋》第 3 卷，第 262 頁。

［19］《玉篇校釋》第 30 卷，第 5883—5884 頁。

［20］許慎：《説文解字》，中華書局 1963 年版，第 33a 頁。

［21］郭沫若主編：《甲骨文合集》第 1 册，第 273 頁，第 2 册，第 592 頁。

［22］《尚書注疏》(《十三經注疏整理本》)，《君奭》，第 16 卷，第 520b—522b 頁；《咸有一德》，第 8 卷，第 262a 頁。參看羅振玉：《增訂殷虚書契考釋》第 1 卷，臺灣藝文印書館 1969 年版，第 13b 頁；陳夢家：《商代的神話與巫術》，載《燕京學報》1936 年第 20 期，第 537 頁；李孝定，《甲骨文字集釋》，臺灣"中央研究院"歷史語言研究所 1970 年版，第 369—373 頁。

［23］孫詒讓：《契文舉例》第 2 卷，臺灣藝文出版社 1963 年版，第 19 頁；張秉權：《小屯第二本殷虚文字丙編上輯》，臺灣"中央研究院"歷史語言研究所 1957 年版，第 67—69 頁；島邦男：《論卜辭中先王的稱謂》，載《甲骨學》1951 年第 1 期，第 15—20 頁。亦見陳復澄：《咸爲成湯説》，載《遼寧文物》1983 年第 5 期，第 6—9 頁；陳絜：《重論咸爲成湯説》，載《歷史研究》2002 年第 2 期，第 145—149 頁。

［24］胡厚宣：《殷卜辭中的上帝和王帝》，載《歷史研究》1959 年第 10 期，第 89—92 頁。但是學界關於咸還有不同解説，參看蔡哲茂：《論殷卜辭中的[illegible]字爲成湯之成：兼論[illegible][illegible]爲咸字説》，載《"中央研究院"歷史語言研究所集刊》2006 年第 1 期，第 1—32 頁。

［25］劉盼遂編：《論衡校釋》第 26 卷，中華書局 1990 年版，《實知》，第 1083 頁。

［26］參看 Jinhua Jia，"From Human-Spirit Resonance to Correlative Modes：The Shaping of Chinese Correlative Thinking，" *Philosophy East and West* 66.4（2016）：449—474。

［27］關於上古時王爲群巫之首，及成湯禱雨的巫術意義，參看 Kwang-chih Chang，*Art，Myth and Ritual*，Cambridge，MA：Harvard University Press，1983，45；李澤厚：《説巫史傳統》，第 34—40 頁；陳來：《古代宗教與倫理》，生活·讀書·新知三聯書店 2009 年版，第 29—37 頁。

［28］陳偉等：《楚地出土戰國簡册（十四種）》，經濟科學出版社 2009 年版，第 92—93、275、277、397、398、416 頁。

［29］《儀禮注疏》(《十三經注疏整理本》)第 48 卷，第 1073a 頁；湖北省荆沙鐵路考古隊：《包山楚簡》，文物出版社 1991 年版，第 54 頁。

［30］于成龍：《包山二號楚墓卜筮簡中若干問題的探討》，載《出土文獻研究》第 5 輯，

科學出版社 1999 年版,第 167 頁。

[31] 沈培:《從戰國簡看古人占卜的“蔽志”:兼論“移祟”説》,載《古文字與古代史》第 1 輯,臺灣“中央研究院”歷史語言研究所 2009 年版,第 433 頁。

[32] 李零:《包山楚簡研究(占卜類)》,載《中國典籍與文化論叢》第 1 輯,中華書局 1993 年版,第 441 頁;《中國方術正考》,中華書局 2006 年版,第 231 頁。

[33] 陳偉等:《楚地出土戰國簡册(十四種)》,經濟科學出版社 2009 年版,第 427—428 頁。

[34]《毛詩正義》第 17 卷,第 1289a—1290a 頁。

[35]《儀禮注疏》第 42 卷,第 936a 頁,第 46 卷,第 1023a 頁,第 48 卷,第 1073a 頁。

[36]《儀禮注疏》第 42 卷,第 931b 頁。

[37]《周禮注疏》(《十三經注疏整理本》)第 22 卷,第 679a—b、689b—670a 頁。

[38]《尚書注疏》第 5 卷,第 154 頁。

[39] 同上書,第 152a 頁。

[40]《禮記正義》(《十三經注疏整理本》)第 1 卷,第 17a 頁。

[41]《禮記正義》第 38 卷,第 1301a 頁。

[42] 王聘珍:《大戴禮記解詁》第 7 卷,中華書局 1983 年版,第 120 頁。

[43] 袁康校:《越絶書》第 15 卷,齊魯書社 2000 年版,第 79 頁。

[44] 許維遹編:《韓詩外傳集釋》第 4 卷,中華書局 1980 年版,第 160 頁。《尚書·大禹謨》有“至誠感神”,孫詒讓讀“誠”爲“咸成”(《古籀拾遺·古籀餘論》,中華書局 1989 年版,第 20 頁);成爲誠之初構,則諴義近於誠,並有可能爲誠之訛字。《尚書·太甲下》亦有“鬼神無常享,享於克誠”(《尚書注疏》第 8 卷,第 254a 頁)。此二篇歷來被列於“僞《古文尚書》”,但也有學者提出反對意見。此二篇所記誠之早期含義,倒是可以證明其可能具有某種可靠性。

[45]《周禮注疏》(《十三經注疏整理本》)第 25 卷,第 774a—780a 頁。

[46]《儀禮注疏》第 43 卷,第 949b—966a 頁。

[47] 同上書,第 47 卷,第 1039b 頁,第 48 卷,第 1058b 頁。

[48]《尚書正義》第 13 卷,第 392b—398b 頁。

[49] 陳偉等:《楚地出土戰國簡册》,第 91—117、271—285、395—445 頁。

[50] 此處用寬式釋文,綜合參考李零:《秦駰禱病玉版的研究》,《國學研究》第 6 卷,北京大學出版社 1999 年版,第 525—547 頁;李學勤:《秦玉牘索隱》,《故宫博物院院刊》2000 年第 2 期,第 41—45 頁;曾憲通、楊澤生、蕭毅:《秦駰玉版文字初探》,《考古與文物》2001 年第 1 期,第 49—54 頁;李家浩:《秦駰玉版銘文研究》,《北京大學中國古文獻研究

中心集刊》2,北京燕山出版社 2001 年版;連劭名:《秦惠文王禱祠華山玉簡文研究》,《中國歷史博物館館刊》2001 年第 1 期,第 49—57 頁;王輝:《秦曾孫駰告華大山明神文考釋》,《考古學報》2001 年第 2 期,第 143—158 頁。

[51] 據李學勤:《秦玉牍索隐》,第 41—45 頁。

[52] 楊伯峻編著:《春秋左傳注》,中華書局 1990 年版, 第 111 頁。

[53] 同上書,第 1133 頁。

[54] 范文瀾:《文心雕龍注》,人民文學出版社 1958 年版, 第 176—177 頁。

[55] 來可泓:《國語直解》,復旦大學出版社 2000 年版,第 438 頁。

[56] 許慎:《説文解字》,第 52a 頁。

[57] 參看劉翔:《中國傳統價值觀闡釋學》,生活・讀書・新知三聯書店 1996 年版,第 138—143 頁。

[58]《周易正義》(《十三經注疏整理本》)第 1 卷,《文言》,第 18a 頁。

[59] 許慎:《説文解字》,第 52b 頁。

[60]《禮記正義》第 49 卷,第 1571a—1573b 頁。

[61]《禮記正義》第 6 卷,第 203b—204a 頁。

[62] 例如,《儀禮注疏》第 42—43 卷,《士虞禮》,第 918a—966a 頁。

[63] 例如,《儀禮注疏》第 44—46 卷,《特牲饋食禮》,第 967a—1035b 頁。

[64]《國語直解》第 18 卷,第 804 頁。

[65] 李澤厚:《説巫史傳統》,第 53—54 頁。

[66]《禮記正義》第 25 卷,第 892a 頁。

[67]《國語直解》第 18 卷,第 803 頁。

[68] 陳偉等:《楚地出土戰國簡册》,第 91—117、271—285、395—445 頁。

[69]《儀禮注疏》第 47—48 卷,《少牢饋食禮》,第 1036a—1076a 頁;第 49—50 卷,《有司徹》,第 1077a—1133a 頁。

[70]《説文解字》,第 150b 頁。

[71] 蔣人傑編纂、劉鋭審訂:《説文解字集注》,上海古籍出版社 1996 年版,第 1532 頁。

[72]《毛詩正義》第 13 卷,第 945b—963b 頁。

[73] 張光直認爲祭祀過程中的祭品並非一般物品,而是一種象徵性的文化體系,可參考。見 K. C. Chang, *Art, Myth, and Ritual: The Path to Political Authority in Ancient China*, Cambridge, MA: Harvard University Press, 1983, 56—80。

[74] 陳奇猷:《吕氏春秋新校釋》第 26 卷,上海古籍出版社 2001 年版,第 1697 頁。

[75] 荀悦:《申鑒》,香港中華書局1978年版,第16頁。

[76]《禮記正義》第52卷,第1675a—1676a頁。

[77] 同上書,第1676a頁。

[78] 勞思光:《大學及中庸譯注新編》,香港中文大學出版社2001年版,第60—61頁。

[79]《禮記正義》第25卷,第1571a—1573b頁。

[80]《國語直解》第18卷,第804頁。

[81]《禮記正義》第53卷,第1689b、1691a—b、1692b—1693a頁;馬承源主編:《上海博物館藏戰國楚竹書(一)》,上海古籍出版社2001年版,第134頁。

[82] 張岱年:《中國哲學史方法論發凡》,中華書局1983年版,第133頁;Donald Munro, *Images of Human Nature*, Princeton: Princeton University Press, 1988, 117。

歸屬於周公的“德”說内涵新探：以《尚書·周書》爲研究中心

楊兆貴

一、緒　　論

“德”是中國傳統思想範疇裏的重要概念。傳統學者在訓釋周代書籍時，常常把它解爲德行。近年來，許多學者研究了先秦時期“德”的内涵及其演變，闡明“德”的不同内涵。本文擬集中探討《尚書·周書》所記歸屬於周公在不同場合所說的“德”的内涵。一些學者認爲《周書》《逸周書》等相關篇章所記載的周公言行是可信的。[1]但也有許多學者持懷疑態度。爲討論方便，筆者把這些歸屬於周公的内容直接引爲周公的言論，並運用新語文學的方法來展開研究。

衆所周知，清儒研究先秦至漢代文史典籍取得了很大成就。他們重視訓詁學、聲韻學、文字學等，主張應先掌握字詞含義，進而瞭解文意，最終瞭解聖人的微言大義。戴震（1724—1777）説：“經之至者道也，所以明道者其詞也，所以成詞者字也。由字以通其詞，由詞以通其道。”[2]錢大昕（1728—1804）也説：“有文字而後有訓詁，有訓詁而後有義理。訓詁者，義理之所由出，非别有義理出乎訓詁之外者也。”[3]他們都强調字—詞—句—義理，這種説法與傳統重視辭章之學的觀念有相通之處。訓詁與義理兼重，而訓詁尤爲首務。但也有主張從整體上理解五經，兼采漢宋，重在闡釋經典義理，不屑於字詞訓詁的，如常州學派莊存與(1719—1788)即是如此。[4]程樹德(1877—1944)調和兩派説法,指出:“義理而不本於訓詁,則謬説流傳,貽誤後學;訓詁而不求之義理,則書自書,我自我,與不讀同。兩者各有所長,不宜偏廢。”[5]這一看法爲我們研究古代典籍提供了重要的研究方法。

筆者認爲要正確掌握先秦古籍中的字、詞、義理,一是應了解文本的上下文脈絡、所處的時代背景、所記載的歷史人物之間的關係,人物説話的動機、背景,該字詞的歷時性、共時性含義等,才能正確理解該字詞在文本中的含義、所藴發的思想。二是在討論古籍所反映的思想觀念時,當明白古書所記載、所反映的思想觀念(或史事)與該書的寫成年代不一定是一致的,即古書所記載、所反映的思想觀念可能是商代的,而古書是在戰國時代寫成的;古書所記載的思想觀念(或史事)是商代的,這些思想觀念(或史事)有些的確真實反映、記載了商代的思想、史事,有些思想觀念則帶有該書寫成年代的思想色彩,包括編著者的思想觀念,這需要加以甄别,然後才能正確運用該書材料。本文探討《周書》“德”的含義,也采用這種方法來梳理。

本文探討歸屬於周公的“德”説,從字詞、文本的上下文脈絡、時代背景,人物説話的動機、背景,該字詞的歷時性、共時性含義等角度去理解該字詞的含義。這符合清儒“訓詁明而後義理明”的方法,也是對新語文學的研究方法的嘗試運用。有關《周書》“德”説内涵,學者直接討論的比較少,大多討論周初有關“明德慎罰”内涵。本文主要從元德、君德、臣德、民德及其他方面論述归属於周公的“德”説内涵。

二、元　　德

道德的總原則是善。所謂善,是一切符合道德目的、道德終極標準的倫理行爲。《周書》没有提出善這個概念,但强調“天、王、民”關係且把此作爲道德終極標準的“元德”。《酒誥》篇記周公對“庶士、有正越庶伯、君子”説:“兹乃允惟王正、事之臣,兹亦惟天若元德,永不忘在王家。”[6]“天若元德”是什麽意思?江聲(1721—1799)訓“元”爲“善之長也”。[7]孫星衍(1753—1818)等贊同。“若”同“諾”,意“允諾”。“天若”即“天所允諾”。連劭名引金文《虢叔旅鐘》“穆穆秉元明德”及《酒誥》《周易》相關引文證明“元德”即“天德”。[8]怎樣才是“善之長”的“元德”呢?《酒誥》篇詳細說明:

天既遐終大邦殷之命,兹殷多先哲王在天。越厥後王後民,兹服厥命厥終,智藏,瘝在!夫知保抱攜持厥婦子以哀籲天:“徂,厥亡出執!”嗚呼,天亦哀於四方民,其眷命用懋!王其疾敬德![9]

要明白這個“德”字的内涵,應瞭解此上下文所説之意:商紂時商室面臨統治崩潰,賢人隱藏,丈夫攜妻抱子,哀求上天,希望逃亡而不被抓回。上天憐恤百姓,所以要尋覓敬謹勤勉的人,把統治權交給他(周王)!周王接受這眷命(從而取代殷政,建立新朝),趕快注重“德”。此“德”指周王遵奉天意,做好本分,納士招賢,使百姓安居樂業(包含了天子的自我修養、施政措施)。可見此“德”繼承商人“得”之於天之見,又推及於君王修身、施政。

周公强調君臣配合上天。周人在洛邑建新都,《召誥》説:“其自時配皇天。毖祀于上下,其自時中乂”、“自服于土中”。[10]建新都洛邑,作爲天下之中[11],由此配合皇天,安撫中土。可見,周人認爲治理百姓,選擇一個地理位置較優的都邑很重要。選擇對了,便於治民,上天欣然接受。周成王是特地到洛邑接受上帝之命的。因此,該“德”是上帝賦予周王,用以治理百姓的。

同篇又説:“我不可不監於有夏,亦不可不監於有殷。我不敢知曰有夏服天命惟有歷年,我不敢知曰不其延,惟不敬厥德乃早墜厥命……今王嗣受厥命,我亦惟兹二國命,嗣若功。”[12]此“德”的内涵與上文所言相同,是上帝賦周王以統治天下之命。它的内涵包含:上帝的命令(天命)、君王所應推行的統治措施、民情。這樣,天(帝)與王德、民情,形成“天(命)—王(德)—民(情)”關係,這影響國祚、命數。

同篇説明這三者的關係:“王乃初服!嗚呼,若生子,罔不在厥初生,自貽哲命!今天其命哲?命吉凶?命歷年?知今我初服。宅新邑,肆惟王其疾敬德!王其德之,用祈天永命!”[13]這段文字認爲幼童是人性發展的重要時期,幼童對人性善惡起重要作用;聖智、吉凶、歷數長短是上天賜予的,非人力所能改變。反過來説,要使天命(國祚)長久,則成王必須敬德,包括祈求天,省察自己,使自己的行爲、措施符合天意。王德在“天、王、民”三者關係中處於最重要的核心位置。[14]

“天、王、民”三者關係極其密切,天意體現在民情上。《多士》篇説:“惟帝不畀,惟我下民秉爲,惟天明畏。”[15]江聲釋畏爲威[16],意天威、天意表現在民情上。周人要求君王修身、施政,要敬天,由敬天而尊重民情,由此産生對民的關心、重視,這就産生仁民愛物之心。這樣,君王就得到上天眷顧,政權亦無傾覆之虞。

以上是周人對“元德”的看法,要求君王敬天帝,契天意,提修養,重民情,由向天負責而産生關愛百姓之心。周人以“天命”和“德”來闡釋周取代殷的理由(周王朝建立的合法性):君王有“德”就受命。“德”是説明天命轉移的理據和原因,是周人受命的理由,周人受命是因周人敬德保民。此“德”應用在政治上,也指政治原則、政治理念。[17]這是周人對“德”内涵的創新。周人對天、民及相關政治理念的看法,不少是由此“德”的内涵衍生而來的。

三、君　　德

周公敬天重民,其目的之一是爲了鞏固周朝政權。周以蕞爾小國取代“天邑商”(《多士》)成爲天下共主,周公常常臨事而懼。要使周祚長久,不重蹈夏、商覆亡之轍,必須重視君德。君王處於“天、王、民”三者關係中的樞紐位置,其地位尤重要。周公特重視“君德”,念兹在兹。以下論述周公所説的君德内涵。

1. 敬 天 知 天

周人認爲天帝是秩序的主宰者、“德”的終極擁有者,若君王遵行天意則得天之奬賞(包括授以政權),反之則罰(包括消滅政權)。君王能知天意極其重要,但君王如何才能知天意?君王必須重視祭祀[18],遵行天命(天帝旨意),才能長壽、長享國祚。《召誥》篇指出天有天道:"相古先民有夏,天迪從子保;面稽天若,今時既墜厥命。今相有殷,天迪格保;面稽天若,今時既墜厥命。"[19]俞樾(1821—1907)解"若"爲"道",天若即天道。[20]于省吾解"面"爲偭,即"背"[21],意夏、商兩代祖先建立王朝,本來他們是受到天的撫順和慈護,可是桀、紂不遵行天道,結果都失掉了天命。周人對此進行反思,總結歷史經驗[22],認爲君王應知天、敬天,根據天意而行"德",才能長壽、長享國祚(如《無逸》說的殷太宗享國 33 年,周文王享國 50 年等)。

君王要知天意,最直接的方法是知民情,因爲天威不可即知。周人强調天命無常,如《君奭》篇說:"不知天命不易,天難諶,乃其墜命。"[23]天命不可盲信,天之威嚴不可料知,但天威表現於民情,君王必重視民情,《康誥》說:"天畏棐忱,民情大可見。"[24]周公重視民情,提出保民思想,是他吸收商王朝敗亡的經驗,並"認識到人民所顯示的力量",希望得到人民擁護,長保周朝的統治權,維持天命。[25]敬天知天是周人創新處,後來爲儒家學說吸收。

2. 明德(慎罰)("德"指恩惠手段、柔服措施)

"明德慎罰"是周公"德"論的重要内涵。《康誥》篇說:"惟乃丕顯考文王,克明德慎罰。"[26]孔穎達(547—648)訓此"德"爲"俊德",指有德之士。[27]這不合原文之意。明德、慎罰是一對對立概念,"罰"是强制性懲罰性手段,"德"是鼓勵性懷柔手段。清華簡《皇門》記周公云:"肆朕沖人非敢不用明刑,惟莫開余嘉德之説。"[28]此"德"也指懷柔措施,與"明刑"相對。此句周公强調嘉言善行、推行懷柔措施的必要性。[29]周公對殷民採取德罰並用的措施,取得成效。[30]

周公"德""罰"並舉,即剛柔、文武兼用,是他的創新處。德罰或德刑並舉爲春秋時人襲用[31],也對戰國黄老學説産生影響。[32]德、刑是春秋時期政治原則的兩方面,學者把它説是“刑、德兩元主義”。[33]劉起釪指出明德慎罰的作用是周人爲了補充和完善殷人只知奉行的神道和刑罰這兩種統治術而提出的。[34]

周公還指出,推行“明德”惠民措施,是得天命的重要因素,文王因實踐“明德”而得天命。《君奭》説:“在昔上帝割申勸寧王之德,其集大命于厥躬? 惟文王尚克修和我有夏,亦惟有若虢叔,有若閎夭,有若散宜生,有若泰顛,有若南宫括。又曰無能往來兹迪彝教,文王蔑德降于國人。”[35]文王能團結有夏諸部落部族,又得到五位賢臣輔佐。他們把文王之德(惠民政策)施予百姓。因此,上天授文王以天命。(有關文王之德詳下文)

學者指出明德的“明”與宗教有關。姜亮夫(1902—1995)認爲“明”在秦漢文獻中帶有宗教意味,應反映了上古光明崇拜的遺痕。“明德”來自“天德”,“德”在天稱“天德”,在人稱“明德”。[36]“天德”即上文“元德”,是宗教性和政治性詞語。[37]可見,周人把“明德”由宗教性詞語轉化爲政治性詞語,並賦予新意。

3. “德”指擇用三宅、重用三俊之法

周公認爲文王得到賢臣輔佐而得天命,賢臣對成就王業起着重要作用。《立政》記周公稱贊成湯釐敬上帝,恂行九德,於“三宅”(國家的司法、行政、民政三個最高機構)皆重用俊賢:

> 亦越成湯。陟丕釐上帝之耿命。乃用三有宅,克即宅。曰三有俊,克即俊。嚴惟丕式,克用三宅三俊。其在商邑,用協于厥邑;其在四方,用丕式見德。[38]

周公稱贊成湯擇用三大臣之事(三宅),擇用得很好;而所擇用三大臣(三俊),也能選得俊德之士。蔡沈(1167—1230)稱贊湯用三宅、三俊,“實能就是位而不曠其職”“就是德而不浮其名也”[39]。前者考核其人

是否恪盡職守,後者查核其人才德是否克副其職。正因成湯這兩方面做得好,結果,邦邑内外以湯爲榜樣,彰顯了湯的聖德。

周人重視君王選用賢臣,有了賢輔,明君死後可升配於天帝。《君奭》篇説:"我聞在昔成湯既受命,時則有若伊尹,格于皇天。"[40]因此,周人主張、設置良好制度、選用賢輔,也是"君德"内涵一部分。這也是周人創新點。

4. "德"指君王的德行

君王以德教民、化民,此德必包括君王自身的道德修養。這是學者所説的德有道德、德行之意。

《酒誥》記周公對康叔説:"在昔殷先哲王,迪畏天顯小民,經德秉哲。"[41]于省吾和劉起釪兩先生根據金文對"經德秉哲"的解釋是:從前殷朝先王爲了懼怕上天和小民的力量,所以經久保持他們的德行,執守他們的恭敬。[42]他們把德解爲德行。

周公説成湯、太戊、武丁時,分别有賢臣伊尹、伊陟、巫賢、甘盤輔佐,於是"小臣、屏侯、甸,矧咸奔走。惟兹惟德稱,用乂厥辟。故一人有事于四方,若卜筮,罔不是孚"[43]。内臣、外侯都奔走效命以供職,是因爲這幾位賢臣惟德才是舉,使臣、侯群策群力,以相助之故。此"德"指臣下的德行。

可見,德行之"德"包括君王、大臣,並非只有君王獨享此"德"。有的學者謂時人對德的認識尚未從天命的權威中解脱出來[44],值得商榷。

周公認爲君王要虚懷若谷,接受百姓批評。殷太宗、中宗、高宗、周文王是這方面的表率。《無逸》篇説:"嗚呼! 自殷王(太宗及)中宗及高宗(及祖甲)及我周文王,兹四人迪哲。厥或告之曰:'小人怨汝詈汝!'則皇自敬德。厥愆,曰:'朕之愆!'允若時,不啻不敢含怒。"[45]這四位聖君有共同點,重視民意,"庸庸祇祇威威顯民"[46]。如果有些小民怨罵他們,他們就更警惕德行,知錯能改。這也是君王的有胸襟、有勇氣的表現。劉起釪稱贊這一看法:“要把階級社會裏最高級的王和最低級的小民打成一片,没有一些扞格,真是中國政治哲學的最高意義深刻的卓論。”[47]可見,此“德”的含義也是一個創見。周人賦“德”予德行義,對春秋時人(包括孔子)及後世産生重要影響。

德行也是善行。周公説:“(紂)弗惟德馨香、祀登聞于天,誕惟民怨。”[48]孔穎達解爲“發聞其德令之馨香”云云[49],能“發聞其德令之馨香”,則此德實爲善行。

5. “德”指(君王)節制逸樂,不可縱樂

周公對夏、殷滅亡進行深刻反省和總結,認爲其重要原因之一是君王放縱享樂。周公五年對遷至洛邑的殷民説起夏亡湯興之史:

> 上帝引逸,有夏不適逸則,惟帝降格嚮于時。夏弗克庸帝,大淫泆有辭。惟時天罔念聞,厥惟廢元命,降致罰。乃命爾先祖成湯革夏,俊民甸四方。[50]

本段大意説:上帝不讓君王放縱享受,然而夏桀不領會這法則,恣意尋樂,不理會上帝發下的災異譴告,反而更加狂蕩。上天就命令成湯革夏之命。從成湯到帝乙,“罔不明德恤祀”,“罔不配天,其澤”[51],不敢失去天心,所以殷王代代相傳。可是紂王完全不明白天道,“誕淫厥泆”,大大狂蕩,因此上帝也就滅了商。可見,這裏所説的“德”當針對夏桀、商紂的行徑而反之,即聽天意,不縱樂。

周公還認爲君王逸樂與否關係到政權存亡,因此他諄諄告誡成王,要吸取夏商滅亡的教訓,不要逸樂,應知稼穡之艱難、小民之疾苦。他舉太王、王季、文王的美德——尤以周文王的奮勉勤勞爲説:“文王卑服,即康功田功;徽柔懿恭,懷保小民,惠鮮于鰥寡;自朝至于日中昃,不遑暇食,用咸和萬民。文王不敢盤于遊田,以庶邦惟正之供。”[52]稱贊周文王奮勉勤勞,懷保小民,享國長久,要求成王不可逸樂,以殷紂迷亂

酗酒終致亡國爲鑒。

以上所論《周書》所説君王之“德”，包括天、王、民三者關係中的君王該知天（意）敬天（命），這涉及宗教、天命信仰；推行柔服的統治措施（明德），此由宗教崇拜轉而爲政治措施；善於選賢的三宅、三俊之法，此爲政治措施之一，强調賢賢原則，從氏族聯盟中挑選首領，一起在王朝任職，加强姬周與氏族的聯繫；推行德教德化，重視自己的德行，此乃由外而内，重視提升内在修養；節制逸樂，此由歷史興亡而推知天帝之意。可見，君德的内涵覆蓋宗教、政治、個人道德修養等範疇，而這些範疇與鞏固政權有密切的關係。這一切都是周人對“德”的内涵的創新。這些含義對後世中國傳統政治思想産生了重要而深遠的影響。

四、民　　德

周公重視“天、王、民”的密切關係。他指出天意、天威體現在民情：“天畏棐忱，民情大可見。”[53]他稱贊文王：“克明德慎罰，不敢侮鰥寡，庸庸祗祗威威顯民。用肇造我區夏越我一二邦，以修我西土，惟時怙冒聞于上帝，帝休。天乃大命文王。”[54]文王敬畏普通小民、有聲望的人，因此上聞於天帝，天帝就授天命予文王。可見天命與“民”的關係極密切。

《康誥》篇“惟命不于常”、“天畏棐忱，民情大可見”，明確指出天命不常、天威不可信，而君王必須重視民情。細繹諸《誥》有關天命的説法，周人認爲不能只相信天子所信的天命，如紂自信“我生不有命在天？”[55]天命在他的手中，他不擔心政權會被推翻。若只相信紂所相信的天命，則周人就不應推翻商朝。因此，天命存在着，但它不一定只掌握在天子一人或一家一朝之中，而應存在於民心。凡重視民情、盡人事的君王或諸侯（如周文王），就能接受天命。[56]反之，則喪失天命、政權。殷人認爲天命只賦予天子，但周人有新的看法：天命除了天子能掌握，天命也存在於民心，君王當盡人事。傅斯年（1896—1950）稱之爲“畏天威、重人事之天命無常論”[57]。可見，周人從總結歷史經驗中認識到民心的重要。

周人重視下層百姓，認爲政府的目的是改善他們的境況。《康誥》篇説："爽惟民迪吉康，我時其惟殷先哲王德用康乂民作求。矧今民罔迪，不適不迪，則罔政在厥邦。"[58]當人民的境況改善時，周人還學習殷代聖王治民的方法，何況現在人民的境況未獲改善呢！言下之意，政府存在的目的是改善人民的境況。《梓材》篇説："王其效邦君越御事，厥命曷以？引養、引恬。"[59]國君施政以養育人民和安定人民爲先。可見，周人重視下層百姓的温飽養育生活，認爲這是君王的重要責任。[60]

周人對"民德"很瞭解，《君奭》篇明確提出"民德"："嗚呼！君！惟乃知民德，亦罔不能厥初，惟其終。"[61]當知一般百姓的德性，很少善始善終地完成一件事，而能善終的則很可貴。周人知道百姓鮮能善始善終，認爲政府要用種種措施"用康保民"、"裕乃以民寧"[62]。齊思和(1900—1980)稱之爲"家族式政府"[63]。周人認爲要得天命、保天命，就須重民情，尚需賢臣輔佐，以克大功。

五、臣　德

1. "德"指臣下對周王忠诚及良好的品德

周人認爲明君得到賢臣輔佐，政治才能休明。《君奭》篇列舉成湯、太甲、太戊、祖乙、武丁分别得到賢臣伊尹、保衡、伊陟、巫賢、甘盤輔佐，"率惟兹有陳，保乂有殷，故殷禮陟配天，多歷年所"[64]，不僅保治了殷朝，而且這幾位殷王死後升遐配祀於天，這幾位賢臣也配食於廟。周文王也得到五位賢臣虢叔、閎夭、散宜生、泰顛、南宫括輔佐。文王崩後，"文王在上，於昭于天"[65]。可見，周人特别重視賢臣對接受天命、鞏固政權所起的重要作用。

周公敉平叛亂後，在洛邑建新都，希望能任用一些殷遺，借用他們的從政經驗，以治理百姓。《多士》篇説："予一人惟聽用德，肆予敢求爾于天邑商，予惟率肆矜爾。”[66]周公學習成湯的做法，以德行爲標準來遴選賢人。這些“德”當指：(1)對周王朝服從、忠心，擁戴周朝；(2)品德良好，在殷人中有地位、有影響力；(3)有才能。以上這三點是周公對殷遺提出的“臣德”的基本要求。

2. 九　德

周公在《立政》篇説：“古之人迪惟有夏，乃有室大競，籲俊尊上帝，迪知忱恂于九德之行。”[67]周公認爲夏朝曾經强盛，是由於夏后有賢佐治國，尊事上帝，大臣們能身體力行於“九德”。“九德”之説，是《皋陶謨》提出的：“寬而栗，柔而立，愿而恭，亂而敬，擾而毅，直而温，簡而廉，剛而塞，彊而義。彰厥有常，吉哉！”[68]

有關“九德”之説，自西周以來有四種説法：除了本篇所提的，另外三種見於《逸周書》，一是《常訓解》所説“忠、信、敬、剛、柔、和、固、貞、順”，一是《寶典解》提到孝、悌、慈惠、忠恕、中正、恭遜、寬弘、温直、兼武，一是《文政解》所提的忠、慈、禄、賞、民之利、商工受資、祗民之死、無奪農、民之則。[69]前兩篇是反映西周的資料而寫成於春秋時期，最後一篇是戰國兵家之作。[70]它們的提法和儒家有相同之處。周公所説的九德與《皋陶謨》的相同，是比較早的看法。此“九德”是各由相反意義的兩個字組成一德，這樣組成方法，其意是不要走極端，不要只行此德的一面，而要把它中庸化，走中庸之道。[71]

六、德的其他内涵

周人善於繼承、轉化、創新傳統文化，因時因勢加以利用。除了上文提出的“德”包含君德、民德、臣德外，周人還重視傳統之德。下文簡論《周書》提到其他“德”的内涵。

1. 祖　德

祖德是祖先的行爲、處事方法、原則,作爲宗族的一種傳統文化、思想、觀念、生活而流傳下來。它是氏族或種族的本質屬性(血統),也意味着種族綿延、宗廟不絶、民族認同。[72]它成爲一個宗族的思想、原則。後人要加以繼承、發揚。周人重視繼承周先公先王的思想。

《無逸》篇稱贊太王和王季“克自抑畏”[73],能謙抑畏懼。他倆爲周業開創,披荆斬棘。《詩經》的《篤公劉》、《緜》等篇記載、歌頌了公劉、古公亶父創業艱難。周文王“卑服”、“懷保小民”[74],也繼承這種美德,身體力行,常想着安保鰥寡小民,“不敢盤于遊田”、“用咸和萬民”[75],最後周人取殷而代之。可見,周先公、先王對周以“德”代殷起着積極的作用。

周人强調繼承優良的祖德,因此重視孝道。《酒誥》説:“用孝養厥父母”[76],《康誥》説:“元惡大憝,矧惟不孝不友,子弗祇服厥父事,大傷厥考心……惟弔兹不于我政人得罪,天惟與我民彝大泯亂。”[77]他固然憎惡罪大惡極之人,尤憎惡不孝不友之人[78],要求官長判處罪刑,否則將破壞上天給予的彝倫。《酒誥》篇還强調周貴族踐行孝道:“聰聽祖考之彝訓越小大德。”[79]楊樹達(1885—1965)訓“德”爲“職”:“德當讀爲職,小大德,小大職也……言不論小職大職及其屬官,皆當一律祖考之訓。”[80]此訓合乎情理,因爲那些年輕人都是世官貴族,“德”已包含官職。可見,“德”與職、位、爵、禄等世官世襲的政治制度息息相關。

周人不僅要求周族重孝道,且把孝道提高到與政權、天命聯繫起來的理論高度。《君奭》篇説:“我後嗣子孫大弗克恭上下,遏佚前人光在家,不知天命不易,天難諶,乃其墜命,弗克經歷嗣前人恭明德。在今予小子旦,非克有正,迪惟前人光,施于我沖子。”[81]他從歷史角度出發,要求後代子孫恭敬上天,順從下民,繼承發揚文王、武王的光輝事業。他們要勤勞王事,使前人的光美代代相傳。[82]商人也講孝,但周人把孝與德、政權、天命聯繫起來，理論上比殷人跨進一步。

2. 文 王 之 德

周公極力推崇文王及其德。文王被周公形容爲“德”的至高者。他具有君德、臣德、祖德的各種善。可以説，文王之德是上述各種“德”(除民德外)的總和。周代詩人以“明德”來稱他，可見對他的尊崇。[83]

《周書》常常提到文王，推崇文王，如《大誥》説“寧王惟卜用，克綏受兹命”[84]，文王用了占卜而得天命。《康誥》説他“克明德慎罰，不敢侮鰥寡，庸庸祇祇威威顯民”[85]，施行賞賜，慎行刑罰，不僅不欺侮無依無靠的小民，而且敬畏他們。《酒誥》説他告誡“庶邦庶士越少正御事”，“祀兹酒”[86]，只有祭祀時才喝酒。對文王推崇較備且基本上涵蓋文王大部分之德的，當推《君奭》篇。該篇説：

> 在昔上帝割申勸寧王之德，其集大命于厥躬？惟文王尚克修和我有夏，亦惟有若虢叔，有若閎夭，有若散宜生，有若泰顛，有若南宫括。又曰無能往來兹迪彝教，文王蔑德降于國人。亦惟純佑秉德，迪知天威，乃惟時昭文王迪見，冒聞于上帝，惟時受有殷命哉！[87]

此段所記文王之功、德包括：(1)得天命；(2)得到五位賢臣輔助；(3)君臣關係良好，以襄成大業[88]；(4)能團結中原諸夏(與中原諸國保持良好關係)，興隆昌盛。因爲文王之有如斯盛德，成爲周朝奠基人，且對周文化産生深遠影響。《詩經・文王之什》篇固然頌美文王之德，《立政》篇以“容德”來稱頌文王：“率惟謀從容德，以竝受此丕丕基。”[89]蔡沈解釋容德爲“有休休樂善之量，皆成德之人也”[90]。容德是有德行的、修養高的人。于省吾認爲容德即頌德，即頌文王之德。[91]

文王爲周朝奠基者，周公希望成王親政後能繼承、發揚文王之德。他對成王諄諄告誡：“承保乃文祖受命民，越乃光烈考武王弘朕”、“考朕昭子刑,乃單文祖德”[92]。成王來洛邑,是要保有文王所統治的殷民,繼承武王的弘訓;並且要以文王爲儀型,以克盡文王之德。周公希望成王以這兩位先人爲榜様,勤政惠民,使周朝長治久安。

以上都是周人對“德”内涵的創新。這些“德”在宗教、天道、政治、倫理等方面都有正面意義。周公對歷史有深刻瞭解,在他的一些語境中,“德”保留了傳統意義。

3. 德指禮、禮制

“德”的内涵包括君王的德行、行爲等,則“德”已包括了道德範疇裏的個人修養、道德行爲等,誠如晁福林師指出:周初“德”指得於分封制與宗法制之規範,它作爲倫理關係與行爲規範總和的觀念已出現。[93]易言之,“德”可以指禮制。禮是古代文化、歷史的總稱。[94]《洛誥》篇云:“考朕昭子刑,乃單文祖德。”[95]孔穎達解爲:“盡是汝文祖之德,言用文王之道制禮。”[96]則此“德”指禮制。

七、結　　語

《周書》記載的“德”的内涵豐富多樣,既有繼承傳統之處,又有創新。周人説的“德”的内涵偏重在政治倫理方面。他們强調“君德”,要求君王知天意、敬天命,這涉及宗教與天命信仰;並把與宗教話語的“明德”實用於政治運用上,主張推行柔服恩惠措施;强調賢臣輔佐的重要性,提出賢賢原則,善用三宅三俊法;要求君王重視自己的德行,提升内在的修養,節制逸樂;總結夏商興亡的歷史,吸收歷史教訓,以推知天帝之意。他們有强烈的史觀意識,由人事而推天意,有“究天人之際”的意藴。他們重視臣德、民德。他們極力推崇文王,稱贊文王之德具有“德”的各種善的内涵的總和。另外,“德”還賦予道德意義上的德行之意、禮制等内涵。可見,《周書》所説的“德”,其内涵涉及宗教、政治、社會倫理、個人道德修養等範疇。周人“德”義内涵豐富,對春秋時期、戰國諸子百家的學説産生了重要的影響。

注釋

［1］一些學者認爲《大誥》《康誥》《酒誥》《梓材》《召誥》《洛誥》《多士》《無逸》《君奭》《多方》《立政》記載周公言行，詳杜勇：《周初八誥研究》，中國社會科學出版社1998年版，第8—91頁；《尚書校釋譯論》也有相同的看法，顧頡剛、劉起釪著，中華書局2005年版。郭偉川認爲《大誥》《康誥》《梓材》《召誥》《多士》《君奭》《多方》述及之“王”爲周公，見郭偉川：《周公攝政稱王與周初史事論集》，北京圖書館出版社1998年版，第201頁。

［2］戴震：《與是仲明論學書》，載張舜徽選編：《文獻學論著輯要》，陝西人民出版社1985年版，第373頁。

［3］錢大昕：《〈經籍籑詁〉序》，載阮元等編著：《經籍籑詁》，中華書局1995年版，第1頁。

［4］此爲阮元《莊方耕宗伯經説序》説莊存與的治經之法，見《味經齋遺書》卷首，光緒八年(1882)重刊陽湖莊氏藏板，第1頁。

［5］程樹德：《論語集釋》“凡例”，中華書局1990年版，第6頁。

［6］劉起釪：《尚書校釋譯論》，中華書局2005年版，第1396頁。

［7］江聲：《尚書集注音疏》，載《續修四庫全書》第44册，上海古籍出版社1995年版，第533頁。

［8］連劭名：《金文所見周代思想中的德與心性學説》，載《文物春秋》2009年第2期，第12頁。

［9］劉起釪：《尚書校釋譯論》，第1434頁。

［10］同上書，第1438頁。

［11］有關周公建都洛邑以爲天下之中的思想，參李久昌：《周公“天下之中”建都理論研究》，載《史學月刊》2007年第9期；史寧中：《宅兹中國：周人確定“地中”的地理和文化依據》，載《歷史研究》2012年第6期；游逸飛：《四方、天下、郡國——周秦漢天下觀的變革與發展》，臺灣大學2009年碩士學位論文，第33—54頁。

［12］劉起釪：《尚書校釋譯論》，第1441頁。

［13］同上。

[14] 這段文字涉及周公人性論,詳楊兆貴:《周公心性論甄微》,載《南都學壇》2016年第1期。

[15] 劉起釪:《尚書校釋譯論》,第1512頁。

[16] 江聲:《尚書集注音疏》,第562頁。

[17] 張光直:《中國青銅時代》,生活·讀書·新知三聯書店1983年版,第307頁。

[18] 齊思和的《西周時代之政治思想》指出周人的理想政府須重視祭祀,詳齊思和:《中國史探研》,河北教育出版社2000年版,第145—147頁。

[19] 劉起釪:《尚書校釋譯論》,第1432頁。

[20] 同上書,第1438—1439頁。

[21] 于省吾:《雙劍誃尚書新證》,中華書局2009年版,第168頁。

[22] 有關周人對夏殷滅亡而進行反思,詳王暉:《殷末周初以史爲鑒意識與思想維新運動》,載《史學史研究》2008年第2期。

[23] 劉起釪:《尚書校釋譯論》,第1554頁。

[24] 同上書,第1313頁。

[25] 劉起釪:《古史續辨》,中國社會科學出版社1991年版,第362、390頁。

[26] 劉起釪:《尚書校釋譯論》,第1299頁。

[27] 孔穎達:《尚書正義》,北京大學出版社1999年版,第360頁。

[28] 李學勤主編:《清華人學藏戰國竹簡(壹)》,中西書局2010年版,第165頁。

[29] 楊兆貴:《清華簡〈皇門〉篇柬釋》,載《考古與文物》2016年第2期,第112—113頁。

[30] 有關周公統治殷人的措施,可參劉起釪:《周初八〈誥〉中所見周人控制殷人的各種措施》,載《殷都學刊》1988年第4期;吕觀盛:《周初殷遺民管理政策研究》,廣西師範大學2006年碩士論文,第20—40頁。

[31]《左傳》"德"、"刑"並提的較多,如僖公七年(公元前653年)"其德、刑、禮、義,無國不記",僖公十五年(公元前645年)"德莫厚焉,刑莫威焉",僖公二十五年(公元前635年)"德以柔中國,刑以威四夷",宣公十二年(公元前597年)"伐叛,刑也;柔服,德也",成公十六年(公元前575年)"德以施惠,刑以正邪"(以上引文見楊伯峻:《春秋左傳注》,中華書局1981年版,第293、318、366、434、722、880頁。)

[32] 楊兆貴,趙殷尚:《從周公"明德慎罰"與治殷措施看周公與黄學政治思想的關係》,載杜勇主編:《叩問三代文明——中國出土文獻與上古史國際學術研討會論文集》,中國社會科學出版社2014年版,第581—604頁。

[33] 小倉芳彦:《中國古代政治思想研究》,東京:青木書店1970年版,第64頁。

[34] 劉起釪:《尚書校釋譯論》,第 1375 頁。

[35] 同上書,第 1574 頁。

[36] 姜亮夫:《古史學論文集》,上海古籍出版社 1996 年版,第 173、187—206 頁。

[37] 鄭開:《德禮之間》,第 281 頁。

[38] 劉起釪:《尚書校釋譯論》,第 1666 頁。

[39] 蔡沈:《書經集傳》,中國書店 1994 年版,第 177 頁。

[40] 劉起釪:《尚書校釋譯論》,第 1560 頁。

[41] 同上書,第 1403 頁。

[42] 于省吾:《雙劍誃尚書新證》,第 142 頁;劉起釪:《尚書校釋譯論》,第 1405 頁。

[43] 劉起釪:《尚書校釋譯論》,第 1560 頁。

[44] 劉澤華:《中國傳統政治思維》,吉林教育出版社 1991 年版,第 72 頁。

[45] 劉起釪:《尚書校釋譯論》,第 1542 頁。

[46] 同上書,第 1299 頁。

[47] 同上書,第 1547 頁。

[48] 同上書,第 1407 頁。

[49] 孔穎達:《尚書正義》,第 380 頁。

[50] 劉起釪:《尚書校釋譯論》,第 1513 頁。

[51] 同上。

[52] 同上書,第 1538—1539 頁。

[53] 同上書,第 1313 頁。

[54] 同上書,第 1292 頁。

[55] 同上書,第 1052 頁。

[56] 有關周文王是否稱王,如何受命,受命的意義等,晁福林《"文王受命":上博簡〈詩論〉的若干啓示》有詳細論述。詳晁福林:《天命與彝倫:先秦社會思想探研》,北京師範大學出版社 2012 年版,第 82—100 頁。

[57] 傅斯年:《中國現代學術經典·傅斯年卷》,河北教育出版社 1996 年版,第 97 頁。

[58] 劉起釪:《尚書校釋譯論》,第 1348 頁。

[59] 同上書,第 1424 頁。

[60] 齊思和:《中國史探研》,第 147 頁。

[61] 劉起釪:《尚書校釋譯論》,第 1586 頁。

[62] 同上書,第 1309—1310、1351 頁。

[63] 齊思和:《中國史探研》,第 147 頁。

[64] 劉起釪:《尚書校釋譯論》,第 1560 頁。

[65] 朱子:《詩集傳》,中華書局 1961 年版,第 175 頁。

[66] 劉起釪:《尚書校釋譯論》,第 1517 頁。

[67] 同上書,第 1665—1666 頁。

[68] 同上書,第 400 頁。

[69] 見黄懷信、張懋鎔、田旭東:《逸周書彙校集注》,上海古籍出版社 1995 年版,第 56、299—302、399—400 頁。

[70] 劉起釪、黄懷信、楊朝明都認爲《寶典解》反映西周的資料而寫成於春秋時期。黄懷信認爲《常訓解》、《文政解》是春秋加工改寫的作品。劉起釪認爲《文政解》是戰國兵家之作。分見黄懷信:《〈逸周書〉源流考辨》,西北大學出版社 1992 年版,第 93、102、126 頁;楊朝明:《〈逸周書·寶典篇〉與儒家思想》,載《現代哲學》2005 年第 4 期;劉起釪:《尚書校釋譯論》,第 512—513 頁。

[71] 這是孔穎達的看法,見《尚書正義》第 105 頁。

[72] 鄭開:《德禮之間》,第 227 頁。

[73] 劉起釪:《尚書校釋譯論》,第 1538 頁。

[74] 同上。

[75] 同上。

[76] 同上。

[77] 同上書,第 1336 頁。

[78] 有關周代孝、友的内涵,參晁福林《好仁好賢與朋友——簡本〈緇衣〉"輕絶貧賤"章和〈大雅·既醉〉章補釋》,載《北京師範大學學報(社科版)》2014 年第 2 期。

[79] 劉起釪:《尚書校釋譯論》,第 1388 頁。

[80] 楊樹達:《積微居讀書記》,中華書局 1962 年版,第 26 頁。

[81] 劉起釪:《尚書校釋譯論》,第 1554 頁。

[82] 傅斯年:《中國現代學術經典·傅斯年卷》,第 82 頁。

[83]《詩·大雅·皇矣》云:"帝謂文王,予懷明德",方玉潤訓"明德"爲文王,文王與明德互文。見方玉潤:《詩經原始》,中華書局 1986 年版,第 493 頁。

[84] 劉起釪:《尚書校釋譯論》,第 1272 頁。

[85] 同上書,第 1299 頁。

[86] 同上書,第 1380 頁。

[87] 同上書,第 1574 頁。

[88] 王先謙説:“兹五臣秉執明德,進知皇天威命所屬,共輔文王,乃惟是名益昭顯。”又説:“文王用顯文之德光於四方,有五臣而愈顯,所謂君臣相得益彰也。”見王先謙:《尚書孔傳參正》,中華書局 2011 年版,第 803 頁。

[89] 劉起釪:《尚書校釋譯論》,第 1675 頁。

[90] 蔡沈:《書經集傳》,第 179 頁。

[91] 于省吾:《雙劍誃尚書新證》,第 270 頁。

[92] 劉起釪:《尚書校釋譯論》,第 1492 頁。

[93] 晁福林:《天命與彝倫:先秦社會思想探研》,北京師範大學出版社 2012 年版,第 82—100 頁。

[94] 錢穆:《國學概論》,載《錢賓四先生全集》第 1 册,第 24 頁。

[95] 劉起釪:《尚書校釋譯論》,第 1492 頁。

[96] 孔穎達:《尚書正義》,第 416—417 頁。

第三编　新語文學與出土早期文獻研究

利用語文學和新出土文獻校讀古書舉隅：以《淮南子》爲例

顏世鉉

一、前　　言

有關"語文學"的範圍，王力曾有很簡單的説明，他説：

> "語文學"(philology)和"語言學"(linguistics)是有分别的。前者是文字或書面語言的研究，特别着重在文獻資料的考證和故訓的尋求，這種研究比較零碎，缺乏系統性；後者的研究對象則是語言的本身，研究的結果可以得出科學的、系統的、細緻的、全面的語言理論。中國在"五四"以前所作的語言研究，大致是屬於語文學範圍的。[1]

然而，何九盈指出，中國在"五四"以前應該也有"語言學"，所以目前人們把古代的"語文學"和"語言學"統稱爲"傳統語言學"應該是比較貼切的。[2]中國傳統所謂的考據、訓詁之學和"語文學"的性質比較接近，也和校讀古書的關係非常密切，所以，本文特别標舉"語文學"作爲校讀古書的重要憑藉。當然這並不表示校讀古書就和"語言學"不相干；相反地，它也還是需要藉助語言學的知識和成果。趙元任説：

在事實上,Philology所注重的是推求某一字在流傳的文獻當中,某某章句究竟應該怎麽怎麽講。所以某種文獻,有某種的Philology,他的性質是近乎咱們所謂考據、訓詁之學。那麽無論是小學,或是訓詁、或是Philology,雖然注意點的中心不在乎語言,而這些學問所自來的基本材料,不外乎語言,特别是在語言地理上的分歧,語言在歷史上的變遷,隨時就會把學者的注意,常常不知不覺的引上一般原理的問題上去。[3]

董同龢説:

文字不過是語言的不完全的紀録,古書文句的解釋應該以古語研究爲基礎,只在方塊字裏亂闖而不能瞭解他們是代表語言的,自然難得好的結果。我們在認古字方面一直没有能建立一個系統、没有使我們的方法可以得而言,没有使我們的知識成爲準確性較大的知識,是不是因爲我們關於古語一般的知識一向還不夠?又從最根本的方法説起,是不是因爲我們對於語言本質以及語言和文字的關係,一向還缺乏認識呢?

别忘了,"訓詁"也是語言研究的一部分,我們如果從現代語言學中的語彙學、意義學(Semantics)和詞史學(etymology)的立場着手,應當能理出一個系統來。[4]

可見我們在解釋古書文句時,雖然以"語文學"爲主,但也不能對相關的"語言學"知識缺乏認識。

何九盈指出,清代乾嘉時期的語言學是以研究古音古義爲主要内容,它是中國古代語言學最後的、也是最爲竦桀的一個高峰。[5]尤其是"以音求義,不限形體"的見解,可以説最鮮明地表現衝破文字藩籬這種革命精神[6],也是清代"傳統語言學"的最大成就。[7]當時的學者憑藉着堅實的"傳統語言學"素養來校讀古書,所以能取得前所未有的輝煌成績,王念孫、王引之父子的《讀書雜志》和《經義述聞》就是最爲傑出的代表著作。何九盈曾指出，20世紀的古書注解，拿清代來作比較，應該説是有超過、也有不如的地方。[8]這裏舉出他所説超過的方面其中兩點：一是古書新證，二是運用語言學知識解決古書中的難題。關於第一點，就是"用古文字和出土文物與典籍相證發"；第二點，他指出"今人能運用語法學、詞義學的知識解決古書注解中的一些問題，這是時代的恩賜"。在音韻學方面也是如此。所以，今日我們校讀古書，在這兩點上也是清人無法比擬的。近百年來，甲骨、青銅器和戰國秦漢簡帛資料的陸續被發現，尤其近年來新出土的簡牘材料的數量更是龐大。新出土文獻包含許多有價值的古代漢語的資料，它們在校讀古書上能起巨大作用。[9]本文主要利用新出土文獻並結合語文學的研究成果來校讀傳世古書，所校讀之例皆取自《淮南子》一書，共有四則。

二、校　讀

（一）合戰必立矢射之所及

合戰必立矢射之所及，以共安危也。（《兵略》）

1. "射"讀爲"石"的音近關係

王念孫《讀書雜志》卷九之十五云：

> 矢射，當爲"矢石"，聲之誤也。（《太平御覽·兵部》十三引此已誤。）《意林》引此正作"矢石"，劉晝《新論·兵術篇》同。上文云"所以程寒暑"、"所以齊勞佚"、"所以同飢渴"，則此"以共安危"上亦當有"所"字。

所謂"聲之誤"，指的是通假的現象。"射"讀爲"石"的校讀意見是對的。[10]王念孫引據《意林》及《新論》所引作"石"來證明"射"讀爲"石"，但並沒有出注來列舉古書中相關的通假例證，以下舉例來證明。[11]

(1) 射:席

清華竹書《繫年》第13章簡64—65云:"趙旃不欲成,弗召,射于楚軍之門,楚人被駕以追之,遂敗晉師于河。"原整理者指出,簡文疑即"射"的表意字,在此讀爲"席",《左傳》宣公十二年:"趙旃夜至於楚軍,席於軍門之外,使其徒入之。"[12]筆者曾經指出,"射"與"席"爲音近相通的異文,當讀爲"舍",指停留、止宿之意。[13]有關簡文"射"字的認定,學者們存在着不同的看法,李松儒綜理諸說,主張以釋作"射"字爲當。[14]席,《説文》云从"庶省聲",古文作,從"石"省。林澐指出,以古文字來看,"席"從"石"聲,如(信陽簡2.08),而《説文》"庶省聲",是許慎不知"庶"古本亦以"石"爲聲。[15]這個看法是對的。所以《繫年》"射"字,《左傳》異文作"席",此爲"射"和從"石"聲之字音近相通的例證。

(2) 射:斁;斁:度

先説"射"和"斁"相通。《詩·周南·葛覃》:"服之無斁。"斁,《禮記·緇衣》引作"射",郭店簡《緇衣》作"懌"。《魯頌·泮水》:"徒御無繹。"陸德明《釋文》:"繹,本又作射,又作斁、作懌,皆音亦,厭也。"此爲繹、斁、懌、射爲異文。《爾雅·釋詁下》:"豫、射,厭也。"郝懿行曰:"射者,斁之叚音也。射古音序,又音捨,轉音石,又音亦,故射、斁二字經典叚借通用。"

再説"斁"和"度"相通。《詩·魏風·汾沮洳》:"彼其之子,美無度。"俞樾《羣經平議》卷九云:

> 無度,猶無斁也。《振鷺篇》"在此無斁",箋云:"人皆愛敬無厭之者。"然則"美無度"亦謂無厭之者也。《後漢書·張衡傳》:"惟盤逸之無斁兮",李賢注:"斁,古'度'字。"是"度"與"斁"古通用。

僞《尚書·五子之歌》:"乃盤遊無度。"與《張衡傳》"惟盤逸之無斁兮"相當,此斁、度爲異文。[16]又《尚書·梓材》:"惟其塗丹雘。"塗,《説文》"雘"字引作"敗",孔穎達《正義》本作"斁",此敗、斁爲異文。度,《説文》

云“庶省聲”,林義光《字源》云:“庶本从石得聲,則度亦石聲。”

從斁、射、度、斁作爲異文的現象可知“射”和從“石”聲的“度”音近相通。古書中“射”和“度”通假的情形如《荀子·解蔽》:“空石之中有人焉,其名爲觙,其爲人也,善射以好思。”俞樾《諸子平議》卷十四云:

> 此射字乃射策、射覆之射。覆而匿之,人所不知,以意縣揣而期其中,此射之義也。《呂氏春秋·重言篇》載成公賈説荆莊王曰:“有鳥止于南方之阜,三年不動不飛不鳴,是何鳥也?”王射之曰:……然則古人設爲廋辭隱語,而使人意度之,皆謂之射。

龍宇純説:“射讀與度同,故古書無度或作無射。度者,義忖度,射策射覆之射亦同此,俞説猶未透徹。”[17]此説可從。所以,《荀子》“善射以好思”和《呂氏春秋》“王射之”之“射”皆應讀爲“度”。此爲“射”與從“石”聲之“度”通假的現象。

以上論述“射”和從“石”聲的“席”、“度”音近相通,此可作爲王念孫讀“射”爲“石”的通假證據。以下討論“石”的詞義。

2. 傳世古書“矢石”之“石”的詞義

《呂氏春秋·貴直》:“簡子乃去犀蔽屏櫓而立於矢石之所及,一鼓而士乘之。”高誘注:“矢,箭;石,砮也。”何寧、張雙棣皆引此例作爲《淮南子·兵略》“合戰必立矢射之所及”之書證。[18]高誘注以“砮”來釋“石”,張雙棣、殷國光、陳濤《呂氏春秋詞典》説:“石,指石砮,也就是石製的箭頭。”[19]此説與高誘注相同。《説文》:“砮,石可以爲矢鏃。”[20]《國語·魯語下》“孔丘論楛矢”章云:“仲尼在陳,有隼集于陳侯之庭而死,楛矢貫之,石砮其長尺有咫。”韋昭注:“砮,鏃也。”《廣雅·釋器》:“砮,鏑也。”王觀國《學林》卷五“矢”條云:“矢刃又謂之鏃,又謂之砮。《周禮·矢人》曰:‘刃長寸。’《爾雅》曰:‘金鏃箭羽謂之鍭。’字書曰:‘石爲矢鏃曰石砮。’”可見“砮”可以指箭頭。以上的説法都是認爲“石”即指“砮”,爲石製的箭頭。

古書中“矢石”連言,“石”還有其他的意義。《淮南子·脩務》:“今日距彊敵,犯白刃,蒙矢石,戰而身死。”高誘注:“石,矢弩也,一曰發石。”這裏指出兩種不同的意義:一是“矢弩”,一是“發石”。以下説明這兩種意義。

(1)“石”爲“矢砮”,指石製的箭頭,代指箭。此説上文已述及,《吕氏春秋·貴直》高誘注:“矢,箭也;石,砮也。”砮,《太平御覽》卷三百五十一引注作“矢,箭也。石,弩也”。此注作“弩”,乃是“砮”之通假,指的是弓弩發射出去的殺傷性武器而不是發射器的弓弩本身。《説文》:“弩,弓有臂者。”指用機械發射的弓。[21]

(2)“石”爲“發石”,指拋射的石塊。古代有拋石打擊敵人的作戰方式,孫機指出,漢代有重型遠射武器,主要用拋石機,此物又名炮或礮。[22]這裏引述三則古書的記載來説明:

五月庚寅,荀偃、士匄帥卒攻偪陽,親受矢石。(《左傳》襄公十年)

且先王能令其民蹈白刃,被矢石。(《商君書·慎法》)

白刃交接,矢石若雨,而士爭先者,賞信而罰明也。(《文子·上義》)

第一則,孔穎達《正義》云:

服虔云:“古者以石爲箭鏑。”引《國語》“有隼集於陳侯之庭,楛矢貫之石砮”以證石爲箭鏃。若石是箭鏃,則猶是矢也,何須“矢、石”並言?杜言在矢石間,則不以石爲矢也。《周禮·職金》:“凡國有大故而用金石,則掌其令。”鄭玄云:“用金石者,作槍雷之屬。”雷即礧也。兵法:守城用礧石以擊攻者,陳思王《征蜀賦》云“下礧成雷,榛殘木碎”是也。

惠棟《春秋左傳補注》云:

《後漢書·堅鐔傳》曰:"輒先當矢石。"注:"石謂發石以投人也。"《墨子》曰:備城者,積石百枚,重十鈞以上者。

楊伯峻《春秋左傳注》云:"矢爲箭。石亦守城武器,由城上以擊攻者。"[23]孔穎達、惠棟和楊伯峻都指出古代有發射石塊以投人的方式,而"親受矢石"的"石"應是指發射出來的石塊。第二則,蔣禮鴻《商君書錐指》認爲"矢石"的"石"是指戰爭時所拋射的石塊,他説:

《説文》:"厞,發石也。旝,一曰:建大木,置石其上,發以機以槌敵。"(案:旝即厞之聲借)《漢書·李廣蘇建傳》:"乘隅下壘石。"師古曰:"言放石以投人。"[24]

第三則,李定生、徐慧君《文子校釋》説:"矢石,箭和石。古代作戰,發箭拋石以打擊敵人。"[25]

有關"石"的詞義,可見前賢已存在着不同的理解。《淮南子·脩務》"蒙矢石",高誘注:"石,矢弩也,一曰發石。"高誘應該是傾向把"石"訓爲"矢弩(砮)";而所謂"一曰",則是標舉異説。《吕氏春秋·貴直》高誘注:"矢,箭;石,砮也。"這是訓"石"爲"砮"而没標異説。由《脩務》高誘注可見在漢代已存在着異説。

《左傳》"親受矢石",服虔認爲"石"是箭頭,而孔穎達、惠棟、楊伯峻認爲"石"是指礧石,即戰爭時所拋射的石塊。衡諸文意,兩種説法都説得通。對於服虔的説法,孔穎達批評説:"若石是箭鏃,則猶是矢也,何須矢、石並言?"這個批評並不恰當,因爲"矢石"可視爲同義詞連用,"矢"指箭,"石"爲"砮",代指箭,高誘注:"矢,箭;石,砮也。"就是如此理解。所以,服虔的理解並没有説不通的情形。

再舉兩則古書中爲"矢石之所及"的記載來看:

明日,乃厲氣循城,立於矢石之所〈乃〉(及),援枹鼓之,狄人乃下。(《戰國策·齊策六》"田單將攻狄"章)[26]

簡子乃去楯櫓，立矢石之所及，鼓之而士乘之。（《韓非子·難二》）

仍有學者認爲“石”指戰爭用的滚石[27]，就如同上文所論述，把“石”訓爲“砮”，或是訓爲“發石”，都可通讀文意，兩説應可並存。

雖然説“石”的訓解或有異説，可以並存；但藉由異文對照可以使有些語境的詞義得到確指。以下以古書中有關“矢射（石）未交，長刃未接”的説法來説明這種現象。

矢射未交，長刃未接，前譟者謂之虚，後譟者謂之實，不譟者謂之秘。（《尉繚子·兵令上》）

矢弩未合，兵刃未椄（接），先譑者虚，後譑謂之實，不譑謂之閉。（銀雀山漢簡《兵令》973）[28]

鼓鐸之聲未聞，矢石未交，長兵未接，子何務死之？（《説苑·立節》）

第一、二則屬同一種著作的異本，兩相對照，“射”、“弩”爲異文，“弩”應讀爲“砮”，訓爲箭頭，代指箭；“射”（石）應訓爲“砮”。又以“矢射（石）未交，長刃未接”的説法來看，第三例“石”訓爲“砮”應該是比較適當的。

3. 西北地區出土漢簡的“羊頭”、“羊頭石”

漢代西北地區漢簡有這類邊塞守禦裝備的記載，如居延漢簡 128.1A“廣地南部言永元五年六月官兵釜磑月言簿”有記録“陷堅羊頭銅鍭箭卅八枚”，506.1“守禦器簿”中有“羊頭石五百”，學者對“羊頭”、“羊頭石”也有“箭鏃”和“石塊”不同的理解：

（1）“羊頭”指箭鏃、箭頭，“羊頭石”指石塊。勞榦《居延漢簡考證·兵器一》指出，羊頭者，三廉矢之稱，《廣雅》：“羊頭，鏑也。”其言或本於《方言》：“凡箭鏃相合嬴者，四鐮或曰拘腸，三鐮者謂之羊頭，其廣長而薄鐮者，謂之鉀，或謂之鈀。”羊頭箭，爲其本訓；其稱羊頭石者，蓋三廉有刃之石，像三廉矢鏃，故亦謂之羊頭矣。[29] 這是認爲“羊頭”是矢鏃，而"羊頭石"是石塊。京都大學人文科學研究所簡牘研究班編《漢簡語彙中國古代木簡辭典》說："羊頭"指羊頭形的三棱箭鏃，"羊頭石"指像羊頭大小的石塊，軍事防衛武器。[30]這是說"羊頭"是矢鏃，而"羊頭石"是石塊，作爲防衛武器用。[31]

(2)"羊頭石"指石鏃。陳邦懷說："羊頭石"乃"羊頭石鏃"的簡稱，羊頭鏃既有石製者，也有銅製者，《甲編》一號簡云："陷堅羊頭銅鍭箭卅八發"是也。羅振玉云："殷墟出骨放其多，予選其形制不同者二：一爲羊頭，有三廉；一爲髀矢，面長闊。"[32]

(3)"羊頭石"、"羊頭"，指礌石一類，大小如羊頭形狀者。《漢書·晁錯傳》："高城深塹，具藺石，布渠答。"服虔曰："藺石，可投人石也。"如淳曰："城上雷石也。"[33]

(4)"羊頭銅鍭箭"，指羊頭形矢鏃；"羊頭石"，指石材，並非武器。[34]

有關"羊頭石"、"羊頭"所指之物，學者往往是結合傳世文獻來理解，大都認爲是武器，而文獻所反映的主要有兩種意義：一是箭鏃，一是石塊。學者的看法還是有些分歧，一時難以論斷。目前看來，還有待更新的考古實物或文字資料來證明。

(二) 斬首之功必全(薦)

> 若苦者必得其樂，勞者必得其利，斬首之功必全，死事之後必賞。(《兵略》)

本則討論"斬首之功必全"的"全"字。蔣禮鴻說："全字無義，當作㞷，古文封字也。"[35]在西漢前期寫本中"封"作封，"全"作全，字形差異頗大。[36]"㞷"爲古文"封"之形，作㞷，和"全"並不形近，而且《淮南子》爲漢代的著作，除非相關内容屬傳抄戰國寫本的遺留，否則不應使用戰國古文。所以，"全"字應該不是"封"的形訛。全，當讀爲"薦"，推薦、薦舉之意。以下分別論述通讀的音近關係以及詞義。

1.“全”讀爲“薦”的音近關係

“薦”的古音是精母元部,“全”是從母元部,二者是旁紐疊韻,聲音相近。這裏從三個方面來説明它們的音近關係。

(1) 全:灋:廌

《禮記·緇衣》“心以體全”,全,郭店本作“灋”,上博本作“廌”。“廌”與“全”應是音近通假的異文。[37]以下再從廌、存、全三字來説明“廌”與“全”是音近相通的關係。

第一,“廌”與“存”相通。“廌”聲與“存”聲之字多相通,例如郭店簡《成之聞之》4—5:“是故亡乎其身而廌(存)乎其辭。”《語叢四》9:“竊鉤者誅,竊邦者爲諸侯。諸侯之門,義士之所廌。”此段話又見於《莊子·胠篋》,後半段作“諸侯之門而仁義存焉”,可見“廌”和“存”爲異文。裘錫圭引據朱德熙所説“廌”字古有“薦”音的看法,進而指出“薦”、“荐”古通,此“廌”字可依《莊子》讀爲“存”。[38]裘錫圭也指出:“廌”、“薦”音近,二者同時又起聲旁的作用,“廌”字古有“薦”音,東周文字“薦”或作“䲽”、“䧴”可證。[39]《説文》:“瀳,水至也。从水薦聲,讀若尊。”《周易·坎·象傳》:“水洊至。”《釋文》:“干作荐。”段玉裁注:“洊者,瀳之異文。……荐同洊。”此亦可見“廌”與“存”相通。

第二,“存”與“全”相通。《吕氏春秋·行論》:“勢不便,時不利,事讎以求存,執民之命。”許維遹《集釋》引舊校云:“存一作全。”[40]《易·繫辭下》:“龍蛇之蟄,以存身也。”存身,馬王堆帛書本同,陸德明《經典釋文》作“全身”,云:“本亦作‘存身’。”

從音理來看,“薦”和“全”音近。從用字現象來看,從“廌”和“存”以及“存”和“全”爲音近相通的異文,可以證明《緇衣》作“廌”或“全”也是音近相通的異文。

上面論述今本《緇衣》“心與體全”的“全”和上博本作“廌”是音近通假;而郭店本作“灋”,與“廌”、“全”也應是音近相通的關係。以下説明“灋”和“廌”以及“灋”和“全”的聲音關係。

第一,“灋”和“廌”的關係。清朱珔《説文假借義證》云:“經典中惟《周禮》作‘灋’,餘無不用‘法’,《廣雅·釋詁》‘廌,灋也’,《疏證》謂‘廌與灋同意’，則亦可爲通借字矣。”簡帛中借“法”爲“廢”之例常見，“灋”（法）爲葉部收-t尾，廢爲月部收-p尾，主要元音都是a，可以通轉。[41]“廌”古有“薦”音而“薦”屬元部，元部和葉部主要元音也都是a，也可以通轉。在聲母方面，“薦”是精母，而常與“廌”通假的“存”和“荐”爲從母，“灋”是幫母，如果要説明它們聲母的關係，很可能有遠古漢語複輔音的遺迹。何九盈指出，遠古漢語清擦音s包括傳統音韻學所説的精、清、從、心、邪、曉、審、透以及照二中的某些字，可以與唇音、舌尖音、舌根音相結合。[42]“灋”和“薦”或“廌”的聲母關係應該是屬於s跟唇音的結合，也就是精系字跟唇音幫系字相關聯的情況。這裏舉兩個精系和幫系相關的例證，“匠”（從母）從“匚”（幫母），音義相因；“罪”（從母）從“非”聲（幫母），音義相因。[43]所以，説“灋”和“廌”有音近關係，也是可以成立的。朱珔説兩者是通借字的關係，指的是二者可以音近相通，看來應是可信的。再就意義來看也有相關，王念孫《廣雅疏證》説：“廌與灋同意。”所以“廌”和“灋”應該是同源關係。

第二，“灋”和“全”的關係。今本《緇衣》“惟作五虐之刑曰法”，法，郭店本作“灋”，上博本作“”，隸作“金”。魏宜輝、馮勝君都認爲此字是在（《汗簡》卷一）、（《古文四聲韻》卷五）的基礎上訛變而來。[44]然而很可能上博簡的寫法並不是誤寫，“金”乃從“全”爲聲，是“灋”的通假字或不同諧聲偏旁的異體字，而《汗簡》《古文四聲韻》的寫法則是由上博簡的寫法訛變而來。“灋”是幫母葉部，“全”是從母元部，幫母和從母以及元部和葉部的關係此文已有論述。上文已論述“廌”和“全”音近相通以及“灋”和“廌”同源，那麽説從“全”聲的“金”和“灋”的通假字或異體字，也是很合理的。

（2）薦：尊；遵：全

《周易·觀》：“盥而不薦。”薦，馬王堆帛書本作“尊”，張政烺説：“尊、薦音義俱近。”[45]《説文》“瀳”字云：“从水薦聲，讀若尊。”《儀禮·鄉飲酒禮》：“遵者降席。”鄭注：“今文遵，爲僎，或爲全。”“尊”和“遵”古音相同。這是借“薦”和“尊”以及“遵”和“全”音近相通來説明“薦”和“全”的音近關係。

(3) 廌:全

這裏再舉一個很可能是"廌"和"全"直接通假的例證。郭店簡《老子》34號:"未知牝戊(牡)之合怒,精之至也。"未釋之字原整理釋作"然",裘錫圭說:"此字之義當與帛書本等之'朘'字相當,似非'然'字。"[46]今本作"全",河上公本作"峻"。此段文字今本在第五十四章,河上公注:"赤子未知男女之合會而陰作怒者,由精氣多之所致也。"這個理解是正確的。郭永秉認爲郭店簡這個字是"廌"字的變體,和上博簡《凡物流行》甲本26號、乙本19號"廌(存)亡"的"廌"寫作、的字形很相近,而今本作"全"是在傳抄的過程中無意寫下的音近別字。[47]郭永秉也指出,裘錫圭把上博簡《天子建州》8號"大夫承廌"的"廌"讀爲"餕"[48],這是"廌"和從"夋"聲之字通假的例證。朱駿聲《説文通訓定聲·乾部》"全"字下云:

> 借爲卵,《老子》"未知牝牡之合而全作",按赤子陰囊也,中核如卵,《釋文》、河上本作峻,一作朘,峻、朘皆卵字。

這裏説全、峻、朘都是"卵"的通假字。高明説:朘、峻同字别體,朘、全同音通假。[49]所以,作全、峻、朘者,應該都是音近相通的異文。如果郭永秉把郭店《老子》甲本""釋爲"廌"字的説法可以成立,則此"廌"字與全、峻、朘就是音近相通的異文,而其中"廌"、"全"音近相通的現象正可作爲《淮南子》"全"讀爲"薦"的通假證據。

以上論述了"全"和"薦"的音近關係,藉此證明《淮南子》"全"讀爲"薦"的語音條件可以成立。接着説明"薦"的詞義。

2. "薦"的詞義

薦,指推薦、薦舉之意,它是外動詞,一般後面會接受事賓語,《國語·晉語九》"史黯論良臣"章:"夫事君者,諫過而賞善,薦可而替否,獻能而進賢,擇材而薦之,朝夕誦善敗而納之。"韋昭注:"薦,進也。"《墨子·尚同上》:"上有過則規諫之,下有善則傍薦之。……上有過弗規諫,下有善弗傍薦。"此"弗規諫"、"弗傍薦"即"不規諫之"、"不傍薦之”[50]，《尚同中》：“己有善，傍薦之；上有過，規諫之。……己有善，不能傍薦之；上有過，不能規諫之。”但“薦”也有不帶賓語者，如《史記·伯夷列傳》：“堯將遜位，讓位於虞舜，舜禹之閒，岳牧咸薦，乃試之於位，典職數十年，功用既興，然後授政。”又《漢書·龔勝傳》：“勝薦龔舍及亢父甯壽、濟陰侯嘉。”《龔舍傳》：“初，龔舍以龔勝薦，徵爲諫大夫。”這兩則記載龔勝薦龔舍之事者乃是同一事，外動詞“薦”的主語都是龔勝，前者“薦”字後接受事賓語，而後者則不帶賓語。這些“薦”都是指推薦、推舉的意思。又有作同義詞連用形式的“薦舉”，《漢書·平帝紀》：“對諸有臧及内惡未發而薦舉者，皆勿案驗。”《翟方進傳》：“皆知陳湯姦佞傾覆，利口不軌，而親交賂遺，以求薦舉。”這兩個“薦舉”都是指被推舉、受到推舉的意思。《論衡·定賢》：“則夫著見而人所知者舉多，幽隱人所不識者薦少。……或德高而舉之少，或才下而薦之多。”此以“舉”和“薦”相對爲文，是同義詞，指推舉的意思，上下文中也是有的帶賓語，有的不帶賓語。

《兵略》：“斬首之功必全(薦)，死事之後必賞”，意思是説：有斬首殺敵之功的人，必定會受到推薦舉用；爲國事殉死之人的後代，必定會得到賞賜。“全”讀爲“薦”，其後不帶賓語。因有軍功而受到舉用的説法，如《管子·明法解》：“明主之擇賢人也，言勇者試之以軍，言智者試之以官。試於軍而有功則舉之，試於官而事治者則用之。”所謂“試於軍而有功則舉之”的意思是説：在軍旅之中試用而有功勞者就推薦舉用他。

(三) 人不及步鋗(踠)，車不及轉轂

> 敵迫而不動，名之曰奄遲，擊之如雷霆，斬之若草木，燿之若火電，欲疾以遬，人不及步鋗，車不及轉轂，兵如植木，弩如羊角，人雖衆多，勢莫敢格。(《兵略》)

鋗，許慎無注。清代以降，多位學者提出看法。以下略述諸家的説法。[51]王引之云：“鋗”當作“趍”，即“趨”字。章太炎云：“鋗”借爲

“蜎”,指蟲行,引申爲凡行之誼。馬宗霍云:“鋗”爲小盆義,引申之,凡小而圜者亦謂之鋗;步鋗者,小步之意,猶步旋也。于省吾云:“鋗”爲“錯”之訛,《易·小過》“飛鳥以凶”,王注:“無所錯足。”步之言錯,猶足之言錯也。陳直云:“不及步鋗”當讀爲“不及步旋”。

以上諸説,皆有未當。“鋗”應讀爲“踠”,以下先説通假的聲音關係。

1.“鋗”讀爲“踠”的音近關係

先説音理。鋗是曉母元部,踠是影母元部。聲母方面,曉母爲舌根音,影母爲喉音,喉音和舌根音發音部位是緊鄰;韻母方面爲疊韻。

再引述通假例證。楚文字有肙(望山2.2)、絹(信陽2.15)、絹(包山267)、鄁(包山92)、悁(包山138反),李運富釋爲肙、絹、鄁、悁。[52]陳偉將“鄁”讀爲“宛”,地名;“悁”讀爲“怨”。[53]這些意見都是對的。郭店簡《緇衣》22“君不與小謀大,則大臣不悁”,末字爲“悁”,讀爲“怨”。王力《同源字典》指出,“剜”和“削”爲同源字,《玉篇》:“削,剜也。”《一切經音義》引《字林》:“剜,削也。”引《埤蒼》:“剜,削也,謂抉取肉也。”[54]

因此,“鋗”讀爲“踠”,不但在聲音條件上可以成立,文獻上也有通假的例證。

2.“踠”的詞義

《文選》卷一載班固《東都賦》:“馬踠餘足,士怒未渫。”李善注:“踠,曲也。”卷十四載顔延之《赭白馬賦》:“踠迹回唐,畜怒未洩。”李周翰注:“踠迹畜怒,謂馳驟之勢未散也。”晉葛洪《抱朴子·嘉遯》:“驥騄踠趾而馳,則追風之迅不形。”所謂踠足、踠趾、踠迹,都是指馬曲腿舉蹄意欲奔馳之意。《淮南子·兵略》“人不及步鋗(踠)”,步踠,指人曲腿舉足意欲奔走之意;整句的意思説人來不及曲腿舉足做好奔走的準備。“步”應是狀語,修飾動詞“踠”,這種語法結構和“步走”相同,《史記·伍子胥列傳》:“伍胥遂與勝獨身步走,幾不得脱。”步走,指徒步逃走,“步”作爲狀語。

又今本作“步鋗(踠)”,也有可能是“鋗(踠)步”的誤倒。就上下文押韻的情況來看,“敵迫而不動”以下十句,張雙棣指出韻腳爲木、遬、轂、角、格，屋鐸合韻[55]；若作“蜎（踠）步”，則“步”爲鐸部，也是韻腳。清王念孫《讀書雜志・淮南内篇・後序》舉出六十二種誤例，其中有“因字倒而失其韻者”之例，也包括了《兵略》之例，如“則不可制迫也，不可度量也”。王念孫云：“度與迫爲韻，各本作度量，則失其韻矣。”王叔岷說：“古鈔卷子本正作量度。”[56]今本“步蜎（踠）”，很可能也是“因字倒而失其韻者”的情形。“踠步”的語法結構猶如踠足、踠趾、踠迹，是述賓結構，意思是指曲腿舉足準備逃走。

（四）教之以金（深）目則射快

人欲知高下而不能，教之用管準則説；欲知輕重而無以，予之權衡則喜；欲知遠近而不能，教之以金目則射快。（《泰族》）

本條討論“教之以金目則射快”的“金目”和“射快”這兩個詞語。

1.“金目”與“深目”

許慎注：“金目，深目，所以望遠近射準也。”朱駿聲《説文通訓定聲》“金”字下云：“（深目）今時眼鏡之類。或曰：借爲深。亦通。”金是見母侵部，深是書母侵部，舌面章系字可以和舌根音見系字相通。[57]“金”聲與從“今”聲之字多音近相通，如《説文》“紟”，籀文作“絵”；“琴瑟”的“琴”，郭店簡《性自命出》24 作，阜陽漢簡《鄭風》作“鋻”，皆從“金”聲。而從“今”聲的字可以和從“罙”聲的字通假，如《後漢書・郭躬傳》：“捨狀以貪情。”李注：“貪與探同也。”也有聲訓，如《釋名・釋言語》：“貪，探也，探取入他分也。”所以，“金”讀爲“深”，語音條件可以成立。

2.“金目”與“案目”

《墨子・備梯》：“令案目者視適。”王闓運《墨子注》：“案目，今遠鏡，令目聚光。”孫詒讓《閒詁》云：“案、按同。《爾雅・釋詁》云：‘按，止也。’謂止目注視，欲其審也。”並認爲此“案目”疑與《淮南子》“金目”義同。張純一《墨子集解》云：“金目，不傳其制。想必以金屬製成之長管，密切於目以注視，則望遠甚明。故許注云‘深目’。案目之制，其理必同。"[58]學者以爲"金目"、"深目"和"案目"所指爲相同或相類似之物。筆者認爲"案目"很可能與金目、深目同指一詞,案和金、深有音近的關係。

案是影母元部,金是見母侵部,深是書母侵部,見系和章系相通的關係上文已述,而影母在上古爲喉音,見系舌根音本來跟喉音是緊鄰[59],也有學者把影母和見系歸在同一系。[60]韻部是侵、元通轉。古書上有一個"鄢"與"陰"音近相通的異文,此例證有助理解"案"和金、深的音近關係。

《淮南子·氾論》:"昔楚恭王戰於陰陵,潘尫、養由基、黄衰微、公孫丙相與篡之。"此事見於《春秋》成公十六年,云:"晉侯及楚子、鄭伯戰于鄢陵。"及《左傳·成公十六年》:"六月,晉、楚遇於鄢陵。"此"鄢陵"和"陰陵"爲異文。清莊逵吉説:"古聲陰、鄢同,故以鄢陵爲陰陵,非九江之陰陵也。"這是認爲陰、鄢聲近相通。吴承仕則説:"莊説非是。陰、鄢聲紐雖近,而韻部自殊,古無相假之例。《字林》亦作"隱"(見《左傳》《釋文》引),故形譌爲'陰'。文注陰陵者,並應改從隱。"[61]這是認爲"陰"和"鄢"韻部的關係相隔較遠,古無相假之例,二者聲音關係較遠。吴承仕這個推論並不適切。陰是影母侵部,鄢是影母元部,侵部和元部並非絶不相通,以下説明兩部相通的情況。

于省吾指出,"言"與"音"爲分化字,兩字初本同名,後世以用各有當,遂分化爲二,先秦典籍有"言""音"通用者,例如《墨子·非樂上》之"黄言孔章",即"簧音孔章";《吕覽·順説》之"而(讀"如")言之與響",即"如音之與響";甲骨文有"言"字,應讀作"音"通"歆"。[62]于省吾又説:"古韻音侵部,言元部,如《書·堯典》'靜言庸違'《左·文十八年傳》作'靖譖庸回',譖亦侵部字也。"[63]此所説"言"和"音"爲同源分化字,"言"和"譖"爲音近通假,正是元部和侵部相通的例證。郭店楚簡《成之聞之》29號:"《君奭》曰:襄我二人,毋有合才音。"音,今本作"言"。又如睡虎地秦簡《日書·夢》甲種有"豻𤳉",乙本作"宛奇",江蘇高郵邵家溝漢代遺址出土木簡有"南山豻𤳉令來食汝",此"豻"明顯從"今"聲[64];宛是元部,而"豻"爲侵部。楚帛書甲篇"民祀不牆",李零採于省吾的説法將“𦞦”讀爲歆饗之“歆”[65]。郭店楚簡《唐虞之道》27號：“大明不出，萬物皆訇。”訇，此字從“言”聲，讀爲“暗”[66]。又《荀子·議兵》：“慘如蠭蠆。”慘，《史記·禮書》作鑽，這也是侵部和元部字通假。而侵元兩部也有合韻的情形，《淮南子》書中就有三例。[67]以上分别從同源、通假和合韻的情形來説明元部和侵部相通。所以，吴承仕以侵元兩部古無通假之例的理由來否定“陰陵”和“鄢陵”爲音近相通的説法，並不恰當。

既然“陰”和“鄢”爲通假異文，可以再進一步考察和“陰”或和“鄢”常見的通假用法：

（1）“焉”和“安”通假。戰國秦漢簡帛寫本中，“焉”或從“焉”聲之字，絶大多數寫作“安”或從“安”聲[68]，例如：《老子》第十七章：“信不足，焉有不信焉。”上“焉”字，馬王堆帛書甲本作“案”，乙本和北大簡本作“安”，此安、案、焉爲異文。包山楚簡105、117有“安陵”，應即“鄢陵”；簡19、49有“郔”，即“鄢”地。[69]

（2）“侌”和“金”通假。先秦到西漢前期的出土文獻，“陰”常寫作“险”，例如：地名有“陰”字者，寫作“险”；[70]張家山漢簡《引書》“陰氣”的“陰”，或作陰（簡53）、险（簡108）。[71]

由此可見從聲旁“侌”與“金”、“焉”與“安”諸字相通的情形，而《淮南子·氾論》“陰陵”讀爲“鄢陵”，即“陰”與“鄢”相通。把“险”與“陰”、“陰”與“鄢”、“焉”與“安”這三個音近相通的現象結合起來觀察，有助於説明“案目”和“金目”爲音近相通的情形。

3. 西北地區出土漢簡“深目”

漢代西北地區出土漢簡中有邊塞守禦裝備的記載，其中有“深目”，如居延漢簡506.1“守御器簿”中有“傳射八”、“深目四”，142.30有“塢上深目少八”、“塢上深目少四”。勞榦引述《淮南子·泰族》“金目”之説，指出：弩之射準明人稱爲照門者，簡中稱爲深目，今來復槍之標尺，真切用與此同，深目有設於轉射之上者，轉射即後世之弩牀也。[72]初師賓以爲深目當指塢壁垣堞上的視孔、垛眼。[73]薛英群説：“‘深目’。似指‘轉射’的中間可轉動的軸。中刻長孔，形似豎立的人眼，又用以瞭望，起到'目'的作用。"[74]孫機贊同初師賓的説法,但認爲作爲深目的視孔中尚應安裝其他構件,因爲居延漢簡 82.1"第七隧……塢上深目一不事用",如果只是一個孔洞,就没有"不事用"的問題了;又根據《淮南子·泰族》的記載及高誘注,可見深目兼有瞄準和測距的功用。[75]黄今言則認爲當是塢牆垣堞上的視孔或塢牆上觀察目標的瞭望裝置。[76]京都大學人文科學研究所簡牘研究班編《漢簡語彙中國古代木簡辭典》釋"深目"爲"監視孔。矢狹間"。這也是認爲"深目"是指塢壁垣堞上的視孔、垛眼。[77]

深目應該不是像初師賓所説的塢壁垣堞上的視孔,也不是如孫機所説作爲塢壁垣堞上的視孔再加上其他構件,它應該是如孫機所説"兼有瞄準和測距的功用"的器物,不只限於塢壁垣堞上使用。勞榦説類似弩之射準,有的設在轉射上使用。這個看法應該是比較接近事實的説法。在《淮南子》文中,深目和管準、權衡並列而言,這三類器物,使用的範圍應該比較普遍,深目這種器物不應只限於邊塞守備之用。

4."射快"的校讀

王念孫《讀書雜志·淮南内篇》引陳昌齊之説云:

> "則快"二字與"則説"、"則喜"相對爲文,"快"上不當有"射"字,蓋因高注"射準"而衍。下文"豈直一説之快哉",正與此句相應。莊本依劉本作"快射",亦非。

這是説依據上下文例:則説、則喜、則射快,則"射"應是衍文。據張雙棣考察諸版本,只有"射快"或"快射"兩種情形,前者有四種,後者有九種。[78]可能是旁記字誤入正文所造成。[79]這種旁記字誤入正文的現象,俞樾《古書疑義舉例》卷五"以旁記字入正文例"條説:"凡此皆後人旁記異文而誤入之,與義同誤衍之例,可以參觀。"[80]若依據俞樾所説"旁記異文"的情形,則原來應該有作"教之以金目則射"和"教之以金目則快"的不同版本,後人在"射"旁注"快"或在"快"旁注"射",以致再衍生出作"射快"或"快射"的不同版本。以下來説明這兩種不同版本的情況。

作“教之以金目則快”者，《説文》：“快，喜也。”則“快”和“説”、“喜”都是同義詞。

作“教之以金目則射”者，“射”讀爲“懌”，通假例證如《詩・周南・葛覃》：“服之無斁。”斁，《禮記・緇衣》引作“射”，郭店簡《緇衣》作“懌”，此斁、懌、射三字爲異文。《爾雅・釋詁》：“懌，樂也。”《詩・大雅・板》：“辭之懌矣，民之莫矣。”毛傳：“懌，悦。”《禮記・文王世子》：“其成也懌。”鄭注：“懌，説懌。”則“射（懌）”、“説”、“喜”也是同義詞，其與“快”都是指歡喜、高興、愉快的意思。

除了上述俞樾所説旁記異文的情形之外，也可能還有其他情形，例如，原來只有作“教之以金目則射”這種版本，“射”讀爲“懌”，因“快”與“射”（懌）同義而加注“快”字，傳寫誤入正文而成爲“射快”或“快射”，這是屬旁記同義詞的情形。雖然諸本作“射快”或“快射”應該是旁記字誤入正文所造成，但究竟是屬於旁記異文或是旁記同義詞的情形，則實難斷定。

就用韻現象來看，“射”是鐸部，“快”和“説”是月部，如果原作“教之以金日則射”者，則韻腳“説”和“射”是月鐸合韻[81]；如果作“教之以金目則快”者，則韻腳“快”和“説”都是月部。

三、結　　語

以上是利用語文學與新出土文獻來校讀古書，共有四則，校讀的古書文句均出自《淮南子》一書。以下簡述其大要。

（一）“合戰必立矢射之所及”。矢射，王念孫讀爲“矢石”，此説可信。本文補充文獻上“射”讀爲“石”的通假例證：（1）清華簡《繫年》第十三章云“射于楚軍之門”，《左傳・宣公十二年》云“席於軍門之外”，“射”與“席”爲相對應的異文，“席”從“石”聲。（2）“無斁”，斁，有異文作“射”，又有作“度”或“斁”，“度”從“石”聲。（3）《荀子》“善射以好思”和《吕氏春秋》“王射之”之“射”都應該讀爲“度”。

"矢石"的"石",有兩種意義:一是指石砮,也就是箭頭;一是指"發石",也就是戰爭所發射的石塊。在有些文獻中的"矢石",兩種意義都可適用;但有些文獻經過考察,意義較爲明確。例如《尉繚子·兵令上》"矢射(石)未交"和銀雀山漢簡《兵令》"矢弩未合","射"和"弩"二者是相對異文。"射"(石)應釋爲石砮,"弩"讀爲"砮",二者都是指箭頭。

(二)"斬首之功必全",全,讀爲"薦",指薦舉之意。通假例證如:(1)《禮記·緇衣》"心以體全",全,上博本作"廌","廌"古有"薦"音。此全、廌、薦三字爲音近相通的異文。(2)《周易·觀》:"盥而不薦。"薦,馬王堆帛書本作"尊",《儀禮·鄉飲酒禮》:"遵者降席。"鄭注:"今文遵,爲僎,或爲全。"藉由"薦"和"尊"以及"遵"和"全"的通假情形可證"薦"和"全"的音近關係。(3)郭店簡《老子》34:"未知牝戊(牡)之合𠬝怒,精之至也。""怒"上一字,郭永秉釋爲"廌",今本作"全",此"廌"和"全"爲音近相通的異文。"斬首之功必全",是説有斬首殺敵之功的人必定受到推薦舉用。

(三)"人不及步䏍,車不及轉轂。"䏍,讀爲"踠",指曲腿舉足意欲奔馳之意。通假例證如包山簡地名"宛",寫作"䣾";《禮記·緇衣》"大臣不怨"之"怨"寫作"悁"。此皆從"肙"聲與"宛"聲之字相通之例。文獻上有踠足、踠迹、踠趾。又"步䏍(踠)"也可能是"䏍(踠)步"的誤倒。"人不及步䏍,車不及轉轂。"是説人來不及做曲腿舉足準備奔逃的姿勢,車來不及轉動車輪。

(四)"教之以金目則射快","金目"即"深目",居延漢簡記載守禦裝備有名爲"深目"之物。《墨子·備梯》:"今案目者視適。"案目,應與深目、金目同屬一物,三種不同的名稱應該是同指一詞,它們是音近相通的異文。通假的例證如《淮南字·氾論》"昔楚恭王戰於陰陵",陰陵,《左傳·成公十六年》作"鄢陵",此是侵部的"陰"與元部的"鄢"音近相通。又"隂"和"陰"、"焉"和"安"兩組通假的情形常見。把隂和陰、陰和鄢、焉和安三種情形合而觀之,可以理解"金"和"案"相通。

"射快",異本或作"快射"。射,應讀爲"懌",喜悦之意,與"快"爲同義詞。射快,其中有一字爲衍文,此應爲旁記異文所造成,可能有兩種情形：(1)“教之以金目則快”，旁記異文“射”。(2)“教之以金目則射”，旁記異文“快”。還可能有另外一種是旁記同義詞的情形，就是原作“教之以金目則射(懌)”，因爲“射”字所代表的詞不夠明確，所以在“射”字旁注同義詞“快”，而成爲“射快”或“快射”不同的寫法。

後記：承蒙胡敕瑞先生審閱了本文的初稿，並提供多處修改的意見；陳偉先生和劉洪濤先生也提供了參考的建議，在此謹致上感謝之意。

注釋

[1] 王力：《中國語言學史》，駱駝出版社1987年版，第1頁。

[2] 何九盈：《中國語言學史的研究方法》，載《語言叢稿》，商務印書館2006年版，第249—250頁。

[3] 趙元任：《語言問題》，臺灣商務印書館1987年版，第2頁。

[4] 董同龢：《古籍訓解和古語字義的研究——一個工作計劃的擬議》，丁邦新編：《董同龢先生語言學論文選集》，臺北食貨出版社1981年版，第314—315頁。

[5] 何九盈：《乾嘉時代的語言學》，載《語言叢稿》，第276、278頁。

[6] 王力：《中國語言學史》，第187—193頁。

[7] 丁邦新：《以音求義，不限形體——論清代語文學的最大成就》，載《中國語言學論文集》，中華書局2008年版，第527—537頁。丁邦新稱爲“清代語文學”，此看法和王力相同。

[8] 何九盈：《20世紀的漢語訓詁學》，載《語言叢稿》，第346—349頁。

[9] 參裘錫圭：《考古發現的秦漢文字資料對於校讀古籍的重要性》，載《裘錫圭學術文集・語言文字與古文獻卷》，復旦大學出版社2012年版，第348頁。

[10] 贊同的學者如劉文典：《淮南鴻烈集解》，中華書局1989年版，第514頁。張雙棣：《淮南子校釋》增訂本，北京大學出版社2013年版，第1644頁。

[11] 以下所舉部分例證可參顏世鉉：《清華竹書〈繫年〉札記二則》，武漢大學簡帛研究中心編：《簡帛》第7輯，上海古籍出版社2012年版，第57—59頁。

[12] 清華大學出土文獻研究與保護中心:《清華大學藏戰國竹簡(貳)》,中西書局 2011 年版,第 165、166 頁。

[13] 顔世鉉:《清華竹書〈繫年〉札記二則》,載武漢大學簡帛研究中心編:《簡帛》第 7 輯,第 57—59 頁。

[14] 李松儒:《清華簡〈繫年〉集釋》,中西書局 2015 年版,第 195—198 頁。

[15] 林澐:《釋笞》,載《林澐學術文集》,中國大百科全書出版社 1998 年版,第 8—9 頁。有關"庶"從"石"聲,也可參于省吾:《甲骨文字釋林》,中華書局 1993 年版,第 431—435 頁。龍宇純:《中國文字學》定本,五四書店 1996 年版,第 295 頁。李運富:《楚國簡帛文字構形系統研究》,岳麓書社 1997 年版,第 104—105 頁。

[16] 朱起鳳:《辭通》,上海古籍出版社 1987 年版,第 1759 頁。

[17] 龍宇純:《讀荀卿子札記》,載《荀子論集》,臺灣學生書局 1987 年版,第 213 頁。

[18] 何寧:《淮南子集釋》,中華書局 1998 年版,第 1090 頁。張雙棣:《淮南子校釋》增訂本,第 1644 頁。

[19] 張雙棣、殷國光、陳濤:《吕氏春秋詞典》,商務印書館 2009 年版,第 259 頁。

[20] 段玉裁注校改爲"砮,砮石可以爲矢鏃"。

[21] 孫機:《漢代物質文化資料圖説》增訂本,文物出版社 2008 年版,第 165—169 頁。

[22] 孫機:《漢代物質文化資料圖説》增訂本,第 166、169—170 頁。

[23] 楊伯峻:《春秋左傳注》修訂本,中華書局 1995 年版,第 976 頁。

[24] 蔣禮鴻:《商君書錐指》,中華書局 1996 年版,第 139 頁。又可參蔣禮鴻:《義府續貂・礉砲抛》,《蔣禮鴻集》第 2 卷,浙江教育出版社 2001 年版,第 120—121 頁。

[25] 李定生、徐慧君:《文子校釋》,上海古籍出版社 2004 年版,第 453 頁。

[26] 金正煒:《戰國策補釋》卷三云:"劉本作'立於矢石之所及',是也。'乃'字涉上下文而誤。"采取此説的有郭人民:《戰國策校注繫年》,中州古籍出版社 1988 年版,第 266 頁;張清常、王延棟:《戰國策箋注》,南開大學出版社 1993 年版,第 320 頁;繆文遠:《戰國策新校注》,巴蜀書社 1992 年版,第 459 頁;范祥雍:《戰國策箋證》,上海古籍出版社 2006 年版,第 732、735 頁;何建章:《戰國策注釋》,中華書局 1992 年版,第 470、473 頁;諸祖耿:《戰國策集注彙考》,鳳凰出版社 2008 年版,第 690、694—695 頁。

[27] 太田方:《韓非子翼毳》,中西書局 2014 年版,第 589 頁。《韓非子》校注組編寫,周勛初修訂:《韓非子校注》修訂本,鳳凰出版社 2009 年版,第 435 頁。

[28] 銀雀山漢墓竹簡整理小組編:《銀雀山漢墓竹簡》(壹),文物出版社 1985 年版,第 149 頁。

[29] 勞榦:《居延漢簡·考釋之部·考證》,臺灣“中央研究院”歷史語言研究所 1997 年版,第 51 頁。

[30] 京都大學人文科學研究所簡牘研究班編:《漢簡語彙中國古代木簡辭典》,東京岩波書店 2015 年版,第 293 頁。

[31] 李天虹的意見也與此相同,參李天虹:《居延漢簡簿籍分類研究》,科學出版社 2003 年版,第 104、115 頁。

[32] 陳邦懷:《居延漢簡考略》,載《中華文史論叢》1980 年第 2 輯,第 94 頁。

[33] 參初師賓:《漢邊塞守禦器備考略》,甘肅省文物工作隊、甘肅省博物館編:《漢簡研究文集》,甘肅人民出版社 1984 年版,第 146、178—181 頁。甘肅省文物考古研究所編:《居延新簡釋粹》,蘭州大學出版社 1988 年版,第 75 頁。

[34] 冨谷至編:《漢簡語彙考証》,京都大學人文科學研究所簡牘研究班 2015 年版,第 66、459—465 頁。

[35] 蔣禮鴻:《〈淮南子〉校記》,載《蔣禮鴻集》第 4 册,第 228 頁。

[36] 陳松長編著:《馬王堆簡帛文字編》,文物出版社 2001 年版,第 212、547—548 頁。所列字形出自馬王堆帛書《戰國縱横家書》簡 20、35。又可參駢宇騫編著:《銀雀山漢簡文字編》,文物出版社 2001 年版,第 187、426 頁。張守中編撰:《張家山漢簡文字編》,文物出版社 2012 年版,第 144、354 頁。

[37] 白於藍:《戰國秦漢簡帛古書通假字彙釋》,福建人民出版社 2012 年版,第 278 頁。

[38] 裘錫圭的意見可參荆門市博物館:《郭店楚墓竹簡》,文物出版社 1998 年版,釋文注釋第 146、168、218 頁。朱德熙的意見參《朱德熙古文字論集》,中華書局 1995 年版,第 55 頁。古文字材料中“廌”可以通“薦”和“存”,參葉玉英:《古文字構形與上古音研究》,厦門大學出版社 2009 年版,第 213 頁。

[39] 裘錫圭:《甲骨文中的幾種樂器名稱——釋“庸”“豐”“鞀”》,載《裘錫圭學術文集·甲骨文卷》,第 38 頁,注解 8。

[40] 許維遹:《吕氏春秋集釋》,中華書局 2009 年版,第 568 頁。

[41] 何九盈:《古無去聲補證》,載《音韻叢稿》,商務印書館 2002 年版,第 186 頁。

[42] 何九盈:《商代複輔音聲母》,載《音韻叢稿》,第 4 頁。

[43] 鄭張尚芳:《上古漢語的 S-頭》,載《鄭張尚芳語言學論文集》,中華書局 2012 年版,第 421 頁。也可參潘悟雲:《漢語歷史音韻學》,上海教育出版社 2000 年版,第 314—315 頁。

[44] 參馮勝君:《郭店簡與上博簡對比研究》,綫裝書局 2008 年版,第 150—151 頁。

[45] 張政烺:《張政烺論易叢稿》,中華書局 2010 年版,第 146 頁。

[46] 荆門市博物館:《郭店楚墓竹簡》,"釋文注釋"第 113 頁。

[47] 郭永秉:《楚竹書字詞考釋三篇》,載《古文字與古文獻論集》,上海古籍出版社 2011 年版,第 83—86 頁。

[48] 裘錫圭的説法參見其所著《〈天子建州〉(甲本)小札》,武漢大學簡帛研究中心編:《簡帛》第 3 輯,上海古籍出版社 2008 年版,第 105 頁。

[49] 高明:《帛書老子校注》,中華書局 1998 年版,第 94 頁。

[50] "弗"等於"不……之",參魏培泉:《"弗"、"勿"拼合説新証》,臺灣"中央研究院"《歷史語言研究所集刊》2001 年第 72 卷第 1 分册,第 121—215 頁。

[51] 參何寧:《淮南子集釋》,第 1077 頁。張雙棣:《淮南子校釋》增訂本,第 1626 頁。

[52] 李運富:《楚國簡帛文字構形系統研究》,第 112—115 頁。

[53] 陳偉:《包山楚簡中的宛郡》,載《武漢大學學報(哲學社會科學版)》1998 年第 6 期,第 105—108 頁。

[54] 王力:《同源字典》,商務印書館 2002 年版,第 544—545 頁。

[55] 張雙棣:《淮南子校釋》增訂本,第 1626 頁。張雙棣:《淮南子用韻考》,商務印書館 2010 年版,第 328 頁。

[56] 張雙棣:《淮南子校釋》增訂本,第 1069 頁。

[57] 董同龢:《上古音韻表稿》,臺灣"中央研究院"歷史語言研究所 1977 年版,第 15—17 頁。李方桂:《上古音研究》,商務印書館 2001 年版,第 85、91—93 頁。梅祖麟:《跟見系字諧聲的照三系字》,中國語言學會《中國語言學報》編委會編:《中國語言學報》1982 年 12 月第 1 期。李新魁:《漢語音韻學》,北京出版社 1986 年版,第 401—405 頁。林燾、耿振生:《音韻學概要》,商務印書館 2004 年版,第 247—248、254 頁。

[58] 以上諸家説法可參張純一:《墨子集解》,載《墨子大全》第 31 册,北京圖書館出版社 2002 年版,第 504—505 頁。

[59] 董同龢:《上古音韻表稿》,第 38 頁。

[60] 李新魁:《漢語音韻學》,第 372 頁。林燾、耿振生:《音韻學概要》,第 254 頁。

[61] 參見張雙棣:《淮南子校釋》增訂本,第 1433 頁。

[62] 于省吾:《甲骨文字釋林》,第 87—88 頁。

[63] 于省吾:《雙劍誃諸子新證·墨子新證》(與《雙劍誃羣經新證》合刊),上海書店出版社 1999 年版,第 284—285 頁。

[64] 劉釗:《江蘇高郵邵家溝漢代遺址出土木簡神名考釋》,載《古文字考釋叢稿》,岳麓書社 2005 年版,第 346—349 頁。陳偉主編:《秦簡牘合集》(壹),武漢大學出版社

2014年版,第435—437、1205頁。

[65] 李零:《長沙子彈庫戰國楚帛書研究》,中華書局1985年版,第62—63、106頁。

[66] 白於藍:《〈郭店楚墓竹簡〉讀後記》,吉林大學古文字研究室編:《中國古文字研究》,吉林大學出版社1999年版,第113—114頁。洪颺:《古文字考釋通假關係研究》,福建人民出版社2008年版,第134—135頁。

[67] 張雙棣:《淮南子用韻考》,第128頁。

[68] 白於藍:《戰國秦漢簡帛古書通假字彙釋》,第821—824頁。

[69] 吴良寶:《戰國楚簡地名輯證》,武漢大學出版社2010年版,第202—204、243—245頁。

[70] 黄德寬主編:《古文譜系疏證》,商務印書館2007年版,第3890—3891頁。陳斯鵬、石小力、蘇清芳:《新見金文字編》,福建人民出版社2012年版,第411頁。

[71] 張家山二四七號漢墓竹簡整理小組:《張家山漢墓竹簡(二四七號墓)》(釋文修訂本),文物出版社2006年版,第179、185頁。張守中:《張家山漢簡文字編》,文物出版社2012年版,第376、380頁。

[72] 勞榦:《居延漢簡·考釋之部·考證》,第51頁。

[73] 初師賓:《漢邊塞守禦器備考略》,甘肅省文物工作隊、甘肅省博物館編:《漢簡研究文集》,第191—192頁。

[74] 薛英群:《居延漢簡通論》,甘肅教育出版社1991年版,第400頁。

[75] 孫機:《漢代物質文化資料圖説》(增訂本),第184頁。

[76] 黄今言:《漢代西北邊塞的"塢"》,載《江西師範大學學報(哲學社會科學版)》2012年第45卷第2期,第99—100頁。

[77] 京都大學人文科學研究所簡牘研究班編:《漢簡語彙中國古代木簡辭典》,第293頁。

[78] 張雙棣:《淮南子校釋》增訂本,第2146—2147頁。

[79] 可參王念孫:《讀書雜志·淮南内篇·後序》所舉六十二種誤例中的"有校書者旁記之字而闌入正文者"、王引之:《經義述聞·通説下》"衍文"條下所述"旁記之字誤入正文"例以及俞樾:《古書疑義舉例》卷五"以旁記字入正文例"。

[80] 古書上這種旁記字誤入正文的現象,除了俞樾所説旁記異文的情況之外,也有旁記假借字或古今字等其他情況,此詳參上述王念孫和王引之書所引之例。

[81]《淮南子》用韻有月鐸合韻的現象,參張雙棣:《淮南子用韻考》,第114頁。

"俞"字的闡釋及考釋：《説文》以來的漢字闡釋*

李守奎

漢字闡釋的核心内容是構形理據。正確闡釋理據的前提有三個：第一，確知文字所記録的與構形相關的音義；第二，追溯到漢字早期未經訛變的字形；第三，符合實際的文字學理論。理據闡釋是在這些條件具備的前提下，結合其他歷史文化知識，推測古人造字時的思維。對於形、音、義不明的漢字，首要的是疑難問題的考釋，在正確的考釋前提下才會有正確的闡釋。《説文解字》從總體上看是一部闡釋構字理據的書[1]，形聲字占多數，形聲字的理據相對簡單，從這個角度看《説文》的闡釋大部分是正確的。但對於表意字系統的漢字而言，表意字是其基礎，《説文》的闡釋大都存在不同程度的問題。

第一，文字所記録的音義明確，但字形已經訛變，據訛變字形闡釋構形理據，不能確切或有錯誤。例如卷首一部的"天、示、王、士"等字，古今都是常用字，文獻中音義明確，但小篆字形去古已遠，哪個意義是其本義無法確知，某個意義與字形之間的聯繫完全是臆測。例如"示"字：

> 𣎳，天垂象，見吉凶，所以示人也。從二。（二，古文上字。）三

* 本文爲清華大學自主科研 WO5—優先引導專項"楚文字綜合整理與研究"(2015THZWYX07)的階段性成果。

垂,日月星也。觀乎天文,以察時變。示,神事也。凡示之屬皆從示。

就小篆來説,“示”之字形正確。“示”的常用意義是顯現出某種指示性言行徵兆等讓人看並知曉其義。《禮記·禮運》:“刑仁講讓,示民有常。”《史記·廉頗藺相如列傳》:“相如奉璧奏秦王,秦王大喜,傳以示美人及左右。”《説文》把這些意義與字形聯繫起來,闡釋爲上面垂下日、月、星以示人。許慎的闡釋,音、義皆有依據,但這是漢代思想的闡發,而不是漢字造字時的理據。如果探討漢代經學思想對文字闡釋的影響,這是絶好的材料;如果討論漢字構形,就必須回到更原始的字形與意義那裏。許慎無緣見到,我們也不能苛責《説文》。

第二,有些字既不見於漢代文字,也不見於文獻使用,文字來源不明,構形不明,音義不明。例如:“㐁,舌皃。从合省。象形。[illegible],古文㐁。讀若三年導服之導。一曰竹上皮,讀若沾。一曰讀若誓。弼字从此。”這些字如果不藉助古文字的考釋成果,真相無從推究。

第三,字形訛變,本義已經失傳,爲了解字,不惜杜撰未曾出現過的意義。這是極端之惡例。例如:“也,女陰也。象形。𠃟,秦刻石也字。”古文字與秦漢文字中“也”無作也形,此外,古今文獻“也”字没有女陰意義。

第四,理論系統性問題。六書理論中没有裝飾字和記號字,凡是裝飾性構字部件或由裝飾性構字部件演變來的區别部件全部當作表意部件。例如,“元、丕、吏、帝、旁、示”等字中,一些裝飾性筆畫規範化,或演變爲區别符號,《説文》都當作意符了。這些錯誤受制於其理論,是系統性錯誤。

《説文》根據當時所見到的材料給我們構建起漢字構形與闡釋的理論系統,開創了漢字學,成就卓越,千古不朽,至今都是漢字研究的寶庫。但也必須看到,《説文》依據的材料和理論都有其局限性,其個别文字闡釋開啓了脱離語言臆説漢字的惡例,影響至今。

乾嘉學者,在《説文》的音義訓詁研究上取得突破,成就輝煌,開闢了另外一條以音義關係爲核心的研究大道,後繼有人。但在文字構形研究方面因循守舊,成就有限。

今天,我們無論是材料、理論上都遠勝於漢代學者所見與所知,研究成果非常豐富,具備了"科學"地闡釋漢字的條件。需要的是有人能夠耐下心來去做。一點一點積累,小溪匯大河,相信漢字闡釋會有整體突破。

《説文解字》舟部有兩個字:"俞"和"彤"。前者構形不明,後者意義來源不明,二者之間的關係更無人涉及。下面就以此二字的考釋過程爲例,談談文字闡釋的方法以及漢字考釋與闡釋的關係。

一、"俞"字闡釋的歷程

"俞"是常用字[2],構字能力很强,《古韻通曉》舌音侯部收録33個俞聲字。[3]對於"俞"字的闡釋歷經了初創、疏證和新證三個階段。

(一) 初創階段

目前我們所見,《説文》最早闡釋"俞"字的構形,卷八舟部:

,空中木爲舟也。從亼從舟從巜。巜,水也。

第一,《説文》依據的小篆字形,驗之秦、漢文字,準確無誤。戰國文字已然如此,清華簡作(《皇門》8)、(《繫年》113)。

第二,其釋義"空中木爲舟"不見於文獻,不知所據。

第三,其字形外部結構分析爲亼、舟、巜三部分。這三部分"會意",如何能會出"空中木爲舟"? 莫名其妙。

《説文》之闡釋,字形依據是小篆,意義依據不明,構形分析讀不懂。

(二) 音義疏證階段

這裏説的疏證是指通過文獻來疏證音義。以段注爲例:

> 俞,空中木爲舟也。《淮南·氾論訓》:“古者爲窬木方版以爲舟航。”高曰:“窬,空也。方,並也。舟相連爲航也。”按窬同俞。空中木者,舟之始。並板者,航之始。如椎輪爲大路之始。其始見本空之木用爲舟。其後因刳木以爲舟。凡穿窬、廁牏皆取義於俞。《中孚》傳曰:“利涉大川,乘木舟虛也。”从亼,从舟,从巜。合三字會意。羊朱切。古音在四部。巜,水也。巜下曰:“水流澮澮也。”説从巜之意。[4]

段氏的貢獻在於突破字形,通過“窬”、“牏”等字音、義間的聯繫,驗證“空中木爲舟”中“空”義的來源。學者是否認同,另當别論,但就研究的深入來説,着實難以逾越。但其“从亼,从舟,从巜。合三字會意”的構形闡釋未見任何進展。同時期學者基本上都在《説文》給定的思路中深入、細化。把《説文解字詁林》相關内容全部讀完,其構形闡釋方面的收穫不會太多。[5]

疏證派以古音爲途徑,以文獻用例爲證據,在《説文》音、義研究方面取得很高成就,但在字形方面,以《説文》給定的字形爲基礎,以“六書”爲理論,揣度許慎的意圖,彌合闡釋的矛盾,成就不大。

(三)以古文字新證階段

清末學者開始對《説文》補證。《説文古籀補》《補補》《三補》等補充了一部分古文字字形。此後逐漸有學者利用古文字新材料,重新闡釋漢字。《説文》的權威性被推翻了,這是應該的,但矯枉過正,不免走偏。尤其是一些對古文字材料還没有很好消化的學者,用錯誤的材料來論證《説文》的錯誤,形成錯誤之上的錯誤。這不是個别現象,在某種程度上説,曾經一度具有普遍性。其中做得比較好的有林義光的《文源》,很值得一讀,不僅在字形上利用新材料提出很多新見,而且在文字理論上也有突破,提出了一些六書涵括不了的漢字類型。他認爲“俞,從舟,余省聲”[6]這一説法得到很多學者的認同。

臺灣的季旭昇先生是謹嚴的文字學家，可以説是“新證派”的代表，《説文新證》對“俞”字詳加闡釋，多有新見，我們移録於下：

 1 商.合 10405	 2 商.小臣俞犀尊	 3 周中.豆閉簋《金》	 4 周晚.不嬰簋《金》
 5 春戰.侯 179:20	 6 春戰.侯 156:20	 7 春戰.侯 185:8	 8 春戰.侯 75:8
 9 戰.晉.璽彙 2108	 10 戰.晉.璽彙 3316	 11 戰.晉.古幣 208	 12 戰.晉.古幣 208
 13 戰.晉.古幣 208	 14 戰.楚.郭.忠 3《張》	 15 漢印徵	 16 西漢.馬.戰 93《陳》

釋義：疑爲以舟渡河之意，引申爲“逾越”。《説文》釋爲“空中木爲舟也”。

釋形：甲骨文△字，王襄疑爲“俞”字(《類纂·存疑》第八 43 頁)。字從“凡”，其右旁從“”，與甲骨文“余”形不同，構字本義待考。金文△2 字，林義光《文源》釋爲從舟，余省聲，方稚松《甲骨文字考釋四則》以爲不從“余”。旭昇案：西周以下均從“舟”，“”形漸訛與“余”相近，從形體學來看，似可釋爲“從舟、從水，余聲”，水形作一撇筆，如“洀”字甲骨文《金璋所藏甲骨卜辭》14 作“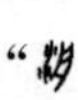”，而《京都大學人文科學研究所藏甲骨文字》2146 作“”(參見于省吾《甲骨文字釋林·釋洀》93—94 頁)。據此，“俞”字疑爲以舟渡河之意，義近於“逾”或“渝”。

戰國文字“余”形與“舟”形結合，漢文字“余”形下半斷開，與“水”形並立，《説文》遂釋爲“從巜”，雖不正確，但“巜”爲“水”類，至少還保留了“俞”字從水的説法。

六書：形聲。[7]

季先生的貢獻可以歸納爲如下幾點：

第一，按時代列出自甲骨文到漢代的代表字形，相當於“俞”字演變的字譜。

第二,充分吸收已有的研究成果,對其構形進行了新的闡釋。“從舟、從水,余聲”,渡河之意,義近“逾”或“渝”,這些結論融通了形、音、義,顯然要合理得多。

第三,對甲骨文“俞”的構形闕疑。

第四,指出《説文》中的有價值信息。

這是實事求是的學術研究。不掩前人之美,有什麽材料説什麽話,但也不是就没有任何問題了。

2010年,陳劍先生發表長文《釋“𠙵”》[8],其中一節網羅了甲骨文和西周金文中的23個“俞”,分爲三類:

A 《合集》10406正　《合集》10405正

《懷特》977反　《合集》16335反

《合集》4883　《合集》18675

B 俞伯尊(11.5849)　俞伯卣(10.5222.2)

俞伯器(16.10566)　俞舌盤(16.10035)

亞俞作祖己鼎(4.2245)　彝作又母辛鬲(3.0688)

小臣俞犀尊(11.5990)　亞俞父乙觶(12.6379)

亞俞父乙卣(10.5054.1)

C 亞父庚祖辛鼎(4.2363)　亞保祖辛簋(6.3683)

林亞俞卣(10.5013)　父辛亞俞觶(12.6411)

俞玉戈、師俞尊(11.5995;師俞鼎同,略)

豆閉簋(8.4276)

通過大量的例證主要證明了兩點:

第一,在肯定了魏宜輝等關於“俞”字較早字形所從“个”像箭鏃的基礎上,進一步證明“俞”從“鏃”聲。

第二,C形中的是“俞”字更原始的形體,演變爲與𠙵演變爲是平行之演變。

二、“俞”字新考

闡釋是以一個正確的考釋結果爲基礎來展開的。如果考釋出了問題，闡釋一定會有問題。

（一）“俞”字字形之考定

首先我們通過考證來確定一下字形。

季旭昇先生對甲骨文“俞”字構形闕疑，實際上已經把問題擺出來了。所列甲骨文的“俞”字爲什麽是俞呢？這是王襄的觀點，他只是“疑俞字”。[9]没有提出什麽證據。後來學者多隸作“艅”，也没有什麽證據。如果説“證據”，唯一的就是形體之間的相似性。這是早期古文字考釋的重要“方法”。李學勤先生證實甲骨文中的即《虞夏書》中的“俞”[10]。

王占曰：。有祟有夢。（合 10405）

王占曰：。不吉在兹。（合 16335）

俞，予聞如何。（《堯典》）

俞，師汝昌言。（《臯陶謨》）

我最初的思路是在信從林義光“俞”從余聲的傳統説法的基礎上，證明“”不從余聲，進而證明它不是“俞”字。這樣就可以把《説文新證》中的字形割裂開來，如下圖：

以第三例爲界，前後差異明顯，如果能夠割裂開來，就可以集中討論第四例以後字形中形與“俞”之間的關係。經陳劍先生提醒，這種

割裂不能成立。目前對於“俞”字構形中的音符鏃及其演變過程已經清晰,但對“俞”字構形依舊有兩點不明:

第一,甲骨文與商代金文中皆從凡,功能不明。

第二,西周開始出現從舟的形體,古文字中“凡”與“舟”混訛,例如“盤”中的“舟”即“凡”之訛變,“服”字或從凡、或從舟。“俞”中的“舟”是“凡”之訛變的可能性確實存在,但第 4 字形右側多出一撇,學者或認爲是“加弧筆爲飾”[11]。就目前所知,還没有這種類型的構件是羨符的證據。西周金文中“安”、“保”等字有類似部件,但都是表意部件的變形。

與皆從鏃聲,這一點陳劍先生已經證實,但二者是否是同一個字,目前還不能完全説死。

季旭昇先生“‘俞’字疑爲以舟渡河之意,義近於‘逾’或‘渝’”的觀點很有啓發性,但如果用或字作爲闡釋的對象,根本不可能得出這樣的結論。

無論是從字形還是意義上,都是“俞”的直接源頭。

(西周)——(戰國)——(小篆)

在楚文字和小篆中,雖然形訛變,但其嬗變的軌迹一目瞭然。

從文義上説,這種形體的“俞”與後代從“俞”得聲的字關係直接。

> 玁狁廣伐西俞(隃)(不㝨簋,集成 4328)
>
> 敢俞(偷)出入于趙弧之所……(侯馬盟書 156:20)
>
> 大舊(久)而不俞(渝),忠之至也。(郭店簡·忠信之道 3)

總之,漢字闡釋之前對字形要經過考釋,必須以確切可信的字形爲前提。對“俞”字的闡釋,我們就從形、音、義都能夠落實的“”字開始。其表層結構有三部分:余、舟和一撇。對其深層結構的闡釋有賴對“俞”語義的全面把握和理解。

(二)“逾”與“渝”等字失落的古義

我們先從從俞諸字一個失傳了的古義説起。

從俞得聲的“逾”最早見於鄂君啓節：

自鄂市，逾油，上漢，就厝，就郥陽，逾漢，就䢴，逾夏，入邔(涓)，逾江，就彭射(澤)，就松陽，入廬江，就爰陵，上江，入湘，就䐑，就洮陽，入耒，就郴，入資、沅、澧、油。上江。就木關，就郢。

舟節經過學者的不懈努力，基本上已經清楚了行舟路綫。其中的“逾”與“让(上)”是反義詞，“逾”是舟順流而下，“让(上)”則是泝流而上。[12]

上博簡《上博六·莊王既成》：

莊王既成無射，以問沈尹子桱曰：吾既果成無射，以供春秋之嘗，以【一】待四鄰之賓客(?)，後之人幾可保之？沈尹故辭，王固問之。沈尹子桱答【二】曰：四與五之間乎？王曰：如四與五之間，載之傳車以上乎？殹四航以【三】逾乎？沈尹子桱曰：四航以逾。【四上】

這段簡文中，楚莊王向沈尹子桱詢問無射之鐘可以保有幾代及其去向。兩種可能：載傳車以上，爲中原强國所獲；船載以下，被運送到吴越之地。這裏“逾”的確切含義是載物之舟船順流而下。這也透漏出當年吴人撤離楚國是順長江而下。

清華簡《繫年》：

楚師圍之於蔑，盡逾鄭師與其四將軍，以歸於郢。(簡 131)

這是一場戰國初年楚圍鄭之戰,簡文所記是楚獲勝,將鄭之戰俘運送到郢。這時的郢,據《楚居》記載,是鄩郢,多數學者認爲在漢水流域,由鄭地蔑到郢,正可以沿水順流而下。

這個古義也見於傳世文獻,《國語·吴語》:

> 於是吴王起師,軍於江北,越王軍於江南。越王乃中分其師,以爲左右軍。以其私卒君子六千人爲中軍。明日將舟戰於江,及昏,乃命左軍銜枚泝江五里以須,亦令右軍銜枚踰江五里以須。夜中,乃命左軍、右軍涉江鳴鼓中水以須。吴師聞之,大駭,曰:“越人分爲二師,將以夾攻我師。”乃不待旦,亦中分其師,將以禦越。越王乃令其中軍銜枚潛涉,不鼓不譟以襲攻之,吴師大北。越之左軍、右軍乃遂涉而從之,又大敗之於没,又郊敗之,三戰三北,乃至於吴。

韋昭注:“踰,度也。”其古義漢代學者已經不解。陳偉先生指出:“‘踰’與‘溯’相對而言,並且左右軍是在後來(夜中)才‘涉江’到‘中水’(韋昭注:“中水,水中央也。”),可見‘踰’指沿‘江’而下,與‘泝’指溯‘江’而上對應。”並進一步指出“此義未見於字書,但于鬯《香草校書·國語三》已經指出。”[13]

這一段記事見於清華簡《越公其事》:

> 若明日,將舟戰於江。及昏,乃命左軍銜枚穌(泝)江五【63】里以須。亦命右軍銜枚渝江五里以須。夜中乃命左軍、右軍涉江,鳴鼓中水以須。【64】

《吴語》中的“踰”字簡文作“渝”,記録的是同一個詞。此戰作戰過程叙述得十分明確。越軍兵分三路,左軍沿江上行五里,右軍沿江下行五里,半夜二軍擊鼓渡江,造成夾擊的假象,吴軍分兵抵擋,越精鋭的中軍潛渡襲擊,吴軍大敗。“踰”或“渝”相對應的是“泝”或“溯”,二字同音,記録的是同一個詞無疑。

《説文》:"泝(溯),逆流而上曰泝洄。泝,向也。水欲下違之而上也。從水㡿聲。遡,溯或從朔。""踰"或"渝"顯然是與"泝"相對應的反義詞,意義應當是順流而下。但"踰"與"渝"都是常用字,文獻中並没有這個意義。

"逾、踰、渝"是常用字,結構清楚,音義明晰,均見於《説文》:

> 逾,䞣進也。從辵俞聲。《周書》曰:"無敢昬逾。"
>
> 踰,越也。從足俞聲。
>
> 渝,變汙也。從水俞聲。一曰渝水,在遼西臨俞,東出塞。

"逾"之舟船順流而下的這個古義,漢代就已經湮滅不聞了。

(三)古文字中"彤"字的破解

《説文》中記録"逾、渝、踰"等字古義的就是"彤"字。

> 彤,船行也。从舟,彡聲。

這個字最近在古文字中得以破解。西周金文中有"逆△"連語,其中"△"字有多種寫法:

> (麥方尊,集成 6015[14]):作册麥賜金于辟侯,麥揚,用作寶尊彝,用䵼侯逆舟,將明命。
>
> (保員簋[15]):用卿公,逆洀。
>
> 舟下有一短丿。此字又見於啓作祖丁尊(集成 5983):啓從王南征,□山谷,在水上。
>
> (伯者父簋,集成 3748):伯者父作寶簋,用卿王,逆逈。
>
> (叔趯父卣,集成 5428·2):汝其用卿乃辟軝侯,逆洀,出入

使人。

(作册夨令簋,集成 4301):用尊事于皇宗,用卿王,逆造。

(中爯簋,集成 3747):中爯作氒寶彝,用卿王,逆彸。

舊多釋讀爲"逆造",李學勤先生把"逆造"理解爲往返,認爲和"出入"是同義詞。[16]何景成先生的近作《釋金文詞語"逆送"》一文,認爲"舟"當釋爲《説文》的"彤",表示舟行水上有所憑藉之意,"逆△"讀爲"逆送"[17]。

何先生的主要目的不是闡釋字形,而是考釋文義,文中對相關字形的文義都作了很好的疏通,可以參看原文。此處对字形再略作补充。

《説文》:"彤,船行也。从舟,彡聲。"既然這個字源自"舟(舷)","彡"可能就是"水"的變形。

中爯簋之,郭沫若以爲"從从,彤省聲"[18],可隸作"彸","从"是舟的變形音化,"彡"就是"水"的變形音化,成爲一個雙音符字。从,從母東部;彤,喻母冬部;送,心母冬部。讀音相近,後文還會論及。從這個字的形與音來看,將"逆△"看作反義詞,讀爲"逆送"是正確的。

即舷,亦即《説文》的"彤",是船行水上,甲骨文由舟和水兩個形符構成,舟在水上,水在舟下,形位具有表意功能。增加義符"水"就是(啓作祖丁尊,集成 5983),或省形爲(所從"洀");增加義符"辵"就是,或省形爲(造);變形音化就是,皆一字之異寫。

三、"俞"及從俞字新釋

確定了字形,得知了"逾"、"渝"的古義,瞭解了"彤"字在古文字中的寫法與用法,"俞"字的構形以及與"彤"的關係基本上就可以確定了。

如果我們承認陳劍先生所説字中的是鏃聲的説法,也承認何景成先生爲"彤"字的説法,(不嬰簋,集成 4328)、(魯伯俞父瑚,集成 4568)等字可以分析爲從彤、鏃聲,本義是舟船順流而下。產生的過程是在舟上加注音符,音符發生訛變,中間一撇與人斷開,與水形

並列，舟旁移位至亼下，就成了楚文字或小篆中的。

意符分割，音符居中，古文字中有其例。例如散氏盤之“道”作，“行”是意符，被拆成彳亍，“首”是音符，位於中間。與的結構方式類同。

仿照《説文》的體例，就是：俞，從舟，(鏃)聲。船行，順流而下也。

“逾、渝”皆從俞得聲，其古義都是船順流而下，最初應當是一字異體。“舟、俞、渝、逾”很可能是不同時代同一個詞的不同寫法，它們與古文字之間的對應關係是：

舟　俞　渝　逾

《越公其事》中的“泝”與“渝”是反義詞，泝是逆流而上，渝是順流而下。西周金文的“逆彤”與簡文“泝渝”讀音相近，是路徑相同的隱喻結構。“逆”與“泝”都是鐸部字，讀音相近，語義相通。俞是喻母侯部字，送是心母東部字，韻部陰陽對轉。俞本從鏃聲，古書中還保留着與齒音相通之例。例如《公羊傳》文公四年經：“衛侯使甯俞來聘。”徐疏：“俞，正本作速字。”“速”即心母屋部字。陳劍先生的大作中有詳細論證，可參看。

《集韻・沁韻》：“彤，吳楚謂船行曰彤。”這大概是有方言依據的。目前“逾、渝”等字船順流而下的古義都集中在記録吳、楚之事的文獻中，可以相印證。

西周以後“俞”之初文由義符彤與兩部分構成，其意義與船行有關，本義是舟船順流而下，在吳楚方言中一直沿用，這幾點基本上是可以確定的。

四、“俞”字闡釋之後的古文字考釋

如果説以上的闡釋可信的話，一系列古文字需要重新考釋或重新認定。

(一) 一些出土文獻中的辭例可以考慮改讀

1. 惟㪔用,于之,若?𢦏𡉓方,不雉衆。(合 27996[19])

《甲骨文字詁林》將“”字列爲 3139 號,未做隸定。姚孝遂先生按語:“用爲動詞,與軍事行動有關。”[20]

是水名,“彤”與楚文字中的“逾漢”、“逾江(又作渝江)”等相同。契文是問説微乘船沿水而行,前往目的地,是否順利?

2. 啓從王南征,□山谷,在水上。(啓作祖丁尊,集成 5983)

如果是水名,即渝,具體位置待考。

(二) 分辨甲骨文中船行之“彤”與逾越之“逾”、“踰”

《甲骨文字詁林》第 3171 頁 3133 號列有下列字形:

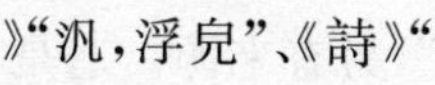

1. 甲戌卜,爭貞,來辛巳其乇(合 11477)

2. ……王…………若(合 11478)

姚孝遂先生認爲這些字均從水,從舟,應當釋爲“洀”,讀作“汎”,像泛舟於水之形,並引《説文》“汎,浮皃”、《詩》“汎彼柏舟”等爲證。[21]單從字形上説,有多種可能性。泛舟、行舟、渡水等皆無不可。

《新甲骨文編》將《詁林》中的與這一組字合併,全部釋作“洀”[22]。

按照前文所論,這些字就是楚文字中順流而下“逾、渝”諸字的表意初文。如果以上觀點可以成立,又會出現另外一個問題:“逾、踰”等最常用的“渡過、逾越”等意義從何而來?

上列字形中的,雖然也是舟與水的組合,但水不在舟的底部,而是舟横絶水。把此字與字釋爲一字是楊樹達先生的見解,《積微居甲文説·釋》:

《殷契粹編》八四三片云:“辛未卜,今日王,不鳳(風)。”今按郭君

釋字爲般,其説至確。余謂字象水形,乃水字,甲文恒見。水字多在字旁,而此水字横截舟上者,示舟浮行水上之形也。後世字作洀,見於《管子·小問》篇,其文云:"意者君乘駿馬而洀桓,迎日而馳乎"尹知章注云:"洀古盤字。"是也。[23]

此字與"盤"無涉,姚孝遂先生按語已經闡明[24],把與釋爲同一個字的依據就是二者的構字部件都是水和舟,完全忽略了形符位置的表意功能。

"舟𠃌"字所從的"丿"是"水",得到學界的認同,其初文位於舟的底部,義符化爲水以後,才變成左水右舟結構。

舟横絶水上,正是渡過。渡水與逾越路徑相似。

> 辛未卜,今日王,不鳳(風)。(合 20273)

大概卜問王渡越某水,是否會遇到風。

若此,甲骨文中的是舟船順流而下,後來繁化爲"俞、渝、逾、踰"等。這個古義一直到戰國時期楚地還普遍使用。

甲骨文的是舟船横渡。

石小力博士指出,古文字中還有裘錫圭先生釋爲"踰"字的,字象"止(趾)"在"𠂤"上,似應是《詩經》"無踰我墻""終踰絶險"之"踰"的表意初文。[25]"踰越"之"踰",另有來源。這是非常正確的意見。山和水都是路徑中的險阻,都需要逾越,但其方式與通過的路徑有很大的不同,所以古人造了不同的字,逾越水是舟絶水,逾越山是止在𠂤上:

> 文公躬擐甲胄,跋履山川,踰越險阻,征東之諸侯。(《左傳》成公十三年)
>
> 深淵是濟,高山是逾。(清華簡《湯處於湯丘》)

這些文字最初讀音相同或相近,義各有别,由於字形中都有舟和水,合併爲"俞"字。"順流而下"與"逾越"等義都用"逾、踰"等後起形聲字表達,"俞"的構字理據喪失,"逾、渝"等字順流而下的古義也消失了。從這個角度上説,把、當作一字也不能説完全不對。

(三)理清"彤、㳄、俞、逾、渝、踰"諸字之間的關係

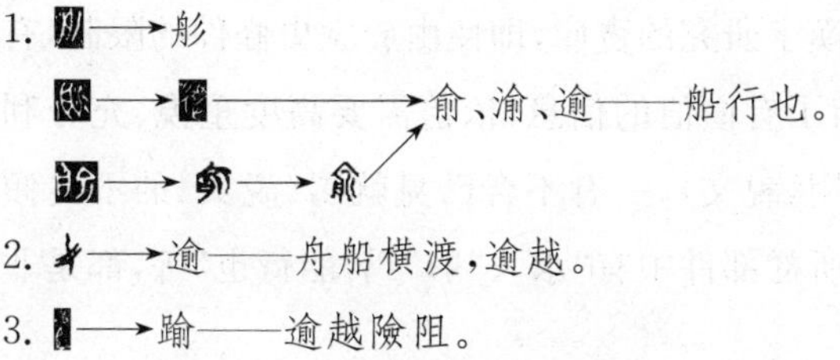

這組字的發展歷程很可能是舟船順流而下的字形吞併了舟船横渡的,秦漢以後,舟船横渡的引申義掩蓋了順流而下義。"踰"字晚出,但來源甚古。《國語》中的"踰"可能是用後代文字轉寫所致。

(四)俞 與 降

"俞"及俞聲字有降義:

1. 鲁天子俞厥瀕福。(井侯簋,集成 4241)

石小力博士指出,此處之"俞福"即金文常見之"降福"。[26]

2. 天地相合,以逾甘露。(郭店簡·老子甲 19)

馬王堆帛書本作"俞",學者循其文意,或讀爲"雨",或讀爲"賈",或讀爲"輸",或讀爲"降"。[27]

"俞"或"逾"本義就是順流而下,這些文例中的"俞"及俞聲字意義都是降下,但不一定讀爲降,很可能是順流而下義的引申。"俞"的這個古義到了戰國時期集中在楚地流行,很可能成爲楚地方言。

五、結　論

古文字考釋與漢字闡釋雖然各有分野,但二者彼此相依。考釋雖

然以漢字所記録的音義爲核心，但只有對漢字構形合理闡釋之後，才算是“完全釋字”。漢字闡釋則必須以正確的考釋爲前提，對考釋成果不能合理取捨，闡釋就成了無根之學或猜謎臆説。

正確的闡釋爲古文字考釋提供材料與文字學上的依據，有助於解決疑難問題。

《説文》是漢字研究的寶庫，即使由於歷史條件的限制，有這樣那樣的不足，但保留了有價值的信息，依舊需要高度重視、充分利用。我們要避免時時使用《説文》，一有不合己見就駡《説文》的不良傾向。例如《説文》以“俞”所從部件中有“水”、“彡”爲“船行也”等，都是非常重要的信息。

小文希望能夠藉助“俞”字的具體闡釋過程，表達對文字闡釋方法的理解。四月中旬，曾以“漢字的考釋與闡釋——以‘俞’字爲例”爲題在北京師範大學文學院作講座，李運富先生的點評讓我受益良多。事後惠寄十年前所發表的大作《論出土文本字詞關係的考證與表述》。我所提出的“完全釋字”與李先生的“完全考釋”雖然角度不盡相同，但基本思路一致，旨趣也一致。不論是漢字的考釋和闡釋，都需要充分的材料和理論的支撑，都要盡力避免盲人摸象式的臆測，這是學人的共識，也是我們漢字闡釋努力的方向。

在新的形勢下，提出“新語文學”很必要。“新訓詁學”不斷拓展，音韻學也發展出音系學。文字學是近百年來新材料發現最多、研究成果最豐富、發展最快的學科，自唐蘭先生的《中國文字學》以來，大部分文字理論走出“六書”的束縛，也可以稱之爲“新文字學”。但文字學目前存在的問題很多，其大者有三：第一，學科定位；第二，文字學内部門户；第三，學科規範。需要同人共同努力。

後記：陳寅恪先生説過，一個字就是一部學術史。就以“俞”字爲例，經過三千多年的嬗變，兩千多年的闡釋，其文化積累之厚重，確實可以寫出一部學術史來。今天我們從“新説文學”的立場出發重新闡釋，就得全面占有文字材料和研究成果，這又談何容易！我從最初有思路、草成提綱、會議宣讀,幾經修改,還是掛一漏萬。蒙陳劍先生指正,重新修改,補充了新的研究材料和研究成果,對與之間關係武斷的結論放棄,但二者是否同字依舊存疑。我現在的初步判斷是二者同以鏃爲音符,可以通用,但並不是同一個字。把釋爲從彤、个(鏃)聲,舟船順流而下,構形很合理。如果將來的材料能夠證明即之訛變,本文論證就全部崩潰。如此"新文字學",慘淡經營而風險極高!

本文在撰寫過程中得到李運富先生、陳劍先生、石小力博士和博士生王永昌的幫助和指正,特此致謝!

注釋

[1] 由於《説文》的體例不表現考釋的過程,許慎對一些字闡釋之前是否有過考釋,不得而知。

[2] 古文字常用字没有確切的標準。姑且以超過十例、多有異體,算作古文字中的"常用字"。

[3] 參見陳復華、何九盈:《古韻通曉》,中國社會科學出版社 1987 年版,第 156—160 頁。此數字統計字形重出者不計。

[4] 段玉裁:《説文解字注》,上海古籍出版社 1988 年版,第 403 頁。

[5] 參見丁福保編纂:《説文解字詁林》,中華書局 1988 年版,第 8580—8582 頁。

[6] 林義光:《文源》,中西書局 2012 年版,第 397 頁。

[7] 季旭昇:《説文新證》,福建人民出版社 2010 年版,第 707—708 頁。

[8] 參見陳劍:《釋"甴"》,《出土文獻與古文字研究》第 3 輯,復旦大學出版社 2010 年版,第 1—89 頁。

[9] 參見于省吾主編:《甲骨文字詁林》,中華書局 1996 年版,第 3169 頁。

[10] 參見李學勤:《〈堯典〉與甲骨卜辭的歎詞"俞"》,載《湖南大學學報》(社會科學版)2008 年第 3 期,第 5—7 頁。

[11] 參見黄德寬主編:《古文字譜系疏證》,商務印書館 2007 年版,第 1017 頁。

[12] 參見陳偉:《〈鄂君啓節〉之"鄂"地探討》,載《江漢考古》1986 年第 2 期,第 88—90 頁;又參見湯餘惠:《戰國銘文選》,吉林大學出版社 1993 年版,第 46—47 頁。

［13］陳偉:《楚簡册概論》,湖北教育出版社 2012 年版,第 87 頁。

［14］中國社會科學院考古研究所:《殷周金文集成》第 11 册,1992 年版,第 196 頁,6015 號。以下引述《殷周金文集成》一書簡稱"集成"並僅標出器物號。

［15］張光裕:《新見保員簋銘試釋》,《考古》1991 年第 7 期,第 650 頁。

［16］參見李學勤:《釋"出入"和"逆造"》,載《通向文明之路》,商務印書館 2010 年版,第 180—182 頁。

［17］參見何景成:《釋金文詞語"逆送"》,《中國文字研究》第 22 輯,上海書店出版社 2015 年版,第 22—26 頁。承蒙王永昌提示。

［18］郭沫若:《金文叢考》,人民出版社 1954 年版,第 307 頁。

［19］中國社會科學院歷史研究所:《甲骨文合集》第 9 册,中華書局 1981 年版,第 3452 頁。以下引此書簡稱"合"及片號。

［20］參見于省吾主編:《甲骨文字詁林》,第 3174 頁。

［21］同上書,第 3172—3173 頁。

［22］參見劉釗主編:《新甲骨文編》(增訂本),福建人民出版社 2014 年版,第 640 頁。

［23］轉引自于省吾主編:《甲骨文字詁林》,第 3172 頁。

［24］同上書,第 3173 頁。

［25］參見裘錫圭:《説從"㞢"聲的從"貝"與從"辵"之字》,載《文史》2012 年第 3 輯,第 18 頁。

［26］石小力博士還指出"逆△"可以考慮與禮書中"逆降"的關係。

［27］參見武漢大學簡帛研究中心、荆門市博物館:《楚地出土戰國簡册合集(一)·郭店楚墓竹書》,文物出版社 2011 年版,第 9 頁。

肺腑而能語　醫師色如土：以《皇門》爲例檢視前人校讀古書的得失

馮勝君

自清"乾嘉學派"以來，學者們運用傳統的校勘學方法，對幾乎所有傳世古書進行了全面而深入的整理，所取得的成績成爲今天我們閱讀古書的重要基礎。以19世紀與20世紀之交的甲骨文發現爲標誌，古文字學研究逐漸擺脱傳統金石學附庸的地位，成爲學術研究的前沿和熱點領域。以于省吾先生爲代表的"新證學派"開始有意識地利用地下出土材料校讀古書，爲傳統的古籍整理開闢了新局面。[1]而以馬王堆帛書、郭店簡、上博簡、清華簡、北大簡等爲代表的先秦秦漢古書類簡牘帛書，對於古典學重建工作的重要意義，是無論怎麽估價也不過分的。[2]李零先生屢次拈出《山經》"肺腑而能语，医师色如土"語，來形容簡帛古書類出土文獻對於校讀古書的作用，無疑是十分貼切的。[3]簡帛古書中不僅有未能流傳於後世的佚籍，也有不少有今本傳世的古書的早期寫本。有的古書還有不同時期的多種寫本出土，如《老子》《周易》等，爲我們瞭解古書流傳過程中的一些現象提供了難得的樣本。有的古書如今本《逸周書》等，由於未能列入經典，在流傳過程中訛脱衍倒的情況尤爲突出。乾嘉以來，學者們雖然用力不少，多方校訂，但恐怕距離其原貌尚有不小的差距。本文以《皇門》篇爲例，一方面考察前人校訂工作的得失，另一方面也對今本與清華簡本之間的結構性差異加以探討。

今本《皇門》是《逸周書》中的一篇，學界一般承認其爲可信的西周時期的文獻。[4]清華簡第一册收録的一篇簡文由於内容與今本《逸周書·皇門》大體相符，整理者將其定名爲《皇門》。[5]雖然今本與簡本《皇門》無疑是同一篇文獻，但二者之間的差異之處亦復不少。有學者統計，“簡本與今本《皇門》中字詞文句的疑問之處共計 153 例（重複者合併統計），其中訛變 85 例，删脱 35 例，增衍 26 例，顛倒 7 例”[6]。這些譌脱衍倒，絶大多數是今本在輾轉傳抄過程中産生的，但也有個别簡本有誤而今本不誤的情況（詳下）。自清人以來，學者們對《皇門》篇中存在的各類問題，做了不少校訂工作。我們把前人對《皇門》的校訂情況製爲下表[7]，一方面便於觀覽，另一方面也可作爲討論的基礎。

		今本	校訂者	校訂意見	簡本	備注
訛文	1	皇門（篇名）	劉師培	疑篇名本作“閎”，後人誤改爲“皇”。		簡本無篇題。
	2	周公格左閎門，會群門	王念孫	“會群門”之“門”爲“臣”之訛		簡本無此三字，唐大沛、俞樾謂作“門”自可通，不必改。
	3	沈入	盧文弨	“入”改爲“人”	沈人	盧改與簡文合。
	4	非不用明刑	盧文弨	“非”爲“罔”之訛	非敢不用明刑	簡本“蔑有耆耇”，今本誤作“克有耇老”，故盧校不爲無據。
	5	我聞在昔有國誓王之不綏于卹	王引之	“之”爲“亡”之誤	我聞昔在二有國之哲王，則不共于卹	相關討論，詳下文。
	6	内不茂揚肅德	盧文弨	“内”爲“罔”之誤	懋揚嘉德	盧校對文義理解與簡文相符。
	7	先用有勸	王引之	“先”疑“克”之誤	先王用有勸	王説與簡文不合。
	8	維時及胥學于非夷	趙曦明 王引之	“及”，趙疑爲“反”之訛，王認爲係“乃”之訛	乃維訯＝（汲汲）胥驅胥教于非彝	今本“及”不誤，惟脱漏重文符號。趙、王二説與簡文不合。
	9	不屑惠聽	盧文弨	“不屑”疑“不肯”之訛	不肯惠聽	盧説與簡文合。
	10	譬若匹夫之有婚妻	王念孫	“婚”本當作“昏”	譬如覺夫之有媢妻	整理者謂“婚”爲“媢”之形訛。
	11	媚夫有邇無遠	王引之	“媚”當是“媢”之訛	媢夫有邇無遠	王説與簡文合。

（續表）

		今　本	校訂者	校訂意見	簡　本	備　注
訛文	12	乃食蓋善夫	王引之	“食”當爲“弇”之訛	乃弇蓋善夫	王説與簡文合。
	13	俾莫通在士王所	沈彤	改“在士”爲“在于”	善夫莫達在王所	“士”可能係衍文。
	14	小民率穡，保用無用，壽亡以嗣	莊述祖	改“穡”爲“瘽”	小民用禱無用祀	據簡文，今本“率穡保用無”等字當爲衍文。
	15	夫明爾德	莊述祖 朱右曾	莊改“夫”爲“矢”，朱改“夫”爲“大”	夫明爾德	莊、朱二説均與簡文不合。
	16	無維乃身之暴皆卹爾	盧文弨	“皆卹”疑當作“是卹”	毋維爾身之纍，皆卹爾邦	據簡文，今本“爾”下脱漏“邦”字，盧改與簡文不合。
	17	資告予元	孫詒讓	“元”疑爲“允”之譌	既告汝元德之行	據簡文，今本“元”下脱漏“德之行”，三字。
	18	譬若衆畋	莊述祖	改“衆畋”爲“泳淵”	譬如𠂇舟	莊改於文義有當。
	19	汝無作	劉師培	“亡”、“乍”形近易訛，“作”蓋當爲“忘”。	毋作祖考羞哉	據簡文，今本“作”下有脱文，劉説不合於簡文。
衍文	20	人斯是助王	劉師培	“是”與“斯”同，蓋衍文	是人斯助王	據簡文，“是”與“人斯”位置互倒。
	21	以昏求臣	王念孫	“求”爲衍文，當在後文“皇良”之間	以䀠求于王臣	王説與簡文不合。
	22	汝無作	朱右曾	此三字爲衍文	毋作祖考羞哉	朱説與簡文不合。
脱文	23	其善臣以至于有分私子	盧文弨	此句上疑本有“自”字	自釐臣至于有分私子	盧説與簡文合。
	24	人斯是助王	劉師培	根據孔晁注，疑當作“人順斯助王”	是人斯助王	劉説與簡文不合。
	25	永有□于上下	莊述祖 丁宗洛 陳逢衡 朱駿聲	今本闕文，莊補“啓”，丁補“孚”，陳補“格”，朱補“亯”	以賓右于上	按之簡文，今本方空處似並無闕文，諸家説與簡文均不合。
	26	人斯既助厥勤勞王家	唐大沛	“厥”下疑脱“辟”字	是人斯既助厥辟勤勞王邦王家	唐説與簡文合。
	27	小人用格□能稼穡	莊述祖 朱駿聲 陳逢衡	闕處莊補“家”，朱補“爰”，陳補“用”	小民用叚能稼穡	據簡文，今本並無闕文。

（續表）

		今本	校訂者	校訂意見	簡本	備注
脱文	28	以家相厥室	俞樾 劉師培	俞説"厥室"上當有"亂"字；劉説"厥室"上似脱"私"字	以家相厥室	二説與簡本均不合。俞説據《逸周書·祭公》篇"汝無以家相亂王室"，清華簡本作"汝毋各家相而室"，亦無"亂"字。
	29	維德是用	孫詒讓	"德"上當有一字，此上下文所言皆惡德	維偷德用	孫説與簡文合。
	30	王阜良	王念孫	"良"上當有"求"字	我王訪良言於是人	從簡文文義來看，王説似可信。
	31	以昏求臣	王念孫	"以昏臣"三字上有脱文	以䎽求于王臣	王説與簡文不合。
	32	汝無作	趙曦明	此三字下有闕文	毋作祖考羞哉	趙説與簡文合。
倒文	33	維其開告于予嘉德之説	王引之	"于予"爲"予于"之倒	唯莫開余嘉德之説	簡本無介詞"于"，但從簡本動詞後接"余"來看，王引之説不誤。
	34	乃維其有大門宗子、勢臣	莊述祖	改"大門宗子"爲"大宗門子"	廼唯大門宗子、邇臣	莊改與簡文不合。
	35	不屑惠聽，無辜之亂辭是羞于王，王阜良，乃惟不順之言	王念孫	校改爲"不屑惠聽無辜之辭，乃惟不順之辭是羞于王，王阜求良言。"	不肯惠聽無辠之辭，乃惟不順是治。我王訪良言於是人。	王説大體與簡文相符。
	36	譬若匹夫之有昏妻，曰予獨服在寢	于鬯	疑下文"媚夫有邇無遠"，當在"譬若匹夫之有昏妻"與"曰予獨服在寢"之間	譬如覺夫之有媢妻，曰余獨服在寢	于説與簡文不合。

上表統計了前人對《逸周書·皇門》篇中可能存在的訛脱衍倒之處所進行的校訂，其中訛文 19 條，衍文 3 條，脱文 10 條，倒文 4 條，共計 36 條。通過與清華簡《皇門》篇進行對比，可以檢視前人上述校訂工作的成敗得失。

上述校訂中，與清華簡《皇門》完全吻合的共計 6 例[8]，分别是第 3、9、11、12、23、26 例，約占全部 36 例的 17%。這六例當中，校訂的難度與學術含量是各不相同的。第 3 例今本所謂"建沈人"之"人"，盧文弨將

“入”校改爲“人”；第 23 例今本“其善臣以至于有分私子”，盧文弨謂句上應該有一“自”字；第 26 例今本“人斯既助厥勤勞王家”，唐大沛謂“厥”下當有“辟”字。以上三例平心而論，應該説校改的難度都不是很大。如第 3 例“建沈入”，孔晁注“又建立沈伏之賢人”，則“入”無疑是“人”之譌；第 23 例，通過句中的“以至于”很容易聯想到句首應該有一“自”字與其搭配；第 26 例從文義上看，人臣自然是幫助君主來“勤勞王家”，孔注“助君也”，也有一定提示作用，因此想到“厥”下脱“辟”字也比較自然。

其餘三例校訂則有一定難度，如第 9 例今本“不屑惠聽”，盧文弨認爲“不屑”當作“不肯”，與簡本相合。“屑”“肯”字形相近，有訛混的可能。但“不屑惠聽”的意思是認爲不值得而不願意傾聽（《詩·鄘風·君子偕老》：“鬒髮如雲，不屑髢也”），從文義上講與“不肯惠聽”相當接近。在這種情況下，能做出正確校改，是難能可貴的。第 12 例今本“乃食蓋善夫”，王引之謂：“‘食蓋’二字義不相屬，‘食’當爲‘弇’。……‘弇蓋善夫，俾莫通在王所’亦承上文‘娟嫉’言之。《大學》引《泰誓》曰：‘娟嫉以惡之。’又曰：‘而違之俾不通。’正此謂也。‘弇’與‘食’字相似，故‘弇’誤爲‘食’。”[9]簡本正作“弇蓋”，與王氏説完全吻合。但這條校訂應該在很大程度上是受到孔晁注的啓發，今本此處孔注爲“媢夫見利而無遠慮，利爲掩蓋善夫，使莫通”[10]，王氏云“孔注云‘掩蓋善夫’，是其明證矣”，其態度值得玩味。

比較經典的一例校訂，無疑當屬第 11 例。今本原文是“媢夫有邇無遠，乃食〈弇〉蓋善夫，俾莫通在士〈于〉王所”，王念孫《讀書雜志·逸周書弟二》：

> 引之曰：“‘媢’當爲‘娟’字之誤也。（自注：下“媢夫”同。《顏氏家訓·書證篇》曰：“太史公論英布曰：‘禍之興自愛姬，生於妬媢，以至滅國。’又《漢書·外戚傳》亦云：‘成結寵妾，妬媢之誅。’此二‘媢’並當作‘娟’，娟亦妬也，義見《禮記》《三蒼》。且《五宗世家》亦云：‘常山憲王后妬娟。’王充《論衡》云：‘妬夫娟婦。’益知娟是妬之别名。原英布之誅爲意賁赫耳，不得言媢。”案《五宗世家》索隱

亦云:"媢,鄒氏作媚。"《潛夫論·賢難篇》:"妬媢之攻擊也,亦誠工矣。"今本"媢"字亦誤作"媚"。《爾雅·釋宫》:"楣謂之梁。"《釋文》:"楣,或作楣。"蓋隸書"眉"字或作𡰯,與"冒"相似,故從"冒"、從"眉"之字,傳寫往往譌溷。)鄭注《大學》曰:'媢,妬也。'此'媢夫'二字正承上文'讒賊媢嫉'言之,非謂其佞媚也,不當作'媚'明矣。"[11]

王引之所説的"下'媚夫'同",意即今本下文"媚夫先受殄罰"句中的"媚夫"亦當爲"媢夫"之誤。今本這兩處"媚"字,簡本均作"悉"[12],整理者謂:"悉,讀爲'媢',皆明母侯部字,妒忌。"整理者的意見無疑是正確的,這也證明王引之將"媚"校正爲"媢",確不可易。于鬯反對王氏之説,謂:

王氏尚未審此文之錯,故以"媚"爲"媢"字之誤。要其説可以解下文之"媚夫",不可以解此之"媚夫",此"媚"自是佞媚之"媚",非媢嫉之"媢"。下文"媚夫先受殄罰",卻當云"媢夫先受殄罰",蓋即涉此"媚夫"而誤"媢"爲"媚"也。豈知"媚夫"者,謂婚妻之媚其夫,非謂其夫之媚。"媢夫"者,謂其人曰媢夫。於義殊絶也。[13]

于氏還認爲"媚夫有邇無遠",當在上文"譬若匹夫之有婚妻"與"曰予獨服在寢"之間(參看上表例 36),驗之簡本,其説均非是。從這個例子可以看出,于鬯在學養和識見方面,弗如王氏父子遠甚。

除了上述 6 條與簡本完全吻合的校訂之外,上表中還有一些與簡本大體相符,或在文義上得到簡本支持的意見。這方面的例子有第 5、6、18、29、30、32、33、35,共計 8 例,約占全部 36 例的 22%。

例 5、6 情況相近,例 6 今本"内不茂揚肅德",盧文弨認爲"内"爲"罔"之誤,"罔不"雙重否定,文義變爲肯定,簡本作"懋揚嘉德",與盧校文義相合。例 5 今本"我聞在昔有國誓王之不綏于卹",王引之認爲"之"爲"亡"之誤,"亡"讀爲"罔",並訓"綏"爲安。[14]此句簡本作"我聞昔在二有國之哲王，則不共于卹”，整理者讀“共”爲“恐”，孫飛燕認爲：“‘不’當讀爲‘丕’，語助詞。這一用法古書習見，如《書·多方》‘爾尚不忌于凶德’，《詩·大雅·思齊》‘肆戎疾不殄，烈假不遐’，‘不’均應讀爲‘丕’。‘不共于卹’即‘丕恭于卹’，是恭敬于憂國的意思。”[15] 朱鳳瀚亦將“共”讀爲“恭”，謂“恭有恭勤之意”，將“不恭于卹”理解爲“不會爲那些憂患之事過分操勞”。同時還指出，“簡文下邊即是做解釋，夏商先哲王所以可以不爲憂患之事操勞，是因爲‘廼隹（唯）大門宗子、埶臣，茅（懋）昜（揚）嘉悳（德），乞（迄）又（有）寚（寶），以蘉（助）氒（厥）辟，堇（勤）卹王邦王豪（家）’”[16]。我們認爲朱鳳瀚先生對文義的理解是正確的，順着這一思路，我們認爲“共”當讀爲“邛”。《詩·小雅·巧言》：“匪其止共，維王之邛。”郭店簡《緇衣》7—8 號簡引作“非丌（其）𡳿（止）之共，唯王恙（邛）”。張富海謂：“簡文‘之’字誤在‘止’下（上海博物館藏《緇衣》不誤），當移正。共，通作‘恭’，《毛詩》《釋文》：‘共音恭，本又作恭。’鄭注：‘邛，勞也。言臣下不止於恭敬其職，惟使君之勞。此臣使君勞之詩也。’‘邛’訓勞，見《爾雅·釋詁》。郝懿行《爾雅義疏》指出‘邛’與‘劬’爲一聲之轉，甚是。‘邛’與‘劬’聲母、聲調、等呼皆同，韻母的關係屬東、侯對轉，其爲同源詞的關係甚明。‘邛’之本義爲地名，古書中假借用來表示一個與‘劬’同源的詞；簡文作‘恙’，也表示同一個詞。上海博物館藏《緇衣》此字作上從力、下從工之形，似爲本字。”[17] 古書中“邛”或訓爲“病”，《詩·小雅·小旻》：“我視謀猶，亦孔之邛。”毛傳：“邛，病也。”“劬勞”與“憂病”義本相應，勞極則病，所謂“憂勞成疾”也。正如《詩·小雅·北山》：“或燕燕居息，或盡瘁事國。”“瘁”爲勞累義；《詩·大雅·瞻卬》：“人之云亡，邦國殄瘁。”“瘁”爲病困義。“病”本身亦有疲勞義，如《孟子·公孫丑上》：“今日病矣，予助苗長矣。”趙岐注：“病，罷也。”《詩》“匪其止共，維王之邛”，可與簡文此處文義對照理解。《詩》義爲臣下不恭敬於職守，則使王憂勞；簡文此處則是說王不因憂恤國事而勞病，正是因爲“大門宗子、邇臣”等忠於職守而“勤卹王邦王家”。“邛”郭店簡寫作“恙”，從“共”、“工”雙聲，故簡文“共”可讀爲“邛”。王引之將今本文義理解爲“始於憂勤者，終於佚樂。哲王之憂，乃其所以得安也"，雖優於按今本本字求解，但仍嫌未達一間。我們認爲今本"亡(罔)不綏于卹"，可直接理解爲安於憂恤，與簡文不勞病於憂恤，文義相近。

例 18 今本"譬若衆畋"，莊述祖改"衆畋"爲"泳淵"，簡本作"歼舟"。簡文"歼"之釋讀尚有爭議，然與行舟渡水有關則無疑問。莊氏校改雖未能與簡本完全吻合，但對文義的理解還是正確的。例 29 今本"維德是用"，孫詒讓謂"'德'上當有一字，此上下文所言皆惡德"，簡本作"維俞德用"，整理者謂："俞，讀爲'媮'，《説文》：'巧黠也。'《左傳》襄公三十年注：'薄也。'"復旦大學出土文獻與古文字研究中心研究生讀書會(下文簡稱"復旦讀書會")《清華九簡研讀札記》謂："簡文'俞德'表示的意思當是'惡德'一類，疑'俞'字可讀爲从俞聲的'偷'，《上海博物館藏戰國楚竹書(六)·景公虐》'塼(敷)情而不愈(偷)''盍(蓋)必(比?)死，愈(偷)爲樂乎'兩處皆用从俞聲的'愈'字爲'偷'，亦可爲旁證。偷是'苟且、怠惰'的意思。"[18]我們認爲復旦讀書會的意見是正確的，孫詒讓指出今本"德"上應有表示惡德的闕文，得到了簡文的證實。例 30 今本"王阜良"，王念孫謂"良"上當有"求"字，簡本作"我王訪良言於是人"，整理者謂："訪，諮詢。《書·洪範》：'王訪于箕子。'"按表示"諮詢"義的"訪"，後面一般接被訪的人，如"王訪于箕子"(《書·洪範》)、"穆公訪諸蹇叔"(《左傳·僖公三十二年》)，而且動賓之間往往有介詞"于""諸"等。簡文"訪良言"之"訪"，應理解爲尋求、探求，《晉書·儒林傳序》："於是傍求蠹簡，博訪遺書"，"求"、"訪"互文，"訪"亦爲搜求義。今本"阜"並無"求"義[19]，所以王念孫謂"良"上當有"求"字，對文義的理解非常正確。

王念孫還有一例比較經典的校改，即上表中的例 35，今本"不屑惠聽，無辜之亂辭是羞于王，王阜良，乃惟不順之言"，王念孫校改爲"不屑惠聽無辜之辭，乃惟不順之辭是羞于王，王阜求良言"，簡本作"不肯惠聽無辠之辭，乃惟不順是治。我王訪良言於是人"，王氏校改雖與簡本略有出入(今本下文"于是人"亦應屬上讀)，但能將顛倒錯亂之文本大體復原，確具卓識。

根據以上統計，前人對《皇門》篇校訂意見 36 條，其中與簡文相合或文義基本相符的 14 條，約占 39%。其餘 22 條均不合於簡文，占全部校訂的六成多。

前人校訂《皇門》與清華簡文相符比率

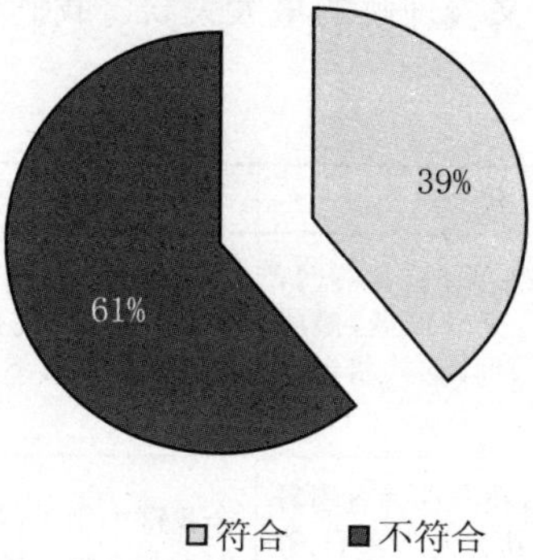

我們對上表中各位學者的考證意見分别作了統計，並根據其考證數量和與簡文符合比率，生成下表：

前人考證成就圖示

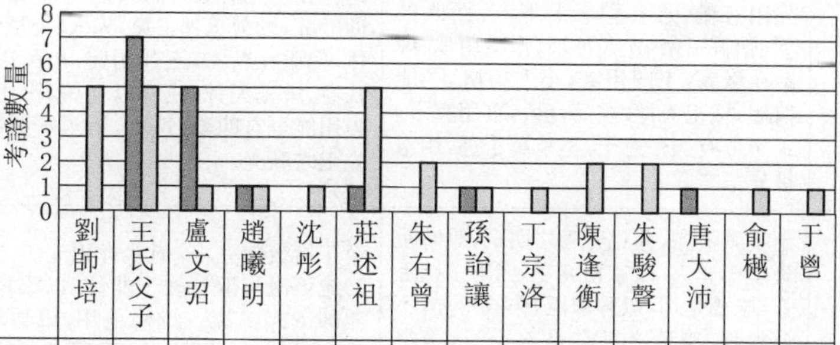

	劉師培	王氏父子	盧文弨	趙曦明	沈彤	莊述祖	朱右曾	孫詒讓	丁宗洛	陳逢衡	朱駿聲	唐大沛	俞樾	于鬯
■符合	0	7	5	1	0	1	0	1	0	0	0	1	0	0
□不符合	5	5	1	1	1	5	2	1	1	2	2	0	1	1

從上表可以很直觀地看出，盧文弨和王氏父子所取得的成就，要遠超其他學者。結合考證數量和難度來考慮，仍當以王氏父子爲翹楚。當然，由於我們的統計僅限於前人對《皇門》篇的校訂，樣本過少，不能完全説明問題。希望以後能結合出土文獻，對前人校訂古書的成績進行全面檢討。

總體來説，與今本相比，簡本在字詞、文義方面更接近《皇門》篇原貌，這一點毫無疑問。但簡本爲戰國中晚期抄本，如果《皇門》篇確實成書於西周初年，那麼簡本距離其成書年代已有六七百年的歷史。如果在簡本中存在個別訛誤，並不奇怪。仔細對勘今本與簡本《皇門》文本，我們認爲簡本存在對文義理解的重大失誤。我們把今本與簡本《皇門》文本列表如下[20]：

	今　本	簡　本
A	維正月庚午，周公格左閎門，會群門，曰：嗚呼！下邑小國，克有耇老，據屏位，建沈人，非不用明刑，維其開告于予嘉德之説。	唯正庚午，公格在耆門。公若曰：於乎！朕寡邑小邦，蔑有耆耇虞事、屏朕位。肆朕沖人，非敢不用明刑，唯莫開余嘉德之説。
B	命我辟王，小至于大，我聞在昔有國誓王之不綏于卹，乃維其有大門宗子、勢臣，内不茂揚肅德，訖亦有孚，以助厥辟，勤王國王家，乃方求論擇元聖武夫，羞于王所，其善臣以至于有分私子，苟克有常，罔不允通，咸獻言在于王所，人斯是助王，恭明祀，敷明刑，王用有監明憲，朕命用克和有成，用能承天嘏命，百姓兆民，用罔不茂在王庭，先用有勸，永有□于上下，人斯既助厥，勤勞王家，先人神祇，報職用休，俾嗣在厥家，王國用寧，小人用格，□能稼穡，咸祀天神，戎兵克慎，軍用克多，王用奄有四鄰遠土，丕承萬子孫，用末被先王之靈光。	今我譬小于大：我聞昔在二有國之哲王，則不共于卹。廼唯大門宗子、邇臣，懋揚嘉德，迄有孚，以助厥辟，勤卹王邦王家。廼旁求選擇元武聖夫，羞于王所，自蚩臣至于又分私子，苟克有諒罔不遂(?)達，獻言在王所。是人斯助王共明祀、敷明刑，王用有監多憲，政命用克和有成，王用能承天之魯命，百姓萬民用無不柔比在王廷。先王用有勸，以賓右于上。是人斯既助厥辟，勤勞王邦王家，先人、神祇報式用休，俾服在厥家，王邦用寍，小民用叚，能稼嗇，咸祀天神，戎兵以能興，軍用多實，王用能奄有四鄰、遠土，丕承子孫用蔑被先王之耿光。
C	至于厥後嗣，弗見先王之明刑，維時及胥學于非夷，以家相厥室，弗卹王國王家，維德是用，以昏求臣，作威不祥，不屑惠聽，無辜之亂辭是羞于王，王阜良，乃惟不順之言，于是人斯，乃非維直以應，維作誣以對，俾無依無助，譬若畋犬驕，用逐禽，其猶不克有獲，是人斯，乃讒賊媢嫉，以不利于厥家國，譬若匹夫之有婚妻，曰：予獨服在寢以自露厥家。媢夫有邇無遠乃食蓋善夫，俾莫通在于王所，乃維有奉狂夫，是陽是繩，是以爲上，是授司事于正長。命用迷亂，獄用無成，小民率穡，保用無用，壽亡以嗣，天用弗保，媢夫先受殄罰，國亦不寧。	至于厥後嗣立王，廼弗肯用先王之明刑，乃維汲汲胥驅胥教于非彝，以家相厥室，弗卹王邦王家。維偷德用，以昏求於王臣，弗畏不祥，不肯惠聽無罪之辭，乃唯不順是治。 我王訪良言於是人，斯乃非休德以應，乃維詐誣以答，俾王之無依無助。譬如農夫，喬用從禽，其猶克有穫？是人斯廼讒賊□□，以不利厥辟厥邦，譬如覺夫之有媢妻，曰余獨服在寢，以自露厥家。媢夫有邇無遠，乃弇蓋善夫，善夫莫達在王所。乃維有奉癡夫，是楊是繩，是以爲上，是受司事師長，政用迷亂，獄用無成，小民用禱無用祀，天用弗保，媢夫先受殄罰，邦亦不寍。

（續表）

	今 本	簡 本
D	嗚呼！敬哉。監于兹，朕維其及，朕藎臣夫，明爾德，以助予一人憂，無維乃身之暴皆卹爾，假予德憲，資告予元，譬若衆畋，常扶予險，乃而予于濟，汝無作。	於乎！敬哉。監于兹。朕遺父兄，罧朕藎臣，夫明尔德，以助余一人憂，毋惟尔身之衛(?)，皆卹尔邦，叚余憲。既告汝元德之行，譬如[illegible]舟，輔余于險，遂(?)余于濟，毋作祖考羞哉！

從今本來看，《皇門》篇可分爲四段。A段介紹《皇門》篇背景，點出“耇老”的重要性；B段闡述夏、商時期“大門宗子、勢臣”能夠選賢進能，所以國家興盛；C段則用對比的方式，痛責“厥後嗣”像嫉妒的妻子一樣“獨服在寢”，壅蔽賢良，導致君王“無依無助”，邦家阢隉不安。D段則告誡周王的“父兄、藎臣”應同舟共濟，輔弼周王以共克時艱。

復旦讀書會在上引文中指出，在今本《皇門》篇中，“周公先追述‘大門宗子勢臣’勤勉王事、選賢與能的業績，然後對‘厥後嗣’‘弗卹王國王家，惟[偷]德是用’的現狀提出批評和告誡”，顯然是把今本C段開頭的“厥後嗣”理解爲“大門宗子勢臣”的後嗣，這一理解是非常正確的。

簡本在“厥後嗣”後面有“立王”二字，《清華大學藏戰國竹簡(壹)讀本》(下文簡稱爲《讀本》)認爲，“簡本‘後嗣’後‘立王’爲傳本所删脱，‘立王’更有强調‘立爲國君’之意”。按截至目前，似尚未有學者提出簡本“立王”爲衍文的意見，《讀本》的看法代表了學術界主流觀點。但如果按照簡本，將“厥後嗣立王”理解爲夏商兩朝之“哲王”的後嗣，則與後文“以家相厥室，弗卹王邦王家”無法接榫，《讀本》將這兩句話翻譯爲“後世立王只顧治理家事，不去擔憂國家的事務(把天下當自己家來治理——只圖私利享受，不擔心王邦王家)”[21]，實際上是不合適的。君王撫有四海，以天下爲家，可以説其“家事”就是“天下事”。這兩句話是典型的針對臣下而言的，正如簡本B段講“二有國之哲王”時期，“大門宗子邇臣……以助厥辟，勤卹王邦王家”，“弗卹王邦王家”與“勤卹王邦王家”顯然是對文，不可能前面用來講臣下，後面就變成針對君主。同樣，今本接下來講到“維[偷]德是用，以昏求臣”，同樣是在講臣下的行爲，復旦讀書會指出，“‘方求論擇元聖武夫’意思是廣泛而謹慎地選擇通人武夫[22]，這是‘大門宗子勢臣’選賢與能、勤勉王事的表現；‘厥後嗣’不勤王事，在選拔王臣的問題上就表現得昏聵迷亂”，對文義的理解非常準確。簡本將今本“以昏求臣”改爲“以昏求于王臣”，把針對臣下的話，變成了針對君主的話，無疑是爲了與前文“至于厥後嗣立王”相呼應。

簡本“我王訪良言於是人”，也很費解。《皇門》通篇是以周公的口氣在講話，那麼“我王”就應該指周王，那麼“是人”是指誰呢？如果按照簡本，“是人”就是夏商兩朝的後嗣立王，周王如何能向他們“訪良言”呢？這顯然是講不通的。正如前文所指出的，今本B、C兩段是嚴格對應的，都是在講夏商時期的事情，簡本在C段中突然出現“我王”，變成講周王朝的事情，是非常不自然的。今本“王”前並無“我”字，黄懷信認爲簡本“我”字係衍文[23]，非常正確。但正如黄文所指出的，簡文前面講“後嗣立王”如何昏聵，而“訪良言”則顯然是賢明君主的行爲。這實際上再一次證實了簡本“至于厥後嗣立王”句中的“立王”係衍文，不當有。“厥後嗣”是指前朝賢臣的後嗣，他們没見過先王時期的光輝典範（“弗見先王之明刑”，簡本作“廼弗肯用先王之明刑”亦不如今本明晰），“維偷德用”，王向這種人“訪良言”，當然不會有好的回應（“非休德以應”）。

通過以上論述可見，簡本對C段文義的理解出現了重大偏差，所以才有以上種種無法自圓其説之處。而上述問題，在今本中都並不存在，可見今本對於簡本而言，在文本校訂方面也有重要價值。

注釋

[1] 參看拙著：《二十世紀古文獻新證研究》，齊魯書社2006年版。

[2] 參看裘錫圭：《中國出土簡帛古籍在文獻學上的重要意義》，載《裘錫圭學術文集·簡牘帛書卷》，復旦大學出版社2012年版，第311—318頁；《中國古典學重建中應注意的問題》，載《裘錫圭學術文集·簡牘帛書卷》，第334—344頁；《簡帛古籍的用字方法

是校讀傳世先秦秦漢古籍的重要根據》，載《裘錫圭學術文集・語言文字與古文獻卷》，第464—468頁；《出土文獻與古典學重建》，載《光明日報》2013年11月14日，第11版。

［3］李零：《説考古“圍城”》，載《讀書》1996年第12期，又氏著：《何枝可依》，生活・讀書・新知三聯書店2009年版，第118頁；《尋找回來的世界》，載《書城》2003年第2期；《讀〈劍橋戰爭史〉》，氏著：《何枝可依》，第244頁。

［4］參看黄懷信等：《逸周書彙校集注》“序言”，上海古籍出版社2007年版。

［5］李學勤主編：《清華大學藏戰國竹簡（壹）》，中西書局2010年版，第163—171頁。

［6］趙雅思：《從簡本與傳世本〈皇門〉看古書流傳與校勘問題》，載《文學界（理論版）》2012年第5期。

［7］下表内容只限校改意見，不涉及釋讀意見。引用簡文時，用寬式隸定。引用各家之説，主要參考了黄懷信等《逸周書彙校集注》一書。

［8］這裏所説的“完全吻合”，包含了雖用字不同，但表示同一個詞的情況。

［9］王念孫：《讀書雜志》，上海古籍出版社2014年版，第38—39頁。

［10］孔晁所見的《皇門》篇文本，“弇”應該還没有訛爲“食”，與今本相比更接近原貌。類似的例子如今本“假予德憲，資告予元”，簡本作“叚余憲。既告汝元德之行”，可見今本在“元”下無疑脱漏了“德之行”三字。此處孔注作“借我法，用德之告我大德之所行也”，以“大德之所行”解釋“元德之行”，顯然表明孔晁所見本尚未脱“德之行”三字。

［11］王念孫：《讀書雜志》，第38—39頁；“楣”當作“椙”，又可參看桂馥：《札樸》，中華書局1992年版，第41—42頁。

［12］今本“讒賊媢嫉”一句，簡本中相當於今本“媢嫉”二字恰巧殘缺，不知簡本此處用字情況。

［13］于鬯：《香草校書》上册，中華書局1984年版，第188頁。

［14］王念孫：《讀書雜志》，第35—36頁。

［15］孫飛燕：《清華簡〈皇門〉管窺》，載《清華大學學報（哲學社會科學版）》2011年第2期。

［16］朱鳳瀚：《讀清華楚簡〈皇門〉》，載《清華簡研究》第1輯，中西書局2012年版。

［17］張富海：《郭店楚簡〈緇衣〉篇研究》，北京大學2003年碩士學位論文。

［18］復旦讀書會：《清華九簡研讀札記》，復旦大學出土文獻與古文字研究中心網（http://www.gwz.fudan.edu.cn/），2010年5月30日。

［19］復旦讀書會、蘇建洲等認爲“阜”可能是“訪”的假借字，恐不確（參看復旦讀書會：《清華九簡研讀札記》；蘇建洲：《〈清華簡〉考釋四則》，復旦大學出土文獻與古文字研究中心網，2010年1月9日）。

[20] 今本基本按照原貌照録,並未根據前人校訂對文本進行改動;簡本釋文用寬式,不做嚴格隸定。

[21] 季旭昇主編:《清華大學藏戰國竹簡(壹)讀本》,臺灣藝文印書館 2013 年版,第 216、188 頁。

[22] 讀書會將"論"翻譯爲"謹慎地",應是按本字求解。我們認爲今本此處的"論"或許應該讀爲"掄",《國語·晉語八》:"君掄賢人之後,有常位於國者而立之。"韋昭注:"掄,擇也。""論(掄)擇"與簡本"選擇"均爲同義複合詞。

[23] 黄懷信:《清華簡〈皇門〉校讀》,簡帛網(http://www.bsm.org.cn/),2011 年 3 月 14 日。

結合出土文獻校讀古書舉隅

陳　劍

本文主體爲結合出土文獻校勘和解讀傳世古書的一組札記。主要内容包括，根據出土戰國和秦漢文字資料的字形及同類誤例，結合文意，指出傳世古書中的一些形近誤字及因不明其意而誤改、誤衍等例；出土文獻與傳世古書罕見詞義的互相發明；根據個别未見於傳世古書而由出土文獻所新提供的特殊用字習慣，指出古書中的同類例子。希望扣合本次會議（首届“新語文學與早期中國研究國際研討會”）主題，以此體現出在出土文獻研究熱潮下“新語文學”的一個側面。

一、校　勘

（一）“政不旅舊”

戰國楚文字中有作（包山簡 142）等形，舊隸定作“遊”字，在郭店簡出土後，大家才知道就是“失”字古文。趙平安先生將它跟殷墟甲骨文中的、（隸定作“𡴘”）等形相聯繫，指出“𡴘”就是“遊（失）”除去“辵”旁後所餘下的部分，其形上从“止”（表示人的脚），演變爲“遊（失）”字中的“㫃”形；下从“㚔”（一種近似於手銬一類的刑具），“𡴘”或省去“㚔”形的下半，演變爲了“遊（失）”字中的“羊”形。“遊”可以改爲隸定作“遳”[1]。

"�季"字現尚未在楚國之外的其他東方五國出土文字資料中看到，但它既係由殷商文字一路傳下來，則自可合理推測，秦之外的六國，應該都是用此形表"失"的。對於不熟悉或根本不認識"遙"字的秦漢人來講，很容易對此字產生誤認或誤寫。例如，馬王堆漢墓帛書中，《老子》乙本卷前古佚書中幾次出現的"達刑""達天刑"，劉雲先生指出"達"皆即"遊(遙—失)"之訛字[2]；《陰陽十一脈灸經》乙本第10行"得[後]牙(與)氣則逢然衰"，甲本第21/55行作"得後與氣則怢然衰"，施謝捷先生指出，與"怢"對應的"逢"字，即戰國文字"遊(遙—失)"字之形訛。[3]

傳世古書中是否也有此字被誤認或誤寫的情況，很值得注意。下面試舉出可能的一例。

《國語·齊語》：

> 桓公曰："伍鄙若何?"管子對曰："相地而衰征，則民不移；政不旅舊，則民不偷；山澤各致其時，則民不苟；……"

韋昭注：

> 舊，君之故舊也。偷，苟且也。不以故人爲師旅，則民之相與不苟且也。孔子曰："故舊不遺，則民不偷。"

《管子·小匡》：

> 相地而衰其政(征)，則民不移矣；正旅舊，則民不惰；山澤各以其時至，則民不苟；……

兩文之"政不旅舊"與"正旅舊"句舊説紛紜，"旅"字總嫌講不落實。如《管子校注》謂：

> 劉績云：當從《齊語》作"政不旅舊，則民不偷。""旅舊"，棄故舊

不用如旅也。或疑乃“施”字誤，所謂“故舊不遺，則民不偷”。姚永概云：劉説是也。《論語》“故舊不遺，則民不偷”，正同此義。但“旅”乃謂使之失所，旅寄他方也。《旅》“小享(按當爲“亨”)”《疏》：“失其本居而寄他方曰旅。”翔鳳按：“相地”句指農，“山澤”句指工，此句指商。《吕氏春秋·仲秋》“來商旅”，《注》：“旅者，行商也。”《周禮·遺人》“以待羈旅”，《注》：“遇行寄止者。”《周禮·宰夫》“歲終則令群吏正歲會”，《注》：“‘正’猶定也。”《法法》：“正也者，所正定萬物之命也。”此“正旅舊”，乃安定來客，姚誤爲旅寄他方。[4]

蕭旭先生收集諸家説更爲全面，俱引如下(爲清眉目，略加分段)：

按：《管子·小匡》作“正[不]旅舊，則民不惰”，脱一“不”字。尹知章注：“國之軍旅，正之以從舊貫，則稟今而不惰。”

劉績曰：“旅舊”，棄故舊不用如旅也。或疑乃“施”字誤，所謂“故舊不遺，則民不偷。”

董增齡曰：“不以故舊與衆人齊等。”

姚鼐曰：“旅者，進也，所進必賢，不得黨於故舊，故人不敢偷怠。此與《論語》‘故舊不遺，則民不偷’義别。”

吴曾祺曰：“謂不以官爵私故舊，則民皆力於爲善，故不偷。引孔子語不合。”

郭沫若《管子集校》引洪頤煊曰：“旅，陳也，謂陳其舊政。”

郭沫若曰：“原文當爲‘美正旅舊’。正與政同，旅即祭也。《國語》‘政’乃‘敚’之誤，同‘美’，‘不’乃‘正’之誤。”

戎輝兵據《管子》謂：“政疑讀爲正，訓‘定’。‘不’字疑衍。‘旅’當爲‘賓旅’，‘舊’爲‘故舊’。”

疑皆未得。諸本皆作“政”，李元吉所據本作“征”，李氏曰：“旅當訓循。言隨歲之豐凶而征之，不循舊之豐而責凶之盈，不以舊之歉不督豐之補。”李説亦非是。

俞樾曰:“旅之言拒也。”金其源說同,此說可取。劉績、金其源引《論語・泰伯》“故舊不遺,則民不偷”,得其誼矣。《方言》卷13:“旅,末也。”不旅舊,言不以故舊爲末也,亦即“故舊不遺”之誼,似亦備一通。[5]

按戰國文字“旅”常添加意符“辵”作繁體“遊”形。其右下兩“人”旁或寫得筆畫相連到一起,作如(包山簡4)、(《上博(三)・周易》簡53)一類形。這部分跟“羊”形頭部之形極爲接近,全字遂很容易跟“�櫛(遳—失)”字發生誤認,尤其是在抄寫者已經不知道“遳”即六國古文“失”字的背景之下。準此,上舉成問題的那兩個“旅”字,很可能也應該就是“遳(遳—失)”字之誤。

“政不失舊”即不失舊有政事之常,所謂“仍舊貫”而不“改作”(《論語・先進》),不改變舊有之準則、政策等,是很容易理解的,與古書多見的“不變故不易常”一類思想亦相近。如《說苑・指武》:“屈公曰:‘吾聞昔善治國家者,不變故,不易常。’”《逸周書・史記》:“好變故易常者亡,昔陽氏之君,自伐而好變,事無故業,官無定位,民運於下,陽氏以亡。”

我們知道,關於《小匡》與《齊語》的關係,乃至《管子》三《匡》之與《左傳》《國語》的關係,歷來存在不同看法,此不必詳述。從《齊語》“政不旅〈遳(失)〉舊”與《小匡》“正旅舊”的關係來看,應以《齊語》更爲近於文本的原始面貌。《小匡》之文,應係在“遳”已誤爲“旅”之後,再刪去“不”字,以求勉强可通。

(二)“不被於利”

《韓非子・說林下》:

> 孔子謂弟子曰:“孰能導子西之釣名也?”子貢曰:“賜也能。”乃導之,不復疑也。孔子曰:“寬哉,不被於利;絜哉,民性有恒。曲爲曲,直爲直。孔子曰子西不免。”[6]白公之難,子西死焉。故曰:“直於行者曲於欲。”

“被於利”之“被”係習見字，故注本皆不出注。各種譯本多譯作“蒙蔽”之類。按古書言“萬民”或“百姓”“萬物”“被其利”一類語多見，或言“萬物皆被其澤、得其利”（《吕氏春秋・貴公》）；此義之“被”也可用於不好之事，如“被刑僇”等。“被”字本身，並無褒貶色彩，解作“蒙蔽”是没有根據的。

結合字形與文意來看，“不被於利”之“被”當爲“沒”字之誤。

傳世古書和出土文獻中，都不乏从“皮”旁之字與从“㲻”旁、“及”旁（還有“殳”旁）之字相誤之例。如《周禮・考工記・匠人》：“凡任，索約大汲其版，謂之無任。”鄭玄注：“故書‘汲’作‘沒’，杜子春云：‘當爲汲。’玄謂約，縮也；汲，引也。”《大戴禮記・用兵》：“蚩尤，庶人之貪者也，及利無義，不顧厥親，以喪厥身。”王引之指出，“及”乃“㲻”字之誤，“㲻”讀爲“沒”，貪也。[7]出土文獻之例，如下所舉：

“波”誤爲“沒”：《銀雀山漢墓竹簡（貳）》簡1810“沒〈波（陂）〉沱（池）”

“波”誤爲“汲”：張家山漢簡《二年律令・徭律》簡413“汲〈波（陂）〉沱（池）”《岳麓書院藏秦簡（肆）》簡151/1255“汲〈波（陂）〉沱（池）”[8]

“沒”誤爲“汲”：張家山漢簡《二年律令・市律》簡258“販賣繒布幅不盈二尺二寸者，汲〈沒〉入之”（對比後簡260“沒入”之“沒”）

按漢初文字中，“㲻”旁有一類較爲特殊的寫法。如下所舉諸“沒”字：

帛書《老子》甲本30“沒身不殆”（對比乙本14上）

帛書《相馬經》24上（對比同篇2下、19上、47下）

《合陰陽》簡10

《銀雀山漢墓竹簡（貳）》簡1735“春沒之時也”［對比簡1738“波（陂）沱（池）”之“波”（）］

其特別之處在於,“㲺”旁左方筆畫下引作長筆,導致與“皮”“及”皆甚爲形近而易混。此乃致誤之關鍵,可以幫助我們理解前述那些“㲺”旁字與“皮”旁、“及”旁字相誤的原因。

“沒於利”的説法古書多見。《國語·晉語二》:“(重耳)再拜不稽首,不沒爲後也。……退而不私,不沒於利也。”韋昭注:“沒,貪也。”“不沒,不貪。利,國家也。”《淮南子·要略》“所以使人不妄沒於勢利,不誘惑於事態”云云。《史記·春申君列傳》(《新序·善謀上》同):“此二國者,非無大功也,沒利於前而易患於後也。”訓“貪”之“沒”,就是由其常用義“淹沒”“沒溺”引申而來的。《漢書·匈奴傳》董仲舒謂“故與之(按指匈奴)厚利以沒其意”,顔師古注:“沒,溺也。”“不沒於利”,也就是不被利所沒溺。《史記·貨殖列傳》:“吏士舞文弄法,刻章僞書,不避刀鋸之誅者,沒於賂遺也。”亦與“沒於利”相近。

推想《韓非子》之“被”,可能也是如前舉《大戴禮記·用兵》例一様本作“㲺”的,因形近而誤爲“皮”或被誤認爲“皮”,又再轉寫爲了“被”。或本作如上舉那類“沒”形,遂被誤爲“波”,再轉寫爲“被”。

《管子·輕重丁》:“新冠五尺請挾彈懷丸游水上,彈翡燕小鳥,被於暮。”馬非百、黎翔鳳皆引安井衡云:“被,及也。”[9]按舊注訓“被”爲“及”者,皆係“被及”之義[10],施於此並不合適。此“被”字也應該是“及”字之誤,估計亦係先被誤認爲形近之“皮”,再轉寫作“被”。

(三)“玉　　瑞”

《大戴禮記·用兵》:

> 夏桀、商紂羸暴於天下,暴極不辜,殺戮無罪……禮樂不行,而幼風是御;曆失制,攝提失方,孟鄒(陬)無紀[11];不告朔於諸侯,玉瑞不行;諸侯力政,不朝於天子;六蠻、四夷,交伐於中國。[12]於是降之災……

此文自“曆失制”云云之下,顯係以春秋戰國尤其是戰國時形勢説夏商。類似情況,在戰國時古書中是很常見的。關於“告朔”,諸家多引《周禮·春官·大史》文爲説。如洪頤煊云:“告,或作‘班’。《周禮》太史‘正歲年’,‘頒告朔於邦國’,周衰,天子不頒朔於天下,故《春秋左氏傳》曰:‘不書日,官失之也。’《穀梁》十六年疏引《三朝記》云:‘周衰,天子不頒朔於天下。’”“玉瑞”兩字,諸家皆以本字解之。如王聘珍云:“(《周禮·春官》)《典瑞職》曰:‘掌玉瑞玉器之藏。’鄭玄注云:‘人執以見曰瑞。’玉瑞,命圭也。不行者,王不能班瑞於群后,威命不行也。”按如此理解顯與其前“不告朔於諸侯”句在意思上脱節。“不告朔於諸侯”句承上“曆失制”云云而言,“玉瑞不行”句亦應與之意義相關。

按“玉瑞”當爲“王端”之誤。秦避秦王政諱,以“端”代“正”字,如“正月”改稱“端月”等,古書和出土文獻皆多見,是大家所熟知的。[13]“王端”即“王正”,王朝之正朔。大概因“王”字先誤爲“玉”字,“端”遂被改爲“瑞”以求其通。

“王”“玉”形近易訛,古書版本異文多見。不過這大概多因楷書兩字只差一點而致,産生時代較晚。此處所論《大戴禮記》之例,其誤應很早,最可能是在隸書階段。按秦漢文字中“玉”字作二横之間等距形,“王”字作上兩横之間距離較小、與下横間距離較大之形,以此相區别。但二者形仍甚近,秦漢簡帛中多見其誤例。[14]如馬王堆醫簡中,屢見之“玉閉”“玉泉”語,《十問》簡17、18(兩形)作、、,而《天下至道談》簡19、21、22則皆誤作“王”形:、、。此外又如,馬王堆帛書《五行》13/182“憂〈愛〉則王〈玉〉色”,14/183又18/187“聞君子道則王〈玉〉言〈音〉”,《二三子問》10下“鼎王〈玉〉璧(璧—鼏)”、《繆和》71上“據(蘧)柏(伯)王〈玉〉相”,等等,皆爲“玉”字誤寫爲“王”字之例。反過來,“王”字誤爲“玉”,當然也是很正常的。

兩周金文及《春秋經》多見“王某月”,即周王之某月、以周正記的某月,實即“王正某月”。與此相對,李學勤先生曾經指出,春秋金文多見的“正某月”之例,“正”多指夏正而言,其後的月名爲夏正月序。[15]近年出現的春秋晚期小邾國郳公韍父鎛開頭云“王正九月元日庚午”,董珊先生謂：

“王正九月元日庚午”，周正的九月初一爲庚午。查張培瑜《中国先秦史曆表》之《春秋朔閏表》，前509年即周敬王十一年，周正建子，九月庚午朔，此年爲魯定公元年。[16]

此似爲金文首見的“王正”之例，與“都正”之類相對[17]，亦正可爲此所論“玉瑞”本即“王端”“王正”之佳證。

(四)“迟橈”“僭乏”

《史記·韓長孺列傳》：

於是下恢(王恢)廷尉。廷尉當恢逗橈，當斬。

司馬貞《索隱》：“案：劭(應劭)云‘逗，曲行而避敵，音豆’。又音住，住謂留止也。橈，屈弱也，女孝反。一云橈，顧望也。”《漢書·竇田灌韓傳》：“廷尉當恢逗橈，當斬。”服虔曰：“逗音企。”應劭曰：“逗，曲行避敵也。橈，顧望也。軍法語也。”蘇林曰：“逗音豆。”如淳曰：“軍法：行而逗留畏愞者要斬。”師古曰：“服、應二説皆非也。逗謂留止也；橈，屈弱也。”

王念孫、段玉裁皆曾詳論指出，此“逗”字當爲“迟”字之誤。王念孫云：

“逗”當爲“迟”。説文：“迟，曲行也。從辵只聲。”《玉篇》音邱戟切。《説文》又云：“乚(讀若隱)，匿也。象迟曲隱蔽形。”《莊子·人間世》篇“吾行郤曲”，《釋文》：“郤，《字書》作迟。”“郤曲”即“迟曲”也。《廣雅》云“橈、迟，曲也”，是“橈”與“迟”同義。恢不擊單于輜重而輒罷兵，故曰“迟橈當斬”。《淮南·氾論》篇云“令曰：屈橈者要斬”是也。“迟”與“逗”字相似，世人多見“逗”少見“迟”，故

"迟"訛爲"逗"(《史記・韓長孺傳》同)。逗,止也;橈,曲也;二字各爲一義,不得以"逗橈"連文。服、應所見本正作"迟",故服云"迟音企",以"企""迟"聲相近也。若"逗"字,則聲與"企"遠而不可通矣。應云"迟,曲行避敵也","曲行"二字正用《説文》"迟"字之訓;若"逗"字,則不得訓爲"曲行"矣。蘇、如所見本始訛作"逗",故誤訓爲"逗留";師古不知"逗"爲"迟"之訛,反是蘇、如而非服、應,失之矣。[18]

《説文・辵部》"迟,曲行也"下段注謂:

"迟""曲"雙聲。《乚部》曰"迟曲隱蔽",孟康注《子虚賦》曰"文理弗鬱迟曲"。軍法有"逗留",有"迟橈"。《光武紀》"不拘以逗留法",如淳曰"軍法:行而逗留畏愞者,要斬",此謂止而不進者。《史》《漢》《韓安國傳》"廷尉當恢迟橈,當斬",服虔曰"迟音企",應劭曰"迟,曲行避敵也。橈,顧望也。軍法語也",此謂有意回遠遲誤者。《淮南書》云"兩軍相當,屈橈者要斬"是也。《漢書》一本作"逗橈",蘇林"逗""音豆",小顔、小司馬從之,而改服、應之注作"逗",不可通矣。"迟"通作"枳",《明堂位》注"枳椇,謂曲橈之";《莊子》"吾行郤曲","郤曲"即"迟曲",異部叚借也。[19]

他們的説法,無疑是正確的。但翻檢今人多種《史》《漢》注本、譯本及辭典,皆尚據"逗"字作解,解爲"逗留"等。《漢語大詞典》亦設"逗橈""逗撓"兩詞目。這大概跟影響最大的中華書局《漢書》和《史記》點校本(後者包括修訂本)皆未作校改有關。

按張家山漢簡《奏讞書》中三次出現一個"借"字。簡146云:

詰庳:毄(擊)反群盜,借乏不鬬,論之有灋(法)。(下略)

簡157—158:

令：所取荆新坨(地)多羣盜，吏所興與羣盜遇，【157】去北，以偖乏不鬭律論。律：偖乏不鬭，斬。(下略)【158】

“偖”字原整理者皆誤釋爲“儋”，郭永秉先生改釋爲“偖”，無疑是很正確的。[20]他認爲，“偖”可讀爲“伿”，訓爲“惰也”；或讀爲《説文》“楚人謂小嬾曰𪏹”(段注本)之“𪏹”。

按“偖”當讀爲亦从“只”聲之“迟”；“乏”應即“乏興”“乏徭”等所謂“乏事”之“乏”(故其後言“不鬭”)。簡文言“法”言“律”，正與應劭所謂“軍法語”相合。簡文謂“去北”，其義也跟“逗留”不合，而近於“曲行避敵”。《奏讞書》“偖(迟)”字用例，可以説在很大程度上印證了《史》《漢》之當作“迟橈”。《史》《漢》之“逗”字當校改爲“迟”，現在完全可以肯定下來了。

(五)“錙　　錘”

古書習見的“錙錘”，在表示重量單位之外還可表示分數，近年已由幾位學者陸續揭出闡明。李學勤先生指出，“錙”表四分之一，出土文獻中或作“甾”“才”“鈦”等[21]；劉剛先生將楚文字中的“圣朱”釋讀爲“錘銖”，並指出“錘”有表三分之一的用法，古書或作“垂”[22]。李天虹先生又在他們的基礎上，結合嚴倉楚簡遣策内容對此做了進一步的闡述。[23]其後蔣偉男先生又指出，北京大學藏秦簡《魯久次問數于陳起》篇的“命而毁之，甾(錙)而垂(錘)之，半而倍之，以物起之”句，其中“甾(錙)”“垂(錘)”也分别是四分之一、三分之一之意。[24]

劉剛先生還指出了《禮記・儒行》《莊子・達生》《荀子・富國》等傳世古書中的好幾處因“後人已經不明白‘錙錘’一詞的真正含義”，故表三四分之一義的“錙錘”“被改成了習見的‘錙銖’”之例。下舉一例情況亦同，劉剛先生尚未提到。

《銀雀山漢墓竹簡(貳)》之《論政論兵之類・客主人分》：

能分人之兵,能安(按)人之兵,則釦([錙])[銖]而有余(餘);[1148]不能分人之兵,不能案(按)人之兵,則數負(倍)而不足。(下略)[1149]

整理者注謂:

《淮南子·兵略》"故能分人之兵,疑人之心,則錙銖有餘。不能分人之兵,疑人之心則數倍不足",文字與此相近。簡文"則"字下第一字殘存"金"旁,第二字全缺,今據《淮南子》釋作"錙銖"二字。[25]

諸家皆從此説,解"錙銖"爲比喻兵力之少。[26]按此"錙銖"與"數倍"對言,顯然也應該本作"錙錘",謂兵力相當於敵方的三四分之一。《淮南子·兵略》之"錙銖",亦應視爲因不解而誤改。簡文本身,估計應該是尚作"錙錘"不誤的。

(六)"金錯五十辟把刀"

國家博物館近年入藏一把東漢桓帝時的"永壽二年(156年)錯金鋼刀",其銘云:

永壽二年二月濯龍造,廿湅百辟長三尺四寸把刀。鐵工劉滿,鍛工虞廣,削厲待詔王甫,金錯待詔灌宜,領濯龍别監唐衡監作,趙姚北主。[27]

發表者已經指出,"'廿湅百辟'描述的是鋼刀的冶煉過程","'湅'即灌煉澆鑄,是一種生鐵煉鋼的方法,即文獻中所謂的'雜煉生鍒'";"辟"與"襞"同,"指將鋼鐵材料多層積疊、反復折疊進行鍛打"。按"廿湅百辟"是跟"長三尺四寸"一起作"把刀"的定語的,同類例子還有一把

“永壽元年(155 年)錯金銘文環首劍”,其銘據説爲:“永壽元年(155 年)□□甲午,衛尉梁君造作,五十灌二百五十辟,四尺七寸□,鍛工□□□、犀工孫□削、削工原生、錯工陳陽。”[28]“七寸”下之缺文,據文例可以推定係“劍”,即亦爲“五十灌二百五十辟四尺七寸劍”這樣定語甚長的形式。它們又皆作其前“造”或“造作”之賓語,其實也可以連上作爲一句讀。漢器銘文中同類例子如平壤出土的漢代漆器刻銘,多有“蜀郡西工造乘輿夾紵量二升二合羹桮”(建武廿八年漆耳杯)、“蜀郡西工造乘輿夾紵量一升八合杯”(永平十一年漆耳杯)、“蜀郡西工造乘輿夾紵容一升八合杯”(永平十四年漆耳杯)之類語。據此,我們可以解決舊有《東觀漢記》的一處校勘問題。

《東觀漢記》一書久已散佚,由吴樹平先生重新輯校的該書卷九傳四《鄧遵》有如下一條:

> 鄧遵破諸羌,詔賜鄧遵金剛鮮卑緄帶一具,虎頭鞶囊一,金錯刀五十,辟把刀、墨再屈環横刀、金錯屈尺八佩刀各一,金蚩尤辟兵鉤一。

所注出處爲《御覽》卷三四五,吴樹平先生校注謂:

> 《書鈔》卷一九引“賜金佩刀”一句,又引“賜辟兵鉤”一句,皆出此條。《玉海》卷一五一引云:“建初中,以佩刀、書刀賜馬嚴。又賜鄧遵金錯把刀、佩刀。”“又賜”云云亦出此條。[29]

按所謂賞賜“金錯刀五十”,顯然是有問題的。古書所記,能賞賜一把“金錯刀”就是很了不得的事了。如謝承《後漢書・應奉傳》:“賜奉錢十萬,駮犀方具劍、金錯把刀劍、革帶各一。”[30]據前引鋼刀、環首劍銘,可知“五十”應與“辟”連讀。曹操曾有令曰:“往歲作百辟刀五枚,適成,先以一與五官將(曹丕),其餘四,吾諸子中有不好武而好文學,將以次與之。”(《太平御覽》卷三百四十五、《藝文類聚》卷六十引“魏武帝令曰")亦可爲旁證。

但問題並未至此結束。如斷作"金錯刀、五十辟把刀……各一",賞賜物就是"金錯刀"與"把刀"並列,據上舉《玉海》所引《東觀漢記》以及《應奉傳》"金錯把刀"的文例,也有不合之處。

按《藝文類聚》也有《東觀漢記》此條,前引校注未提到。該書卷六十《軍器部・刀》:

> (《東觀漢記》)又曰:賜鄧遵金對(按應從《御覽》作"剛")鮮卑緄帶一具,金錯五十辟把刀、墨再屈環横刀、金鏡(按應從《御覽》作"錯")屈尺八佩刀各一。

汪紹楹先生在"金錯"下出校語謂:"《東觀漢記》、《太平御覽》三百四十五下有'刀'字,此脱"。[31]按據以上所論可知,"金錯五十辟把刀"正與"卄灌百辟長三尺四寸把刀"相類,《藝文類聚》所引實本不誤。《御覽》所引,反因係出於不解而誤衍一"刀"字。

二、詞 義 互 證

(一)"伐"

趙國兵器鈹銘中,屢見"邦左伐器""邦右伐器"語。吴振武先生指出,鈹銘中"伐器"之"伐"意爲"治""攻治","伐器"相當於戰國銘刻中的"冶器""造器";"伐"由"攻伐"義引申爲"治"義,跟"攻""敦"由攻伐義引申爲攻治義,正相平行。[32]後來出現的趙國五年春平相邦葛得鼎銘末云"冶臣市所伐",董珊先生謂,"趙器銘文常見'所爲',跟五年春平相邦鼎銘所見'所伐'適相類比,'伐''爲'詞義相當,這可以給上述吴先生的論點再提供一個證據"[33]。"伐"的這個特殊詞義,古書甚爲罕見。

《西京雜記》卷六"文木賦"條:

> 魯恭王得文木一枚，伐以爲器，意甚玩之。中山王爲賦，曰……

“伐”字多不注，殆以其爲常見用法者。按此“伐”字顯然不能解釋爲“砍伐”“伐木”之“伐”，因其前“文木”既以“枚”言，又云“得”之，顯非尚生長於地中之樹木。或譯作“魯恭王得到一根文木，砍下來作成器物”[34]，不確。此“伐”字正應即上述“伐器”之“伐”，亦應解爲“治”“攻治”。

《西京雜記》一書，其纂成時代和作者，尚無定論。但大家較爲一致的看法是，此書多爲鈔纂漢代資料而成。[35]由此意義特别的“伐”字，亦可見其材料確有較早可靠來源。同時，大概又因其不如其他古書之受人重視，故此保存古義的“伐”字尚未被改動。

馬王堆帛書《五十二病方》“朐養(癢)”題下第283/270行：

> 一、取石大如卷(拳)二七，孰(熟)燔之；善伐米大半升；水八米，取石置中，石【□□】。孰(熟)即歠(歠)之而巳(已)。

原整理者注釋云：“伐，擊，此處應指舂擣。”[36]赤堀昭、山田慶兒先生謂：“伐通‘𥸦’，《廣韻》：‘𥸦，舂米。’”[37]按此説較原整理者之説爲勝，但“𥸦”字(又作“帗”“𥹄”)不見於《説文》，亦嫌太生僻。從意義上來講，此處所言恐怕也並不僅指“舂米”，所謂“善伐米”應是包舂擣、簸揚、菓擇甚至瀹淅汰洗米而言，總之是“治”之使善。“伐”字之義，亦應與前述諸例同。

(二)“食”

出土秦漢法律文獻中，“飵(蝕)”字有用爲表“實現”“(犯罪)得遂”一類義者，非常特别，此前尚未見傳世古書中有同類用例被揭出。

睡虎地秦簡《法律答問》簡65：“‘内(納)奸，贖耐。’今内(納)人，人未飵(蝕)奸而得，可(何)論？除。”原整理者注釋謂：“納奸，當指容使壞人進入。”“蝕，疑讀爲食，《漢書·谷永傳》注：‘猶受納也。’”[38]

岳麓秦簡《爲獄等狀四種》之第二類“一〇、𪨧盜殺安、宜等案”簡0419/164：

(𪨧)有母、妻、子，在𪨧(魏)。即買大刀，欲復以盜殺人，得錢材(財)以爲用，亡之𪨧(魏)。未蝕(蝕)而得。辠(罪)。

整理者注謂[39]：

未蝕，未遂。《法律答問》簡065：“‘内(納)奸，贖耐。’今内(納)人，人未蝕(蝕)奸而得，可(何)論？”本簡能證明“未蝕”不限於奸罪使用，但“蝕”讀爲何字仍待考。

又第二類之“一一、得之强與棄妻奸案”中，數次出現“未蝕(蝕)”一語，如“得之强與変奸，未蝕(蝕)”(0628/184)、“欲强與変奸，未蝕(蝕)”(0420/176)等；又一見“未蝕(蝕)奸”，簡0441/183：“得之改(改)曰：逢変，欲與奸。変不肎(肯)，得之即捽庰(屏)変，揭帬(裙)欲强與奸。変與得之務，未蝕(蝕)奸……”“蝕(蝕)”字用法顯亦與《法律答問》同。按前引《法律答問》之“奸”非指“壞人”，而應指有奸情之男女，何四維先生《秦律遺文》已經很正確地解釋“奸”爲“通姦”。簡文謂收容有姦情者，尚未及行姦即被捕獲云云。《秦簡牘合集(壹)》注釋引角谷常子説，解“内奸”爲“幫助通姦”，亦略可從(所謂“幫助”係就容納其人而言)。[40]研究者多已指出，秦漢出土文獻用“姦”表“姦壞”“姦詐”，用“奸”表“奸情”，兩字用法有别。

“蝕”表“犯罪意圖”“實現”或“得遂”，雖是法律術語，但也應該來自一般詞彙。傳世古書與其他出土文獻中此義是否還有保留呢？下面來看兩個例子。

《上海博物館藏戰國楚竹書(七)·凡物流形》甲本簡7—8(釋文用寬式)：

順天之道,吾奚以爲首? 吾欲得【7】百姓之和,吾奚事之□? 天之槑(明)奚得? 鬼之神奚飤(食)? 先王之智奚備? (下略)【8】

“事之”下之字尚不能確釋,屬上還是屬下讀研究者看法也不同。考慮到下文“天”“鬼”“先王”三者對應整齊,又據其前“道”“首”爲韻,此字亦可能跟“和”押韻,故此姑暫屬上讀。

此“飤(食)”字研究者很少討論,大概就以其常義作解。但講成“喫”類義實難通。或訓爲“養”解作“修養”[41],是意識到了此問題,但其説也嫌牽强。按此“飤(食)”字應與前舉“飴(蝕)”表同一詞(“飴”字本就从“飤”得聲),也是“實現”一類義。簡文意謂,“上天的明察是如何得到的? 人鬼的神靈是如何實現的? 先王的智慧是如何完備的?”實有爲押韻、求變化而如此做的因素,前兩句未嘗不可言“天之明奚食? 鬼之神奚得?”總之皆是就天帝、人鬼之明察有神,而追問其爲如何得到/實現的;問“先王之智奚備”,則是建立在承認先王本有完備的智慧的基礎上,實際也是問“先王有完備的智慧,是如何得到/實現的?”據此例,可知這類用法特殊的“食”,也可説有時意義與“得”甚近。

《左傳・哀公元年》伍員諫吴王之語云:

句踐能親而務施,施不失人,親不棄勞。與我同壤,而世爲仇讎。於是乎克而弗取,將又存之,違天而長寇讎,後雖悔之,不可食已。姬之衰也,日可俟也。

杜預注:“食,消也;已,止也。”竹添光鴻謂:“食,言消其悔也。已,語辭。”[42]後引王引之説亦謂“已,語終詞也”,此可從。楊伯峻先生注謂:“不可食猶今言吃不消。于鬯《校書》謂‘此食字蓋讀爲得’,舉《秦策》‘後雖悔之,不可得也’爲證,似失之拘滯。”[43]洪頤煊[44]、王引之、趙生群和蔡德龍先生[45]均據《爾雅・釋詁下》條“載、謨、食、詐,僞也”爲説,主張訓爲“爲”。但“食”字何以有“爲”義,既無道理可講,又並無其他書證,故王引之又主張此義之“食”讀爲“飭”(字亦作“飾”)訓爲

“治”,與“爲”同訓。[46]

按此“食”字也可以前述那類義解之,即“實現”,與“得”義甚近。所謂“悔而不可食”,亦即其後悔之意圖不能實現。

“食/蝕”字之所以會有此義,或與“食”之本義有關。裘錫圭先生曾指出,“祭鬼神可以叫做‘食’,鬼神饗祭祀也可以叫做‘食’”。[47]我們體會,對於祭祀之“食(飤)鬼神”之事來講,如其“得食(鬼神飨祭祀)”,則也就是饗祭之事“實現”了,故“食”字可以引申爲“實現”一類義。但此說把握也不大,姑記此備考。

三、用字習慣

(一)“禹之力獻功”

清華簡《周武王有疾周公所自以代王之志》(今本《尚書·金縢》)簡6“就後武王力(陟)”,謂武王升天,“陟”即《尚書·康王之誥》所稱成王爲“新陟王”之“陟”[48];清華簡《周公之琴舞》簡2謂“(天)砳(陟)降其事”;《説命上》簡2“(傅)敚(説)方笁(築)城,縢陞叓力”,末四字張富海先生讀爲“騰降踊陟”[49],顯然是很正確的。總之,清華簡已數見以“力”或“力”聲字爲“陟”,這是前所未見的特殊用字習慣。傳世古書中是否仍有保留而以前未被發現,很值得考慮。下面提出一個可能的例子。

屈原《天問》:

> 禹之力獻功,降省下土四方。
> 焉得彼嵞山女,而通之于臺桑?

研治《楚辭》諸家對首句有很多異説[50],“力”字皆按原字作解,總嫌講不落實。如孫作雲、黃靈庚先生等皆以“禹之力”作一氣讀,解爲“禹之勞”(名詞性結構)[51],顯然與“獻功”不能搭配,不知其間語法關係將如何分析。金開誠先生等解釋謂:“力:精力,力量。功,事功。指治理洪水。‘獻功’,指獻身於治水之事。”[52]按此解與“獻功”用法不合。“獻功”古書多見,多爲“向君主、上級獻進自己所負責的功事、職事(的結果、情況等)”之意。研究者又多持“勤力獻功”説(王逸注:“言禹以勤力獻進其功,堯因使省迨下土四方也。”按將“獻功”的對象説爲“堯”亦不確),亦嫌與“力”字用法不合。我們看古書“力”字用例,如力事、力田、力穡、力耕、力農工、力工商、力政、力攻、力戰、力孝(弟)等等,總是動詞“力”後帶一個賓語(所力行之事),恐怕找不到“力+動賓結構”這樣的格式。林庚先生解釋“降省下土四方”謂“禹奉了天帝之命,下降到人間來視察洪水後的九州情況”[53],這是很正確的;但同時他又翻譯作“禹盡力爲天帝立功、降臨人間巡視九州四野”云云[54],這實際上也是因爲“力”字未得確解,故不得不略曲解“獻功”。

此文“力”字與“降”對言,顯然正可據楚簡用字習慣讀爲“陟”。顧頡剛先生曾解釋此文説:“禹是從上降下來的”,“所謂禹獻功乃是説他向天獻功”[55];聞一多先生謂:“獻功於帝所。降,自天降也”[56];林庚先生也説,“獻功於天帝,即指治洪水的功績”[57],皆可從。“陟獻功”即登天獻功於天帝之所。所謂此“力”字“讀爲陟”,究其實,就是屈原當時所用楚文字的特殊用字習慣,在漢人重新整理時,因已不明此,故未被改爲當時一般所用的“陟”字。

前人多已指出,大禹本爲上帝/天帝派到下界來平治水土的天神。[58]但這並不是説,禹就本來一直在天上。[59]《天問》所謂“伯禹腹鯀”(聞一多以爲當乙作“伯鯀腹禹”[60]),“纂就前緒,遂成考功”,《國語·魯語上》“鯀鄣洪水而殛死,禹能以德修鯀之功”,《山海經·海内經》記上帝殺鯀之後,“鯀復(腹)生禹,帝乃命禹卒布土以定九州”,《尚書·洪範》“鯀則殛死,禹乃嗣興。天乃錫禹洪範九疇,彝倫攸敘”,皆可見大禹在鯀死後即繼續其治水事業。那麼此言其於中間曾登天向上帝獻功(可參《天問》“啓棘(亟)賓商〈帝〉”云云;又《尚書·禹貢》所謂“禹錫玄圭,告厥成功”,是治水之“功”已“成”者,與此“獻功”之“功”不同),然後再自天“降下”省察下土四方,也就是很自然的了。

另外,"禹之力獻功"的"之"字,係一般所謂用於主謂之間取消句子獨立性者。此文並非"禹力(陟)獻功、降省下土四方"兩事與後文所問之事簡單平列,而係"禹之力(陟)獻功、降省下土四方"一氣讀理解爲"(禹)焉得彼嵞山女而通之于臺桑"的狀語,其意若謂,在禹登天獻功、又降下省察下土四方"這樣的情況下",他怎麼又跟塗山女子在臺桑私通苟合呢?

注釋

[1] 趙平安:《戰國文字的"遊"與甲骨文"𡴘"爲一字説》,載《古文字研究》第二十二輯,中華書局 2000 年版,第 275—277 頁;載趙平安:《新出簡帛與古文字古文獻研究》,商務印書館 2009 年版,第 42—46 頁。

[2] 劉雲:《説〈黄帝四經〉中的一類"達"字》,復旦大學出土文獻與古文字研究中心網站(http://www.gwz.fudan.edu.cn),2010 年 4 月 23 日。

[3] 裘錫圭主編,湖南省博物館、復旦大學出土文獻與古文字研究中心編纂:《長沙馬王堆漢墓簡帛集成(伍)》,中華書局 2015 年版,第 200 頁注(八)。另馬王堆帛書中亦尚有個别保留古形之例,見於《陰陽五行甲篇・雜占之三》第 4 行()。

[4] 黎翔鳳撰,梁運華整理:《管子校注》,中華書局 2004 年版,第 410 頁。

[5] 蕭旭:《〈國語〉校補》,載蕭旭:《群書校補》第一册,廣陵書社 2011 年版,第 124—125 頁。

[6] 日人松皋圓《韓非子纂聞》以"子西不免"上之"孔子曰"三字爲衍文,諸家多從其説。

[7] 王引之:《經義述聞》卷 23,《大戴禮記下》"及利"條,江蘇古籍出版社 2000 年版,第 306 頁。

[8] 此兩例參看武漢大學"簡帛"網"簡帛論壇"(http://www.bsm.org.cn/bbs/read.php?tid=3331&page=9) 2016 年 4 月 4 日"abc"的發言。

[9] 馬非百:《管子輕重篇新詮》下册,中華書局 1979 年版,第 667 頁。黎翔鳳撰,梁運華整理:《管子校注》下册,第 1497 頁。

[10] 參看宗福邦、陳世鐃、蕭海波主編:《故訓匯纂》,商務印書館 2003 年版,第 2061

頁“被”字第 26 項“及也”下諸例。

[11] “孟鄒(陬)無紀”原作“鄒大無紀”,此從汪中、王念孫、王聘珍等説校改。見黄懷信主撰,孔德立、周海生參撰:《大戴禮記彙校集注》下册,三秦出版社 2005 年版,第 1209 頁;方向東:《大戴禮記彙校集解》下册,中華書局 2008 年版,第 1138—1139 頁。下引諸家説皆參見上兩書。

[12] 此處或標點作:“不告朔於諸侯,玉瑞不行諸侯,力政不朝於天子,六蠻、四夷交伐於中國。”非是。見王聘珍撰,王文錦點校:《大戴禮記解詁》,中華書局 1983 年版,第 211 頁。

[13] 參見睡虎地秦簡《語書》簡 2“以矯端民心”原整理者注釋。睡虎地秦墓竹簡整理小組編:《睡虎地秦墓竹簡》,文物出版社 1990 年版,第 14 頁注〔二〕。

[14] 參看劉玉環:《秦漢簡帛訛字研究》,中國書籍出版社 2013 年版,第 92—93 頁。

[15] 李學勤:《由蔡侯墓青銅器看“初吉”和“吉日”》附《説某些東周金文中的“正月”》,載李學勤:《夏商周年代學札記》,遼寧大學出版社 1999 年版,第 97—104 頁;又參見董珊:《試説山東滕州莊里西村所出編鎛銘文》,載中國古文字研究會、中山大學古文字研究所編:《古文字研究》第 30 輯,中華書局 2014 年版,第 196 頁。

[16] 董珊:《郳公鞁父二器簡釋》,復旦大學出土文獻與古文字研究中心網站(http://www.gwz.fudan.edu.cn),2012 年 4 月 10 日。

[17] 參見中國社會科學院考古研究所:《殷周金文集成》第 1 册,中華書局 1984 年版,第 46 頁,059 號“都公敄人鍾”,第 8 册,中華書局 1987 年版,第 84 頁,4183 號“上若公敄人簋蓋”。

[18] 王念孫:《讀書雜志四・漢書第十・竇田灌韓傳》“逗橈”條,江蘇古籍出版社 2000 年版,第 313 頁。

[19] 段玉裁:《説文解字注》,上海古籍出版社 1988 年版,第 72—73 頁。

[20] 郭永秉:《張家山漢簡〈二年律令〉和〈奏讞書〉釋文校讀記》,載郭永秉:《古文字與古文獻論集》,上海古籍出版社 2011 年版,第 240—242 頁。

[21] 李學勤:《釋“釓”爲四分之一》,載李學勤:《三代文明研究》,商務印書館 2011 年版,第 136—137 頁;又《初識清華簡》,中西書局 2013 年版,第 67—69 頁。

[22] 劉剛:《楚銅貝“圣朱”的釋讀及相關問題》,載復旦大學出土文獻與古文字研究中心編:《出土文獻與古文字研究》第 5 輯,上海古籍出版社 2013 年版,第 444—452 頁。下引劉剛先生説亦見此文。

[23] 李天虹:《從嚴倉楚簡看戰國文字資料中“才”、“圣”兩字的釋讀》,載武漢大學簡帛研究中心主辦:《簡帛》第 9 輯,上海古籍出版社 2014 年版,第 23—32 頁。

［24］蔣偉男:《簡牘"毀"字補説》,簡帛網(http://www.bsm.org.cn) 2016 年 4 月 23 日。

［25］銀雀山漢墓竹簡整理小組編:《銀雀山漢墓竹簡(貳)》,文物出版社 2010 年版,第 151 頁注〔八〕。

［26］參看楊安:《〈銀雀山漢墓竹簡·佚書叢殘〉集釋》,吉林大學碩士學位論文,第 73—74 頁。

［27］田率:《對東漢永壽二年錯金鋼刀的初步認識》,載《中國國家博物館館刊》2013 年第 2 期,第 65—72 頁。此所引釋文據後來中國國家博物館"近藏集粹——中國國家博物館新入藏文物特展"之新釋文有校改。

［28］白雲翔:《漢代"蜀郡西工造"的考古學論述》,載《四川文物》2014 年第 6 期,第 47 頁引此銘,第 51 頁注謂出自梁斌:《兩漢時期銘文鋼鐵刀劍的發現與研究》,中國社會科學院研究生院 2014 年碩士學位論文,第 28 頁。

［29］劉珍等撰,吴樹平校注:《東觀漢記校注》,中州古籍出版社 1987 年版,第 305、307 頁校注〔八〕。

［30］周天游輯注:《八家後漢書輯注》上册,上海古籍出版社 1986 年版,第 72 頁。

［31］歐陽詢撰,汪紹楹校:《藝文類聚(附索引)》下册,上海古籍出版社 1982 年版,第 1083 頁。

［32］吴振武:《趙鈹銘文"伐器"解》,臺灣中山大學中國文學系、中國訓詁學會主編:《訓詁論叢》1997 年第 3 輯,第 795—805 頁。

［33］董珊:《五年春平相邦葛得鼎考》,載李宗焜主編:《古文字與古代史》第三輯,臺灣"中央研究院"歷史語言研究所 2012 年版,第 294 頁。又參見李家浩:《戰國官印考釋三篇》之"附記",中國文物研究所編:《出土文獻研究》第六輯,上海古籍出版社 2004 年版,第 20—21 頁。

［34］成林、程章燦譯注:《西京雜記全譯》(中國歷代名著全譯叢書),貴州人民出版社 1993 年版,第 194 頁。

［35］參看上引《西京雜記全譯》"前言",第 9 頁;又周天游校注:《西京雜記》(長安史蹟叢刊)"前言",三秦出版社 2006 年版,第 5—6 頁。

［36］馬王堆漢墓帛書整理小組:《馬王堆漢墓帛書(肆)》,文物出版社 1985 年版,第 57 頁。

［37］赤堀昭、山田慶兒:《中國新發現科學史資料の研究·譯注篇·五十二病方》,京都大學人文科學研究所 1985 年版,第 237 頁。

［38］睡虎地秦墓竹簡整理小組編:《睡虎地秦墓竹簡》,第 108—109 頁。

［39］朱漢民、陳松長主編：《岳麓書院藏秦簡（叁）》（陶安執筆），上海辭書出版社2013年版，第194頁注〔二十二〕。

［40］武漢大學簡帛研究中心、湖北省博物館、湖北省文物考古研究所編，陳偉主編：《秦簡牘合集（壹）（睡虎地秦墓簡牘）》，武漢大學出版社2014年版，第222頁。所引文見角谷常子著，陳青、胡平生譯：《秦漢時代的贖刑》，載李學勤、謝桂華主編：《簡帛研究二〇〇一》下册，廣西師範大學出版社2001年版，第592—593頁。

［41］張心怡：《〈上海博物館藏戰國楚竹書（七）《凡物流形》〉研究》，臺灣師範大學2010年碩士學位論文，第143頁。

［42］竹添光鴻：《左傳會箋》第5册，巴蜀書社2008年版，第2261頁。

［43］楊伯峻：《春秋左傳注》（修訂本）第4册，中華書局1990年版，第1606頁。

［44］洪頤煊：《讀書叢録》卷5，載《續修四庫全書》第1157册，上海古籍出版社2002年版，第604頁。

［45］趙生群、蔡德龍：《〈左傳〉"哀公"篇疑義新證》，載上海社會科學院《傳統中國研究集刊》編輯委員會編：《傳統中國研究集刊》第2輯，上海人民出版社2006年版，第356頁。

［46］王引之：《經義述聞》卷26，《爾雅上》"載、謨、食、詐，僞也"條，第625—626頁。

［47］裘錫圭：《讀書札記九則》之"二、説'食'"，載《裘錫圭學術文集·語言文字與古文獻卷》，復旦大學出版社2012年版，第390—391頁。

［48］清華大學出土文獻研究與保護中心編，李學勤主編：《清華大學藏戰國竹簡（壹）》下册，中西書局2010年版，第158、160頁。

［49］張富海：《讀清華簡〈説命〉小識》，載復旦大學歷史學系、復旦大學出土文獻與古文字研究中心編：《簡帛文獻與古代史——第二屆出土文獻青年學者國際論壇論文集》，中西書局2015年版，第42頁。

［50］參看崔富章、李大明主編：《楚辭集校集釋》（上），湖北教育出版社2003年版，第1104—1109頁。

［51］孫作雲：《〈天問〉新注》，載《孫作雲文集（第1卷）〈楚辭〉研究》，河南大學出版社2003年版，第640頁；黄靈庚：《楚辭章句疏證》第2册，中華書局2007年版，第1076—1077頁。

［52］金開誠、董洪利、高路明：《屈原集校注》下册，中華書局1996年版，第341頁。

［53］林庚：《〈天問〉箋釋》，載《林庚楚辭研究兩種》，清華大學出版社2006年版，第200頁。

［54］林庚：《〈天問〉今譯》，載《林庚楚辭研究兩種》，第252頁。

[55] 顧頡剛:《鯀禹的傳說》,載《顧頡剛全集·顧頡剛古史論文集卷一》,中華書局2010年版,第507頁。

[56] 聞一多:《天問疏證》,載《聞一多全集5·楚辭編、樂府詩編》,湖北人民出版社1993年版,第566頁。但他又謂"之猶用也","'之力'與'獻功'對文",則顯係因"力"字不得其解而致的曲説。

[57] 林庚:《〈天問〉箋釋》,載《林庚楚辭研究兩種》,第200頁。

[58] 參看前引顧頡剛:《鯀禹的傳説》,第499—552頁;又裘錫圭:《豳公盨銘文考釋》,載《裘錫圭學術文集·金文及其他古文字卷》,第146—149頁;《新出土先秦文獻與古史傳説》之"二、關於禹的傳説",載《裘錫圭學術文集·古代歷史、思想、民俗卷》,第256—259頁。

[59] 如前引林庚先生《〈天問〉箋釋》即謂:"禹在《天問》中因此乃是一個天神的形象,而並非原來就在人間的。"

[60] 聞一多:《天問疏證》,載《聞一多全集5·楚辭編、樂府詩編》,第545—546頁。

秦漢簡《日書》"學"篇的定名：兼談孔家坡漢簡《日書》"學"篇的復原*

李天虹　羅運兵

2006 年公布的隨州孔家坡漢簡《日書》有所謂"直心"篇[1]，包含簡 202 和 203，其中簡 202 上部殘去小半，203 下部殘去大半。陳炫瑋先生認爲同書"未編聯殘片"殘 40 可能與本篇有關[2]，王强先生在此基礎上將殘 40 下與簡 202 綴合，並參酌文例補出殘 40 之上的缺文。[3]經過學者的這些工作，可以把孔家坡《日書》"直心"篇釋文移録於下（筆者按：本文引竹簡釋文，所補脱文，外加〖〗號；據殘筆或文例而釋或補的字，外加【】號；原簡文寫錯而訂正的字，外加〈〉號；簡折斷處，以☑號表示）：

〖十月朔日心，十一月廿六〗【日心，十二月廿四日心，正】殘 40 月廿一日，二月十九日，三月十七日，四月十五日，五月十二日，六月十日，七月八日，202 八月五日，九月三日心。凡月【之】☑ 203

本篇原無題名或題名已經殘去，現篇名爲整理者所擬。

20 世紀 70 年代出土的雲夢睡虎地秦簡《日書》甲、乙種也有"直心"篇。原簡無題名，"直心"篇名是劉樂賢先生所擬。[4]該篇保存完

* 本文是國家社科基金項目"隨州周家寨墓地發掘報告"（17BKG029）的階段性成果。

好,但是存在抄寫等方面的錯誤,劉樂賢先生作過相關研究,據其校訂,該篇文字作(以甲種爲例)[5]:

> 入正月二日〈旬〉一日心,入二月〖旬〗九日直心,入三月〖旬〗七日直心,入四月旬五日心,入五月旬二日心,入六月旬心,入七月八日心,入八月五日心,入九月三日心,入十月朔日心,入十一月二旬五〈六〉日心,入十二月二日〈旬〉三〈四〉日心。83 背肆—91 背肆、92 背叁、93 背貳—94 背貳

孔家坡漢簡《日書》"直心"篇,證明劉先生的校訂可信。

關於"直心"篇的内涵或性質,劉樂賢先生指出:

> 該篇逐一羅列十二月中直心的日期,又見於《日書》乙種。這裏的心估計是代表星宿,由於簡文省略了句子的主語,我們不知道到底是什麽東西於這些日子直心,因此它的具體含義也就難以推測。[6]

工藤元男先生認爲:

> 此段話整體内容説的是各月心宿出現的日子,因此這與後世的《宿曜經》一樣,其背景應該是用二十八宿紀日的占法。[7]

孔家坡《日書》"直心"篇"凡"字之下的内容,應該與本篇的内涵有關,可是現整理報告中本篇"凡月之"之後殘缺,整理者云:"本篇講述各月'直心'之日,但具體含義不詳。"[8]

幸運的是,2014 年,隨州周家寨墓地 8 號漢墓又出土一批《日書》。[9]初步整理發現,這批《日書》中,有一篇包含兩枚簡,文字保存完好,第一枚簡的天頭自題有篇名"學":

學　十月朔心，十一月廿六日心，十二月廿四日心，正月廿一日，二月十九日，三月十七日，四月十五日，五月十二日，六月十日，七月八日，八月五日，九月三日心。三一三凡月心利初學書，不可祠及殺。三八二

對比可知，“學”篇就是孔家坡和睡虎地《日書》中學者擬名的“直心”篇。本篇首先羅列各月心宿當值之日，然後説明凡心宿當值之日，“利初學書，不可祠及殺”，“學”即是本篇的主題。這樣，困惑學者多年的所謂“直心”篇内涵或性質的問題就得到了解決，其篇名也應更正爲“學”。

目前所見秦漢簡《日書》中的“學”篇，只有孔家坡簡保存不完整。據初步整理的印象，周家寨漢簡《日書》的内容，凡見於孔家坡漢簡《日書》的，兩者文句的相似度頗高。其緣由之一，當是孔家坡墓地、周家寨墓地位於同一墓群，出土《日書》的墓葬年代也很接近。[10]這樣，周家寨《日書》“學”篇，爲孔家坡《日書》“學”篇的進一步復原提供了契機。

與周家寨《日書》“學”篇簡三八二對應的文字，孔家坡《日書》“學”篇簡203僅存三個字，整理者釋文作“凡月之”。所謂“之”字，原簡文殘缺左半，單從現存筆畫看，整理者所釋有一定道理。不過周家寨簡相當之字作“心”，而這個字現存筆畫，與“心”字也能相符。因此，參照周家寨簡，這個字應當改釋作“心”。那麽截止到“心”字，兩批《日書》現存文字完全一樣。

孔家坡簡203“心”字之下殘去的文句，周家寨簡三八二作“利初學書，不可祠及殺”。查孔家坡《日書》“未編聯殘片”殘6，現存4個字，其中第一字缺去右半，第四字殘去下半，整理者釋文作“□利初盦”。所謂“盦”字又見於孔家坡《日書》“星官”篇簡53和“五子”篇簡186，兩簡原釋文作：

【十月心】，不可祠祀，行，凶。利以行……。【以生】子，人愛之。而可殺□，可以盦史。53

五巳不可食新禾黍，唯利盦史、爲囷。186貳

這兩例“齍”字下半筆畫均有殘泐，但是殘存部分的底端中部均可見豎形墨迹，所以不會是“皿”，而是“子”形的可能性很大。因此此字應當改釋爲“學”。它的上半寫法應該是把“學”所從的“臼”旁，移到“爻”旁之下，又將“臼”左右兩半的横筆連寫在一起，使得字形跟“齊”產生相似之處，而與通常寫法的“學”字有一定差異，實際上卻還是“學”。殘6第4字現存筆畫與這兩例“學”字上半相同，應當是同一個字。那麽殘6現可釋的三個字“利初學”，與周家寨簡三八二“心”之下的文字相同。據《孔家坡》圖版，殘6上端茬口與簡203下端茬口的走向一致，將兩者嘗試拼綴，茬口處好像合成一個字，如果不考慮左下部的點狀墨迹，整個字的輪廓與“心”字非常接近，而未曾公布過的紅外照片顯示，這個點狀墨跡，很可能是污痕，不是筆畫。這樣，殘6上端的殘畫，與簡203下端“心”字缺失的筆畫相符，兩者合成一個大體完整的“心”字。因此基本可以確定，殘6應上與簡203綴合。[11]

孔家坡《日書》簡237，整理者歸入“天刺”篇，證據並不充分。該簡上段殘去，下段現存文字作“祠及殺”，“殺”字之後有一大段留白，地尾完整，我們懷疑它是簡203＋殘6的下段，也就是説，簡203＋殘6和簡237本來屬於同一枚簡，不過現存的這兩段簡只能遥綴，其間缺去一小段殘片。參考完整簡的長度以及字距，這段殘片上可容納的字數與周家寨《日書》“學”篇這裏的字數大體相應，這對簡203＋殘6與簡237的遥綴是一個支持。

“學”字之後，周家寨《日書》“學”篇作“書”。“學書”一語見於睡虎地《日書》乙種“除”篇簡14：“惌結之日，利以結言，不可以作大事，利以學書。”劉樂賢先生指出，《論衡·譏日》“又學書諱丙日，云倉頡以丙日死也”，也是關於學書的禁忌。[12]陳炫瑋先生懷疑孔家坡《日書》殘6“學”字之下是“史”字。[13]結合同批“星官”篇、“五子”篇兩例“學史”，尤其是“星官”篇“可以學史”一語屬於心宿占文來看，陳説是有道理的。睡虎地《日書》甲種簡125背云：“祠史先龍丙望。”劉樂賢先生疏解説，史先之名不見典籍，不知與史皇是否有關。《淮南子·脩務》“史皇産而能書”，史皇就是蒼頡。祠史先忌丙、望，似與倉頡以丙日死有些關係。[14]如此所謂學史的禁忌,可能也與倉頡有關。

這樣,孔家坡、周家寨《日書》"學"篇在這裏可能存在異文,一爲"學史",一爲"學書","學史"與"學書"的禁忌可能都與倉頡有關,兩者大概是一回事,起碼關係密切。

漢人所謂"學書",與習字分不開。《史記・項羽本紀》記載:"項籍少時,學書不成,去學劍,又不成。項梁怒之。籍曰:'書足以記名姓而已,劍一人敵,不足學,學萬人敵。'"《漢書・東方朔傳》記載:"年十三學書,三冬文史足用。十五學擊劍,十六學詩書,誦二十二萬言。"王先謙《補注》:"文者各書之體,史者史籀所作世之通俗文字、諷誦在口者也。"

"學史"的含義,或可參考張家山漢簡《二年律令・史律》。《史律》有這樣的律文[15]:

【試】史學童以十五篇,能諷書五千字以上,乃得爲史。又以八體試之,郡移其八體課大史,大史誦課,取最一人以爲其縣令史,殿者勿以爲史。475—476

【卜學】童能諷書史書三千字,誦卜書三千字,卜六發中一以上,乃得爲卜,以爲官□。477

以祝十四章試祝學童,能誦七千言以上者,乃得爲祝,五更。479

張家山漢簡整理小組認爲"十五篇"指《史籀篇》,"八體"即《説文・叙》所説的秦書八體,"史書"指隸書。[16]綜合整理小組的意見,可以把《日書》裏的"學史"理解爲學習文字;即便"學史"的意思是學習爲史,學習文字也應該是其中的主要功課。不過對於《史律》中的"史書",學者有不同看法。李學勤先生認爲,張懷瓘《書斷》云《史籀篇》"以史官制之,用以教授,謂之史書",所以《史律》中的"史書"是指《史籀篇》。[17]趙平安先生也認爲"史書"指《史籀篇》,同時進一步指出,以往突出强調《史籀篇》的識字功能或字書性質,是存在問題的。《史律》表明,卜學童考卜書,祝學童考祝書,史學童考史書。卜書、祝書分别是卜學童、祝學童的專業書,相應地,"《史籀篇》也應看作是史所必須瞭解的專業知識,而不僅僅看作字書"。[18]那麼《日書》"學史"一語的内涵也可能比較複雜,包括學習爲史的一切知識,識字只是其中的一個組成部分了。

考慮到孔家坡《日書》中"學史"一語的語境,以及"學史"與"學書"的對應關係,我們傾向於"學史"即"學書",也就是學習文字。

綜上,根據周家寨漢簡《日書》,我們知道,以往學者擬名的《日書》"直心"篇,應當更名爲"學","學"即其主題。孔家坡《日書》本篇簡203,大概應下與殘6綴合,再下與簡237遥綴,從而復原成爲一枚大體完整的簡;簡203原釋"之"的字,當改釋爲"心";殘6及簡53、186原釋"齍"的字,當改釋爲"學"。

茲不避繁複,結合本文的工作,再次寫出孔家坡漢簡《日書》"學"篇的釋文:

【十月朔日心,十一月廿六】【日心,十二月廿四日心,正】殘40月廿一日,二月十九日,三月十七日,四月十五日,五月十二日,六月十日,七月八日,202八月五日,九月三日心。凡月心203利初學殘6【史,不可】祠及殺。237

附記:本文寫作得到羅運兵、劉樂賢、凡國棟、蔡丹等先生的支持和幫助,謹致謝忱。

注釋

[1] 湖北省文物考古研究所、隨州市考古隊:《隨州孔家坡漢墓簡牘》,文物出版社2006年版。

[2] 陳炫瑋:《孔家坡漢簡日書研究》,臺灣"清華大學"歷史研究所2007年碩士學位論文,第130頁。

［3］王强:《孔家坡漢墓簡牘校釋》,吉林大學 2014 年碩士學位論文,第 85 頁。殘 40 與簡 202 的綴合,文義很順,可是茬口不能密合。王强先生也注意到這一點,認爲是竹簡殘斷處有脱損所致,我們認爲他的説法可信。

［4］劉樂賢:《睡虎地秦簡日書研究》,臺灣文津出版社 1994 年版,第 284 頁。

［5］劉樂賢:《簡帛數術文獻探論》,湖北教育出版社 2003 年版,第 73—75 頁。工藤元男先生有基本相同的看法,參工藤元男著:《睡虎地秦簡所見秦代國家與社會》,廣瀬薰雄、曹峰譯,上海古籍出版社 2010 年版,第 124—125 頁。

［6］劉樂賢:《睡虎地秦簡日書研究》,第 284—285 頁。

［7］工藤元男:《睡虎地秦簡所見秦代國家與社會》,第 124 頁。

［8］湖北省文物考古研究所、隨州市考古隊:《隨州孔家坡漢墓簡牘》,第 154 頁。下文簡稱《孔家坡》。

［9］參看羅運兵、史德勇、凡國棟:《湖北隨州周家寨漢墓發現大量漆器和簡牘》,載《中國文物報》2015 年 2 月 11 日第 7 版。本文所引周家寨漢簡簡號均爲出土號。

［10］根據與《日書》同出的木牘紀年推算,周家寨 8 號漢墓年代是漢武帝元光元年,即公元前 134 年,參看羅運兵、史德勇:《湖北隨州周家寨墓地》,載《大衆考古》2015 年第 4 期。出土《日書》的孔家坡 8 號漢墓年代是漢景帝後元二年,即公元前 142 年,參看《孔家坡》第 197 頁注釋(二)。

［11］根據所謂的點狀墨迹,筆者在初稿中認爲殘 6 大概與簡 203 無關。凡國棟先生看過初稿後,惠賜殘 6 紅外照片,同時提示筆者,參考紅外照片,這個點狀墨迹應該不是筆畫,殘 6 與簡 203 可以綴合。看過紅外照片後,筆者認爲凡先生的看法有道理。

［12］劉樂賢:《睡虎地秦簡日書研究》,第 314、316 頁。

［13］陳炫瑋:《孔家坡漢簡日書研究》,第 262 頁。

［14］劉樂賢:《睡虎地秦簡日書研究》,第 122—123 頁。

［15］張家山二四七號漢墓竹簡整理小組:《張家山漢墓竹簡(二四七號墓)》(釋文修訂本),文物出版社 2006 年版,第 80—81 頁。

［16］原注:史書,指隸書。《漢書·王尊傳》:"尊竊學問,能史書,年十三,求爲獄小史。"《説文·叙》段玉裁注:"或云善史書,或云能史書,皆謂便習隸書,適於時用,猶今人之楷書耳。"

［17］李學勤:《試説張家山簡〈史律〉》,載《文物》2002 年第 4 期,第 71 頁。

［18］趙平安:《新出〈史律〉與〈史籀篇〉的性質》,載氏著《新出簡帛與古文字古文獻研究》,商務印書館 2009 年版,第 287—297 頁。原刊《中國語言文字學論壇》第 1 輯,中國社會科學出版社 2002 年版。今據前者引用。

古籍訓詁二則

林宏明

《吕氏春秋·懷寵》中“子之在上無道”的子，歷來注解有將子視爲“所伐國之君”及“所伐國之民”的不同。本文根据傳世文獻及中山國銅器銘文中與此句所述近似的内容，認爲“子之在上無道”的子似不應獨立解釋，而將“子之”二字看作人名，即爲戰國時代使燕王噲效法堯舜禪讓的大臣“子之”。而《逸周書·度邑》中的“天自幽，不享于殷，乃今有成”，“自幽”或以爲衍文，或以爲“自豳”之誤，或以爲以本字訓釋即可，本文提出“自絶”之誤的看法。

一、《吕氏春秋·懷寵》“子之在上無道”

《吕氏春秋·懷寵》有一段話説：“兵之來也，以救民之死。子之在上無道，据傲荒怠，貪戾虐衆，恣睢自用也，辟遠聖制，謷醜先王，排訾舊典，上不順天，下不惠民，徵斂無期，求索無厭，罪殺不辜，慶賞不當。”這一段話中的“子之在上無道”一句，歷來注解《吕氏春秋·懷寵》的學者解釋不同，即使是近代出版注釋《吕氏春秋》的書關於這一句話的解釋看法也很歧異。開始討論前，我們先把《吕氏春秋·懷寵》一文抄録於下：

> 凡君子之説也，非苟辨也；士之議也，非苟語也。必中理然後

説,必當義然後議。故説義而王公大人益好理矣,士民黔首益行義矣。義理之道彰,則暴虐姦詐侵奪之術息也。暴虐姦詐之與義理反也,其勢不俱勝,不兩立。故兵入於敵之境,則民知所庇矣,黔首知不死矣。至於國邑之郊,不虐五穀,不掘墳墓,不伐樹木,不燒積聚,不焚室屋,不取六畜。得民虜奉而題歸之,以彰好惡;信與民期,以奪敵資。若此而猶有憂恨、冒疾、遂過、不聽者,雖行武焉亦可矣。

先發聲出號曰:"兵之來也,以救民之死。子之在上無道,据傲荒怠,貪戾虐衆,恣睢自用也,辟遠聖制,謷醜先王,排訾舊典,上不順天,下不惠民,徵斂無期,求索無厭,罪殺不辜,慶賞不當。若此者,天之所誅也,人之所讎也,不當爲君。今兵之來也,將以誅不當爲君者也,以除民之讎而順天之道也。民有逆天之道,衛人之讎者,身死家戮不赦。有能以家聽者,禄之以家;以里聽者,禄之以里;以鄉聽者,禄之以鄉;以邑聽者,禄之以邑;以國聽者,禄之以國。"故克其國,不及其民,獨誅所誅而已矣。舉其秀士而封侯之,選其賢良而尊顯之,求其孤寡而振恤之,見其長老而敬禮之。皆益其禄,加其級。論其罪人而救出之;分府庫之金,散倉廩之粟,以鎮撫其衆,不私其財;問其叢社大祠,民之所不欲廢者而復興之,曲加其祀禮。是以賢者榮其名,而長老説其禮,民懷其德。

今有人於此,能生死一人,則天下必爭事之矣。義兵之生一人亦多矣,人孰不説?故義兵至,則鄰國之民歸之若流水,誅國之民望之若父母,行地滋遠,得民滋衆,兵不接刃而民服若化。[1]

這一篇文字主要闡明加兵於人要以恩寵爲手段,使其人民歸附,所以能夠"克其國,不及其民,獨誅所誅而已矣",並透過一連串的義兵作爲,以爭取民心,如此則"鄰國之民歸之若流水,誅國之民望之若父母",義兵所行之地愈遠,則支持的民衆愈多,可以"兵不接刃而民服若化"。這篇文字中"子之在上無道"的解釋歷來有爭議,大致上可以區分爲兩種不同意見:

(一)兩種不同的意見

(1) 子爲所伐國之君

高誘注認爲"子,謂所伐國之君",學者有從之者,如許維遹《吕氏春秋集釋》:

同高誘注:"子,謂所伐國之君。"[2]

張雙棣等《吕氏春秋譯注》:

發聲出號:等於後代的發布檄文。號,令。子:指稱所伐國家的君主。(注釋)

用兵之前,先發布檄文,檄文説:大軍到此,爲拯救百姓的生命。昏君在上,荒淫無道,傲慢自大……。(譯文)[3]

(2) 子爲所伐國之民

除了認爲子爲所伐國之君外,范耕研《吕氏春秋補注》:

注:子謂所伐國之君。按,子謂所伐國之民,在上,謂其君。注似誤。[4]

陳奇猷的《吕氏春秋校釋》從之:

高注:子,謂所伐國之君,畢沅曰:据當與倨通,朱本即作"倨"。范耕研曰:子,謂所伐國之民。在上,謂其君。高注似誤。……奇猷案:畢、范、蔣説是。高讀"傲"字句絶,非,詳下。[5]

此外,林品石《吕氏春秋今注今譯》注:"發聲出號是對敵國人民發出號召的呼籲，猶如現代用公告、傳單，或廣播，告訴他們是來救他們的，子之在上無道至不當爲君是指責所伐國之君，以下是告誡所伐國的民衆。子是指所伐國之民。"譯文："義兵的來攻，是要救人民的生命。你們的國君無道，傲慢荒怠，貪暴虐衆，而且恣意放縱，剛愎自用……"[6]

以上所引各家説法，兩種意見都有人主張。甚至有的書是兼具兩種意見的，如張玉春等《吕氏春秋譯注》在注釋時注明"子：指被征伐國家的君主"，但在其譯文時則譯爲："大軍到此，是爲了拯救百姓的生命。你們的君主荒淫無道，傲慢怠懈……"[7]可見這個問題還没有一致的見解。

（二）"子之"爲人名，即燕王噲讓位的子之

（1）高誘注的檢討

高誘舊注將"子"解釋作"被討伐之國的國君"是有問題的，因爲如此解釋，則必須將"先發聲出號曰"之後的檄文文字，看作是針對被討伐的國君而發的，"子"用現在的話可譯作"你"或"您"。可是這段檄文顯然不是針對被討伐的國君而發的，因爲後面寫到"民有逆天之道，衛人之讎者，身死家戮不赦。有能以家聽者，禄之以家；以里聽者，禄之以里；以鄉聽者，禄之以鄉；以邑聽者，禄之以邑；以國聽者，禄之以國。"文中不但要求士民不要違逆天意，更進一步要士民率領鄉里之民歸順。它顯然是針對所伐國之士民而發的，高誘注顯然不對，而且也没辦法很好地解釋"子之在上無道"的"之"字。

（2）范耕研説檢討

范耕研可能注意到高誘注的問題，因此將"子"解釋成被討伐國的士民。這雖然和檄文所針對的對象相合，可是將"子之在上"解釋成你的國君，"之"雖可解，卻没法解釋爲何國君稱作"在上"，在古書中似乎也缺少例證。在上一般是説處在上位，如果要放在"子之(你的)"二字之後，解釋成"你的國君"，那麼在上後應有者字。因此范説也没法很好解釋此句。

(3) 新説的提出

我認爲"子之"應連讀，即戰國時代效法堯舜禪讓的主角，使燕王噲讓位的大臣"子之"。《吕氏春秋・懷寵》此段文字的依據很可能和齊、中山發兵攻燕當時所提出弔民伐罪的藉口有關。中山王墓出土的平山三器銘文所記載中山國出兵討伐燕國，銘文中形容燕王噲及子之的用詞若合符節。其中的中山王方壺、大壺、圓壺中提到燕王噲讓位子之的銘文説[8]：

適遭燕君子噲，不顧大義，不就諸侯，而臣主易位，以内絶召公之業，廢其先王之祭祀，外之則將使上覲於天子之廟而退與諸侯齒長於會同，則上逆於天，下不順於人也。寡人非之。賈曰："爲人臣而反臣其主，不祥莫大焉。將與吾君並立於世，齒長於會同，則臣不忍見也。賈願從士大夫，以靖燕疆。"是以身蒙甲胄，以誅不順。燕故君子噲，新君子之，不用禮義，不顧逆順，故邦亡身死，曾無一夫之救。(方壺)

昔者，燕君子噲，睿弇博悟，長爲人主，閈於天下之物矣，猶迷惑於子之，而亡其邦，爲天下戮，而況在於少君乎！……今吾老賈親率三軍之衆，以征不義之邦。奮桴振鐸，闢啓封疆。方數百里，列城數十，克敵大邦。(大鼎)

逢燕無道易上，子之大僻不義，反臣其主。(圓壺)

如果將"子之"視爲人名，則"子之在上無道"一句放到原文中去理解，"子之在上無道，据傲荒怠，貪戾虐衆，恣睢自用也，辟遠聖制，詈醜先王，排訾舊典"，可以説是文從字順。平山三器一出土學者馬上就聯想到《孟子・梁惠王》及《孟子・公孫丑》的相關記載，如"今燕虐其民，王往而征之，民以爲將拯己於水火之中也，簞食壺漿以迎王師。若殺其父兄，係累其子弟，毁其宗廟，遷其重器，如之何其可也?"等等。以下將平山三器與《吕氏春秋・懷寵》類似文意或文字的片斷羅列於下，並附上《孟子・梁惠王》的文字以供比較。

平山三器	《吕氏春秋·懷寵》	《孟子·梁惠王》
“逢燕無道易上，子之大僻不義，反臣其主。”（圓壺）	“子之在上無道。”	齊人伐燕，勝之。宣王問曰：“或謂寡人勿取，或謂寡人取之。以萬乘之國伐萬乘之國，五旬而舉之，人力不至於此。不取，必有天殃，取之何如？”孟子對曰：“取之而燕民悦則取之……取之而燕民不悦則勿取……以萬乘之國伐萬乘之國，簞食壺漿以迎王師，豈有他哉？避水火也。如水益深，如火益熱，亦運而已矣。” 齊人伐燕，取之。諸侯將謀救燕。宣王曰：“諸侯多謀伐寡人者，何以待之？”孟子對曰：“……今燕虐其民，王往而征之，民以爲將拯己於水火之中也，簞食壺漿以迎王師；若大旱之望雲霓也；若殺其父兄，係累其子弟，毁其宗廟，遷其重器，如之何其可也？”
“而臣主易位，以内絶召公之業，廢其先王之祭祀。外之則將使上覲於天子之廟而退與諸侯齒長於會同。”（方壺）	“子之在上無道，据傲荒怠，貪戾虐衆，恣睢自用也，辟遠聖制，謷醜先王，排訾舊典。”	
“燕君子噲……則上逆於天，下不順於人也。” “是以身蒙甲胄，以誅不順。” “燕故君子噲，新君子之，不用禮義，不顧逆順……”（方壺）	“上不順天，下不惠民。” “天之所誅也，人之所讎也。” “今兵之來也，將以誅不當爲君者也，以除民之讎而順天之道也。民有逆天之道，衛人之讎者，身死家戮不赦。”	
中山王“穆穆濟濟嚴敬不敢怠荒。”（方壺）	子之“据傲荒怠。”	
“作斂中則庶民附”（方壺）	“徵斂無期，求索無厭。”	
“以憂下民之罹不辜”（圓壺）	“罪殺不辜。”	

《史記·十二諸侯年表》：“吕不韋者，秦莊襄王相，亦上觀尚古，删拾春秋，集六國時事，以爲八覽、六論、十二紀，爲吕氏春秋”，《吕氏春秋·懷寵》中的一段弔民伐罪的檄文，或許就是“集六國時事”的一個片斷，其中的“子之在上無道”的“子”不是泛指的所伐國之君或士民，而“子之”就是燕王噲讓位的子之。

二、《逸周書·度邑》“天自幽不享于殷”

《逸周書·度邑》有一段文字描述周公旦見武王，武王告之欲營邑於天下之中。其中開頭幾句提到天命的移轉：

> 王至於周，自鹿至於丘中。具明不寢，王小子御告叔旦，叔旦亟奔即王。曰：久憂勞。問害不寢？曰：“安！予告汝。”王曰：“嗚呼！旦，維天不享于殷，發之未生，至于今六十年，夷羊在牧，飛鴻

滿野。天自幽,不享于殷,乃今有成。……"

"天自幽,不享于殷,乃今有成。"一句《逸周書彙校集注》[9]:

[彙校]按:盧校據《史記》删"自幽"二字,潘振從。幽,莊、陳並改"豳"。乃,莊校改"及"。陳逢衡云:"自幽"當作"自豳",形近而誤,言我周自公劉遷豳之日。

[集注]莊述祖云:自豳,言周之興由太王。○丁宗洛云:自幽,猶言冥冥中也。不删義自可通。此句指周説。○朱右曾云:接上句,意爲:冥冥中已不享殷,至今乃有成命也。

根據上引文可知,學者對於"天自幽不享于殷乃今有成"句中的"自幽"有三種意見:其一是丁宗洛、朱右曾將幽訓爲幽冥,指上天冥冥中已不享殷。第二種意見是陳逢衡、莊述祖將幽當作是豳字的形誤。"天自豳不享於殷"陳説大概是認爲上天自公劉遷豳之日,已欲周之興;而莊則認爲周之興由太王。第三種意見則是根據《史記》删去"自幽"二字。

若將二字視爲衍文,自然是一種處理方式。但如果不是衍文,此二字該如何理解?我們認爲將幽視爲豳字的形誤,對於通讀上下文,似乎比原本的"幽"字存在更大的困難。將天不享殷的開端追溯到太王甚至是公劉,都與傳世及出土文獻記載的文王受命不符。更不用説上天自周人處於豳地時,即不享於殷,這裏特别提豳地的用意爲何,而且似乎没有文獻上比較直接的佐證。因此唐大沛贊同衍文,而反對改爲豳:"陳補注改作自豳,謂自公劉遷豳之日天已眷顧,與上文義不相承,非是。"[10]

幽如是原字,幽字常和"明"對舉,隱微不明,這種説法可能接近於上述的"冥冥中",都不是好的解釋。《逸周書・謚法》"雍遏不通曰幽",若取此意則天因爲紂的作爲,因此不與殷王交通,如此雖上下文意可通,但"自幽"二字古書少見。

筆者懷疑此幽字或許是"絶"的誤字。"絶"的《説文》古文,及後來出土的戰國中山國銅器及楚簡等其他古文字資料，“絶”和“幽”字，在字形上應有形近致誤的條件。

（平山三器大鼎“學”偏旁）

（平山三器方壺“絶”）

（郭店楚簡“學”偏旁）

（郭店楚簡“絶”）[11]

幽與絶在戰國文字中是字形和結構都不同的兩個字，但由於兩字都有“丝”形，加絶字的刀旁將“丝”上下斷分，類似幽字被下方部件左右分開，因此在書寫上，絶字的刀旁若末端筆勢略向右上挑，兩字就存在被誤認的可能。

而“自絶”二字，在古書中是比較常見的，使用的場合還常與商紂王喪失天命民心的作爲，而“天不享於殷”接近。如，《尚書·西伯戡黎》：

西伯既戡黎，祖伊恐，奔告于王。曰：“天子！天既訖我殷命。格人元龜，罔敢知吉。非先王不相我後人，惟王淫戲用自絶。故天棄我，不有康食。不虞天性，不迪率典……”

而司馬遷《史記·殷本紀》類似：

奔告紂曰：“天既訖我殷命，假人元龜，無敢知吉，非先王不相我後人，維王淫虐用自絶，故天棄我，不有安食，不虞知天性，不迪率典……”

《史記·周本紀》：

二月戊午，師畢渡盟津，諸侯咸會。曰：“孳孳無怠！”武王乃作太誓，告于衆庶：“今殷王紂乃用其婦人之言，自絶于天，毁壞其三正，離逖其王父母弟，乃斷棄其先祖之樂，乃爲淫聲，用變亂正聲，怡説婦人。故今予發維共行天罰。勉哉夫子，不可再，不可三！”

《史記·淮南衡山列傳》：

故《孟子》曰：紂貴爲天子，死曾不若匹夫。是紂先自絶于天下久矣，非死之日而天下去之。

可見古書“自絶”二字不乏其例，且不少例子正使用於對商王紂的批評上。不過，引文皆指商王紂自絶於天，但《逸周書·度邑》是天自絶於殷，而有所不同。筆者以爲周取商而代之，成王敗寇，古書中爲了增强武王陣營牧野之戰出兵的正當性，自然對於商王紂批評的内容流傳較多。相關的内容一再叙述，因此統計“自絶”二字出現的情況，會出現“人（紂）自絶於天”很多，而少見天自絶於人。由於《逸周書·度邑》已是取商而代之之後，内容已非聚焦於商王紂之惡，武王所關心的是興周的辦法和作爲，其中之一就是保有天命。度邑所論者，也是這些作爲之一，“定大保，依大室”而“無遠大室”，因此同樣講天不享殷，武王此時的論述就不再是商王紂自絶於天，而是天自絶於殷，而且並不始自商王紂，而是較早之前。因此武王認爲自此開始，就應與天經營好關係。《漢書·谷永杜鄴傳》：“王者必先自絶，然後天絶之。”而《清華簡一·尹誥》整理者將自字之後釋爲蓏，讀爲絶。[12]若此説可信，“夏自絶其有民，亦惟厥衆”亦是自絶的例子。而“上天—統治者—人民”的序列中，夏若能自絶於其民衆，天自然可以自絶於統治者。

由於《吕氏春秋·懷寵》一篇中“先發聲出號曰”之後的檄文文字，是針對被討伐的國家的民衆而發的，因此“子之在上無道”中的子字不能像高誘注那樣説成是“謂所伐國之君”，而且也没辦法解釋“子之在上無道”的“之”字。另一方面，將“子”解釋成被討伐國的人民，這雖然和檄文所針對的對象相合，可是卻没辦法解釋爲何國君可以稱作“在上”，在古書中也缺少這樣的例證，而且“無道”二字也没法很好解釋。如果將"子之"視爲一個人名,即是歷史上有名的使燕王噲效法堯舜禪讓的大臣"子之",不失爲一種可能的解釋。而《逸周書·度邑》"天自幽,不享于殷,乃今有成","自幽"或以爲衍文,或以爲"自豳"之誤,或以爲以本字訓釋即可,本文提出"自幽"可能是"自絶"之誤的看法。

注釋

[1] 許維遹:《吕氏春秋集釋》卷七,中國書店 1985 年版,第 15—17 頁。

[2] 許維遹:《吕氏春秋集釋》,鼎文書局 1977 年版,第 307 頁。

[3] 張雙棣、張萬彬、殷國光、陳濤:《吕氏春秋譯注》(修訂本),北京大學出版社 2000 年版,第 198 頁。

[4] 范耕研:《吕氏春秋補注》,藎硯齋叢書之二,文景出版社 1990 年版,第 54 頁。

[5] 陳奇猷:《吕氏春秋校釋》,華正書局 1987 年版,第 416 頁。

[6] 林品石:《吕氏春秋今注今譯》,臺灣商務書局 1985 年版,第 188 頁。又朱永嘉、蕭木《新譯吕氏春秋》亦類似:"子,指所伐國之民衆。"譯文:"義兵的到來,是爲了拯救百姓於死難。你們的君主荒淫無道,傲慢驕矜,荒怠政事……"三民書局 1995 年版,第 338 頁。

[7] 張玉春等:《吕氏春秋譯注》,黑龍江人民出版社 2003 年版,第 172—173 頁。

[8] 河北省文物管理處:《河北省平山縣戰國時期中山國墓葬發掘簡報》,載《文物》1979 年第 1 期。

[9] 黄懷信、張懋鎔、田旭東:《逸周書彙校集注》(修訂本),上海古籍出版社 2007 年版,第 470 頁。

[10] 唐大沛:《逸周書分編句釋》,學生書局 1969 年版,第 60 頁。

[11] 字形參見李守奎:《楚文字編》,華東師範大學出版社 2003 年版,第 722、848 頁。

[12] 李學勤主編:《清華大學藏戰國竹簡(壹)》,中西書局 2010 年版,第 133 頁。

圖書在版編目(CIP)數據

新語文學與早期中國研究/賈晉華等編.—上海：
上海人民出版社，2018
ISBN 978-7-208-15141-3

Ⅰ.①新… Ⅱ.①賈… Ⅲ.①漢語-語言學-研究
Ⅳ.①H1

中國版本圖書館 CIP 數據核字(2018)第 087197 號

責任編輯 毛衍沁
封面設計 零創意文化

新語文學與早期中國研究
賈晉華　陳　偉　王小林　來國龍 編

出　版 上海人民出版社
(200001　上海福建中路 193 號)
發　行 上海人民出版社發行中心
印　刷 上海商務聯西印刷有限公司
開　本 635×965　1/16
印　張 21
插　頁 4
字　數 288,000
版　次 2018 年 9 月第 1 版
印　次 2018 年 9 月第 1 次印刷
ISBN 978-7-208-15141-3/I・1716
定　價 68.00 元